学术史与当代史学的思考

陈其泰 著

北京师范大学出版集团
北京师范大学出版社

图书在版编目(CIP) 数据

学术史与当代史学的思考/陈其泰著.—北京：北京师范大学出版社，2011.9
（北京师范大学史学探索丛书）
ISBN 978-7-303-12166-3

Ⅰ.①学… Ⅱ.①陈… Ⅲ.①学术思想－思想史－中国－文集②马克思主义－史学理论－中国－文集　Ⅳ.①B2-53②K092-53

中国版本图书馆 CIP 数据核字(2011)第 028709 号

营 销 中 心 电 话	010-58802181 58808006
北师大出版社高等教育分社网	http://gaojiao.bnup.com.cn
电 子 信 箱	beishida168@126.com

出版发行：北京师范大学出版社　www.bnup.com.cn
　　　　　北京新街口外大街 19 号
　　　　　邮政编码：100875

印　　刷：	北京联兴盛业印刷股份有限公司
经　　销：	全国新华书店
开　　本：	170 mm × 230 mm
印　　张：	24.75
字　　数：	385 千字
版　　次：	2011 年 9 月第 1 版
印　　次：	2011 年 9 月第 1 次印刷
定　　价：	48.00 元

策划编辑：刘东明	责任编辑：刘东明
美术编辑：毛　佳	装帧设计：毛　佳
责任校对：李　菌	责任印制：李　啸

版权所有　侵权必究

反盗版、侵权举报电话：010-58800697
北京读者服务部电话：010-58808104
外埠邮购电话：010-58808083
本书如有印装质量问题，请与印制管理部联系调换。
印制管理部电话：010-58800825

北京师范大学史学探索丛书
编辑委员会

顾　问　何兹全　龚书铎　刘家和　瞿林东　陈其泰
　　　　郑师渠　晁福林
主　任　杨共乐
副主任　李　帆　易　宁
委　员（按姓氏笔画排序）
　　　　马卫东　王开玺　王冠英　宁　欣　汝企和
　　　　张　皓　张　越　张荣强　张建华　郑　林
　　　　侯树栋　耿向东　梅雪芹

出版说明

在北京师范大学的百余年发展历程中，历史学科始终占有重要地位。经过几代人的不懈努力，今天的北师大历史学院业已成为史学研究的重要基地，是国家"211"和"985"工程重点建设单位，首批博士学位一级学科授予权单位。拥有国家重点学科、博士后流动站、教育部人文社会科学重点研究基地等一系列学术平台。科研实力颇为雄厚，在学术界声誉卓著。

近年来，北师大历史学院的教师们潜心学术，以探索精神攻关，陆续完成了众多具有原创性的成果，在历史学各分支学科的研究上连创佳绩，始终处于学科前沿。特别是崭露头角的部分中青年学者的作品，已在学术界引起较大反响。为了集中展示北师大历史学院的这些探索性成果，也为了给中青年学者的后续发展创造更好条件，我们组编了这套"北京师范大学史学探索丛书"，希冀在促进北师大历史学科更好发展的同时，为学术界和全社会贡献一批真正立得住的学术力作。这些作品或为专题著作，或为论文结集，但内在的探索精神始终如一。

当然，作为探索丛书，特别是以中青年学者作品为主的学术丛书，不成熟乃至疏漏之处在所难免，还望学界同仁不吝赐教。

北京师范大学历史学院
北京师范大学史学理论与史学史研究中心
北京师范大学史学探索丛书编辑委员会
2010年3月

目 录

卷首识语 …………………………………………………………………… 1

上 篇 学术史探索

论章学诚对历史哲学的探索 ………………………………………… 3
 一、哲学探索：《文史通义》重要立意所在 ……………………… 3
 二、历史哲学探索的第一层次：对儒家经典的新诠释 ………… 6
 三、历史哲学探索的第二层次：论证具有深刻意义的新命题
  ………………………………………………………………… 12
 四、"其所发明，实从古未凿之窦"：将"道"的探究推向新境界
  ………………………………………………………………… 21

19世纪中国学者关于历史演进的理论 …………………………… 27
 一、时代剧变与龚自珍、魏源提出的历史演进的新命题 ……… 27
 二、康有为糅合西方政治学说的新"三世说" ………………… 36
 三、严复《天演论》历史演进观的时代意义 …………………… 44

黄遵宪文化思想的特点及其历史地位 …………………………… 49

时代剧变推动下近代史学演进大势 ……………………………… 58

一、民族危机的紧迫感与救亡图强史学的勃兴 …………… 58
　　二、维新变法酝酿发动与近代历史变易观和进化论的传播 …… 66
　　三、封建帝制崩溃前后"新史学"的倡导和推进 …………… 72

晚清公羊学的发展轨迹 ……………………………………… 86
　　一、戊戌前后的公羊学说 ……………………………………… 86
　　二、从政治层面和文化层面考察 ……………………………… 88
　　三、公羊朴素进化观与近代进化论的传播 …………………… 91
　　四、爱国志士共同的思想历程 ………………………………… 94
　　五、公羊学说与"新史学"思潮 ……………………………… 97

梁启超晚年的文化自觉：《欧游心影录》的思想价值 ……… 103
　　一、梁氏游欧的目的 …………………………………………… 103
　　二、社会成员的自主自觉精神，是欧洲进步的不竭源泉 …… 105
　　三、对中国文明前途的深刻思考 ……………………………… 107

西学传播与近代史学的演进 …………………………………… 110
　　一、鸦片战争时期中西文化接触与史学风气的变化 ………… 110
　　二、从冯桂芬《采西学议》到黄遵宪《日本国志》及时记述
　　　　日本"改从西法" …………………………………………… 114
　　三、戊戌前后以输入西学为急务与对"君史"的批评 ……… 117
　　四、严复对西方近代思想的系统传播的巨大功绩 …………… 122
　　五、以新鲜的历史观为指导与"近代史学"的正式产生 …… 127

中　篇　当代史学的思考

恩格斯晚年对唯物史观理论的重大贡献 ……………………… 133
　　一、唯物史观理论勇于探索、与时俱进的科学品格 ………… 134
　　二、在廓清谬误中大大推进了唯物史观理论体系 …………… 137
　　三、永远保持唯物史观常青的活力 …………………………… 143

中国马克思主义史学发展道路的思考 ………………………… 147

  一、唯物史观传播把中国史学推向新阶段 …………………… 147

  二、如何正确评价"建国后十七年"的史学道路 …………… 156

  三、新时期坚持和发展唯物史观以及面临的问题 …………… 168

新历史考证学与史观指导 …………………………………………… 172

  一、传统的历史考证学如何提升为近代的学问 ……………… 172

  二、新历史考证学与唯物史观的学术关联 …………………… 178

  三、对中国历史进程的宏观概括和维护中华民族利益的

    崇高责任感 ………………………………………………… 184

  四、诸多领域所取得的风格多样的出色成就 ………………… 194

  五、新历史考证学演进道路的启示意义 ……………………… 207

《中国近代史资料丛刊》的学术价值 ……………………………… 212

  一、规模宏大，网罗齐备 ……………………………………… 213

  二、贯彻中国史与世界史密切联系的指导思想 ……………… 219

  三、提供研究性成果，为初涉史者指示门径 ………………… 225

  四、以科学方法整理历史文献的典范工程 …………………… 232

关于中国近代历史进程基本线索的理论 …………………………… 237

  一、20世纪50年代近代史分期讨论中的理论思考 ………… 237

  二、新时期关于近代历史进程基本线索的新认识 …………… 251

  三、坚持正确认识路线的逻辑依归 …………………………… 259

当代中国马克思主义史学家关于民族问题的理论 ………………… 262

"劳动人民是历史的主人"论题的价值 …………………………… 267

范文澜与毛泽东：学术的关联和风格的共鸣 ……………………… 278

  一、研治中国历史的学术取向之形成 ………………………… 278

  二、确立以"实事求是"为治史的指导思想，对教条主义

    深恶痛绝 …………………………………………………… 281

  三、积极地提倡和模范地实行百家争鸣 ……………………… 285

  四、基于表现时代精神和民族风格而产生的强烈共鸣 ……… 287

下　篇　白寿彝学术风采

刻意的追求　新辟的境界——白寿彝著《中国史学史》第一册评介 …………………………………………………………………… 297

理论方向和开拓精神——读白寿彝主编《中国通史》导论卷 ………… 310
　　一、理论方向 ………………………………………………… 310
　　二、对中国历史问题的新概括 ……………………………… 312
　　三、开拓精神 ………………………………………………… 314
　　四、思辨色彩 ………………………………………………… 317

不断开拓史学史学科的新境界——读《白寿彝史学论集》 ………… 318

史学体系的重大创新——白寿彝先生主编《中国通史》成就略论 …… 325
　　一、"积一代之智慧"的巨著 ………………………………… 325
　　二、对马克思主义理论的运用达到新的高度 ……………… 328
　　三、编纂体裁上意义重大的创新 …………………………… 334

为学术投入了全部生命——深切怀念白寿彝师 …………………… 343
　　一、史学巨著　巍峨丰碑 …………………………………… 343
　　二、洽览深思　开拓创新 …………………………………… 346
　　三、时穷节见　刚正不阿 …………………………………… 349

白寿彝先生编纂《回民起义》的学术价值 ……………………… 352

白寿彝主编《中国通史纲要》对历史上民族关系的处理 ……… 357

白寿彝先生学术创新的风范 …………………………………… 365

《白寿彝画传》后记 …………………………………………… 372

卷首识语

这本论文集按文章的内容，分为上、中、下三篇。

上篇为"学术史探索"。有关清代和近代学术史的研究，是我这些年来关注的主要学术领域之一。寻其源头，则始于我念硕士研究生之时。1978年，我有幸当了白寿彝先生的学生。入学不久，先生即与我商定了以《论魏源的爱国主义史学著作》作为硕士学位论文题目。为了对魏源所处的时代和嘉道年间的学术环境获得认识，我先用半年时间认真研读了"文词俶诡连犿"、骤读之下难以索解的《龚自珍全集》，且上溯选读了一些清初及清中叶学者的论著，以后又因教学工作和所承担的科研项目的带动，经常阅读晚清和近代学者的著作。多少年来，我徜徉于其间，时时感到对这三百余年的学术史怀有特别的研究兴味。所得的成果，除见于早先出版的《清代公羊学》、《中国史学史》第6卷《中国近代史学》等书外，此次编辑这本论文集，有机会将相关文章作为一个专题选入。我将《论章学诚对历史哲学的探索》以下7篇文章编为一辑，目的即为了集中起来向读者请教。我深深感到，自乾隆末年以后，不仅社会状态孕育着巨大变化，学术风尚也开始了意义极其深刻的变化。由此发端的此后百余年，开启了中国学术史上相继要求思想解放、学术观念逐步更新、研究范围不断突破传统模式的新局面。这些风尚并且有力地推动时代风气的变迁，从而最终汇成浩浩荡荡的新思想潮流。此百余年的学术变迁史，确实值得我们作大力开拓和深入发掘，而对其中一些开启了学术新风气的出色人物的学说，更值得站在今天的时代高度作重新审视和评价。

譬如，对乾嘉时期著名学者章学诚的学术建树，前辈和时贤已发表不少论著，使人得益良多。不过，以往只关注从史学评论视角对《文史通义》进行评价实有明显的不足，因为章学诚著述的重要立意所在是进行哲学问题的探索。他自标界说，表明要在训诂考证学风盛行的情况下，独树一帜，以"义理"即哲学思想为指导，探究学术发展的深层次问题。其历史哲学探索的第一层次,是对儒家经典《周易》、《诗经》、《尚书》、《周礼》等作新的诠释;第二层次,是围绕哲学最高范畴"道",提出道出自然、渐形渐著,存在"不得不然"的客观趋势,"圣人学于众人",随着社会生活的变化,道也应向前发展等一系列新的命题。前者是其"义理"探讨的基础,后者则是深化和升华。章学诚自信其哲学探讨之作有"开凿鸿蒙"之功,近代学者梁启超高度评价章氏学术为"乾嘉以后思想解放的源泉",这些都说明对这一领域进行系统的发掘、阐释,实为亟须补上的重要课题。有关19世纪中国学者关于历史演进的认识,实则也很有必要以新的视角贯通起来考察。进入19世纪以后,由于时代剧变和中西文化交流的推动,一批中国学者对历史演进阐发了深刻而新鲜的理论。龚自珍、魏源预见到"乱将不远",对公羊"三世说"进行革命性改造,提出新的命题;其后,以康有为为代表的维新派构建了宣传变法维新的历史观;至19世纪末年,以严复为代表,结合中国面临被列强瓜分的危局,传播了西方近代进化论,因而使中国民气为之一变。再如黄遵宪,他是近代著名的外交家和杰出的爱国诗人,又著有及时记载日本明治维新历史巨变的《日本国志》,寓涵他探求救国道路的深刻用意,在戊戌变法运动中他是维新派骨干人物之一。黄遵宪对世界潮流有极深刻的观察,并形成了堪称代表了时代智慧的中西文化观。1902年,黄遵宪针对梁启超的保守倾向态度,鲜明地提出"大开门户,容纳新学",要求通过大力输入西方新学理,从比较中真正认识中国文化的真精神、真道理,经过与西方文化"科学"与"民主"的精华相结合,为救亡图强寻找正确出路,其文化思想达到了时代的高度。这是因为他处在中西文化撞击的环境中,本人遍历四大洲而锤炼的文化品格所决定,对于旧学他持极其可贵的批判态度,并以开放的心态对待西方文化。关于梁启超晚年的文化自觉,同样提供了研究问题应当摆脱以往窠臼,实事求是地分析原著而获得新见的极好例证。梁启超虽然有"流质易变"的弱点,但他在近代史上实有巨大的历史功绩,他是戊戌维新运动领袖人物,在20世纪初年又是大力宣传新思想的启蒙思想家。他晚年所著《欧游心影录》一书,以往论者多据以批评梁启超的文化保守思想,这种贬责实有以偏概全的缺陷。梁氏于第一次世界大战刚刚结束后游欧,固然看到大战的灾难确实给西方思想界带来危机，但是，他更通过对欧洲社会的亲身考察，深刻认识到欧洲下层民众的自主自觉和"个性发展"，乃是推动社会进步的不竭源泉。故其结论是中国文化的出路在于一方面发扬自己的优良传统；另一方面要大力学习西方的进步文化。此书的思想价值所在，即表明梁氏晚年对中西文化问题达到自觉的认识。关于西学传播与近代史学演进两者之间的紧密关系，我们在发掘大量新史料的基础上进行深入考察，也能得出一系列具有创新价值的认识。由鸦片战争时期发轫的近代史学，其80年行程中，在历史观、著述内容和体例形式上经历了一系列的深刻变化，重要的原因即因西学的传播而推动形成的，这是近代中西文化交流史和学术史的重要课题。本书《西学传播与近代史学的演进》一文论述由于逐步吸收西方新学理，近代史学的演进经历了三个阶段，各具鲜明的时代特点。鸦片战争前后在中西文化撞击中，以魏源为代表的有识史家呼吁了解外部世界的广阔和先进性，撰成介绍外国史地的名著，突破了传统史学的旧格局。1860年至甲午战争前，先由冯桂芬、郑观应等早期维新派人物，从以前的"师其技"跨入到"采其学"；其后，以黄遵宪撰成《日本国志》为代表，直接介绍外国制度文化，探讨其富强之由，为变法运动提供了借鉴。戊戌前后至20世纪初年，西方近代进化论在国内迅速传播，成为国人观察历史和民族前途的指导思想，由此结出《新史学》、《中国古代史》等硕果，因而宣告了严格意义的"近代史学"的诞生。

中篇为"当代史学的思考"。选入的文章旨在讨论如何正确评价中国马克思主义史学的成就和历史地位。自从"五四"时期马克思主义传入中国以后，以"马克思主义的普遍原理与中国实际相结合"为指导，中国共产党领导全国人民共同努力，使中国社会面貌发生了翻天覆地的变化，中国史学也发生了根本的变革。这是人所共见的事实。随着1949年新中国成立，马克思主义史学在全国范围内确立了主导地位，20世纪的中国史学在三四十年代取得重大成就的基础上迎来了新的发展阶段。关于"十七年"历史研究的基本估价，学术界实际上存在着完全不同的两种看法。一种意见认为"十七年"历史研究虽然走过了曲折道路，但是总的来说取得了巨大的成绩。另一种意见，则认为"十七年"的史学完全服务于政治，它被

"农民战争史的研究体系"所笼罩，故无学术独立性可言，甚至将"十七年"史学与"文化大革命"10年中"四人帮"疯狂践踏、摧残历史科学、蓄意制造混乱、颠倒黑白扯到一起，认为新中国成立后30年的史学应划作一个历史阶段。如果后一种观点确有道理，那么，"十七年"中用以指导历史研究的唯物史观基本观点也就早已过时或应宣布为非科学的，当前史学应当彻底地改弦更张的看法，似乎也就有道理了。可见，对"十七年"史学的方向如何正确评价，实则是直接关系到怎样认识20世纪中国马克思主义史学的历史地位，和怎样看待唯物史观的科学价值及其在新世纪史学中的作用这样一个全局性的问题。

我的看法是，新中国成立后"十七年"的史学，既经历过严重曲折，有过严重失误，同时又确确实实取得了巨大的成绩。在进入新时期之际，我们为了拨乱反正、揭露极左错误的危害，曾经着重批判教条化、公式化的种种恶劣表现和严重危害，反思其教训。如果说，在当时条件下着重批判错误一面确有必要的话，那么在今天，认真地总结"十七年"中历史研究的成绩也同样是非常必要的。因为，客观地、全面地看问题，是我们史学工作者的责任。今天的许多历史系大学生和研究生，因为没有经历过"十七年"，又少能看到正确评价"十七年"史学的文章，所以竟然以为"十七年"史学没有什么成绩可言，闭目一想，"十七年"史学一言以蔽之，就是"教条化盛行"。这不仅造成对"十七年"史学的完全错误的认识，而且导致对整个中国马克思主义史学的历史地位及其在今日的发展前景认识模糊。今天，站在新世纪之初的时代高度，回顾新中国成立后10余年历史研究的历程，可以看得很清楚：当时存在着两种对立的学风，两种对立的倾向。一种是正确的学风，坚持创造性地运用唯物史观原理，将之应用到研究中国历史实际中，推进史学工作的发展，开展健康的批评和讨论。一种是教条式地对待马克思主义理论，只会套用现成公式，不愿作严肃、艰苦的搜集、分析史料工作。"十七年"历史研究的成绩，即是在坚持唯物史观指导的正确方向下所取得的，也是在与背离唯物史观原理的教条化倾向作斗争中取得的。曲折和失误，则是背离了唯物史观的结果。强调这一点是十分必要的，因为这是总结"十七年"史学道路的一个实质性问题。"十七年"史学不仅在通史、专史、史学理论、整理历史文献等方面有巨大成绩，同时，由于学习唯物史观，一批原先在三四十年代主要从事实证性研究的学者开阔了视野，提高了理论水平，从而使他们的学术达到新的境界；"十七年"使我国历史学领域基本上建立起比较完整的学科体系，大学历史系教育课程设置比较齐全，并且培养了一批人才，他们后来成为在新时期中活跃的学术骨干，为纠正过去的错误和开创新局面作出了许多贡献。所以，"十七年"史学把20世纪中国史学推向新的阶段，由此而显示出唯物史观的科学价值和生命力。

近年来，唯物史观受到严重的责难和挑战。原因很复杂，需要经过深入讨论和不断实践，来予以澄清和作出理论上较为令人信服的回答。我想，其中有两点可能是比较重要的：第一，要认真区分以往历史研究成绩与失误之轻重大小，尤其是要深入分析造成失误的原因，不能一讲到以往的失误，就归结到唯物史观的账上。第二，马克思主义创始人总结了人类历史和社会结构等，创立了唯物史观的学说，总结出人类社会因生产力与生产关系的矛盾运动等项，而从低级阶段向高级阶段发展的规律。马克思、恩格斯指出的"规律"，不应理解为就如同自然科学的"定律"一样，在任何时间、任何条件都要重复地出现的东西。毋宁说，是以它概括历史发展的逻辑关系，指导我们以其原理从生动丰富的历史进程中创造性发掘和总结。新世纪的史学，必定前景更加广阔，风格更加多样，方法更有不断创新。然而，唯物史观是科学的体系，它能在吸收许多有益的学说、原理之中丰富自己，在实践中发展自己。新世纪中最有前途的史学，能真正拿出来与外国同行平等对话的史学，必定是坚持唯物史观基本原理，又善于发扬前人学术遗产，并通过对外交流、学习外国有用东西以丰富自己，在此基础上勇于开拓创新的史学流派和著作。

基于上述认识，笔者选取了若干应予重点关注的问题进行分析、论证。如，《中国马克思主义史学发展道路的思考》一文认为自"五四"以后中国马克思主义史学的发展应划分为三个阶段，并特别提出：新中国成立后17年，马克思主义史学虽然经历过严重的曲折，但成绩仍是主要的，并非如有的论者所言"完全成为政治的附庸"。主要表现在：以唯物史观原理与中国实际相结合的方向得到坚持，形成百家争鸣的局面，在通史、断代史和专史领域，以及大规模整理历史文献等方向都有重要成果；当1958年以后教条化严重泛滥时，郭沫若、范文澜、翦伯赞等勇于挺身而出进行抵制，在他们身上真正代表了唯物史观的风格；一批熟悉历史考证的学者在唯物史观指导下，学术达到新的境界。《新历史考证学与史观指导》一文，即以蒙文通、谭其骧、唐长孺、赵光贤为代表，论述这些原先在严密考证上训练有素、重视因果关系等治史观念的学者，在接受唯物史观指导之后，自觉地探求历史的本质性和规律性认识，遂将新历史考证学推向新的发展阶段，因而分别在通论性研究、民族史研究、历史地理学、断代史研究等领域取得了令人瞩目的成就。由此证明：唯物史观是科学的历史观，又是科学的思想方法论，它与新历史考证学的方法互相贯通，而又具有更高的科学性和更深刻的洞察力。精熟典籍、考证严密的学者掌握了它，思想认识能力就能大大得到提升，在学术研究上跃进到新的阶段。这是20世纪中国史学演进极其宝贵的思想遗产，值得我们高度珍视并予以大力发扬。《关于中国近代历史进程基本线索的理论》一文，论述关于近代史进程基本线索的理论，是中国马克思主义史学理论建设史上的一项重大收获。这一探讨历经曲折的过程，其发端于20世纪30年代，马克思主义学者论证了近代史主线是反帝反封建革命的正确观点；50年代对近代史分期进行了热烈的争鸣，认识更加深入，尤其是以范文澜为代表的学者提出同时应以资本主义的发展来考察近代社会进程的看法，具有前瞻性意义；进入新时期以后，在解放思想、实事求是路线指引下，学者们从新颖的视角进行思考和分析，更有许多新的创获，胡绳、李时岳、陈旭麓、刘大年的主张尤有代表性，集广大近代史研究者的共同努力，最终得出"两个基本问题"的科学认识。总结这一探索历程有深刻的意义，证明中国马克思主义史家坚持革命性与科学性二者相结合，坚持从掌握充分的史料来科学地分析问题，这同死搬教条的做法完全不可同日而语。这一理论问题最终圆满解决，是近代史领域坚持解放思想，坚持以唯物史观原理分析中国实际问题的逻辑依归。《范文澜与毛泽东：学术的关联和风格的共鸣》一文，论述范文澜在数十年学术生涯中把近代史研究作为治学之一个重点，确立了"实事求是"的治史指导思想，将马克思主义普遍原理与中国历史的具体实际相结合，在长期的学术研究中一贯自觉地防止和反对教条主义，积极地倡导和模范地实行百家争鸣等项治学旨趣和特色，都是由于受到毛泽东的个人影响。他们两人各自在学术领域和政治领域，代表了20世纪中国的时代精神，又同样具有浓厚的中国民族的特色，因而彼此在精神上保持着强烈的共鸣。

下篇为"白寿彝学术风采"。选入的文章是有关白寿彝先生学术思想的评论和对他高尚人格的缅怀。白寿彝先生是我国著名的老一辈马克思主义史学家、教育家和社会活动家。他在学术园地上辛勤耕耘长达半个多世纪。自20世纪50年代初以来长期担任北京师范大学历史系教授、主任，1980年又创办北京师范大学史学研究所，曾任中国史学会主席团成员、北京史学会会长、国务院学位委员会委员和第四至第六届全国人大常委等职务。他治学领域广阔，在中国通史、史学理论、史学史、民族史、宗教史、中国交通史等领域都有高深的造诣。由他担任总主编的《中国通史》共计12卷22册，共约1400万字，是以科学历史观为指导、上起远古时代下迄中华人民共和国成立、内容丰富系统的通史巨著，汇集了全国约500位专家的劳动，凝聚着总主编白寿彝先生20余年的心血。学术界称誉这部巨著是20世纪中国史学的压轴之作。在此后5年时间内，《中国通史》又重印了3次，累计印数达37000套，这在大型历史著作出版史上是极为罕见的。由白寿彝先生主编、撰成于1980年的《中国通史纲要》则先后重印达30次之多，总印数逾100万册。寿彝先生撰著和主编有《中国回回民族史》（四卷本）、《回族人物传》、《中国史学史》（第一册）、《史学概论》、《白寿彝史学论集》、《白寿彝民族宗教论集》、《中国交通史》、《中国史学史论集》等著作，无不是受到学术界的高度重视，为诸多学科和研究领域的研究者提供了十分有益的启迪。严谨治学和锐意创新，是贯彻寿彝先生一生治学的准则，是他能在多学科领域内同时取得卓著建树的真谛，也是他老人家留给后人的宝贵精神财富。他撰写论著，总是广搜材料，仔细地审查和分析，深入开掘，多方面发现材料的内在联系，总结客观地存在于事物中的规律性，然后熔炼成观点鲜明、表达准确、逻辑清晰、篇章结构合理完美的文章。他临文必敬，大到数十万字的专著，小到一千几百字的小文章，他无不精心构撰而成，真正是严肃认真、一丝不苟。他对访问他的记者说：我永不走老路。并告诫周围的同志和学生：你只有把生命投进去，你写的东西才有生命。他又常说，我70岁以后才真正做学问。当我们国家进入改革开放的新时期，寿彝先生已届70岁，但他不知老之将至，相反是迎来他学术上最辉煌的时期，许多重要著作和重大科研项目，正是在他人生道路最后20年中完成的，确实令人景仰和赞叹！他对伟大祖国的历史文化真挚地热爱，大力继承、发掘传统文化中的优良遗产。同时，他坚信社会主义前途，坚信以与时前进、不断发展的马克思主义来指导学术研究和各项工作。"在唯物史观指导下从事新的理论创造"这句掷地有声的话，精当地概括了寿彝先生的学术宗旨。他真正做到了把认识和总结客观的历史——体现当今的时代要求——关心国家和民族的未来三者有机地统一起来。他几十年的著述，则是把坚持正确的理论方向——丰富翔实可靠的史料——恰当优美、雅俗共赏的表现形式三者有机地统一起来。他的优良学风和创新精神无疑是一笔极其宝贵的思想遗产，值得我们高度珍视、发扬光大。

这一辑文章，包括对寿彝先生撰著的《中国史学史》第一册、《白寿彝史学论集》、《中国通史·导论》卷等著作的书评，有关《中国通史纲要》对历史上民族关系的处理的评论。《史学体系的重大创新》一文，对白寿彝先生主编《中国通史》的重大成就作了简略的评论，认为：多卷本《中国通史》，是一部以马克思主义为指导的、内容丰富的皇皇巨著。它集中了"积一代之智慧"的研究成果，在历史理论指导上达到了新的高度，并且在体裁上创造了新综合体的崭新形式，实现史学体系的重大创新。这部巨著的完成，是白先生和各位共同合作的专家们向新中国成立五十周年和21世纪献出的一份厚礼！总主编白寿彝先生不顾高龄，仍然保持如此旺盛的学术创新精神，以一二十年的艰苦劳动作出如此巨大的成就，对于我们后学实是最可宝贵的激励！这部巨著又昭示我们：坚持在唯物史观指导下从事新的理论创造这一方向，发扬传统史学的优良传统，吸收近代史家的优秀成果，坚持学术研究中的创新精神，就能不断推进史学走向新的境界。这对未来世纪史学的发展无疑具有深远的意义。《白寿彝先生编纂〈回民起义〉的学术价值》一文，则对寿彝先生于1952年编纂完成的《回民起义》（4册，共200余万字）一书作了简要评价，认为：这部史料汇集的编纂确是开创性的工作。搜集回民起义史料的工作有特殊的困难，因为，在清代，云南或西北的起义都被镇压，也就不可能有当时人站在起义民众立场所作的正面记载，若干原始资料即使能幸而得以保存也早已散落在民间，寻找极其不易。白先生20世纪40年代在昆明时，即以执著的精神千方百计到处访求，包括在昆明和外县，克服种种困难，他辗转寻觅，找到了一些原始史料和抄本，其中还有马生凤这样的长时期以保存本民族历史文献为职责的回族学者搜集并存留下来的资料。《回民起义》书中有关清代云南回族人民起义的史料，即以此为基础。新中国成立后，又进一步在北京各图书馆、回族学者和宗教人士，以及其他历史学家、文献学家帮助下，加以扩充和系统化。这部书之所以具有很高的史料价值，首先在于搜集文献丰富，种类齐全。共包括四大类：（一）官书（和半官书）；（二）奏议；（三）私人著述；（四）方志和碑刻文字。正因为《回民起义》有重要的学术价值，因此出版以后一直受到近代史和民族史研究者的重视。近年，上海人民出版社与中国书店又将此书联合再版发行。

  本书的出版，首先要感谢北京师范大学历史学院的策划与大力支持。北京师范大学出版社责任编辑刘东明同志以高度认真负责的态度从事本书编校工作，在此谨致谢意。本书选入的文章大多先行在有关刊物上发表过，各位编辑同志均为此付出了辛勤的劳动。博士生刘永祥同志为本书选入文章的搜集、多篇文稿的录入、查对引文、校正错讹，以及规范、补充全书注释等项，付出了极大的心力，对工作十分认真负责。多位博士及在读博士生田园、赵海旺、张峰三位同志也都为作者提供了热心的帮助。谨此向各位尊敬的朋友和热心的同学致以衷心的谢忱！

  书中收入的文章均经作者对文字作了校订，有的篇目对内容略作补充或删改。本书存在的错误、不足之处，敬请读者不吝赐教！

作　者

写于2010年10月

上　篇
学术史探索

论章学诚对历史哲学的探索

一、哲学探索：《文史通义》重要立意所在

章学诚（1738—1801）所著《文史通义》，一向被视为史学评论名著，而它作为18世纪中国学者哲学探索的重要著作的价值则尚未受到应有的重视。实际上，无论是从《文史通义》篇目所反映的探讨范围，从《文史通义》一书命名的寓意，或从章氏对本书著述宗旨的"夫子自道"，都说明哲理探索是其撰著的重要立意之所在。

从《文史通义》①的篇目内容看，列于全书"内篇"之首者，即是《易教》上、中、下，继之为《书教》上、中、下，《诗教》上、下，《礼教》，《经解》上、中、下。再其后，是《原道》上、中、下，《原学》上、中、下，《博约》上、中、下，以及《浙东学术》、《朱陆》诸篇。从这些篇目内容，即已清楚地显示出：阐释儒家六经中蕴涵的哲学内容，专题论述传统思想中"道"这一哲学范畴，以及评论总结宋代理学盛行以来到清

---

① 《文史通义》在章学诚生前曾刊刻过一部分，但非全帙。学诚临终前，以全稿托友人萧山王宗炎为之编校。以后由嘉业堂主人刘承幹刊刻为《章氏遗书》，又称《章学诚遗书》，征辑较完备，除有其主要著作《文史通义》外，还有《校雠通义》，论方志文章（包括所修方志序跋等），及其他文章。此书刻于1921年，称《章氏遗书》本。另一是章学诚次子华绂在河南编辑刊刻的，刻于道光十二年（1832），称大梁本。这两种刻本，就"内篇"部分言，大多相同，而《章氏遗书》本多《礼教》、《所见》、《博杂》、《同居》、《感赋》、《杂说》六篇，而"大梁本"的篇目则不甚完备。再就"外篇"言，《章氏遗书》本所收录的是学诚致友人及家人的书信、为友人文集著作写的序跋、解答别人问题的文字、在书院教导学子的言论等，这些文章都可与"内篇"之内容相发明。而"大梁本"之"外篇"所收者为章氏有关方志叙例的文章。这些对于理解章氏学术思想体系来说，关系相对小一些。但章华绂在"大梁本"序言中却云王宗炎校定本"多与先人原意互异"。故叶瑛《文史通义校注·例言》中批评华绂"则亦未必得先生意也"。本文引用的《文史通义》篇目，均据《章氏遗书》本。

代学术中的义理问题，在《文史通义》全书中不但在位置上最为重要，而且论述方面甚广，内容分量甚重。此外，其他篇目中相关的论述也所在多有。

章学诚作为一位思想深刻的学者，对其《文史通义》的命名，和本人的学术宗旨，曾经一再予以揭示。

《上晓徵学士书》云：

> 学诚自幼读书无他长，惟于古今著述渊源、文章流别殚心者，盖有日矣。尝谓古人之学，各有师法，法具于官，官守其书，因以世传其业。访道者不于其子孙则其弟子，非是即无由得其传。……盖向、歆所为《七略》、《别录》者，其叙六艺百家，悉惟本于古人官守，不尽为艺林述文墨也。其书虽佚，而班史《艺文》独存。《艺文》又非班固之旧，特其叙例犹可推寻。……然赖其书，而官师学术之源流，犹可得其仿佛。故比者校雠其书，申明微旨，又取古今载籍，自六艺以降讫于近代作者之林，为之商榷利病，讨论得失，拟为《文史通义》一书。分内外杂篇，成一家言。①

钱大昕是章氏最敬佩的学者，当时有很高的学术地位，学诚处于坎坷侘傺、无人理解的情况下，写信向他讲出肺腑之言。最值得注意者，是学诚揭示出本人学术宗旨是殚心于"古今著述渊源，文章流别"，"自六艺以降讫于近代作者之林，为之商榷利病，讨论得失"，他所确定的目标，是要分析古今著述的渊源，评判著作之林的利病。这就大大超出了史学评论的范围，证明他要探讨的是自六艺以来讫于当代学术的指导思想及其演变，探讨两千多年来不同著作家学术根本观念的得失。他之所以一再强调古人之学"法具于官，官守其书"，且认为自刘向、刘歆至班固《汉书·

---

① 章学诚著，仓修良编：《文史通义新编》，522～523页，上海，上海古籍出版社，1993。

艺文志》的主要价值是"悉惟本于古人官守",即强调古代学术的本原在于国家施政部门治理政事的职能,学术的发生、儒家经典中记载精深义理,都是与国家治理、社会生活相密切联系。

正由于此,章氏更直接说出《文史通义》所要探究的是"古人大体"。此见《上朱中堂世叔》中言:"近刻数篇呈海,题似说经,而文实论史,议者颇讥小子攻史而强说经,以为有意争衡,此不足辨也。……《通义》所争,但求古人大体,初不知有经史门户之见也。"① 何谓"古人大体"?即指影响两千年来学术发展、世道人心的根本原理和指导思想,也就是哲学问题。当时没有"哲学"一词,章氏论著中所言"古今学术渊源"、"校雠心法"、"著述义理"、"别识心裁"、"学术经世"等,乃即指哲学思想,或是与哲学思想密切相关问题的探索。处于乾嘉当日,学者无不奔竞于文字训诂、史实考订、校勘辑佚等项,且以为此即学问的最高境界、学问的全部,章学诚却倾其全力探究有关古今学术演变、有关世道人心的哲学问题,其立意何等高远,思想何等深刻。但又不被理解,甚至被诧为"怪物"、"异类",他的心境又是何等凄苦!故章氏晚年致信向知己朱少白吐露心曲,告知《文史通义》一书乃发愤之作:

> 鄙著《文史通义》之书,诸知己者许其可与论文,不知中多有为之言,不尽为文史计者,关于身世有所怅触,发愤而笔于书。尝谓百年而后,有能许《通义》文辞与老杜歌诗同其沉郁,是仆身后之桓谭也。②

由此可以明了,章氏在书中所发的议论,不只超过史学评论范围,且不限于一般分析学术源流或评价高下得失,而是针对于社会历史和学术指导思想的深层次问题而发,所以才称"中多有为之言",并且将深沉地忧国忧民、向以沉郁顿挫著名的杜甫诗歌引为同调,自信百年之后能有人真

---

① 章学诚著,仓修良编:《文史通义新编》,630 页,上海,上海古籍出版社,1993。

② 同上书,645 页。

正理解其"学术经世"的深刻意义。章氏考察的范围极为广阔而深刻,既总结千年史学的演变、讨论"史学义例",做到"辨章学术、考镜源流",又要论述有关社会历史和学术变迁的哲学问题,发挥学术经世、挽救时代风气流弊的作用。章氏命名其书为《文史通义》,正是自标界说,表明他在训诂考证之风盛行情况下,独树一帜,打通文史,以"义理"即哲学思想为指导,对于深层次问题进行探讨、总结。

二、历史哲学探索的第一层次:对儒家经典的新诠释

中国古代,哲学与儒家经典几乎成为同义语,章学诚的哲学探讨,自然必须依据儒家六经,以之为资料,据以提出问题展开讨论。章学诚是以与前人不同的时代眼光、不同的态度来研究问题的。历代儒者视经典词句为万古不变的教条,只能顶礼崇拜,甚至将其神秘化,缺乏独立思考和理性批判的精神,更不能引发和创立新的哲学原理。如《诗经》被定性为"夫《诗》者,论功颂德之歌,止僻防邪之训"①。又说:"故正得失,动天地,感鬼神,莫近于《诗》。先王以是经夫妇,成孝敬,厚人伦,美教化,移风俗。"②《诗经》中的十六国风,本是采自各个地区的民歌,却被《毛传》解释为是宣扬封建政治规范、教化伦理的标本,称"《周南》、《召南》,正始之道,王化之基"。《关雎》本是表达男女相悦的爱情诗,却被孔颖达解释为"由言《二南》皆是正始之道,先美家内之化。是《关雎》之篇,说后妃心之所乐,乐得此贤善之女,以配己之君子;心之所忧,忧在进举贤女,不自淫欲其色。又哀伤处窈窕幽闲之女未得升进,思得贤才之人与之共事君子,劳神苦思而无伤害善道之心。此是《关雎》诗篇之义也。"③ 而《尚书》这部上古时代政治文件的总汇,则被神化为:"夫《书》者,人君辞诰之典。……得之则百度惟贞,失之则千里斯谬,枢机之发,

---

① 《毛诗正义·序》,《十三经注疏》本,261页,北京,中华书局,1980。
② 同上书,271页。
③ 同上书,273页。

荣辱之先,丝纶之动,不可不慎。"① 又称孔子修《春秋》为"据周经以正褒贬,一字所嘉,有同华衮之赠,一言所黜,无异萧斧之诛。所谓不怒而人威,不赏而人劝,实永世而作则,历百王而不朽也。"② 而章学诚则迥异流俗,他要从经典中探求、阐释有关社会、世风和学术的真理性认识,他以实事求是、独立思考的态度,既能揭示出经典中的真价值,又能评判其中得失,并进行创造性的发挥。《文史通义》书中,《易教》、《书教》、《诗教》、《礼教》等篇都是针对各部经典作论说。他论述的问题颇为广泛和深刻,择其最具理论价值者,约有以下四项。

一是,倡"六经皆史"说,鲜明地提出"儒家经典是圣人头脑制造出来的,还是古代治国实践的产物"的问题,并给以发人深省的回答。

《文史通义》首篇《易教上》开宗明义提出:

六经皆史也。古人不著书;古人未尝离事而言理,六经皆先王之政典也。

章学诚提出的"六经皆史"命题,实具深刻的哲理性和明确的针对性。自从儒学确立为独尊地位以来,千百年来,因封建帝王的提倡,世代儒生的鼓吹传播,儒家经典已被神圣化,"六经"是孔子"天纵之圣"头脑中固有的,具有纲举天下的意义,而且将万古不变,成为不可移易的定理。历代的所谓贤者加以神化、经师们大力推演,将六经和孔子之教涂上一层神圣的光环,如董仲舒言"天地之常经,古今之通谊"③,伪《古文尚书》孔安国序中称,孔子删《书》,"举其宏纲,撮其机要,足以垂世立教,……所以恢弘正道,示人主以轨范也"④。整个社会实则弥漫在这种神秘化、凝固化的思想体系之下,造成严重的禁锢作用,压制、摧残活泼的创造和革新精神。

---

① 《尚书正义·序》,《十三经注疏》本,110页,北京,中华书局,1980。
② 《春秋正义·序》,《十三经注疏》本,1698页,北京,中华书局,1980。
③ 《汉书》卷五十六《董仲舒传》,2523页,北京,中华书局,1962。
④ 伪《古文尚书》孔安国序,《十三经注疏》本,114页,北京,中华书局,1980。

章学诚"六经皆史"说恰恰在"儒家经典是如何生成的"这一具有根本意义的问题上提出了挑战。他明确提出："六经"是古代治理国家的制度和智慧的记载，"六经皆先王之政典"。儒家经典虽然地位很高，但不是古代圣贤周公、孔子有意专门写出一部包含极其高深的"道"的书，古人没有离开具体活动、闭门写书的事情。六经中的"道"和"理"，都是与古代社会生活、人伦日用密切相联系的，六经乃先王治理国家的历史记载，所以，"六经皆史也"。章学诚又提出，六经是先王之政典，以《诗》、《书》、《礼》、《乐》、《春秋》等经典的内容言，应当容易理解，而《易》是讲阴阳变化的，为何也是"先王之政典"呢？答曰："其道盖包括政教典章之所不及"，"其教盖出政教典章之先矣。"故《易》不但与五经同为政典、具有"与史同科"之义，而且《易》之道是具体典章制度之本原。庖羲、神农、黄帝有"三《易》"，都是根据"天理之自然"，即对自然现象观察、总结而得的规律性知识来教民。章学诚又引孔子所说："我观夏道，杞不足征，吾得夏时焉；我观殷道，宋不足征，吾得坤乾焉。"可证《易经》究明阴阳道理，是与观象授时、制定历法同为一代法宪，故也是有关治世之记录；此又足以说明《易经》并不是圣人"空言著述"，有意专门写一部讲抽象的"道"的书。章氏认为《左传·昭公二年》所载韩宣子聘鲁，"观书于太史氏，得见《易》、《春秋》，以为周礼尽在鲁"这一史实很有意义。"夫《春秋》乃周公之故典，谓周礼之在鲁可也。《易》象亦称周礼，其为政教典章，切于民用而非一己空言，自垂昭代而非相沿旧制，则又明矣。"①

章学诚将"六经皆史"作为《文史通义》全书开篇首先提出的命题，意义是很深刻的。以往研究者曾论述"六经皆史"的论点是扩大了史学的范围，提高了史学的地位，将儒家经典也作为史料看待，还有的论述章氏的论点有抹去儒家经典神圣光环的意义，将经书降至与史学平起平坐的地位。这些看法无疑都有道理，对于理解章氏观点有积极的意义。但若仅只限于这种认识则显然是很不够的。"六经皆史"这一理论创造的深刻意义

---

① 《文史通义》内篇一《易教上》。

在于：首次提出和辨析古代经典不是圣人头脑演绎、构建出来的，而是古代国家治理、社会生活的产物这一哲学根本性范畴的命题。处于乾嘉时期考证之风盛行、理论思维相对弱化的现实条件下，章氏的论点便具有别树一帜、引导学者向哲理探索的正确方向努力的重要意义。至于有的文章曾经争"六经皆史"是谁首创的问题，这显然并不重要。章氏以前，确有人讲过类似的话。王阳明回答学生徐爱说："以事言之谓之史，以道言之谓之经，事即道，道即事，《春秋》亦经，五经亦史。"① 此外，明代及清代讲类似的话者，有王世贞，见《弇州山人四部稿》卷一四四；李贽，见《焚书》卷五《经史相为表里篇》；何景明，见《大复集》卷三二《经史皆记事之书》；潘府，见《明儒学案》卷四六《诸儒学案》；顾炎武，见《日知录》卷三。有的论著还追溯到更早，提出可追溯至元代郝经甚至东汉。② 即使能找到很早的出处，也不会降低章学诚这一命题的意义。因为前人都只是行文中涉及，并无专门论述。章学诚是作为重要理论主张提出来，深入地加以论证，并且是针对时弊而发，是与他强调学术必须"经世"的主张密切相联系的。

二是，论述学术史上的重要规律：战国之文多出于《诗》教，后世文章各种体裁，其发端在战国。由此也可证明古代未尝有著述之事，至战国而著述之事专。

在《诗教上》篇中，章学诚认为，从文章体裁演变史考察，战国为一关键时期，"至战国而后世之文体备"，"至战国而著述之事专"。战国诸子争鸣，他们都得六艺道体之一端，而后能恣肆其说，以成一家之言。如"老子说本阴阳，庄、列寓言假象，《易》教也；邹衍侈言天地，关尹推衍五行，《书》教也；管、商法制，义存政典，《礼》教也；申、韩刑名，旨归赏罚，《春秋》教也"。章氏进而提出，战国之文，"其源多出于《诗》

---

① 王守仁：《传习录上》，见《王阳明全集》，10页，上海，上海古籍出版社，1992。
② 两说分别见陶懋炳：《中国古代史学史略》，长沙，湖南人民出版社，1987；陆宗达：《从旧经学到马列主义历史哲学的跃进——回忆吴承仕先生的学术成就》，载《北京师范大学学报》，1984（2）。

教"。何以见得呢？他认为，从春秋、战国典籍的大量记载说明，春秋行人，深明《诗》之比兴、讽谕之义，列国大夫聘问诸侯，出使专对，熟习诗篇而又灵活运用以达其旨；战国纵横之士，推衍而敷张扬厉，正是行人辞令运用之极致。"孔子曰：'诵诗三百，授之以政，不达；使于四方，不能专对，虽多奚为？'是则比兴之旨，讽谕之义，固行人之所肄也。纵横者流，推而衍之，是以能委折而入情，微婉而善讽也。"从学术史的演进言，战国是一大关键。战国以前，"未尝有著述之事"，官、守、史、册合一。故说，"官师守其典章，史臣录其职载，文字之道，百官以之治而万民以之察，而其用已备矣。"至战国而著述之事专，"《论语》记夫子之微言，而曾子、子思，俱有述作以垂训，至孟子而其文然后闳肆焉，著述至战国而始专之明验也。"

三是，认为《尚书》对后代的最大启示是，因事命篇，不拘一格，详略去取，体圆用神。特别对于解决史学演进出现的严重积弊具有开创新局的意义。

千百年来，对于《尚书》这部经典，确实视为古代圣君遗留的宝典，只能恪守、尊奉。甚至晚清皮锡瑞，虽然他已初步接受了近代进化论思想，但仍强调"圣人作经，以教万世"[①]。又云："圣人作经，非可拘以史例"，且批评"史家不知《尚书》是经非史，其书不名一体，非后人所敢妄议"。[②] 章学诚在《书教下》篇中，则明确地将《尚书》置于学术演变的长河中来评论。首先，他批评前人据《礼记》所称"左史记言，右史记事"，而长期以《尚书》分属记言，《春秋》分属记事的普遍说法，指出它至为不当："夫《春秋》不能舍传而空存其事目，则左氏所记之言，不啻千万矣。《尚书》典谟之篇，记事而言亦具焉；训诰之篇，记言而事亦见焉。"其次，他总结先秦至两汉史学的演变，概括其规律性现象，指出："《尚书》一变而为左氏之《春秋》，《尚书》无成法而左氏有定例，以纬经也；左氏一变而为史迁之纪传，左氏依年月而迁书分类例，以搜逸也；迁

---

① 皮锡瑞：《经学历史》，341页，北京，中华书局，1959。
② 皮锡瑞：《经学通论》，102页，北京，中华书局，1954。

书一变而为班氏之断代，迁书道变化，而班书守绳墨，以示包括也。"因此，认为《史记》《汉书》分别代表历史编纂的两种不同风格："盖迁书体圆用神，多得《尚书》之遗，班氏体方用智，多得官礼之意也。"第三，他重点分析当前秉承《书》教具有极大的现实意义，应该大力发扬《尚书》"疏通知远"的精神和"体圆用神"的遗规，破除历史编纂长期以来形成的墨守成规的严重积弊。对于历代"正史"纂修缺乏别识心裁，只能因袭旧轨，甚至视为天经地义的积弊，他予以激烈的指责："后世失班史之意，而以纪表志传，同于科举之程式，官府之簿书，则于记注撰述两无所似，而古人著书之宗旨不可复言矣。史不成家，而犹拘守成法，以谓其书固祖马而宗班也，而史学之失传也久矣！"

那么，历史编纂如何变革现状，开辟一条新路呢？他认为，犹如迷路的人为找到正确方向必须回到原先的起点一样，这就必须探究和恢复《尚书》创立朴实记事所体现的原则："夫经为解晦，当求无解之初；史为例拘，当求无例之始。例自《春秋》左氏始也，盍求《尚书》未入《春秋》之初意哉！"《尚书》的最大优点是，因事命篇，起讫自如，灵活变化，体圆用神。"夫史为记事之书，事万变而不齐，史文屈曲而适如其事，则必因事命篇，不为常例所拘，而后能起讫自如，无一言之或遗而或溢也。"而纪事本末体之法实能体现这种编纂原则："按本末之为体也，因事命篇，不为常格，非深知古今大体，天下经纶，不能网罗隐括，无遗无漏，文省于纪传，事豁于编年，决断去取，体圆用神，斯真《尚书》之遗也。"因此，他提出"仍纪传之体而参本末之法"①，作为历史编纂改革的方向，对于19世纪以来历史编纂的发展产生了很深远的影响。

四为论述三代之礼的实质，皆折中于时之所宜。指出当时学者从事礼学考证，固然重要；但更要紧的是以所治之《礼》，折中后世之制度，以断今之所宜。

《礼教》篇针对当世研治礼经者，兀兀穷年，所致力的都是在文献整理考证范围，即溯源流，明类例，综名数，考同异，搜遗逸等项严重局限

---

① 《文史通义》外篇三《与邵二云论修宋史书》。

性，强调应以哲理为指导，提高研治礼学的层次。章学诚认为，三代之礼，皆折中于时之所宜，可知典章制度与道，都因时而异，由社会生活需要而得。故云："或曰：周公作官礼乎？答曰：周公何能作也！鉴于夏、殷而折中于时之所宜，盖有不得不然者也，故曰'道之大原出于天'也。"对此，他进一步引申"六经皆先王之政典"的观点，论述礼经是当年治国制度之记录："夫一朝制度，经纬天人，莫不具于载籍，守于官司。故建官治典，决非私意可以创造，历代必有沿革，厥初必有渊源。"明了礼经是古代治国成功经验的记载，是"折中于时之所宜"，则可判定当今学者尽心竭力于古代文献的搜辑、考订固然也有其价值，但绝不能错误地视此为学问的最高境界，而应该追求学问更高的层次。故谓："然以此为极则，而不求古人之大体以自广其心，此宋人所讥为玩物丧志。"章氏处在当日学者醉心考证工作的情况下，却难能可贵地告诫人们，真正有意义的工作，是学以致用，结合现实，指导现实："推其所治之《礼》，而折中后世之制度，断以今之所宜，则经济人伦，皆从此出。"他又借此精辟地阐释考证之学和创造发挥两个不同的层次："夫名物制度，繁文缛节，考订精详，记诵博洽，此藏往之学也；好学敏求，心知其意，神明变化，开发前蕴，此知来之学也。"且又强调："真能知来者，所操甚约，而所及者甚广。"跳出名物训诂考证的局限，掌握并运用哲学观点，勇于从事"开发前蕴"的创造，则礼学也成经世之学，且将拥有多么广阔的天地！

三、历史哲学探索的第二层次：
论证具有深刻意义的新命题

以上所论《易教》、《诗教》、《书教》、《礼教》诸篇，都是章氏对儒家经典的新解，从而提出"六经皆史"，要"断以今之所宜"，"开发前蕴"等重要的理论主张。古代的哲学原理大量的都是包含在儒家经典之中，章氏借诠释经典来讨论哲学问题，是很自然的事，而且有其方便之处。然而，托庇于经典，本身又受到很大的局限。只有把哲学问题独立出来进行探讨，才能大大推进一步，提出真正能"一家之言"的理论体系。章学诚正是按照这一思路前进。对儒家经典的新诠释为第一层次,是他探索历史哲学的基础;围绕哲学的最高范畴"道"提出重要的新命题为第二层次,是他探索历史哲学的深化和升华。

《文史通义》中《原道》(上、中、下)三篇,阐述了极具深刻性的三项命题,构建了历史哲学的初步体系。这三篇作于章氏52岁时(乾隆五十五年,1790年),是代表其晚年学术思想成熟之作,成为中国古代思想史上极其珍贵的理论成果。

第一个命题:论"道出自然","渐形渐著",存在"不得不然"的客观演进趋势。这是明确阐述"道"的客观性和历史渐进性。

《原道上》的开篇,章学诚即提出本篇主要论点:"道"并不是玄妙、神秘的,作为根本原理和社会法则的"道",是随着社会生活逐步发展的,有其客观的演进过程,国家制度等都是后起的。其论云:

> 道之大原出于天,天固谆谆然命之乎?曰:天地之前,则吾不得而知也。天地生人,斯有道矣,而未形也。三人居室,而道形矣,犹未著也。人有什伍而至百千,一室所不能容,部别班分,而道著矣。仁义忠孝之名,刑政礼乐之制,皆其不得已而后起者也。

"道"的根本源头出于天。这个"天",可有两种理解:一是自然的天;一是有意志的天。章学诚发问:"天难道真的是不知疲倦地指挥号令着吗?"通过回答,逐层递进,强调"道"是客观趋势推演形成的,否定了是由有意志的"天"的安排的神秘观念。首先,当混沌之初,刚刚有了人类时,天地阴阳变化,四时运行的"道"就存在了,但作为社会生活的"道"却未出现。这是鲜明地亮出其唯物的、发展的观点:未有圣人之前,"道"就存在了,可见"道"不是圣人头脑里创造出来的,而是由社会一步步演变而产生和发展的。其次,当远古人类数量很少,即群居生活(原始社会)的最初阶段,规定社会生活法则的"道"的最早形态已经出现。再次,群居的人类数量越来越多,社会越来越复杂,不同的部落、部族,不同的阶层、等级出现了，作为社会生活法则性的"道"便越来越复杂、显著。最后，归结说：仁、义、忠、孝这些观念，刑、政、礼、乐各种制度，都是由于客观趋势的推动而在后来逐步形成的。

　　以上章氏所作的论述是前人从未有过的新观点，因此必须进一步展开论证，尤其是要强调"道"在不同阶段如何"渐形渐著"，道是客观法则，事势自然不断演进，不是圣人智力所为。章氏极具说服力地论证了：群居的人类为了解决日常生活需要问题，居住安全问题，就逐步产生分工、管理制度，由简单到复杂逐步形成，反映在观念上，"均平秩序之义"也逐步产生、发展；又由于公共事务越来越复杂，逐步产生出从管理小部落的首领，到产生管理国家的杰出人物。名目越来越多，制度越来越复杂，君臣制度，各种行政部门、行政区划、封建诸侯、设立学校，都随之形成、发展起来。章氏强调，不论是最初阶段的"三人居室，则必朝暮启闭其门户，饔飧取给于樵汲，既非一身，则必有分任者矣，或各司其事，或番易其班"；或是其后"又恐交委而互争焉，则必推举长者持其平"，"至于什伍千百，部别班分，亦必各长其什伍而积至于千百"；或者国家形成之后，"作君、作师、画野、分州、井田、封建、学校"等制度或观念的确立：都是按照人类生活和生产的演进而逐步产生和发展的，都显示出"不得不然之势"。因此必然得出这样的结论："故道者，非圣人智力之所能为，皆其事势自然，渐形渐著，不得已而出之，故曰'天'也。"

　　章学诚探讨"道"的本原和演变的理论价值在于，他继承了传统思想中关于礼制和国家制度的论述，而向前大大地推进了。章氏从前人吸收的思想营养，我们可以举出《周易》和《荀子》的论述。《易·系辞下》云："古者，庖牺氏之王天下也，仰则观象于天，俯则取法于地，……于是始作八卦，以通神明之德，以类万物之情。作结绳而为网罟，以佃以渔，盖取诸离。庖牺氏没，神农氏作，斫木为耜，揉木为耒，耒耜之利，以教天下，盖取诸益。……黄帝尧舜垂衣裳而治，盖取诸乾坤。刳木为舟，剡木为楫，舟楫之利，以济不通，致远以济天下，盖取诸涣。"《荀子·礼论》云："礼起于何也？曰：人生而有欲，欲而不得，则不能无求；求而无度量分界，则不能不争；争则乱，乱则穷。先王恶其乱也，故制礼义以分之，以养人之欲，给人之求，使欲必不穷乎物，物必不屈于欲，两者相持而长，是礼之所起也。"

这些论述，可以视为章氏所继承的思想资料。但明显的是，《易·系辞下》虽讲了社会的演进趋势，但主要讲生产和制作，而且都是圣人发明创造出来以教民使用。《荀子·礼论》讲礼的起源，包含有唯物的观点，但所讲主要限于讲礼的产生是为了防止人相争而物穷。这些都能使章氏受到启发，但章氏的论述更加深邃，达到更高境界，是讲作为理论核心和社会生活法则的"道"，如何从原始混沌、草昧初开时代，逐步演进，由低级阶段达到高级阶段，讲到刑政礼乐制度的产生，负责管理和统治国家人物的出现，以至行政区划、井田、学校的出现，特别强调这是由于"事理自然，渐形渐著"，"不得不然"，逐步演进的。所以侯外庐评价说：他好像洞察到一些由原始公社、氏族公社到形成国家的演变。①

尽管章氏远未达到系统、详尽、科学，也比不上摩尔根对易洛魁部落的充分调查、达尔文的科学考察，其中还有不少推论的成分。但其重要理论价值，在于他探讨了历史哲学中具有核心意义的各种社会国家制度形成的客观性和渐进性课题，而且所作的描画，毕竟与人类社会演进和社会生活法则的实际进程大体相符合，坚持了正确的认识路线，具有很高的唯物主义思想价值。

那么，"道"与各种治国制度、"圣人制作"是什么关系呢？章学诚进一步论述："道"是万事万物形成之"所以然"的客观法则，万事万物、"圣人制作"都是在理和势条件下产生的结果，是道在不同阶段的表现和形式。道好比是不停地前进的车轮，六经、"圣人制作"等则是车轮留下的辙印。总之，应当区分推动形成万事万物客观法则的"道"本身，和万事万物的具体形式（包括六经中记载的具体道理和"圣人制作"）。故言："《易》曰：'一阴一阳之谓道。'是未有人而道已具也。继之者善，成之者性。是天著于人，而理附于气。故可形其形而名其名者，皆道之故，而非

---

① 侯外庐：《中国思想通史》第 5 卷第 13 章《章学诚的思想》，507 页，北京，人民出版社，1956。

道也。道者，万事万物之所以然，而非万事万物之当然也。人可得而见者，则其当然而已矣。""天著于人，而理附于气"，就是强调社会历史演进和国家制度产生背后的法则性是客观的（"天"和"理"），其表现则是人事活动和各种具体的事物、制度（"人"和"气"）。故此，凡有具体的事物，凡是起了具体名称的，都是"道"的生成物（"道之故"）而不是"道"本身。"道"是推动万事万物形成的客观法则，而不是万事万物的具体形式。人能看得见摸得着的，就是它的具体形式。至此，章氏乃以酣畅的气势论述历代制度的创设，是由于事物的不得不然：

> 人之初生，至于什伍千百，以及作君、作师、分州、画野，盖必有所需而后从而给之，有所郁而后从而宣之，有所弊而后从而救之。羲、农、轩、颛之制作，初意不过如是尔。法积美备，至唐、虞而尽善焉；殷因夏监，至成周而无憾焉。譬如滥觞积而渐为江河，培塿积而至于山岳，亦其理势之自然，而非尧、舜之圣过乎羲、轩，文、武之神胜于禹、汤也。后圣法前圣，非法前圣也，法其道之渐形而渐著者也。三皇无为而自化，五帝开物而成务，三王立制而垂法，后人见为治化不同有如是尔。当日圣人创制，只觉事势出于不得不然，一似暑之必须为葛，寒之必须为裘，而非有所容心，以谓吾必如是而后可以异于前人，吾必如是而后可以齐名前圣也。

以如此透彻的语言论述由于草昧初开，到各种国家制度的建立，都是有了需要以后促成创造，有了郁积因而需要宣泄，有了弊病而后需要革除；伏羲、神农、黄帝、炎帝、颛顼这些古帝先王所有的制作发明，其动因莫不如此；这好比小泉汇成江河，小土丘积成高山，是道理和事势决定的必然趋势，并不是后代帝王的个人才能一定超过前代帝王——论述对于历史哲学具有根本性原理意义的这样一篇道理，章学诚无疑是第一人！

由此也就应当理解：后圣效法前圣，并不是效法前圣的具体做法，而是效法前圣依据客观的理、势所推动，把制度创制得更加显著、更加完善的道理，所以，客观趋势（或言"事物法则性"）的道，好比是车轮永远转动、向前发展，而具体的制度、事物，则好比车轮留下的一段一段的轨迹。"一阴一阳，往复循环者，犹车轮也；圣人创制，一似暑葛寒裘，犹轨辙也。"章学诚就是这样以极其形象、极其简洁明了的语言，解答了"道"与各种国家制度、"圣人制作"二者的关系。

第二个命题："言圣人体道可也，言圣人与道同体不可也。"

在上述透彻地论证了"道"是事物的内在法则，历代制度、"圣人制作"是因理和势客观推动形成这一根本命题以后，章学诚已经掌握了充分的立论根据，因而能够有的放矢地澄清一些长期被混淆的观点。

首先是，能不能把圣人的制作、经典，等同于"道"？道有自然，与圣人不得不然，二者能等同吗？

千百年来儒生对经书极度崇奉，认为圣人和儒家经典就是"道"的化身，圣人—六经—"道"三位一体，成为根深蒂固、牢不可破的观点。章氏却振聋发聩，提出针锋相对的观点："道"与圣人不能等同。所论极为有力：

> 道有自然，圣人有不得不然，其事同乎？曰：不同。道无所为而自然，圣人有所见而不得不然也。故言圣人体道可也，言圣人与道同体不可也。圣人有所见，故不得不然；众人无所见，则不知其然而然。孰为近道？曰：不知其然而然，即道也。非无所见也，不可见也。不得不然者，圣人所以合乎道，非可即以为道也。①

"道"是客观法则，圣人是体认客观法则所显示出来的客观趋势，认识到客观的需要。"道"是客观进程的演进，仿佛是无意志、无知觉的，圣人是对理与势的需要有所认识而创设。言"圣人体道"符合实际，言"圣人与道同体"则大错特错，表面上只是字句稍有不同，实质上是非正

---

① 以上引文均见《文史通义》内篇二《原道上》。

相反。圣人不是"道"的化身，圣人只是对当时理势的需要有正确的认识，历代儒者却因为错误地把圣人以及六经当作"道"的化身，所以忘记了认识新事物、总结理势的新变化、创设新制度的责任，这正是问题的症结所在，这个根本性的是非不可不辨！章氏对"言圣人体道可也，言圣人与道同体不可也"这一重要命题的论证，是针对千百年来流行的谬见的有力辩驳，表明了对认识新的理势、担当起把"道"向前推进的历史责任的一种初步觉醒。因此两种提法是保守锢蔽与革新进取两种精神状态的对立，是保持中世纪的蒙昧迷信意识与追求理性觉醒的近代意识的对立，是唯心与唯物两种思想路线的对立。这一见解在当时讲出来，确是惊世骇俗，以至大梁本的整理者心有顾虑而把这一重要命题在《原道》篇中删去了！①

章氏进而论述：

> 圣人求道，道无可见，即众人之不知其然而然，圣人所藉以见道者也。故不知其然而然，一阴一阳之迹也。学于圣人，斯为贤人。学于贤人，斯为君子。学于众人，斯为圣人。

这是为了澄清千百年来视圣人为"天纵之才"，神秘莫测，众人是芸芸众生，只能盲目服从的糊涂观念，提出"圣人学于众人"的新观点。因为圣人的作为只是体现了客观理势的需要，圣人如果不从众人的行为、欲望中得到正确认识，就不能成其为"圣人"。这一观点在将圣人视为万世师表、视众庶为愚昧无知的时代，更不愧为石破天惊的伟论。

著名学者钱穆、叶瑛均曾论述章氏观点与戴震之相通处和不同处，对章氏论点的意义提出了颇有价值的见解。钱穆在《中国近三百年学术史》中提出，章实斋论"道"，与戴东原的见解所同之处是，二人都主张"道"不能离开人伦日用；不同之处则为，戴东原认为"道在六经"，而章实斋认为六经合乎道而并非等同于道，自然变则圣人之不得不然者亦将随而变。故其论云：

---

① 参见叶瑛：《文史通义校注》，127 页注 25，北京，中华书局，1985；章学诚著，仓修良编：《文史通义新编》，45 页注 1，上海，上海古籍出版社，1993。

实斋谓道不外人伦日用，此在东原《绪言》、《疏证》两书中，主之甚力，即《原善》亦本此旨，惟发之未畅耳。实斋所谓"道之自然"与"不得不然"者，亦即《原善》"自然"与"必然"之辨。故主求道于人伦日用，乃两氏之所同。惟东原谓归于必然，适全其自然，必然乃自然之极致，而尽此必然者为圣人，圣人之遗言存于经，故六经乃道之所寄。实斋则谓圣人之不得不然乃所以合乎道，而非可即为道。自然变，则圣人之不得不然者亦将随而变，故时会不同，则所以为圣人者亦不同。故曰圣人学于众人，又曰"六经皆史"，则六经固不足以尽夫道也。①

叶瑛在《文史通义校注》中则强调《原道》上中下三篇是《文史通义》全书总纲，指出：

  盖清儒自顾亭林以来，以为道在六经，通经即所以明道。实斋则谓道在事物，初不出乎人伦日用之间。学者明道，应即事物而求其所以然，六经固不足以尽之。《文史通义》本为救当时经学之流弊而作，此三篇实为全书总汇。②

叶瑛又谓："清儒以为由训诂章句以通经，即经以求道，此自顾炎武以至戴震皆然。章学诚以道在穷变通久，非六经所能尽。"③ 此外，他又对《原道上》"不得不然者，圣人所以合乎道，非可即以为道也"一句加了精彩的评论："此语甚吃紧。实斋论学之旨，与戴东原迥异，而论道之意，则有采东原而略变者。"④ 钱穆、叶瑛二位先生于《文史通义》，真可谓"好学深思，心知其意"者，他们关于章氏"道"的探索之精义所在的评价，也堪称是近代学术史上的精到见解，值得我们仔细地玩味。

---

① 钱穆：《中国近三百年学术史》，423 页，北京，商务印书馆，1997。
② 叶瑛：《文史通义校注》，124 页注 1，北京，中华书局，1985。
③ 同上书，143 页注 17。
④ 同上书，127 页注 27。

第三个命题："道"与事功密切相连，六经不能尽"道"，事变之出于后者，六经不能言，立言之士的责任是总结出新的"道"。

对此，章氏分三层进行论证。第一层是：孔子未尝离开三代之政教，而以空言存其私说。欲学孔子而离开事功，是不知孔子。"夫子尽周公之道而明其教于万世，夫子未尝自为说也。""虞廷之教，则有专官矣。……然既列于有司，则肆业存于掌故，其所习者修齐治平之道，而所师者守官典法之人。治教无二，官师合一，岂有空言以存其私说哉！"他尖锐地批评世儒欲学孔子而摒弃事功，抱着经书而不作为，这恰恰违背了孔子的学说。第二层是：六经是明道之器，政教典章人伦日用之外，更无别出著述之道。三代以前，典章制度、人伦日用和六经中治国之"道"，是统一的，治教合一、官师合一；后代儒者却视六经为圣人专门言"道"的书，把"道"与社会生活相割裂，将"道"与"器"相割裂，这是完全错误的。故言："三代以前，《诗》、《书》六艺，未尝不以教人，非如后世尊奉六经①，别为儒学一门而专称为载道之书者。盖以学者所习，不出官司典守、国家政教，而其为用，亦不出人伦日用之常，是以但见其为不得不然之事耳，未尝别见所载之道也。……而儒家者流，守其六籍，以为是特载道之书耳。夫天下岂有离器言道，离形存影者哉！彼舍天下事物人伦日用，而守六籍以言道，则固不可与言夫道矣。"② 第三层是：事物不断发展，"道"也要发展，当代学者应担负"约六经之旨而随时撰述以究大道"的时代责任，对后世事变予以总结，以推进对社会生活演进法则性之认识。这是《原道下》篇的核心观点，也是章学诚在哲学探讨上远远高于同时代学者之处！章氏强调当时考证学者以训诂章句专攻一经为学问的极致，实则只得一隅，未能认识古人学问的全体："但既竭其耳目心思之智力，则必于中独见天地之高深，因谓天地之大，人莫我尚，亦人之情也。而不知特为

---

① 此句据《章氏遗书》本作"非如"，语气明晰，乃章氏批评世儒不明白六经皆先王之政典，圣人并无别出著述之道；而把"道"与社会生活相割裂，视六经为专门载道之书。大梁本改作"不如"，则贬低三代治教合一、官师合一，肯定世儒守六经以言道的不正确态度。大梁本所作的改动，与章氏之原意正好相反。

② 均见《文史通义》内篇二《原道中》。

一经之隅曲，未足窥古人之全体也。训诂章句，疏解义理，考求名物，皆不足以言道也。取三者而兼用之，则以萃集之力补遥溯之功，或可庶几耳。"他又认为，孔子所言"予欲无言"，孟子所言"予岂好辩哉？予不得已也"，恰恰证明古代圣贤是由于总结出客观社会生活的规则性而后不得不发之为言，那么，当今学者也应当具有高度的使命感，担负阐明穷变通久，总结六经之后社会生活发生的变化，推进和究明大道的时代责任：

> 夫道备于六经，义蕴之匿于前者，章句训诂足以发明之。事变之出于后者，六经不能言，固贵约六经之旨而随时撰述以究大道也。太上立德，其次立功，其次立言，立言与立功相准。盖必有所需而后从而给之，有所郁而后从而宣之，有所弊而后从而救之，而非徒夸声音采色，以为一己之名也。①

因此，当今对待六经、对待学术的正确态度是，抛弃六经是孔子因其"天纵之圣"，从头脑中演绎出来的旧观念，抛弃"道"是固定不变、六经已经穷尽的旧观念，改变以为凭训诂章句即能获得古人学术真谛的错误态度，树立"道"与社会生活密切联系、因事物发展"道"也向前发展的正确态度，明确学者的责任是针对现实社会中"有所需""有所郁""有所弊"的问题，着力探究、总结哲理性的认识，勇于创造，回答时代的要求。

四、"其所发明，实从古未凿之窦"：将"道"的探究推向新境界

关于"道"的内涵和古今哲学家对"道"如何阐释，一向诚为哲学史、思想史论著所关注。《中国大百科全书·哲学卷》"道"的辞条说"道"是道家（老庄）提出的，其解释基本上不涉及儒家，这似乎是明显

---

① 以上均见《文史通义》内篇二《原道下》。

的缺陷。其实,在中国历史上,儒家对"道"的讨论甚多,对意识形态的发展关系更大。辞条对"道"下的定义为:"用以说明世界的本原、本体、规律或原理。"这一定义颇有学术参考价值。而结合章学诚《原道》上中下三篇所阐发的,觉得他所揭示的"道"的内容更为透彻、贴切,其所指包括三个方面:(1)根本原理、哲理的最高境界;(2)人类社会演进、治理国家经验的总结;(3)人伦日用、社会生活和其他事物演进的法则性、规律性。三个方面互相联系。

《原道》三篇撰成之时,颇受学者讥议,认为"题目太熟",与前人所论势必雷同,难有新意。实际情况却大为不然。前人确实有过同名的三篇,但章学诚的立意很明确,他不仅不重复前人见解,而且是为了提高、辨正和探源。将这三篇与章氏所著做一比较,即可看到章氏理论之价值所在。

《淮南子·原道训》中,也讲到"大道"包括广大无边的自然界,广包四方八极,包括明阴阳、四时。而主要讲道家的无为、清静、寡欲为"太上之道","生万物而不有,成化像而弗宰","是以大丈夫恬然无思,淡然无虑"。"天下之事不可为也,因其自然而推之;万物之变不可究也,秉其要归之趣",国君"以其无予于万物也,故莫敢与之争"。圣人处事原则为:"不谋而当,不言而信,不虑而得,不为而成","善游者溺,善骑者堕,各以其所好,反自为祸"。消极避世,反对任何干预措施。

刘勰《文心雕龙》首篇为《原道》,是很有影响的名篇,它与居第二、第三篇的《徵圣》、《宗经》同样阐发刘勰著述《文心雕龙》的宗旨。"原道"就是"本乎道",主张文章和写作,应以"道"为依据,故其《序志》篇中言:"盖《文心》之作也,本乎道。"这个"道",有客观自然地演进的含义,又是指自庖犧、尧、舜以下至孔子的儒家所尊崇的体系、统绪。故言:"逮及商周,文胜其质,雅颂所被,英华日新。文王患忧,繇辞炳曜,符采复隐,精义艰深。""至夫子继圣,独秀前哲,熔钧六经……写天地之辉光,晓生民之耳目矣。""爰自风姓,暨于孔氏,立圣创典,素王述训,莫不原道心以敷文章。……故知道沿圣以垂文,圣因文而明道。"讲文章的发生、繁复,是与儒家圣人的统系同步发展的,而圣人的"道",

又是要靠文章来体现的。正因"道沿圣以垂文",所以第二篇要讲《徵圣》,又因"圣因文而明道",所以第三篇要讲《宗经》。故《文心雕龙·原道》篇是讲写作文章、衡量文章,要以儒家的"道"作为根本标准为指导。而非讲"道"的生成、发展。

韩愈《原道》也是一篇重要文献,是其政治思想、哲学思想之代表作。所论的核心,是总结、确认儒家自尧、舜、禹、汤、文、武、周公、孔子至孟子一脉相传的"道统",即儒家思想的正统,拿出来与当时盛行的佛老思想相对抗,认为唯有儒家之"道"是"为天下国家、无所处而不当"的治世良方;老子"去仁与义",佛教"灭其天常",都与纲常伦理相违背。韩愈维护儒家"正统",辟除佛老,在当时有进步意义。但此篇中恰恰又宣扬道、理、纲常都是圣人头脑中先天所固有的,不需经过社会实践,"无圣人,人之类灭久矣"。这是唯心主义的说教。章学诚恰恰要批驳这种观点。

故前人之作,与章学诚撰写的《原道》,篇名相同,旨趣却殊异,论证的问题各不相同。《淮南子·原道训》讲清静、无为、寡欲,一切听其自然。《文心雕龙·原道》讲文章要以儒家的"道"来做指导,要体现"道"。韩愈是要捍卫儒家自尧、舜至孔、孟的道,来抵制佛、老,其文是宣扬维护儒家纲常名教的重要性。而章学诚的《原道》三篇围绕三个重要命题,深刻地论证作为哲学根本和理论核心的"道",作为人类社会演进法则的"道",是怎样产生?如何演变?"道"与学术应是什么关系?历代儒者把六经与"道"等同起来,当时许多考证学者以琐屑考证、擘绩补苴的态度对待儒家经典,这些根深蒂固的观念,究竟能不能成立?是应当维护,还是应该革除?立言之士应不应该担负起时代责任,根据时势的新变化,总结和推进大道?——毫无疑义,章学诚所从事的是具有极高价值的真理性探索,他继承发扬了中国思想史的优良成果并摒弃了种种错误的羁绊,因而在当时的历史条件下结出了宝贵的硕果,为"道"的探索开辟了新境界。

章学诚对《原道》三篇的撰写极其重视并持有充分的自信,在《与陈鉴亭论学》中,他明言并不因"同志诸君"不理解其著述旨意而感到丝毫气馁，他相信自己坚持的方向的正确，强调此篇的撰著实为针对以名物训诂为尽治学之能事，或人为地划分畛域的错误倾向：

> 前在湖北见史余村，言及先后所著文字，则怪《原道》诸篇与《通义》他篇不类，其意亦谓宋人习气，不见鲜新，及儿子回家，则云同志诸君皆似不以为可；乃知都门知己俱有此论，足下谕编卷末，尚为姑恕之辞耳。道无不该，治方术者各以所见为至。古人著《原道》者三家：淮南托于空蒙，刘勰专言文指，韩昌黎氏特为佛老塞源，皆足以发明立言之本。鄙著宗旨，则与三家又殊。《文史通义》专为著作之林校雠得失。著作本乎学问，而近人所谓学问，则以《尔雅》名物，六书训故，谓足尽经世之大业，虽以周、程义理，韩、欧文辞，不难一唾置之。其稍通方者，则分考订、义理、文辞为三家，而谓各有其所长；不知此皆道中之一事耳，著述纷纷，出奴入主，正坐此也。鄙著《原道》之作，盖为三家之分畛域设也。篇名为前人叠见之余，其所发明，实从古未凿之窦，诸君似见题袭前人，遂觉文如常习耳。

章学诚进而确信无疑地指出，篇中揭示的道形于三人居室，道体之存即在人伦日用、社会生活的必然性、法则性之中，由此体现穷变通久的原理等重要命题，乃具有巨大的价值：

> 六经未尝离器而言道，以孔子之不得已而误谓孔子之本志，则虚尊道德文章，别为一物，大而经纬世宙，细而日用伦常，视为粗迹矣。故知道器合一，方可言学；道器合一之故，必求端于周、孔之分，此实古今学术之要旨，而前人于此，言议或有未尽也。故篇中所举，如言道出于天，其说似廓，则切正之于三人居室。若夫穷变通久，则推道体之存即在众人之不知其然而然。集大成者实周公而非孔子，孔子虽大如天，亦可一言而尽，孔子于学周公之外更无可言。六经未尝离器言道，道德之衰，道始因人

而异其名,皆妄自诩谓开凿鸿蒙,前人从未言至此也。①

此文对于了解章学诚著《原道》时学术界的思想背景,不啻为一篇珍贵的历史文献。当时,连章氏志趣甚得的友人,尚且视为重蹈宋人习气,不见新鲜,由此更可认识章氏从事哲学探索之艰苦,也更可体味其超前性的思想成果之格外可贵!章学诚数十年究心他人所不理解之学,敢言他人之所不敢言,故而生前知己寥寥,诚未足为怪。②但是,是金子就要放射出光辉。章氏期望百年以后能获得知音,果不其然!20世纪学者中,钱穆、叶瑛、侯外庐均论评其具有特识,上文已加以称引。此外,梁启超、顾颉刚这两位处于20世纪初学术近代化转捩时刻的人物,也因当时亲历的环境而从《文史通义》书中受到巨大的触动和鼓舞,认为:《文史通义》"实为乾嘉以后思想解放之源泉","为晚清学者开拓心胸,非直史学之杰而已"。③"自从章实斋出,拿这种'遮眼的鬼墙'(按,指学术上迷信古人的风气)一概打破,说学问在自己,不在他人","这实在是科学的方法"。④惜乎这些学者所作的评语尚太简略,对章氏哲学探索的成就进行深入、系统的论述,评价其思想解放的意义和科学方法的价值所在,正是今天必须补上的重要的一课。

章学诚的明显的局限性,一是尊古太甚。尽管他天才般地提出了道"渐形渐著",滥觞而为江河,事始简而终巨,道是永远向前的车轮,应当

---

① 《文史通义》外篇三《与陈鉴亭论学》。
② 章氏友人中也有表示赞许者。邵晋涵曰:"此乃明其《通义》所著一切,创言别论,皆出自然,无矫强耳。语虽浑成,意多精湛,未可议也。"章氏族子廷枫曰:"是篇题目,虽似迂阔,而意义实多创辟。如云道始三人居室,而君师政教,皆出乎天;贤智学于圣人;圣人学于百姓;集大成者,为周公而非孔子,学者不可妄分周孔;学孔子者,不当先以垂教万世为心;孔子之大,学周礼一言,可以蔽其全体;皆乍闻至奇,深思至确,《通义》以前,从未经人道过,岂得谓陈腐耶?诸君当日诋为陈腐,恐是读得题目太熟,未尝详察其文字耳。"均见《文史通义》内篇二《原道下》篇末附录。
③ 梁启超:《清代学术概论》,见《饮冰室合集》专集之三十四,50页,北京,中华书局,1989。
④ 顾颉刚:《中国近来学术思想界的变迁观》(作于1919年),见《中国哲学》第11辑,北京,生活·读书·新知三联书店,1984。

总结时势的新变化而推进大道等出色的命题，但他仍然不能完全摆脱世代儒生形成的三代是黄金时代、古圣王总结的"道"尽善尽美这类根深蒂固的观念，因而明显地存在尊古太甚的倾向。故言："法积美备，至唐虞而尽善焉；殷因夏礼，至成周而无憾焉。"又言："周公成文武之德，适当帝王全备，殷因夏鉴，至于无可复加之际。"① 与他如此对上古时代朴略的制度颂扬备至相联系的，是他对《尚书》中《金縢》、《顾命》两篇所具有的纪事本末体最初的创意，也推崇得无以复加，称"《尚书》圆而神，其于史也，可谓天之至矣"，又谓"此《尚书》之所以神明变化，不可方物"，"上古神圣之制作"。② 这种对上古制度、典籍推尊到无以复加的说法，与其以发展、辩证的眼光对待"道"的历史进程的基本态度显然是相矛盾的。章氏又一明显局限性在于，他所能接受、采择的思想资料太过有限，对于人类社会各个阶段制度演变的法则性缺乏多层面的生动概括，以致往往需重复"治教无二，官师合一"、"道不离器"一类道理作为论据。在他所处的时代，无论是物质生产领域的变化和学术思想领域的变化都未达到质的飞跃，都未能为他提供充分的条件和新的话语系统，以致出现这样的局面：其哲学探索提出的命题是具近代意义的、超前的，而他所作的论述却不得不大量采用"中古"式的概念、语言。这当然影响他阐发之深邃和严密，而且也影响其他人对他思想的理解和评价。只有少数好学深思、怀着巨大的兴趣执著地探究释读者，才能对其精义有所领悟。考察章学诚哲学探索的成就和价值，还应剖析他对以往学术思想遗产的继承与扬弃，他与所处时代学术的关联，以及他如何从哲学高度贯彻其学术"经世"的宗旨、有力地针砭时弊，这些内容都非本文篇幅所能容纳，只好俟后另文讨论。

（原刊《中国史研究》2009 年第 4 期）

---

① 均见《文史通义》内篇二《原道上》。
② 均见《文史通义》内篇一《书教下》。

19世纪中国学者关于历史演进的理论

关于历史的演进,古代一些杰出的学者,如先秦时期的《周易·系辞》作者、孔子、荀子、韩非,汉代的司马迁,唐代杜佑、柳宗元以及清初王夫之,都曾根据他们的观察,作过概括与论述,尽管其表述往往尚属较为直观、素朴,但也确能反映出历史进程的某些特点,因而弥足珍贵。至乾嘉时期考证之学大兴,学者群趋于从事训诂、考异、文献整理工作,对于历史演进的理论问题缺乏兴趣,像章学诚这样究心于"道"即探索历史演进的法则性的学者,在当时几乎不被理解。进入19世纪以后,局面终于发生了明显的变化,一批感觉敏锐的学者根据自己的现实体验和反思以往,提出了深刻而新鲜的见解。历史理论领域这种明显的变化,当然是时代剧变推动的结果。从社会变动来说,清朝统治由盛而衰,社会矛盾尖锐,危机四伏,终于在西方殖民者的野蛮军事侵略面前,接连遭到惨败,丧权辱国;有识之士置身于这种"亘古未有之变局"中,当然对于历史演进问题能够有敏锐的观察和总结。再从学术层面言,鸦片战争之役意味着以往闭关锁国时代的结束,西方文化逐步传入,先进人士逐步了解世界的真实面貌,西方新学理输入的势头逐步加剧,学者们关于历史演进的探讨遂因中西文化的交流而向前推进。

一、时代剧变与龚自珍、魏源提出的历史演进的新命题

龚自珍、魏源生活的清朝嘉庆、道光年间,正当中国社会处于剧烈变动的时代。清朝统治在康熙、乾隆年间曾有过所谓"盛世"。至乾隆末年以后,早先掩盖在"盛世"表象下的各种社会矛盾终于很快暴露出来,清朝统治随之陷入危机。当时的封建统治阶级已经腐败不堪,贵族、百官、大地主、大商人穷奢极欲,挥霍无度。吏治败坏,贪污贿赂公行,政风污秽不堪。乾隆的宠臣和珅,因善于阿谀奉承,任军机大臣24年,威福由

己，贪黩无度。"大僚特为奥援，剥削其下以供所欲。盐政、河工素利薮，以征求无厌，日益敝。川楚匪乱，因激变而起，将帅多倚和珅，靡饷奢侈，久无功。"① 上层大官僚越贪污挥霍，下层官吏越是凶狠地向民众剥削勒索。鸦片战争前夕，福建正直人士张际亮曾以饱含血泪的文字揭露地方官吏"贪以朘民之脂膏，酷以干天之愤怒，舞文玩法以欺朝廷之耳目"的凶残行径："为大府者，见黄金则喜；为县令者，严刑非法以搜刮邑之钱米，易金贿大府，以博其一喜。至于大饥人几相食之后，犹借口征粮，借名采买，驱迫妇女逃窜山谷，数日夜不敢归里门，归而鸡豚牛犬一空矣。归来数日，胥吏又至矣，必罄尽其家产而后已。……此等凶惨之状，不知天日何在，雷霆何在，鬼神又何在！"② 张际亮所沉痛诉说的是当日农村普遍的真实情景。还有水灾、旱灾频仍，农民更被逼得走投无路。正是在这种阶级矛盾极端尖锐化的情况下，嘉庆元年（1796）爆发了白莲教起义，蔓延鄂、豫、陕、川、甘五省，持续时间达九年之久，给清朝统治"痛深创巨"的打击。至嘉庆十八年（1813），河北又爆发天理教起义，起义群众曾进攻皇宫，使统治集团陷入一片混乱。为了镇压农民起义，清朝耗费巨额军费、资财。再加上鸦片走私急剧增加，造成白银大量外流，国内财政严重恐慌。在对外关系上，前途也充满危险，西方殖民者正在大举向东方扩张，早已看中了中国这块封建统治虚弱而又范围广大的市场，加紧策划用武力打开中国大门的图谋。嘉道时期的清朝，正处于这种内外交困、岌岌可危的境地。

  龚自珍、魏源就是置身于这场对整部中国社会变迁史和学术发展史都具有深刻意义的历史变局之中。当时封建专制统治腐朽颠顶，危机四伏，它扼杀新生力量成长，严重阻碍社会前进。龚自珍和魏源作为新生力量的代言人敢于冒险犯难，置黑暗势力的重压以至仇视于不顾，"短刀直入"地将这黑暗得使人窒息的沉重的铁桶捅开一个缺口，让熹微的曙光开始透进来，不畏艰险地树起理性思考和反映时代前进要求的进步观点的旗帜，与落后迂腐顽

---

① 《清史稿》卷三一九《和珅传》，10755页，北京，中华书局，1977。
② 张际亮：《答黄树斋（爵滋）鸿胪书》，见《张亨甫全集》卷三，同治六年（1867）福州刻本。

固的旧意识相对抗，因而引起历史观、哲学观一场意义重大而深刻的变革。

清代学术风气的变迁证明了马克思的至理名言："一个划时代的体系的内容都是由于产生这些体系的那个时期的需要而形成起来的。"① 乾隆年间，考证学曾经盛极一时，如今是社会危机深重、百弊丛生的局面，烦琐考证"只在故纸堆中讨生活"、无益世事的积弊便充分暴露出来。面对着"人畜悲痛，鬼神思变置"② 的危险局面，学术还能不能走出象牙之塔？嘉道时期学风转变的深层意义，是今古文经学地位的划时代变化。在封建时代，经学独尊，经学就是对于各个时期政治运作和社会生活起支配作用的哲学指导思想。自从汉武帝独尊儒术，经学被奉为权威以后，在漫长的岁月中，经历过两次历史性的转折。当西汉时代，今文经学盛极一时；从东汉至清乾隆时期，则是古文经学处于尊崇的地位，今文经学则消沉无闻；自鸦片战争前夕至清末，今文经学重新崛起，并风靡于世。若只从学派门户之争来看待这些变化，那是太过表象和浮浅了，经学地位的变化，归其根本，是由社会深层发生变化所决定的。西汉之后千余年中，中国封建社会的演变进程相对平缓，是维持已有的封建体制的时期，古文经学的特点是唯古是从，重承袭轻创造，正好符合封建政治的需要。至鸦片战争前后，时代剧变，民族的命运要求打破现状，革除积弊，认识亘古未有的变局，故重新需要阐释变易、变革的哲学。以龚自珍、魏源为代表的进步人物对公羊学说进行革命性改造，恰恰反映了这种时代需要，从而导致晚清时期公羊学盛行的新的历史性变化。

梁启超曾根据本人亲历的晚清今文公羊学说风行和维新变法运动的实践，高度评价龚自珍、魏源批判专制统治、倡导变革的历史功绩和深远影响，他说："数新思想之萌蘖，其因缘固不得不远溯龚、魏。""当嘉道间，举国醉梦于承平，而定庵忧之，儆然若不可终日，其察微之识，举世莫能及也。生网密之世，风议隐约，不能尽言，其文又瑰玮连犿，浅学或往往不得其指之所在。虽然，语近世思想自由之向导，必数定庵。吾见并世诸

---

① 《马克思恩格斯全集》，第3卷，544页，北京，人民出版社，1960。
② 龚自珍：《平均篇》，见《龚自珍全集》，78页，上海，上海人民出版社，1975。

贤，其能为现今思想界放光明者，彼最初率崇拜定庵。当其始读《定庵集》，其脑识未有不受其激刺者也。"① 龚自珍和魏源对社会危机有敏锐的观察，他们尖锐地批判烦琐空疏学风，倡导学术经世致用，深刻地总结历史盛衰变化的规律，对于今文公羊学说进行了革命性改造，提出了对世人具有重大启迪意义的新的历史变易观。

龚自珍精警地论述"世有三等"，并且预言"乱亦竟不远矣"：

> 吾闻深于《春秋》者，其论史也，曰：书契以降，世有三等，三等之世，皆观其才；才之差，治世为一等，乱世为一等，衰世别为一等。衰世者，文类治世，名类治世，声音笑貌类治世。黑白杂而五色可废也，似治世之太素；宫羽淆而五声可铄也，似治世之希声；道路荒而畔岸骧也，似治世之荡荡便便；人心混混而无口过也，似治世之不议。……当彼其世也，而才士与才民出，则百不才督之缚之，以至于戮之。……然而起视其世，乱亦竟不远矣。②

这是思想史上第一次提出以"治世—衰世—乱世"作为概括时代变迁的理论。龚自珍讲的"深于《春秋》者"，显指两汉公羊学大师董仲舒、何休。董仲舒根据《春秋公羊传》的朴略言辞，初步概括了"所传闻世—所闻世—所见世"的公羊"三世说"。至何休又予以发展，总结了"据乱世—升平世—太平世"的理论。公羊学家朴素进化史观，为龚自珍提供了极具激发创造力的思想资料，但他处于危机深重而又变化剧烈的时代，因而要求感觉敏锐的思想家做出理论的新概括、新创造。于是，龚自珍对公羊"三世说"进行了革命性的改造。他保留了三世变易的理论模式，而改造其内容，另外从中国思想史上丰富的关于治乱盛衰变化的思想资料中加

---

① 梁启超：《论中国学术思想变迁之大势》，见《饮冰室合集》文集之七，96～97页，北京，中华书局，1989。
② 龚自珍：《乙丙之际箸议第九》，见《龚自珍全集》，6～7页，上海，上海人民出版社，1975。

以总结、提炼，提出了"治世—衰世—乱世"这一新"三世说"，作为指导观察晚清历史变局的崭新的历史演进观。这篇名文《乙丙之际箸议第九》，就成为社会危机深重种种景象的一次"聚焦"。在举世昏昏然如梦如痴的时候，他却深刻感受到危机四伏，忧虑憔悴、日夜不安，为了唤醒人们而大声疾呼。龚自珍在文章结尾进一步描绘了一幅社会行将解体的惨状："履霜之屦，寒于坚冰；未雨之鸟，戚于飘摇；痹痨之疾，殆于痈疽；将萎之华，惨于槁木。"只有置身于危机深重的社会现实之中，才会产生如此惨痛的感受！

推动龚自珍运用《公羊春秋》进行新的哲学创造的力量，是要为危机时代找寻出路。这就是他所说的纵观三千年历史的优秀史家，负有"忧天下""探世变"的重任。《公羊传》的变易历史观与《周易》"穷变通久"哲学观本来是相沟通的，龚自珍更把二者糅合起来。他在同一时期所写的另一篇著名政论中，即由此而深刻地总结出变革是历史的规律：

> 夏之既夷，豫假夫商所以兴，夏不假六百年矣乎？商之既夷，豫假夫周所以兴，商不假八百年矣乎？无八百年不夷之天下，天下有万亿年不夷之道。然而十年而夷，五十年而夷，则以拘一祖之法，惮千夫之议，听其自陊，以俟踵兴者之改图尔。一祖之法无不敝，千夫之议无不靡，与其赠来者以劲改革，孰若自改革？抑思我祖所以兴，岂非革前代之败耶？前代所以兴，又非革前代之败耶？何莽然其不一姓也？天何必不乐一姓耶？鬼何必不享一姓耶？奋之，奋之！将败则豫师来姓，又将败则豫师来姓。《易》曰："穷则变，变则通，通则久。"非为黄帝以来六七姓括言之也，为一姓劝豫也。①

这是对面临"衰世""乱亦竟不远矣"，治国者将怎么办的回答。龚自

---

① 龚自珍：《乙丙之际箸议第七》，见《龚自珍全集》，5~6页，上海，上海人民出版社，1975。

珍从历史必然规律的高度来论述改革的必要性、迫切性，因而具有振聋发聩的力量。他尖锐地指出：没有八百年不亡的一姓王朝，但是天下有万亿年不变之道，这就是死守祖宗的老办法必定灭亡！从夏、商、周以来的历史反复地证明，时代变了，老办法就弊端百出，再也行不通，众人要求变革的愿望和议论是无法抵挡的。所以他警告清朝当权者：不改革必将衰败、灭亡。与其不思进取、坐等灭亡，何如奋发振作，改革图强。处在当时历史条件下，龚自珍对清朝当局还采取大胆诤谏的态度，希望执政者能够有所警悟，这是可以理解的。而他发挥《公羊传》和《易经》变易哲学而得出"一祖之法无不敝，千夫之议无不靡"的大胆预言，恰恰被晚清历史前进方向所完全证实。

魏源同是今文经学的健将，他运用公羊学的变易哲学思想，指导研究现实的社会，总结历史的教训，得出了一套在嘉道时期极其难能可贵的进化发展和变革的理论。他从各方面阐述古今递变，社会越来越进步，泥古必败，人类应当以乐观进取的精神，大胆革除陈腐过时、妨害民众、妨碍社会前进的旧制度、旧办法等观点。他极其雄辩地举出大量事实证明：世界上的万事万物，一切都在变，新旧代嬗是历史的必然规律。"三代以上，天皆不同今日之天，地皆不同今日之地，人皆不同今日之人，物皆不同今日之物。"古今的人、古今的物变化多么显著："燕、赵、卫、郑，昔繁佳治；齐、鲁、睢、涣，古富绮纨；三楚今谁长鬣？勾吴岂有文身？淮、夷孰戎夷之种？伊川畴被发之伦？"榆树在古代是养老的上品，如今遇灾荒年才有人吃榆皮。古人穿衣用麻葛而无棉布，货币使用黄金而无银。丝绸产于睢水流域而江浙地区无有，现在情形相反，说明古今变化之大。因此他明确提出，对陈腐的旧例改革得越彻底，就越能给民众带来更大利益。他说："租、庸、调变而两税，两税变而条鞭。变古愈尽，便民愈甚，虽圣王复作，必不舍条鞭而复两税，舍两税而复租、庸、调也……履不必同，期于适足；治不必同，期于利民。"[①] 根据多数人的愿望和事物演进的趋势变革旧制度，确立新制度，恰像江河归向东海那样是不可阻挡的！

---

① 魏源：《默觚下·治篇五》，见《魏源集》，47～48 页，北京，中华书局，1976。

由于龚自珍、魏源在历史变易的必然和时代的特点上站得比较高，因而他们对于当时弊端严重的吏治、选举、治河、盐政等项问题都提出了积极的改革主张，尤其可贵的是，在边疆民族问题上具有远见卓识，着眼于民族间的和好、安定，着眼于国家的长远利益提出解决的办法。龚自珍著有《西域置行省议》、《御试安边绥远疏》、《上镇守吐鲁番大臣宝公书》等名文，从加强边防、巩固国家统一出发，对边疆问题提出了切中肯綮的主张。关于新疆设行省的建议，绝非只给新疆起个"行省"名称，也绝不是简单设立一个行政机构，而是具有更深刻的意义。自康熙年间，新疆地区已成为我国统一的多民族国家的一个重要组成部分。可是至嘉庆年间，这一百多年间，朝廷对新疆的管理却一直采用委派将军、参赞大臣等"镇守"的办法，而缺乏一套系统的行政管理机构。这显然不利于有效地开发、管理新疆，不利于国家统一。龚自珍反复陈述清代边疆形势已与前代大不相同，"中外一家，与前史迥异"，汉唐时代的"凿空""羁縻"办法已完全不适用于今天了；今天的迫切问题是朝廷如何在新疆建立起健全的行政系统，"疆其土，子其民，以遂将千万年而无尺寸可议弃之地"①。因此龚自珍第一个明确提出新疆设立行省，他对新疆的经济、边防，以至十四个府州、四十个县如何设置，都有具体建议。龚自珍以对历史演进的高度洞察力提出这些策略、措施，同时态度又极慎重，他说《西域置行省议》一文"筹之两年而成"，"其非顺天心，究祖烈，剂大造之力，以统利夫东西南北四海之民，不在此议"。龚自珍于道光九年朝考时，针对刚刚平息张格尔叛乱这一事件，"胪举时事"，"直陈无隐"，批评清政府为了平叛远从二万里以外的东北调派军队，结果劳师縻饷，骚扰州县，"兵差费至巨万"，"故曰甚非策也"。因此建议加强伊犁索伦驻军的训练，以防备边疆地区再发生不测事件。② 他预言新疆设行省的建议"五十年中言定验"③。光绪十年（1884），新疆果然设立行省，他的预言得到了证实。

---

① 龚自珍：《御试安边绥远疏》，见《龚自珍全集》，112页，上海，上海人民出版社，1975。
② 同上书，112～114页。
③ 龚自珍：《己亥杂诗》，见《龚自珍全集》，516页，上海，上海人民出版社，1975。

魏源同样以维护国家统一、加强民族和好的观点记载和论述边疆民族问题。在《圣武记》一书中以大量确凿史实，肯定康、雍、乾三朝进行的巩固统一战争的作用。《康熙亲征准噶尔记》载：准噶尔部噶尔丹竭力向外扩张自己的势力，"兼有四卫拉特地，复南摧回部城部，诸国尽下之，威令至于卫藏，则又思北并喀尔喀"。在噶尔丹军事进攻下，喀尔喀蒙古三部落"数十万众尽弃牲畜帐幕，分路东奔"。噶尔丹的军事扩张造成了严重后果，清朝中央政府当然应该加以制止。因此，康熙对噶尔丹进行的战争，是为了遏止国内各少数民族之间的军事争夺，保持国家的统一。魏源还从人民负担减轻的事实说明国家统一带来的好处，这是更加进步的历史眼光。他说：

> 当准噶尔时，竭泽以渔，喀城岁征粮至四万八百九十八帕特玛，他税称是。叶尔羌岁征匠役户口、棉花、红花、缎布、金矿、铜硝、牛羊、猞猁、毡罽、果园、葡萄之税，折钱十万腾格，他城称是；且不时索子女，掠牲畜。故回民村室皆鳞次栉比，坚墉曲隧，以便窖藏防房劫。及两和卓木归旧部，虽减科则，而兵饷徭役烦兴，供给稍迟，家立破；及出亡，又尽其赀以行，民脂殆竭。自为王人后，蠲苛省敛，二十而取一，回户休息更始矣。①

从准噶尔"竭泽而渔"，大小和卓木"兵饷徭役烦兴"，"民脂殆竭"，到中央政府实行"二十而取一"，这些事实雄辩地证明统一对新疆人民带来巨大的好处。书中严肃批驳不利于国家统一的错误论调。有人将清政府对新疆实行开发和有效管理视为负担，称"取之虽不劳，而守之或太费"。魏源对此予以批驳，强调要把乾隆以后出现的"中外一家，老死不知兵革"的统一局面，与以前"烽火逼近畿，民寝锋镝"的战乱时期相对比，指出这种人"狃近安，忘昔祸"，好了疮疤忘了痛。与"得不偿失"论者相反，魏源充分肯定开发新疆的意义和前途。"西域南北二路，地大物奤，牛、羊、麦、面、蔬、蓏之贱，浇植贸易之利，又皆什佰内地。边民服贾

---

① 魏源：《圣武记》卷四《乾隆戡定回疆记》，167~168页，北京，中华书局，1984。

牵牛出关，至则辟污莱，长子孙，百无一反。"① 主张进一步发展屯田、开矿等事业。《圣武记》不但记载清代民族间发生的战争，同时更注重记载民族凝聚力、向心力的加强，中央与地方关系趋向密切的事实。最为突出的是详载曾经长期被迫在国外迁徙流落、饱受苦难百余年的土尔扈特部辗转回归祖国，和清政府立即予以接纳，动员各方面力量妥善安置的史实。在国外受尽艰难和欺凌的土尔扈特部两相对比之下，真感到"喘息如归"，真正回到自己家里来了。②《圣武记》中这些贯穿了进步的历史演进观点的记载，堪称是加强民族团结的好教材。

鸦片战争发生后，魏源的历史演进思想大大向前发展。公羊学变易思想帮助他迅速地认识这一亘古未有的大变局。1842年，他发愤撰成《海国图志》。③ 这部著作标志着实现突破传统学术格局的历史性跃进，摆脱了旧的精神枷锁和顽固派的压力，第一次把中国面临西方殖民势力侵略的严重局势和世界的真实格局摆在国人面前，代表了进步的公羊学者在近代史开端时期的开阔眼光和新的改革主张。魏源在书中首先是大声疾呼人们认识西方侵略的危险，奋起御侮图强，激发爱国主义精神。他呼吁人们在战争失败、签订屈辱条约的严酷事实面前立即惊醒起来："此凡有血气者所宜愤悱，凡有耳目心智者所宜讲画也。去伪、去饰、去畏难、去养痈、去营窟，则人心之寐患祛其一；以实事程实功，以实功程实事，艾三年而蓄之，网临渊而结之，毋冯河，毋画饼，则人材之虚患祛其二。寐患去而天日昌，虚患去而风雷行。"④ 他总结了沿海各次战役的经验教训，提出了坚决御敌、以主待客、扼守海口内河、利用义兵水勇歼灭敌人等一套策略办法。其次，魏源对于反侵略战争能够取得胜利和在技术上赶上西方具有信心。他认为，英国船坚炮利并不神秘，"在中国视为绝技，在西方各国视为平常"；中华民族经过学习，一定能迎头赶上，"因其所长而用之，即因

---

① 魏源：《圣武记》卷四《乾隆荡平准部记》，158页，北京，中华书局，1984。
② 魏源：《圣武记》卷四《乾隆新疆后事记》，181页，北京，中华书局，1984。
③ 《海国图志》初版为五十卷本，不久增补为六十卷，至1847年又续修成后四十卷，合为一百卷本。
④ 魏源：《海国图志·原叙》，长沙，岳麓书社，1998。

其所长而制之，风气日开，智慧日出，方见东海之民，犹西海之民"。① 他强调必须立即抛弃闭目塞听、视外国为"夷狄"的旧意识，以熟悉夷情、设夷馆、译夷书，培养人才、筹划边事为急务。再次，尤为重要的是，魏源跨越了中西文化的鸿沟，回答了要保持御侮图强的信心，却又要放下"天朝上国"的架子，承认侵略者比自己高明，承认西方制度文化比自己先进，中国应该向西方学习这一复杂而紧迫的时代课题。他所提出的"师夷长技以制夷"，就成为近代向西方学习的起点。他用"天地气运之变"来概括东西方先进与落后地位转变的空前大变局，说："地气天时变，则史例亦随世而变。"② 因此，他在呼吁同仇敌忾抗击侵略的同时，倡导了解外国，学习外国技术，并主张发展民用工业。对于北美民主政体表示衷心向往，说："其章程可垂奕世而无弊"。并再次用气运说来表达他的预见："岂天地气运自西北而东南，将中外一家欤!"③ 预见西方民主政治也终将在东方实行，取代封建专制，中西制度、文化有可能沟通、融合。这是儒家朴素理性精神和公羊学变易观在新的历史条件下探索历史演进趋势取得的重要成果，具有预示近代历史发展方向的深远意义。因此梁启超高度评价魏源倡导了解外国、"师夷长技"思想的贡献，说："其论实支配百年来之人心，直至今日犹未脱离净尽，则其在历史上之关系，不得谓细也。"④

二、康有为糅合西方政治学说的新"三世说"

19世纪70年代以后，对中国学者历史演进观念产生巨大推进作用的有两个重要因素：一是，经过第二次鸦片战争、中法战争等事件，西方列强对中国的侵略步步加紧，民族危机不断加深，刺激中国学者从总结现实

---

① 该句引文见魏源：《海国图志》卷二《筹海篇三·议战》，30～31页，长沙，岳麓书社，1998。

② 魏源：《海国图志》卷五《叙东南洋》，348页，长沙，岳麓书社，1998。

③ 魏源：《海国图志·后叙》，长沙，岳麓书社，1998。

④ 梁启超：《中国近三百年学术史》，见《饮冰室合集》专集之七十五，323页，北京，中华书局，1989。

"时"、"势"变迁中寻找御侮图强之良策；二是，中西文化交流有显著的进展，上海"江南制造局"出版的西方著作译本、外国传教士的译著广为传播，西方新学理的输入大大加快。加上有一批学人，如王韬、郑观应、薛福成、陈虬等，或是本人有亲到欧洲考察的经历，或是在洋务机构里任职、与外国人直接交往，因而对世界历史和时代潮流有更多的了解。因而，在19世纪七八十年代，有王韬等人结合亲身观察提出的历史演进观，特别是至19世纪90年代，以康有为为代表，把本土的公羊学派历史观与西方政治学说相糅合，创立了新"三世说"，作为认识历史演进趋势和发动维新运动的思想纲领。

王韬对历史的变化和变化的阶段性提出了新的看法。其《变法（中）》一文开宗明义，以此作为宣传变法的理论依据："《易》曰：穷则变，变则通。知天下事未有久而不变者也。上古之天下一变而为中古。中古之天下一变而为三代。自祖龙崛起，兼并宇内，废封建而为郡县……三代之天下至此而又一变。……自明季利玛窦入中国……至今日……几于六合为一国，四海为一家；秦、汉以来之天下，至此而又一变。"[①] 王韬将历史的演进划分为五个阶段，"上古—中古—三代"这三个阶段讲得过于简略而有些朦胧，可以理解为洪荒时代—野蛮时代—华夏文明确立时代；此后，秦统一中国，废封建而置郡县，直至明朝，是专制皇权确立和统治的时代；明末以来，则是东西方文明接触，中国逐步了解世界，和世界各国联系日益紧密的时代。王韬的论述虽然尚不够具体和确切，但毕竟对几千年历史演进的阶段性，和当今中国与世界联系加强的趋势，第一次作了概括，因而很有时代意义。在王韬之后，郑观应的《公法》、陈炽的《盛世危言·序》、薛福成的《变法》、陈虬的《治平通议·卷首序》中都表述了相似的观点。郑观应又在《盛世危言·教养》中，提出"中国文明开寰宇之先，唐、虞之时已臻盛治。迄乎三代，文化尤隆"为历史演进第一阶段。至秦之后，"教养之道荡然无余"，"生民涂炭"，"其不复等于禽兽者几希"，为历史演进的第二阶段。而至近世，西方格致之学东来，只有效仿西方，才

---

① 王韬：《弢园文录外编》，13页，北京，中华书局，1959。

能"庶百王之弊可以复起,而三代之盛可以徐复也"①。在郑观应的历史演进三阶段论中,可以明显看出受到历代儒生所盛称的三代是黄金时代,以后世道陵替、人心浇薄的历史倒退论的影响;而经过前一次之否定和后一代否定之否定以后,经由向西方学习的路径,可以重新达到"盛治"的境界,这又凸显出学习西方先进文化的时代主题。郑观应又将人类社会的演进归结为"由弋猎变而为耕牧,耕牧变而为格致"的必然趋势,"此固世运之迁移,而天地自然之理也"。②堪称是第一次向国人传播了全世界范围内由游牧社会—农耕社会—工业社会这一历史演进三阶段论的观点。薛福成则强调晚清所面临的西方势力东来、中国受制于西方列强的形势是古今未有之变局,这既是不可改变的法则性("天事")所决定,同时又昭示着发挥人的主观努力("人事")的时代契机和紧迫任务。他认为:"方今中外之势,古今之变局也。推其所以启之者,有天事,有人事。"世界各国日益密切的经济联系,"其所以然者,天也,非人之所能为也";而西方对中国侵略的加深,"其所以然者,人也,不可尽委之天也。居今之世,事之在天者,宜有术以处之,然后不为气数所穷;事之在人者,必有术以挽之,然后不为邻敌所侮"③。他强调总结历史演进的趋势要引起国人的警醒,发愤努力,挽救危局,以寻求国家民族富强之道:"自强之道,半系气运主之,是在中外上下,戮力同心,破除积习,发愤有为"。④

上述王韬、郑观应、薛福成关于历史演进的论述,明显地继承了龚自珍、魏源的思想路线,即发挥儒家经典和其他传统思想中关于历史变易和政治变革的观点,并结合时代变迁的感受,作出新的概括,因而成为19世纪中国学者推进历史演进认识的中间环节。至19世纪90年代前后,康有为又将这一认识大大向前推进,由于其所作的论述更强烈地反映出时代特征,且又更具理论的系统性,因而对社会生活产生了更加深刻而巨大的影响。

康有为从青年时代起,便逐步形成强烈的经世意识和救亡图强的精

---

① 夏东元编:《郑观应集》,479~482页,上海,上海人民出版社,1982。
② 同上书,481页。
③ 丁凤麟、王欣之编:《薛福成选集》,22~23页,上海,上海人民出版社,1978。
④ 同上书,88页。

神，这是他后来立志发挥今文公羊学的变易观、从事新的理论创造的重要原因。据《康南海自编年谱》记载，他18岁时即深受岭南著名学者朱次琦的学术旨趣和人品的影响，决心效法其师"主济人经世，不为无用之高谈空论"，从此树立了经世报国的治学和人生目标。次年，在西樵山结识京官张鼎华，尽知京师风气，大大开阔了眼界。于是舍弃考据帖括之学，时时取《经世文编》、《天下郡国利病书》等用心研读，"哀物悼世，以经营天下为志"。康有为生活的广东沿海地区，又使他很早就有可能接触西方文化，认识西方制度、学术的先进，并把大力吸收西学作为他构建学说的重要组成部分。他游历香港，感于西方治国制度的先进，此后即"大购西书以讲求焉"，"购《万国公报》，大攻西学书，声、光、化、电、重学及各国史志，诸人游记皆涉焉"。初步认识到欧美国家的制度，而且对于西方的近代科学知识有所了解，即为此后他糅合中西学理、阐发独特的历史演进学说奠定了基础。1888年5月，他因张鼎华多次邀请他到京师，于是赴京参加乡试。在京城期间，他感受到中法战争失败后时局的危险，认为中国若及时发愤变法，则尚有几年时间可以争取主动，以支持局面，否则列强再度侵略，就将万分危殆！于是先向最有名的公卿潘祖荫、翁同龢、徐桐致书责备，京师哗然，然后又发愤向光绪帝上万言书，请求变法。把持朝政的顽固派厌恶言变法，更无地位微贱的布衣上书言政的事，所以不但上书格而未达，而且因首倡变法而大受攻击。这次失败使康有为深受刺激，他鉴于国事日蹙的局势，决定选择创立新学说以影响大众的道路。离京之前，他致书好友沈曾植，尖锐地批判清代盛行的考据词章之学："今之学者，利禄之卑鄙为内伤，深入膏肓，而考据词章，则其痈疽痔赘也。"而他所要创立的是同世局巨大变化相适应的、不"拘常守旧"的新异学说，故云："仆最爱佛氏入门有发誓坚信之说，峭耸精紧，世变大，则教亦异，不复能拘常守旧，惟是正之。"①

1891年起，康有为在广州万木草堂讲学，学生最盛时达一百多人。讲

---

① 康有为：《与沈刑部子培书》，见《康有为全集》，第1卷，383页，上海，上海古籍出版社，1987。

学的主要内容,是发挥《春秋公羊传》的"三世说"、变易观和以经议政的特点,指陈国家形势的危险,变法的急迫需要,攻古文经学之伪,讲孔子改制之说,以及西学知识。梁启超曾讲述当日师生怀着救亡图强的忧愤心情从事教和学的情景:"(先生)每语及国事杌陧,民生憔悴,外侮凭陵,辄慷慨欷歔,或至流涕。吾侪受其教,则振荡怵惕,憬然于匹夫之责而不敢自放弃,自暇逸。每出则举所闻以语亲戚朋旧,强聒而不舍,流俗骇怪,指目之谥曰'康党',吾侪亦居之不疑也。"① 这也说明康有为的聚徒讲学,实则是从事构建维新变法的理论和培养维新人才。

1891年,康有为在广州刊行他所著《新学伪经考》②。这部著作以其与长期居正统地位的古文经学完全相对立的观点震动一时,形成为"思想界之大飓风",上海及各省曾翻印五版。笃守古文经学的人物则怒而相攻,甚至朝野哗然。不久清廷即下令毁版。康有为树立起反对自东汉至清代学者们所尊奉的古文经传的旗帜,力辨刘歆所争请立于学官的古文经均系伪造,故称"伪经";刘歆伪造古文经书的目的,是为王莽篡汉制造理论根据,湮没了孔子的真经,是新莽一朝之学,与孔子无涉,当称"新学"。此书从辨伪、纠谬出发,对于一千多年来居于正统地位的古文经学施加总攻击。如言:秦始皇焚书造成六经亡缺,是刘歆之伪说,故意制造口实,欺蒙天下。秦焚书之令,但烧民间之书,若博士所职,则《诗》、《书》百家自存。见于《史记》、《汉书》者,并伏生、申公、辕固生、韩婴、高堂生计之,皆受学秦之前,其人皆未坑之儒,其所读皆未焚之本。秦禁藏书仅四年,天下藏书本必多,有多渠道流传至汉代,除官府所藏外,还有民间藏本。《新学伪经考》的产生,是正在酝酿的维新变法运动将要发生的一个信号,无论是康有为撰著的意图和它所产生的社会影响,都远远超出学术辨伪本身。当时中国新旧两种社会力量正在准备着一场较量。列强侵略日益加深,国家形势危如累卵,而清朝统治早已病入膏肓,民族的前途

---

① 梁启超:《南海先生七十寿言》,见《饮冰室合集》文集之四十四(上),28页,北京,中华书局,1989。

② 据梁启超所说:"先生著《新学伪经考》方成,吾侪分任校雠;其著《孔子改制考》及《春秋董氏学》,则发凡起例,诏吾侪分纂焉。"

眼看被彻底断送。另一方面，至19世纪八九十年代，中国民族资产阶级已初步产生，并提出了发展资本主义的要求，而且随着西方学说的传入，中国旧制度的落后和腐朽更加暴露。就在这样的新旧冲突、中西文化撞击背景下，爱国志士已经认识到，要挽救危亡，就必须对旧势力展开攻击。康有为根据他于1888年在京师停留的观察，对于清廷的腐败作了这样的描绘："于时，上兴土木，下通贿赂，孙毓汶与李联英（即李莲英）密结，把持朝政，士夫掩口，言路结舌，群僚皆以贿进，大臣退朝，即拥娼优，酣饮为乐，……不独不能变法，即旧政风纪，亦败坏扫地。官方凌迟，士声尽靡。"① 对于这样的封建皇朝末日景象和根深蒂固的腐朽势力，必须以雷霆般的声势发动攻击才能动摇其根基。他认识到，首先必须引起社会上对原来束缚人们思想的旧观念产生怀疑、不满，才有可能发动一场政治变革运动。《新学伪经考》的刊行正符合于这一时代需要，所以为革新派人士热心地传布，同时又被顽固派所仇恨。康有为通过对古文经的怀疑和否定，进而公然怀疑和否定封建政治制度。他指责两千年封建腐败统治是由于"奉伪经为圣法"造成的："阅二千年岁月日时之绵暖，聚百千万亿衿缨之问学，统二十朝王者礼乐制度之崇严，咸奉伪经为圣法，诵读尊信，奉持施行，违者以非圣无法论。"② 他宣布自新莽以来两千年的政治制度、思想体系，以至任用宦官、人主奢纵、权臣篡盗，都是尊奉伪经而形成的，这就从根本上否定两千年专制统治和思想文化的合法性和合理性，从而为鼓吹维新变法提供了理论依据。因而，《新学伪经考》在政治上具有重要意义，"它反映了19世纪90年代中国资产阶级维新派要求改变专制统治的愿望。"③ 在学术上，《新学伪经考》和以后刊行的《孔子改制考》都开启了近代学者重新审查古籍的风气和治史方法，破除了封建时代学者"尊古"、"泥古"、"嗜古"的陋习。"五四"以后，古史辨派的形成，康有为的著作即为其思想前驱之一。但《新学伪经考》也突出地表现出康有为主观武

---

① 康有为：《康南海自编年谱》"光绪十四年"，见中国史学会编：《中国近代史资料丛刊·戊戌变法》（四），123页，上海，上海人民出版社，1957。
② 康有为：《新学伪经考·序》，北京，中华书局，1956。
③ 房德邻：《康有为的疑古思想及其影响》，载《北京师范大学学报》，1994（2）。

断的学风，对于不利于自己的材料，即宣布是刘歆伪造。对此，梁启超曾批评说："有为以好博好异之故，往往不惜抹杀证据而曲解证据，以犯科学家之大忌，此其所短也。"① 后来古史辨派在考辨古史上有疑古过头的弊病，有时甚至玉石俱焚，这也跟接受康有为的消极影响很有关系。

1897年，康有为又撰成《孔子改制考》，次年刊行。梁启超曾比喻《新学伪经考》的著成是思想界之一大飓风，而《孔子改制考》的著成更是"火山大喷火、大地震"。前一书立意于"破"，否定恪守古训、因循守旧的传统观念；后一书立意于"立"，通过阐释孔子"改制"学说宣传变法的合法性、迫切性，两部书构成康有为具有强烈时代特征的历史演进观念，并且共同奠定了维新变法的理论体系。《孔子改制考》的核心观点是：（一）认为大地教主，无不改制立法。孔子撰著儒家六经，假托尧、舜、文、武而制订了一套政教礼法，是为"托古改制"，为后王立法。"布衣改制，事大骇人，故不如与之先王，既不惊人，自可避祸。"② 孔子是万世尊奉的圣人，改制正是其伟大之处，后人效法孔子改制变法，那当然是天经地义、合理合法的。（二）认为最得孔子精义的，是《春秋公羊传》和董仲舒、何休的书。孔子创立了"三统"、"三世"诸义，处在"乱世"，向往"太平"。社会的发展，是远的、旧的必定败亡，近的、新的终将兴起。乱世之后进以升平，升平之后进以太平，社会是越向前越进步，泥古守旧，必定败亡。孔子的升平、太平理想同"民主"政治相通，人类社会的发展是朝向共同目标的。"尧舜为民主，为太平世，为人道之主，儒者举以为极者也。……孔子拨乱、升平，托文王以行君主之仁政；尤注意太平，托尧、舜以行民主之太平。""六经中之尧、舜、文王，皆孔子民主君主之所寄托。"③ 故此，不但六经皆为孔子托古改制之书，甚至资产阶级民

---

① 梁启超：《清代学术概论》，见《饮冰室合集》专集之三十四，57页，北京，中华书局，1989。

② 康有为：《孔子改制考》卷十一《孔子改制托古考》，267页，北京，中华书局，1958。

③ 康有为：《孔子改制考》卷十二《孔子改制法尧舜文王考》，284页，北京，中华书局，1958。

主理想，都成为孔子早已树立的传统，那么实行变法，改革封建专制政治，就成为效法孔子的、完全正当的行动。康有为还把公羊三世说与历史进化观，以及资产阶级君主立宪、民主政治学说都糅合起来，把资产阶级的民权、议院、选举、民主、平等，都附会到儒家学说上面，都说是孔子所创。如说："世官为诸子之制，可见选举实为孔子创制"，"儒是以教任职，如外国教士之入议院者也"①。

康有为将儒家经典中的公羊"三世说"、《礼运》中的小康、大同思想，与西方政治中君主专制—君主立宪—民主共和思想糅合起来，构成了解释社会历史进程的新三世说，即由据乱世（君主专制）—升平世（君主立宪）—太平世（民主共和）。这一崭新而又系统的历史演进观念深刻地反映了19世纪末时代的需要，指导人们观察历史的进程和社会前进的方向，因而成为维新运动的理论纲领，并在社会上产生极大的震动。戊戌维新距今已有百余年，时过境迁，有的人觉得对此难以理解，或简单地归结为康有为善于附会。实则，公羊学的朴素历史进化观与西方政治思想能够相糅合，并产生巨大的社会影响，绝非某一个人之学风特点可以使然。中国历史行进到19世纪最后十年，已紧迫地面临着重大的抉择，要求出现质的飞跃。中国民族资本主义工业已有初步的发展，要求中国走上近代化道路，发展资本主义；外交上列强环伺，企图对我蚕食鲸吞，甲午战争以后形势更加险恶，国家被瓜分的惨祸就在眼前，中国要避免亡国灭种的危险，就必须结束清朝的专制统治，改革腐朽的政治，跟上世界潮流，建立民主政治。中国社会要求有变革的哲学思想，要求有掀起政治上改革运动的理论武器，而中国的封建统治势力又那么强大，旧的传统观念又是那么根深蒂固，进步力量为了进行斗争，必须找到既对正统地位别树一帜又具有儒家经典合法地位的思想学说，以减轻非圣无法的压力。公羊学恰恰是这样一种可以利用的思想武器。戊戌维新派利用和改造它作为宣传变法的理论，实具有最深刻的时代必然性。公羊学阐发历史演进的变易性和评论

---

① 分别见康有为：《孔子改制考》卷三《诸子创教改制考》，卷七《儒教为孔子所创考》，42、191页，北京，中华书局，1958。

时政的特点正好在政治上符合时代的需要，所以显示出所向披靡的力量。由于受到封建专制制度和旧生产关系的束缚，中国的哲学、政治、文化思想体系从十七八世纪起落后于西方，理学空谈、烦琐考据、科举制度、专制观念等严重禁锢着人们的头脑，阻碍着社会进步。必须在历史转折关头总结出新的命题，并且吸收西方先进学说，形成思想解放的潮流，发动一场政治上的变革。传统思想中，既有落后、陈腐的东西造成重负，又有新生的萌芽蕴涵其中，公羊学说的变易观点、以经议政，就是具有民主性、科学性的精华，因而自龚自珍、魏源以来，就一再用对时代变动的新鲜总结为之注入新的生命，至康有为而达到高峰。

戊戌前后几年中，康有为还撰有：《春秋董氏学》（1896）、《礼运注》（1897）、《中庸注》（1901）、《论语注》、《孟子微》、《大同书》（后三种均撰著于1901—1902年）。这些著作都阐释了共同的历史演进观，即大力改造公羊"三世说"，将之发展成为由封建专制进为君主立宪，再进为民主共和的新学说。康有为于1891年至1895年间已经形成早期大同思想，至此又向前发展，《大同书》不仅表达了康有为设想经由废除封建专制、发展资本主义、推动人类社会进步的方案，而且又向前跨进，描绘出一个没有阶级、没有剥削的理想国，具有空想社会主义色彩。这也是极具中国特色的晚清学者探索历史演进的成果。

三、严复《天演论》历史演进观的时代意义

19世纪末严复《天演论》的著成，是晚清时期中国学者探讨历史演进的又一重要贡献。

严复（1854—1921）在英国学习海军三年期间，同时热心地研读西方近代哲学和各种社会思想学说，还对英国以及法国的社会状况进行考察。回国后，在北洋水师学堂，历任总教习、会办（副校长）、总办（校长）。他目睹清朝衰弱腐败，尤其是在甲午战争中老大的中国战败、日本因学习西方而骤强取胜的事实，更使他深受刺激，引起对民族前途的严重关切。于是，他怀着"警世"的愿望，着手翻译赫胥黎所著《天演论》一书，并

先后在报上发表《论世变之亟》、《原强》、《辟韩》、《救亡决论》等论文，向国人介绍西方进步社会学说和进化论哲学思想。

严复介绍的西方近代进化论学说在19世纪末年和20世纪初年迅速风行全国，《天演论》成为空前畅销书，被书肆争相翻印，版本达30多种。正如《民报》所评论的："物竞天择之理，厘然当于人心，而中国民气为之一变。"① 为什么进化论哲学在当时产生如此巨大的影响呢？这是因为严复传播的西方近代科学思想，破除了封建统治长期造成的思想蒙昧状态，开启了人们的视野，尤其是，他所阐发的生存进化的规律，紧扣着处于民族危机最严重时刻的国人的心弦，因而产生了强烈的警醒力量。严复选择赫胥黎的通俗著作《进化论与伦理学》及时地译述（原书于1894年在英国出版），在当时情况下，严复不作原书直译，而采取意译、改写、插入议论和加上大段案语的方法，着眼于中国国情，抒发本人的哲学思想和政治见解，以达到"警世"的目的。《原强》一文，用最简洁的话概述达尔文"天演论"的基本观点："'物竞'者，物争自存也，'天择'者，存其宜种也。……是故每有太古最繁之种，风气渐革，越数百年数千年，消磨歇绝，至于靡有孑遗。……动植如此，民人亦然。"② 在《天演论》导言二（《广义》）中，更以确凿的科学实例，论证进化发展是宇宙的普遍规律。英国南部多产黄芩，它们是远古时代当地植物的遗留，在当时，英伦三岛气候寒冷，黄芩生长更加茂盛。山丘和谷地，自远古至当代也在不断变化。在陆地之下，如果挖出白垩，则可断定这里在遥远的古代是海，白垩就是由古代浅海地带的蚌壳堆积而成的。"今兹所见，乃自不可究诘之变动而来。""地学之家，历验各种僵石，知动植庶品，率皆递有变迁。"③ 总之，小至草木虫鱼，大至天地日月，"一切民物之事，与大宇之内日局诸体，……乃无一焉非天之所演也"④。天地一切都在变化，只有"天演"

---

① 《述侯官严氏最近政见》，载《民报》二号。
② 严复：《原强》，见中国史学会编：《中国近代史资料丛刊·戊戌变法》（三），41~42页，上海，上海人民出版社，1957。
③ 严复：《天演论》卷上导言一《察变》，2页，北京，商务印书馆，1981。
④ 严复：《天演论》卷上导言二《广义》，6页，北京，商务印书馆，1981。

的规律是永恒的。严复把斯宾塞的论述与天演学说结合起来，赞赏斯宾塞把生存竞争、自然淘汰的规律引到人类社会的观点。严复认为，不同人群相竞争的结果，"弱者常为强肉，愚者常为智役"，因此，只有对环境有很强的适应能力、其强健和智力优于其他人群者才能生存，否则将被淘汰绝迹。《原强》又介绍斯宾塞的"群学"理论，"凡民相生相养，易事通功，推以至于刑政礼乐之大，皆自能群之性以生"。强调人类能够团结互助，形成有组织、善治理的群体，才能强盛和发展，否则便陷于涣散自私、懦怯孱弱的状态，而被团结善群、勇力坚强的群体所掳获、所击败。换言之，生存竞争的规律无时不在考验着不同的族群和国家，只有那些善于适应环境，团结互助，不断进取自强的民族，才能有光明的前途。

　　严复又论述，正是由于泰西各国民众崇尚向上、进取的精神，因而构成中西文化在古今关系看法和政治伦理观念的绝大不同甚至完全对立。"中之人好古而忽今，西之人力今以胜古"，同中国俗儒以三代为黄金时代，悲叹世风日下、今不如古相反，西方人士相信后代胜过前代，经过今天的努力，定能使社会不断进步，而臻于美好境界。在政治伦理观念上，中国视服从专制君主统治为天经地义、神圣不可改变，而西方则以提倡平等、天赋人权为根本的法则。由于根本观念的不同和对立，造成东西方国家的强弱、社会之治理、民众的智力等情形相去悬殊。严复概括西方社会制度的特点是"以自由为体，以民主为用"，"上下之势不相悬隔，君不甚尊，民不甚贱，而联若一体者"。① 因而盛赞欧美民主制度对于保证社会发展、上下同心所具有的巨大优越性，严厉地抨击中国两千年封建专制政体造成的祸害，痛斥专制皇帝是"最能欺夺者"，是从民众手里窃去权柄的大盗贼!② 这些论述，深刻地揭示出资本主义与封建主义在制度上、文化上先进与落后的巨大差异和根源，如蔡元培在《五十年来中国之哲学》一

---

　　① 严复：《论世变之亟》，见中国史学会编：《中国近代史资料丛刊·戊戌变法》（三），73页，上海，上海人民出版社，1957。

　　② 严复：《辟韩》，见中国史学会编：《中国近代史资料丛刊·戊戌变法》（三），79页，上海，上海人民出版社，1957。

文中所说，洋溢着"尊民叛君，尊今叛古"的激进精神。

《天演论》阐述了人类历史发展变化的规律，它又是传统学术闻而未闻的进步历史观。书中还有多处具体论述到历史发展的一些重要问题，如论十七《进化》中，论述自太古至于今，人类进步的程度，是以人力对自然斗争，"所胜之多寡"为尺度，试看由部落到国家进化的历史，归根到底，都是"取天地之所有，被以人巧"，现在达到的进步，足以使古人认为是鬼神所为；而近代以来的进步，超过了过去两千年；人类的未来，进步不可限量！这些自成体系、乐观向上、奋发进取的历史观点，为当时热心接受新事物的爱国民众和学者打开了一个新天地，使他们掌握了认识历史和观察民族命运的理论武器。当严复充满热情地介绍进化论学说时，正是中国面临被列强瓜分、举国人心激奋、思变思强的时刻，这样一套新鲜历史观、世界观，极大地鼓舞了中国人民的斗志。《天演论》学说不仅与抗击列强瓜分中国和结束封建帝制统治的时代潮流相合拍，而且直接推动史学达到质的飞跃，至20世纪初年，即宣告了具有完整意义上的近代史学的正式产生。

《天演论》在19世纪末、20世纪初年获得迅猛传播，此中原因，除了其科学思想具有的巨大吸引力，以及"物竞天择、适者生存"的原理在民族危机关头所具有的震撼力之外，尚有一项原因，即晚清今文公羊学说的盛行为其输入准备了思想条件。今文公羊学言变易，言改制，其"据乱世—升平世—太平世"的"三世说"历史观是中国本土的历史进化观，康有为即将公羊学说与西方政治思想相糅合，而构建了发动维新变法运动的理论纲领。因而当时的维新志士都经由喜谈公羊学说而转向热心接受西方进化论，梁启超在致严复信中就说："南海先生读大著后，亦谓眼中未见此等人。"① 顾颉刚在1919年论中国近代学术思想趋势时，也把"今文学"列为迎接西方新学理传播的条件之一。中国本土的进化观与西方近代进化论，二者既有上述关联，但又有发展阶段的质的区别；前者虽然比之僵死

---

① 梁启超：《与严又陵先生书》，见《饮冰室合集》文集之一，110页，北京，中华书局，1989。

的封建教条具有进步性，但又具有粗疏原始、主观和神秘的致命弱点。而西方进化论学说，是从大量的实例中归纳出来的，可以动植物、人体、地形、地质、化石来做验证，因而具有严密的科学性和鲜明的实证性的优点。比较粗疏的原理一定要被更加科学的原理所代替，这正是学术进化发展的规律。而公羊学历史演进观念成为沟通19世纪、20世纪之交进步知识界通向西方进化论的桥梁，这一贡献是不可埋没的。

（原刊《史学史研究》2010年第2期，现经作者对内容作了补充）

黄遵宪文化思想的特点及其历史地位

黄遵宪（1848—1905）是近代杰出的外交家、维新活动家，同时，他在近代文化史上也占有特殊的地位。黄遵宪诞生于鸦片战争后8年，逝世于辛亥革命爆发、清朝灭亡之前6年。他生活的57年，正是清朝国势日益陵替、列强肆意对我欺凌宰割、民族危机极其深重的年代，在文化上，则处于中西文化撞击、时代急剧变动的时期，向人们提出了大量迫切需要回答的课题。对于这些近代文化的重大课题，黄遵宪是一位积极的探索者和成功的实践者，他继承了传统文化的精华，体察时代的变化，尤其能从他亲身接触的西方先进文化中吸取营养、获得启迪，因而随着时代而进步，跻身于代表近代文化前进方向的先进人物的行列。1902年8月，黄遵宪在致梁启超信中明确提出的"大开门户，容纳新学"的主张，就是他在文化问题上达到了时代高度之有力证据。

事情的起因是，戊戌政变后流亡日本的梁启超，于1902年夏秋之间曾计划创办《国学报》，认为培养国民性，应以贯彻"保存国粹"为指导思想，欲以此作为办报方针，写信向政变后被"放归"回原籍的黄遵宪商议。这几年，黄遵宪身居家乡，心中却忧虑国内外危险局势，他回首一生经历，所探索的核心问题定然是救国道路何在？中国文化的根本出路何在？因此他立即毫不含糊地批评梁氏的主张不合时宜，复信说："公谓养成国民性，当以保国粹为主义，取旧学磨洗而光大之。至哉斯言，恃此足以立国矣。虽然，持中国与日本较，规模稍有不同。日本无日本学，中古之慕隋唐，举国趋而东，近世之称欧美，举国又趋而西。当其东奔西逐，神影并驰，如醉如梦，及立足稍稳，乃自觉己身在亡何有之乡，于是乎保国粹之说起。若中国旧习，病在尊大，病在固蔽，非病在不能保守也。今且大开门户，容纳新学，俟新学盛行，以中国固有之学，互相比较，互相竞争，而旧学之真精神乃愈出，真道理乃益明，届时而发挥之，彼新学者或弃或取，或招或拒，或调和或并行，固在我不在人也。国力弱到此极，吾非不虑他人之攘而夺之也。吾有所恃,恃四千年之历史,恃四百兆人之语言风俗,恃一圣人及十数明达之学识也。公之所志,略迟数年再为之,未为不可。"① 黄遵宪洞察到中国落后的病根在于"尊大""固蔽",这正击中了旧文化的要害。对症下药,就必须"大开门户,容纳新学",从学习西方中寻找救国道路,即他说用"西人之政"(民主)、"西人之学"(科学)来救中国之弊。这不是缺乏民族自信心,而是相信中国文化有自己的优良传统,相信通过输入西方新学理,从比较中能真正认识中国文化的真精神、真道理,经过与西方文化"科学"、"民主"的精华相结合,为改造国民性和挽救这衰弱的民族找到正确出路,而同时也必将把中国文化提高到新的境界。

黄遵宪这封信,无疑是20世纪初年思想界探讨中国文化根本出路问题的极其宝贵的文献。一百年来中国社会所经历的文化论争和文化变迁,充分证明其论断的真理性和前瞻性。次年7月,他再次在致梁启超信中,劝告说:"公自悔功利之说,破坏之说之足以误国也,乃壹意返而守旧,欲以讲学为救中国不二法门。公见今日之新进小生,造孽流毒,现身说法,自陈己过,以匡救其失,维持其弊可也。谓保国粹即能固国本,此非其时,仆未敢附和也。"又说,"言屡易端,难于见信,人苟不信,曷贵多言!"② 平心而论,梁启超在近代文化潮流中也是一位出色的进步人物。他在担任《时务报》主笔时期大力宣传变法的迫切性,倡议废科举、兴新学、大译西书,其议论风靡海内。变法失败流亡日本后,西太后为首的清朝顽固派扼杀变法运动的行径和本人被通缉的遭遇激起他对专制统治的仇恨。明治维新后日本社会的新气象使他耳目一新,又借助"和文汉读法",阅读孟德斯鸠等西方启蒙思想家和福泽渝吉等日本学者的著作,因而思想一度趋于激进。如他本人所说:"广搜日本书而读,若行山阴道上,应接不暇,脑质为之改易,思想言论,前后若出两人。"③ 这一时期,他在日本

---

① 郑海麟、张伟雄编校:《黄遵宪文集》,199~200页,[日本]京都,中文出版社,1991。
② 同上书,223页。
③ 梁启超:《夏威夷游记》,见《饮冰室合集》专集之二十二,186页,北京,中华书局,1989。

先后创办《清议报》、《新民丛报》和《新小说》，发表了大量激烈批判专制制度罪恶和介绍西方民主立宪政体的文章。但是梁氏诚有"流质易变"的弱点，过了不久，他又主张"壹意保守"，以"保存国粹"作为当今之急务了。相比之下，黄遵宪对于旧文化消极面严重地阻碍中国前进、必须大力输入西方先进文化的认识是明确的、坚定的，因而其文化主张较梁启超高出一筹。

黄遵宪之所以能够达到近代文化觉醒的高度，是由于他在几十年中锤炼而成的具有鲜明特点的文化思想所决定的。

其一，对旧学持有极可宝贵的批判精神。

黄遵宪成长的清朝咸丰、同治年间，在文化领域居于统治地位的仍然是空谈性理的程朱理学，八股科举制度，和专治名物训诂的考据学，保守陈腐的气习充斥于思想界，绝大多数士人置身其间，只好随波逐流，甚至终生无法自拔。青年黄遵宪却秉承了先哲们特立卓行的志向，对于举世视为天经地义的封建货色、陈腐观念进行了大胆的抨击。《人境庐诗草》开卷《感怀》诗，是黄遵宪17岁时所作，他开宗明义，对封建儒生泥古保守弊病作了辛辣的讽刺："世儒诵诗书，往往矜爪嘴。昂首道皇古，抵掌说平治。上言三代隆，下言百世俟，中言今日乱，痛哭复流涕。摹写车战图，胼胝过百纸，手持井田谱，画地期一试，古人岂我欺，今昔奈势异。儒生不出门，勿论当世事，识时贵知今，通情贵阅世。"① 他以形象的诗句讲了古今时势不同的哲理，呼吁学术风气的根本转变。鸦片战争后，社会危机日益深重，照搬儒家的陈旧教条只能是迂腐可笑。他清醒地认识到："当世得失林，未可稽陈编。"只能靠研究当代寻找救国之方。他斥责宋明理学的空疏无用："宋儒千载后，勃窣探理窟。自诩不传学，乃剽思孟说。讲道稍僻违，论事颇迂阔。"又贬斥考据学的琐屑饾饤："读史辨豕亥，订礼分祖袭。上溯考据学，仅附文章列。"最后指责两者都是对于国计民生毫无裨益的陈腐货色："均之筐箧物，操此何施设？"② 这首诗所提出的是

---

① 黄遵宪著，钱仲联注：《人境庐诗草笺注》，1页，上海，上海古籍出版社，1981。

② 同上书，8~9页。

与当时弥漫朝野的因循守旧思想相对立的新的文化价值观念,是青年黄遵宪发出的文化观点宣言书。此后一生,他就沿着这一思想方向继续前进。21岁时所作《杂感》诗中,他以颇有理论意味的发展观点,对封建营垒的泥古风气作进一步的批判,对于时代和文化的进步高声赞扬:"大块凿混沌,浑浑旋大圆,隶首不能算,知有几万年?羲轩造书契,今始岁五千。以我视后人,若居三代先。俗儒好尊古,日日故纸研,六经字所无,不敢入诗篇,古人弃糟粕,见之口流涎。沿习甘剽盗,妄造丛罪愆。黄土同抟人,今古何愚贤?即今忽已古,断自何代前?"这表明黄遵宪具有发展进化的文化观,认为三代和当今都是历史发展的一个阶段,迷信三代、鄙薄当今是极其错误的复古倒退观点。一味模仿因袭是把古人的糟粕当作宝贝,勇于革新创造才能推动文化的发展。他以充分的自信力提出诗歌创作的主张:"我手写吾口,古岂能拘牵?即今流俗语,我若登简编,五千年后人,惊为古斓斑。"① 这些呼吁诗人关注当代,力求创新,抒发时代精神和个人新鲜感受的警句,确实为晚清文化领域带来新鲜气息。

　　青年时代形成的这种进取、革新精神奠定了黄遵宪一生文化观的基调,当他走出国门以后所经历的观察探索,则使他感受更加强烈,认识达到升华。这当中经历了一场思想的剧烈震动。黄遵宪随着首任驻日公使何如璋东渡之际,那种根深蒂固地存在于中国士大夫头脑中的以"天朝上国"自居的偏见,对他也深有影响,在赴日途中吟唱的"帝泽旁流遍裨瀛"② 的诗句就很典型,并且夸耀使团一行如何使日本人倾倒。但他观察到的现实却与想象中的落后岛国完全相反。当时日本明治维新处于关键阶段,"改从西法,计日程功",新事物新思想纷至沓来。到明治十二年到十三年(1879—1880),日本维新派大力倡导民权学说,这对黄遵宪这样的生活在中国专制政体下、习惯于"奉皇帝若天神、视平民如草芥"的传统观念的中国官员来说,无疑是巨大的冲击,所以他初闻颇惊怪。但黄遵宪没有盲目排拒,相反,他借来卢梭、孟德斯鸠的著作阅读,并且信服他们

---

　　① 黄遵宪著,钱仲联注:《人境庐诗草笺注》,42～43页,上海,上海古籍出版社,1981。

　　② 同上书,199页。

学说的原理,"心志为之一变,以谓太平世必在民主"①。因此,在驻日使馆参赞任上是黄遵宪提升其文化观的重要时期,此后他一再发表言论,对比中日情形,对中国士大夫暗昧拒外、固陋自安的顽症痛加针砭。1890年他在伦敦使馆所写《日本杂事诗自序》中说:"嗟夫!中国士夫,闻见狭陋,于外事向不措意。今既闻之矣,即见之矣,犹复缘饰古义,足已自封,且疑且信;逮穷年累月,深稽博考,然后乃晓然于是非得失之宜,长短取舍之要,余滋愧矣!况于排斥谈天,诋为不经,屏诸六合之外,谓当存而不论,论而不议者乎!"既深深责备自己"缘饰古义,足已自封"的旧习,同时有力地针砭那些对外国事物懵懵懂懂的无知者,特别是严厉地斥责那些拒绝和反对认识新事物、阻碍中国历史前进的顽固派。黄遵宪对西方文化进步性的认识是从长期体验和艰苦思索得来的,他所形成的观点就能前后一贯,而不至见异思迁,随波逐流。

当然,黄遵宪对文化遗产绝非一味贬斥。相反,他对于传统文化的精华是大力继承弘扬的。贯串其一生强烈革新进取精神,就是对先哲自强不息的垂训和实践的自觉继承。他熟悉先秦文献和历代贤才的著作,将他们的嘉言谠论熔炼于自己的著作和诗篇中,对孔子学说的精华尤为褒重,晚年曾计划著《演孔篇》,将近代进化论著作等列为参考书,意欲互相糅合,以发挥孔子儒学精义。历代杰出诗人的作品,古文大家的名篇,更是他创作诗歌效法和借鉴的榜样。他曾向日本人士介绍我国杰出的古典小说《红楼梦》,见解极其精辟:"《红楼梦》乃开天辟地,从古到今第一部小说,与日月争光,万古不磨者,恨贵邦不懂中语,不能尽得其妙也。""论其文章,直与《左》、《国》、《史》、《汉》并妙。"② 并将《红楼梦》亲自圈点后送给日本友人。对于文化遗产有继承,有舍弃,这就是黄遵宪一生中自觉坚持的做法。

其二,以开放的心态对待西方文化。

黄遵宪第一次接触西方文化,是23岁时因到广州赴考归途中游了香

---

① 郑海麟、张伟雄编校:《黄遵宪文集》,41页,[日本]京都,中文出版社,1991。

② 《黄遵宪与日本友人笔谈遗稿》,日本早稻田大学东洋文学研究会,1968。

港，他的观察见于所写《香港感怀》组诗。一方面，祖国领土被西方侵略者盘踞，成为侵略中国的据点，使他感到无比愤慨："岂欲珠崖弃，其如城下盟！帆樯通万国，壁垒逼三城。虎穴人雄据，鸿沟界未明。传闻哀痛诏，犹洒泪纵横。""方丈三神地，诸侯百里封。居然成重镇，高垒蠹狼烽。"另一方面，他又敏锐地认识到资本主义文明的发达，感叹它优越于封建制度："火树银花耀，毡衣绣缕铺。五丁开凿后，欲界亦仙都。""流水游龙外，平波又画桡。佛犹夸国乐，奴亦挟天骄。御气球千尺，驰风马百骁。街道巡赤棒，独少市声嚣。""飞轮齐鼓浪，祝炮日鸣雷。中外通喉舌，纵横通货财。""博物张华志，千间广厦开。摩挲铜狄在，怅望宝山回。大鸟如人立，长鲸跋浪来。官山还府海，人力信雄哉！"这些诗句形象地写出西方制度下香港物质的繁华，治安的良好，交通信息的便利，贸易的兴盛和文化的发达。说明黄遵宪从青年时代起就独具一种开放的眼光，注重研究和善于考察新鲜事物，憎恨外国侵略的感情并没有挡住他的视线，这是近代中国人最为迫切需要的态度和识力。香港之行对于黄遵宪的最大意义是：他在陌生的西方文明面前，敏锐地看到它具有先进性和侵略性两重性质，以后他对外国的考察即由此继续发展。

处在19世纪后期中西文化交流的历史机遇，黄遵宪不仅"生逢其时"，而且"遍历其地"，其阅历之丰富在同时代人中是少有的。他先任驻日使馆参赞四年多（1877年秋至1882年春），接着任美国旧金山总领事三年余（1882年春至1885年秋），后又随同使英、法、意、比四国大臣薛福成到伦敦，任使馆参赞二年余（1889年夏至1891年秋），再后任驻新加坡总领事三年余（1891年秋至1894年底）。总共居留外国14年，足迹到达东西半球，因此他有诗句云："我是东西南北人"①，"绕遍地球剩半环（自注：环游地球，所未渡者大西洋海耳）。"② 他对比中西异同，更加认识到资本主义政治制度、经济发展、文化教育以至思想观念较中国的封建制度文化大大优胜，认识到中国必须学习西方，走万国富强之路。在《日本国志·

---

① 黄遵宪著，钱仲联注：《人境庐诗草笺注》，800页，上海，上海古籍出版社，1981。

② 同上书，824页。

自序》中,他尖锐地批判弥漫朝野的封闭落后意识:"中国士大夫好谈古义,足已自封,于外事不屑措意。"强调只有改变这种闭目塞听、愚昧无知的状况,中国才能进步。在书中《邻交志》等篇,他突出地记述欧洲、日本各国近代以来实行对外开放政策,互相师法而走向富强的史实,总结出"交邻之有大益"这一真理。他说:"欧洲之兴也,正以诸国相峙,各不相让,艺术以相摩而善,武备以相竞而强,物产以有无相通,得以尽地利而夺人巧。……(法国)合纵连横,邻交日盛,而国势日强,比之罗马一统时,其进步不可以道里计。"再看日本,它孤立海中,按理应是"闭关自守,民之老死不相往来",但事实正相反。古代的日本,制度文化"无一不取法于大唐",近代的日本,制度文化又"无一不取法于泰西",结果都使日本取得大进步。尤其是明治以来学习西方,"近世贤豪志高意广,竞事外交,骎骎乎进开明之域,与诸大国争衡。使闭关谢绝,至今仍一洪荒草昧未开之国耳!则信乎交邻之果大有益也。"①

学习西方民主制度,和掌握西方近代进化论思想以观察历史变迁与进化趋势,是黄遵宪在其诗歌和著作中特别关注的两个重点。在《日本杂事诗》中,他对日本社会的最大变动——推翻幕府、倡导民权学说、实行共和政体给以热情赞扬:"剑光重拂镜新磨,六百年来返太阿。方戴上枝归一日,纷纷民又唱共和。"并加小注云:"明治元年德川氏废,王政始复古,伟矣哉!而近来西学大行,乃有倡美利坚合众国民权自由之说者。"又赞美废除专制、设立议会:"议员初撰欣登席,元老相从偶跻间。岂是诸公甘仗马?朝廷无阙谏无书。"并在小注中说明,议会的开设"固因民之所欲而为之"。在《日本国志》中,他详细地记述日本明治维新的发动,反复强调:宣传民权学说,要求召开国会,"庶人议政,倡国会为共和",这是日本转向强盛的关键。并将肯定议会民主制度的优越与揭露封建专制的严重弊端对照论述。晚年与梁启超通信,仍然再三再四表达对中国必将废除专制政体,实行立宪共和政体的预见:"中国的进步,必先以民族主

---

① 黄遵宪:《日本国志》卷三十二《学术志一》,上海,图书集成印书局刻印,光绪二十四年(1889)。

义，继以立宪主义，可断言也。"① "二十世纪之中国，必改而为立宪政体。今日有识之士，可断然决之，无疑义也。"②《人境庐诗草》的最后一首，是他写于1904年底的诗篇《病中纪梦述寄梁任父》，表达的正是这明确的信念："呜呼专制国，今既四千岁，岂谓及余身，竟能见国会。……人言廿世纪，无复容帝制，举世趋大同，度势有必至。"③ 再过6年，武昌起义爆发，封建帝制覆亡，这一预言得到完全的证实。当时清朝政治腐败至极，国家局势险恶至极，黄遵宪为何抱有这样的信心呢？这决定于他认清了人类历史发展的共同趋势，并且掌握了进化论哲学思想，相信社会进步不可阻挡。《己亥杂诗》有多首宣传他的进化哲学观点；其中有云："乱草删除绿几丛，旧花别换日新红。去留一一归天择，物自争存我大公。" "三千年上旧花枝，颇怪风人不入诗。我向秦时明月问，古时花可似今时？"（自注："《诗》有桃李花，有梅实，而不及梅花。赋咏梅花，始于六朝，极盛于唐。以植物之理推之，古时花未必佳，后接以他树而后盛耳。"）这些诗句形象地说明生物进化是自然规律，今天比古代进步，将来必定比今天进步。他进而说明，人类一定要适应生存环境的变化，在此弱肉强食的时代，必须警策自己，自强不息，去争取民族的美好前途："移桃接李尽成春，果硕花浓树愈新。难怪球西新辟地，白人换尽旧红人。"或是自强求生存，或是被征服而归于灭绝，二者必居其一。黄遵宪在哲学观上掌握了近代进化论这一进步的思想武器，因而其诗句更加具有启迪人、鼓舞人的力量。

中华文化兼容并包、海纳百川的胸怀，在黄遵宪的诗篇中也有生动的体现。《以莲菊桃杂供一瓶作歌》借写新加坡无冬无夏，莲菊桃李同时开花，手摘众花杂供一瓶这一奇观，抒发诗人对全世界黄白黑各种族共处，互有矛盾又互相交往的感想："如竞箛鼓调筝笆，蕃汉龟兹乐一律。如天雨花花满身，合仙佛魔同一室。如招海客通商船，黄白黑种同一国。"④ 欣

---

① 郑海麟、张伟雄编校：《黄遵宪文集》，211页，[日本]，京都，中文出版社，1991。
② 同上书，213页。
③ 黄遵宪著，钱仲联注：《人境庐诗草笺注》，1075页，上海，上海古籍出版社，1981。
④ 同上书，455页。

赏众花杂供一瓶，正反映出诗人希望有不同经历、地位，不同性格、喜怒的世界各个种族、民族，都能通过互相了解、互相学习而平等相处的博大胸怀，也是以艺术手法表达他主张不同文化应当以开放的心态互相交流和吸收。

综合上述，黄遵宪在其一生的不断探索中，继承了中国文化的精华，同时自觉地意识到时代赋予的任务，对旧文化中迂腐空疏、闭塞落后的糟粕进行有力的批判，热情倡导学习西方进步文化，清醒地把握历史前进的潮流，因而形成了他革新进取、开放兼容、勇于开拓的文化品格。这是他在20世纪初年不为错综复杂的形势所迷惑，不为各种言论所左右，坚定地倡导"大开门户，容纳新学"的深刻原因，更是他在诗歌领域和史学领域作出卓越建树的巨大动力。当然，与所有历史巨人一样，黄遵宪也有其局限性。如他《日本国志》中讲到："思所以卫吾道者，正不得不借资于彼法，以为己辅。"① 认为西方的"法"与中国原有的"道"是辅助关系。又说，吾不可得而变革者，是君臣、父子这些伦理纲常；吾得而变革者，是轮舟、铁道、电信，和务财、训农、通商、惠工的具体制度。② 尽管他撰写的书是作为驻外使馆官员上呈清政府的，写上这些话有减轻压力的用意，但毕竟反映出他思想中仍有相当浓厚的封建保守性。他晚年发愿著《演孔篇》而最终未能完成，也是由于他既想保持儒学的体系，又想写成反映进化论学说、反映"举世趋大同"的政治潮流的成一家言著作，二者圆凿方枘，扞格而不可通。这些局限，置于当时的时代条件又是不应予以苛求的。从总体上说，黄遵宪的文化思想、文化精神确实达到了时代所能达到的高度，代表了时代的智慧，因而毫无疑问是一笔宝贵的思想财富。

（本文是作者于2005年3月26日在北京举行的纪念黄遵宪逝世100周年国际学术研讨会上的发言，原刊《学术研究》2006年第1期）

---

① 黄遵宪：《日本国志》卷三十二《学术志一》，上海，图书集成印书局刻印，光绪二十四年（1889）。

② 黄遵宪：《日本国志》卷四十《工艺志序》，上海，图书集成印书局刻印，光绪二十四年（1889）。

时代剧变推动下近代史学演进大势

中国史学经历两千余年的发展，到鸦片战争前后出现了重大的转折。鸦片战争以前的史学，基本上是在中国自身的社会和文化环境中形成和演变的，我们称之为"传统史学"。鸦片战争时期则是近代史学的发轫，在历史观和著述内容等方面都已开始明显不同于前代。史学领域的深刻变化，是由于社会条件发生的剧变刺激和推动的，同时也是学术文化内部新旧推移的结果。

从鸦片战争开始到"五四"运动前，近代前期史学走过 80 年的路程，大致可以划分为以下三个阶段。鸦片战争到 1860 年前后，是经世致用、救亡图强史学思潮勃兴和中西文化撞击下史学开始突破传统学术格局的时期。19 世纪七八十年代到 90 年代末，由于维新变法思潮酝酿、发动的刺激，以及西方近代思想进一步传播的影响和感觉敏锐的知识分子走出国门、开阔眼界，中国人学习西方已经注重学习其制度，进而注重学习其思想学说；史学领域出现的最大变化，便是阐发世界必变、历史必变的观点日益扩大影响，和西方近代进化论的迅速传播。进入 20 世纪最初的 20 年，民族危机更加深重，当封建帝制最后崩溃、辛亥革命爆发和中华民国成立，曾促进了民主精神的高涨，但很快革命归于夭折，国内政治处于北洋军阀黑暗统治之下。此 20 年间，在思想文化领域内，进步势力和反动势力激烈对抗，史学领域内的主要特点，则是"新史学"思潮的涌起，和宣传革命的历史思想的活跃；最后，中国思想界、学术界跨进了五四新文化运动的门槛，在治史方法和历史观点上都产生了别辟新境的著述，由此而昭示中国近代史学将向新的境界发展。

一、民族危机的紧迫感与救亡图强史学的勃兴

1840 年发生的鸦片战争是中国进入半殖民地半封建社会的起点，这一

事件标志着中国历史进程出现了巨大变局。恰好中国近代史学的发轫同样在鸦片战争时期开始。

中国封建社会行进到明清时期，已经进入到衰老阶段。虽然它还有一定的生命力，在某一时间内在经济、文化上尚有发展，但在总体上，在根本制度上，它已经失去旺盛的活力，行将衰落。明清时期，西方国家由于地理大发现和英国资产阶级革命发生，进入资本主义发展的时期。而中国衰老的封建社会却仍在蹒跚着脚步，中外关系的格局发生根本性变化，中国转入了被动的劣势地位。16—17世纪，葡萄牙、西班牙、荷兰商船先后到达中国广东、福建海面，葡萄牙人占据了澳门，荷兰人侵夺台湾。16世纪末，英国海船开始驶向东方寻找原料和财富，并于1600年成立东印度公司，垄断经营贸易，进行殖民活动。相比之下，中国明朝永乐年间虽然有过郑和七下西洋的壮举，每次出使西洋（中国南海以西的海洋及近海各地），随员及舵工、水手大多在二万人以上，规模如此之盛，但在郑和以后，却再也没有远洋航海者继其踪迹。而哥伦布、达·伽马、麦哲伦等人的航海壮举却引起欧洲一大批航海者踵继其事业，由此而构成整个的地理大发现，推动欧洲资本主义迅速发展。东西方如此巨大的差别，原因即在于郑和出使西洋的目的是宣扬国威，而哥伦布等人航海的背后，却是经济活动的驱使，渴望在东方获得财富，以满足资本主义原始积累这一历史阶段的利益需求。在明代，对中外交往的限制尚不严格，故嘉靖以后，东南沿海私商与欧洲商人之间的贸易达到一定的规模，明末欧洲传教士如利玛窦等人与中国士大夫互有交往。及清初厉行海禁，规定片帆寸板不得下海。直到1685年（康熙二十四年）清朝收复台湾之后，才解除海禁，规定粤、闽、浙、江四海关与外国商人定期贸易。雍正时期，明令禁止外国人传教。1756年（乾隆二十一年），清朝诏令规定只保留广州一处口岸贸易。乾隆对外一向持维护天朝尊严的虚骄心，曾赋诗云"间年外域有人来，宁可求全关不开"，吐露出对外睥睨防范的心态。清朝政府如此实行闭关锁国政策，必然造成朝野对于外界事物暗然无知，欧洲资本主义正在迅速发展并全力向东方扩张殖民地，中国人士却有如鼾然昏睡毫无知觉。刊行于乾隆四年（1739）的官修《明史》，在《四裔传》中能够明白列举的欧洲国家只有四个，即佛郎机（指葡萄牙，但有时又兼指西班牙）、吕宋（指西班牙，其时占领菲律宾）、和兰（荷兰）、意大利。1792年（乾隆五十七年），英国派遣马戛尔尼使团来华，次年7月到达中国，清朝仍以蛮夷之邦视之，在安排乾隆接见时发生礼仪之争，马戛尔尼不愿对清朝皇帝行跪拜大礼，乾隆对此大为诧异和恼怒，称"此等无知外夷，不值加以优礼"。然而马戛尔尼此行却探得清朝虚实，回国后向英国政府报告说：中国像一只破烂不堪的头等战舰，一旦由一个没有才干的人指挥就没有安全和纪律可言。而英国将从这一变化中得到最大的好处。其后，英国即策划用武力打开中国大门的图谋。嘉道时期的清朝，在外交上正处于这种岌岌可危的境地。

　　在国内，乾隆末年以后，封建专制主义统治所造成的各种社会矛盾已日益暴露，社会危机迅速加深。当时极为突出的社会问题是统治阶级贪婪地向民众剥削榨取，土地兼并恶性发展，大官僚、大地主占田多达几千顷至几万顷，吏治极其败坏，贪污贿赂公行，以乾隆皇帝为首的贵族、百官以及大地主、大商人穷奢极欲，挥霍无度。由于官僚、地主攫取土地遍及各省，农民失去土地，沦为佃户，首先受高额地租剥削。加上苛捐杂税、横征暴敛、水旱灾害，各种灾难一起袭来，逼迫得农民实在无法生存下去，只好外出逃亡，造成嘉道年间极为严重的流民问题。当时，有成千上万失去土地的农民转移流徙在高山密林、深壑荒岛之间，挣扎在死亡线上。川、陕、鄂三省交界的大山林聚集最多。别的地方也有数量不同的流民聚集。据《续文献通考》和《清实录》等书记载，广东、福建的流民流向台湾，关内的流向关外，还有贵州的苗山，浙江宁波、台州交界的南田地区以及淮河边上，都有流民聚集。数以千万计的流民转徙各地，突出地表明社会之不安定，危机之深重。嘉庆元年（1796）爆发的白莲教起义，就是由于阶级矛盾极端尖锐化而产生。这次起义蔓延鄂、豫、陕、川、甘五省，持续时间达九年之久。斗争过程中曾丧失起义的领袖，但起义却长期坚持下来，其重要原因就是农民痛苦不堪，他们欢迎起义军的到来。嘉庆在诏中也承认"良民不得已而从贼者日以渐多"。清朝统治力量不断削弱，连禁卫森严的皇宫也并不安全了。嘉庆十八年（1813），天理教起义群众70多人进攻皇宫,后来虽然失败,却使统治集团陷于一片混乱。为了镇压白莲教起义,清朝耗费巨额军费、资财。再加上鸦片走私急剧增加,造成白银大量外流,至鸦片战争前,国内财政已严重恐慌。而这一时期,西方列强为了在东方扩张其势力,早已看中中国这块封建统治虚弱而又范围广大的市场。到鸦片战争前夜,清朝统治已陷于内外交困。

史学是社会生活的反映。特定的社会状况、社会环境总要反映到那一时代的史学风气上来,社会生活状况发生深刻变化了,史学风气也必然要发生变化。在此之前的清代史学,经历过清初和乾嘉时期两个阶段。清初史学诸大家,治学气象博大,同时具有强烈的经世意识和社会批判精神。乾嘉史学以考证学发达为特征,在考证史实、制度、年代、文字歧误、版本异同以至辨伪、辑佚、目录、避讳等项,都有许多成果,在整理历史文献上取得很大成绩,有的学者如考史三大家钱大昕、王鸣盛、赵翼治学更有总结性的特点。乾嘉考证学风的极盛,既是清廷实行极度的文化专制政策造成的,但同时从学术发展的内在逻辑说,古代繁富的典籍在长久流传的过程中存在的种种歧误和难解的问题,也确实存在着进行一番整理考订工作之需要。从整体上说,乾嘉诸儒治学比起清初学者来,经世致用的意识是大为褪色了,但是,在戴震、钱大昕、王鸣盛、赵翼、崔述和章学诚这些出色人物身上,却又分别在考证方法的精良、探求历代盛衰治乱之迹和理性批判精神等方面,显示出近代色彩,在当时具有超前的意义。尤其是,赵翼将"考史"与"论史"融为一体,揭示出其《廿二史劄记》的著述宗旨是探求"古今风会之递变,政事之屡更,有关于治乱兴衰之故者",并隐然以顾炎武之《日知录》自比[①];章学诚倡言学术经世,晚年对自己一生著述以求"经世"和"救弊"的宗旨作了深刻的总结:"学诚……读书著文,耻为无实空言,所述《通义》,虽以文史标题,而于世教民彝,人心风俗,未尝不三致意,往往推演古今,窃附诗人义焉"[②]。俞正燮著《癸巳类稿》被视为考据精审之作,而其《驻扎大臣原始》、《俄罗斯事

---

① 赵翼著,王树民校证:《廿二史劄记·小引》,1页,北京,中华书局,1984。
② 章学诚:《章学诚遗书》卷二十九《上尹楚珍阁学书》。

辑》、《总河近事考》等，考证范围已包括设置新疆、西藏驻扎大臣的由来、中俄关系、清代治河史实等项关注现实的问题；这些都明显地预示着乾隆末年以后学术风气行将转变的趋势。这一趋势的进一步发展，便是在鸦片战争前后时代剧变的推动下产生了经世致用、救亡图强的爱国主义史学思潮。有不少晚清人士称鸦片战争时期出现了"亘古未有的变局"，无疑是准确地道出了他们的切身感受。今天我们审视历史，更能充分地指明这一时代转变的空前剧烈和深刻。在社会结构上，它标志着中国由几千年的传统社会向近代社会的转变。在中外关系的格局上，西方殖民者东来，用大炮把古老中国紧锁的大门打开了，中华民族不断遭受野蛮的侵略、凌辱，历史悠久的、行进缓慢的、步履维艰的东方文化面临着西方进步文化的严重挑战，构成了东西方文化的接触和冲突。社会的危机和民族生存的危机双重刺激，迫使有识之士把学术与批判封建专制、改革社会积弊联系起来，进而与反抗侵略、学习西方长处联系起来，史学走出了"醉心考据"的"象牙之塔"，由前一时期的"考史"转变为"著史"。随着鸦片战争的爆发，推动历史家打破传统史学的格局，破天荒第一次地把视线投向世界，呼吁人们抛弃闭目塞听、夜郎自大的旧意识，探求西方知识，因而成为近代向西方学习的进步潮流的起点。鸦片战争时期及其后，一些历史著作与社会现实问题这样紧密相联系，同民族的命运这样息息相关，在以往是很少见的。

"鸦片战争时期的史学"所包括的时间，自应比鸦片战争爆发至南京条约签订时间为长，这是因为学术思潮的变迁无不前有酝酿后有延续。当魏源于1825年编《皇朝经世文编》时，已经关注了东南海防问题，他和龚自珍所写的大量史论、政论，尤其表示出对社会危机的严重关切，实已开了近代史学转折的先声。魏源、姚莹、徐继畬、夏燮等人在战争期间酝酿撰写的著作均完成于《南京条约》签订之后。如《海国图志》百卷本完成于1852年。以记述鸦片战争经过为主干部分的《中西纪事》，对初稿进行增订则在1859年。故此考察鸦片战争时期的史学思潮，向上应追溯到嘉庆道光之际龚、魏对封建专制制度和考证末流烦琐学风的批判，倡导学术"经世"，向下应延伸到夏燮经过增订著成《中西纪事》的1860年前后。

龚自珍虽然卒于鸦片战争爆发后一年,但他的思想属于近代体系。他生活在封建社会行将崩溃的转折时期,他的思想便是这个转折时代的一面镜子。在当时,历史前进的要求,就是要结束封建专制的统治,使中华民族在危机之中得到解救,经由深刻的变革,走向世界先进国家的民主政治的道路。龚自珍及其挚友魏源敏锐感到时代风暴即将来临,在举世如痴如梦、歌舞升平中,唯独他们为国家民族命运忧心如焚,日夜不安,上指天下划地,规设经世大计。龚自珍宣告封建统治已经到了"衰世","乱亦竟不远矣"①!大胆地预言时代大变动就要到来。这种对时代危机痛切的感受,逼使他去寻找社会的病因,解救的良策,展开了对扼杀民族生机的专制主义和束缚人们头脑的腐朽文化的猛烈批判。他无情地诅咒封建末世的黑暗混沌,同时渴求和憧憬一个变革进取、人才涌现、个性发展的"新"时代的到来。自觉的战斗的意识,使他对长期窒息人们头脑的旧观念的批判达到了前所未有的高度和深度。他所写的犀利的政论,同时也是具有强烈时代气息、影响深远的史论。龚自珍认为史学的作用是"忧天下","探世变"②。又说:"史之材,识其大掌故,主其记载,……以教训其王公大人。"③ 史学要探究历史的发展变化,要用历史事实来教训那些统治者,并作为今天革除弊政、挽救危机的根据。他一生瞩目的重点,始终是"东西南北"之学。他对西北边疆史地有精湛的研究,最早提出新疆设置行省的建议,显示出他着眼于解决社会危机、巩固国家统一、安定边疆的卓识。

魏源的学术观点与龚自珍甚相契合。他对当时流行的烦琐考据,尖锐地指出是"锢天下聪明知慧使尽出于无用之一途"④。他认为有用的史书应该是医治弊病的药物,"立乎今日以指往昔,异同黑白,病药相发"⑤。他编有《皇朝经世文编》,以反映清代政治、经济、社会等方面重要问题,

---

① 龚自珍:《乙丙之际箸议第九》,见《龚自珍全集》,7页,上海,上海人民出版社,1975。
② 同上书,7页。
③ 龚自珍:《古史钩沉论》,见《龚自珍全集》,28页,上海,上海人民出版社,1975。
④ 魏源:《武进李申耆先生传》,见《魏源集》,359页,北京,中华书局,1976。
⑤ 魏源:《明代食兵二政录序》,见《魏源集》,163页,北京,中华书局,1976。

至今仍是研究清史的重要资料。在鸦片战争前后，他发愤著成《圣武记》、《道光洋艘征抚记》、《海国图志》，这三部书都是有关当代历史和眼前事实的近代史学重要著作，魏源也因此成为近代史开端时期史坛风气转变的出色代表人物。尤其是《海国图志》一书恰恰符合于这一时期抗击外国侵略、"开眼看世界"的迫切要求。第一次系统地、大量地介绍外国史地知识，突破了传统学术"严夷夏之防"，对外国闭塞无知的旧格局。为了向国人介绍急切需要的外国知识，他把当时所能收集到的材料全部汇辑进去，"钩稽贯申，创榛辟莽，前驱先路"①。对于外国人的撰述，即所谓"西洋人谭西洋"者尤为重视，修撰成一部当时东方世界最详备的世界史地及现状的参考书。魏源尖锐地揭露统治集团对外国昏暗无知，是造成战争惨败的重要原因："以通市二百年之国，竟莫知其方向，莫悉其离合，尚可谓留心边事乎？"② 相比之下，英国却"洞悉中国情形虚实。而中国反无一人洞彼情伪，无一事师彼长技，喟矣哉"③。因而他大声疾呼："欲制外夷者，必先悉夷情始。"④ 书中还对北美民主制度表示向往。⑤ 魏源明确提出"师夷之长技以制夷"的口号，成为近代先进的中国人向西方学习的起点。当时他所注目的重点固然在学习"船坚炮利"的军事技术，同时还提出允许私人设厂，发展民用工业，并在书中介绍外国铁路、银行、保险等知识。《海国图志》以其前所未有的新鲜内容、新鲜思想获得了社会人士的欢迎，在国内多次刊刻。它的深远影响直至20世纪前期，梁启超于1924年著书评价说《海国图志》一书奖励国民对外之观念，"其论实支配百年来之人心，直至今日犹未脱离净尽，则其在历史上之关系，不得谓细也"⑥。与魏源同时还有徐继畬著成《瀛寰志略》。徐

---

① 魏源：《海国图志·原叙》，长沙，岳麓书社，1998。
② 魏源：《海国图志》卷二《筹海篇三·议战》，26页，长沙，岳麓书社，1998。
③ 魏源：《海国图志》卷九《暹罗东南属国今为英吉利新加坡沿革》，449页，长沙，岳麓书社，1998。
④ 魏源：《海国图志》卷二《筹海篇三·议战》，26页，长沙，岳麓书社，1998。
⑤ 魏源：《海国图志》卷五十九《外大西洋墨利加洲总叙》，1611～1612页，长沙，岳麓书社，1998。
⑥ 梁启超：《中国近三百年学术史》，见《饮冰室合集》专集之七十五，323页，北京，中华书局，1989。

继畲当鸦片战争期间在闽、粤沿海任职，较多接触海外事务。从1843年起，他即为将可靠的外国知识介绍到国内而殚精竭虑，着手撰《瀛寰志略》，至1848年完成。这部书所介绍世界史地知识，考订比较精审，论述集中而简洁，故在19世纪后期也是与《海国图志》并称的名著。书中开卷第一篇为《地球》，介绍南北极、赤道、各大洲、各大洋，概述亚细亚大陆之广袤，欧罗巴洲之诸国林立、犬牙交错，美洲新大陆的晚近发现，南冰海的探险……都是令人耳目一新的科学知识。徐氏把记述欧美国家作为重点。在卷四《欧罗巴总论》中，他颇为准确地勾勒出欧洲历史的轮廓，论述了欧洲古代的希腊罗马文明，近代欧洲国家在世界范围内的殖民活动，各国地理形势、版图、人口、兵力，以及技术、商业、宗教等。更有意义的，是他讲到西方文明在当时居于先进的地位："欧罗巴国之东来，先由大西洋至小西洋，建置埠头，渐及于南洋诸岛，然后内向而聚于粤东，萌芽于明中叶，滥觞于明季，至今日而往来七万里，遂如一苇之杭。天地之气，由西北而通于东南，倘亦运会使然耶！"① 徐氏还称赞华盛顿所创北美民主制度，"公器付之公论"②，又称赞瑞士不立王侯的制度是"西土桃花源"，但他尚不能完全摆脱"夷夏之辨"的旧意识，故有迂腐之论。

夏燮《中西纪事》的撰著，同样始于《江宁条约》签订不久。其时他正在临城训导任上，英国野蛮侵略、清朝战败屈辱签约的事实使他满怀爱国义愤，"蒿目增伤、裂眦怀愤"。从1843年起，他就为撰写此书做准备，"搜抄邸抄文报及新闻纸之可据者，录而存之"。以后，他处在投降派得势、"防口綦严"的恶劣政治气氛下，冒着风险从事修订和续订，前后历二十三年，充分体现出他怀有的炽热的爱国心和强烈的历史责任感。诚如他所说，"沥血叩心，忧危入告，不避文字之忌，故今悉据实书之，不敢诬，亦不敢讳也"③，真切地表达出他所承受的巨大政治压力和冒险著史精

---

① 徐继畲：《瀛寰志略》卷四《欧罗巴总论》，日本阿阳对嵋阁刻本，咸丰十一年（1861）。

② 徐继畲：《瀛寰志略》卷九《北亚墨利加米利坚合众国》，日本阿阳对嵋阁刻本，咸丰十一年（1861）。

③ 夏燮：《中西纪事》卷十五《庚申换约之役》，199页，长沙，岳麓书社，1988。

神！全书前四卷《通番之始》、《猾夏之渐》、《互市档案》、《漏卮本末》，写鸦片战争起因。从卷五《英人窥边请抚》到卷十一《五口衅端》，记鸦片战争经过。卷十七《长江设关》至卷二十一《江楚黜教》，记侵略者在长江沿岸的活动。最后两卷为作者综合史实，自抒己见。所以这部倾注夏燮爱国感情的史书，是我国较早的近代史著作，也是近代第一部中外关系史专著。这一阶段的重要著作，还有梁廷枏《粤氛闻记》，张穆《蒙古游牧记》，何秋涛《朔方备乘》。

二、维新变法酝酿发动与近代历史变易观和进化论的传播

梁启超于1922年曾写有一篇名文《五十年中国进化概论》，描述近代50年间由于西方文化的传入，国内社会观念、思想意识进化的粗略轮廓。他总结说，自从19世纪末年，国内的学问和思想已经有了进化，"马克思差不多要和孔子争席，易卜生差不多要推倒屈原"，"四十年间思想的剧变，确为从前四千余年所未尝梦见"。他将学习西方而引起的"剧变"，划分为三期。第一期，"先从器物上感觉不足。这种感觉，从鸦片战争后渐渐发动"，到同治年间以后开办了福建船政学堂、上海制造局，开始翻译外国自然科学的著作。第二期，发展到"从制度上感觉不足"，甲午战争后，认识到中国落后衰败，是因为制度不良，所以鼓吹变法维新，因而导致了以后的废科举、兴学堂、派留学生出国等。并且有严复翻译进化论的著作。到第三期，"便是从文化根本上感觉不足"，于是，"很有几位人物"鼓起勇气，提倡思想解放运动。这是辛亥革命前至"五四"时期。[①]

梁启超是以他那一代人的亲身体验来论述的，大体符合历史事实，对我们考察近代史学所经历的进步，是很有启发意义的。从史学领域反映的向西方学习的递进层次而言，鸦片战争时期相当于梁氏所述主要"从器物上感觉不足"的第一期。19世纪后30年，则大体相当于梁氏所述主要

---

① 梁启超：《五十年中国进化概论》，见《饮冰室合集》文集之三十九，43～44页，北京，中华书局，1989。

"从制度上感觉不足"的时期。这三十年中若结合社会状况的变迁画出史学演进的轨迹，则又可区分为70年代至80年代为前一小段，90年代为后一小段。

19世纪七八十年代国内社会政治总的特点是，早期维新改革思想逐步形成，要求变革腐朽的专制政体，从制度上学习西方，在国内发展资本主义的呼声日益高涨。70年代以后，西方列强从自由资本主义开始向帝国主义过渡，展开在世界范围内分割殖民地的争夺。列强加紧对中国的政治、经济和军事侵略，刺激进步知识分子寻找救亡图强的良策。70年代末至80年代初，沿海地区已经出现一批民办新式企业，标志着中国民族资产阶级已经产生，它虽然微小却是新生的社会物质力量，要求冲破封建势力和外国资本的压制，在经济上政治上得到发展。介绍西方知识的书籍、报纸在国内陆续发行。如江南造船厂所译书，除科技、兵制、船政、商学书籍外，还有史志、教育书籍，以及《西国近事汇编》等。早期发行的报纸，除传教士所办《万国公报》（上海）外，中国人先后创办的有《中外新报》、《华宇日报》、《循环日报》（均在香港）。一批官员、知识分子先后被派到国外任外交官或外出游学，大大开阔了眼界，并向国内传递西方的信息。70年代起逐步形成的维新变法、实现国家富强的思潮，是鸦片战争时期产生的近代爱国救亡思想的新发展。早期维新派也利用宣传历史思想、撰写历史著作传播他们的主张，王韬、黄遵宪即为其代表人物。

王韬从22岁起即在上海受雇于英人所办"墨海书馆"，长达13年之久。后又至香港，为英国传教士理雅各翻译中国经书。1867—1870年，由理雅各邀往英国译书，并游历英、法等国。王韬到这两个欧洲先进资本主义国家游历、考察的结果，使他已认识到西方国家的强盛和进步，原因在于它们有宪法、议会等先进的制度，有发达的经济和迅速进步的科学技术，有优越的社会状况。由此形成其早期维新思想，并撰成《法国志略》、《普法战纪》这两部外国历史著作。王韬着重赞扬和主张仿效西方国家的制度，比起魏源主要着眼于学习西方"船坚炮利"的武器技术来，认识已明显地前进了。《法国志略》24卷，撰于1870—1871年，以后又作重订补充。王韬著书的明确目的是，要把法国富强进步的历史和制度文明之美善介绍给国内，使国人增长知识，提供鉴戒。"谈远略者，即以先睹为快"，"俾二千年以来事迹，得以昭示海内"。①《普法战纪》20卷，记述1870—1871年普法战争事。它编辑得及时，战争结束时书已完成，对于东方国家了解这场重要战争事件的前因后果、了解世界形势大有用处。日本陆军文库曾刊印此书，说明当时日本明治维新虽已开始，但日本人对欧洲事务的了解，尚不及在香港的王韬，他也因此在日本获得很大名声。

黄遵宪《日本国志》撰著时间稍后于《法国志略》，相比之下，具有更高的价值。它不仅及时地记述了日本明治维新、"改从西法"、骤致富强的历史，而且具体而明确地介绍了世界各国废除封建专制政体、实行资产阶级民主制度，通过竞争等资本主义生产方式，促使国家经济发达、技术进步、贸易交通发展，国力增强，外交频繁，已是当今时代澎湃之潮流，因而《日本国志》一书是向国人提供的一本史实详明、具有强烈时代感的优秀史著。黄遵宪在任驻日使馆参赞时已克服重重困难撰成初稿，嗣后又结合他担任驻美国旧金山总领事期间考察美国的新感受再行编纂。故《日本国志》不仅是一部出于中国学者之手的、及时著成的明治维新的历史，而且成为向人们展示世界潮流的窗口。黄遵宪明确地把努力溯源介绍西方资本主义制度、文化，作为自己的一项撰述要求。他用"事变之亟，开辟未有"八个字概括当时世界局势急剧变化的特点，针对国内守旧派以为"泰西之国"不胜其渺茫辽远的愚昧意识，向他们发出猛喝：当今世界已经日益缩小！自轮船铁路纵横于世，极五大洲之地，不过弹丸黑子大，各国恃其船炮，又可以无所不达。……日本桥头之水，直与英之伦敦、法之巴里（黎）相接，古所恃以为藩篱者，今则出入若庭径矣！在当时这些话对国人都是全新的观念，实足以振聋发聩。黄遵宪的目的是要唤醒人们：万里重洋不能阻隔，地势险要也不足凭借，侵略者随时会再度打上门来，不求自强就要亡国！黄遵宪又极其中肯地总结出产业发展与否决定国力强

---

① 王韬：《法国志略·原序》，见《重订法国志略》，长洲王韬淞隐庐刻本，光绪十六年（1890）。

弱的道理，遂从多方面向国人传递西方国家如何殚精竭虑增殖产业的信息。他论述西方国家把发展产业作为根本国策："今海外各国汲汲求富，君臣上下，并力一心，期所以繁殖物产。""泰西人有恒言：疆地之役，十战九败，不足虑也；若物力虚耗，国产微薄，则一国之大命倾焉。彼益筹之精而虑之熟矣。"① 同王韬一样，黄遵宪也是走出国门，得自亲身对外国资本主义制度的考察，熔铸入史；而黄遵宪的观察更深刻，见识更高，而且掌握了更加丰富、翔实的材料，故而，《日本国志》的内容虽是记述日本明治维新的历史，却又敏锐地反映出19世纪七八十年代国内近代化要求的时代脉搏，多方面地介绍了国家实行近代化变革所需要的新观念，向国人真切地展示出一幅欧美、日本政治上、经济上奋力向上发展，弱小国家随时将遭受侵略的图画。无怪乎当薛福成这位担任英法荷比四国大使、对资本主义世界有较多了解的官员和早期维新思想家，读到书稿之后大加赞誉，称"此奇作也"。它的成功，是史学走向近代的又一阶段性标志，并且当之无愧地成为继《海国图志》之后近代史学上的又一名著。

19世纪的最后十年，是国内外社会矛盾错综复杂，中华民族陷入灾难深渊而又尝试振作、奋起一跃的年代，在文化领域中，则是进步力量向腐朽的封建思想体系连续发起攻击、倡导思想解放的年代。一方面，当时中国民族资本主义工业已有初步的发展，要求中国走上近代化道路，发展资本主义。另一方面，由于中法战争失败，更加深中国半殖民地半封建社会的悲惨命运，列强环伺，企图对我蚕食鲸吞。中日甲午战争失败后形势更加险恶，老大的中国被一向所看不起的"蕞尔小国"日本打得惨败，被迫签订了奇耻大辱的《马关条约》，清朝统治极度腐朽的实质彻底暴露，亡国灭种的危险迫在眉睫。在举国群情激奋、思变思强的情势下，以康有为领导的维新派走上政治舞台，发动了戊戌维新运动。虽然，"百日维新"被以西太后为首的顽固派残酷地绞杀了，但它作为挽救民族危亡、要求发展资本主义的爱国改革运动却在历史上产生了巨大的影响，同时也是中国

---

① 黄遵宪：《日本国志》卷三十八《物产志一》，上海，图书集成印书局刻印，光绪二十四年（1889）。

近代知识分子的一次思想解放。19世纪90年代政治舞台和文化领域的风云变化,对史学的重大影响是:康有为等维新人物大力宣传历史必变的思想,与封建顽固派"祖宗之法不可变"的陈腐历史观相对立,产生了动员民众特别是知识分子的巨大力量,使史学家和文化人对几千年视为神圣的以帝王为中心的旧史体系敢于怀疑以至否定,为接受西方进步的学说做好了准备。紧接着,由严复译述的《天演论》于1898年出版,及时地介绍了西方近代进化论学说,为先进的中国人提供了新的观察历史和民族命运的思想武器。正是由于维新派持续宣传"历史必变"思想和近代西方进化论的传播,对思想界起到深刻的革新、荡涤作用,才使19世纪后期中国史学走向近代完成了最后一程,为20世纪初"新史学思潮"的到来准备了充分的条件。

康有为的历史观点直接渊源于鸦片战争时期龚自珍、魏源等人的思想,同时又是吸收西方新学理而形成的。由于他生活在广东沿海,故较早接触西方文化,并且留心时事。他通过广泛阅读西书译本和报纸,认真研究西方国家强盛的原因。光绪十四年(1888),因赴乡试,到北京,鉴于中法战争以来民族危机更加深重,第一次上书光绪帝,指出日本"伺吉林于东,英启藏卫而窥川滇于西,俄筑铁路于北而迫盛京,法煽乱民于南而取滇粤",建议变成法、通下情、慎左右三事,以图中国富强,初步形成他改革治国制度的政治观和历史观。其时,根据他在京师停留的观察,对于清廷的腐败作了鞭辟入里的描绘。他认识到,首先必须引起社会上对原来束缚人们思想的旧观念产生怀疑、不满,才有可能发动一场政治变革运动。1889—1890年康有为已形成了今文经学的观点,此后数年,他即在广州集中力量从事维新变法理论的构建和维新骨干人才的培养。1891年和1897年,他先后撰成《新学伪经考》和《孔子改制考》,这两部晚清今文经学的重要著作,对于旧思想体系发动有力的攻击,强烈地宣传其历史必变的观点,形成"思想界之大飓风"和"火山大喷火、大地震"。既然孔子的伟大之处在于改制,那么后人效法孔子改制变法,当然是天经地义、合理合法的行动。康有为的今文学观点,远绍汉代的董仲舒、何休,近承刘逢禄、龚自珍、魏源,阐释经典中的"微言大义",同时根据自己的时代需要、时代智慧加以改造、发展,把他所了解到、并且是中国社会所迫切需要的西方资产阶级民主思想容纳进去,把公羊三世说"据乱世—升平世—太平世",创造性地发展为封建专制进为君主立宪、再进为民主共和的新学说,这就为维新变法运动提供了理论纲领。康有为又极其重视介绍、总结各国变法与否导致不同历史结局的经验教训,于1898年春夏间,先后撰成《日本变政考》、《俄大彼得变政考》等书,进呈光绪帝,对推动他最后下决心实行新政起到重要作用。

严复和康有为同是属于阐释历史是进化、发展的观点,并同是学习了西方新学理且又在国内传播的人物,而两人相比较,严复对西方学术思想有远为直接、深刻、透彻的理解和更高的造诣,他所传播的西方进化论是近代科学学说,因而对于推动中国思想界实现划时代的变革,和促使完整意义上的近代史学的产生,起到远为巨大的作用。严复留学英国学习海军时,热心研读哲学和各种社会思想学说,是当时国内在掌握西方科学知识和学术思想方面造诣最深的难得人才。甲午战争爆发,严复亲见老大腐败的清皇朝被由于学习西方而骤强的日本打得惨败,更加引起他对国家命运的深沉忧虑。1895年,他先后在报上发表《论世变之亟》、《原强》、《辟韩》、《救亡决论》等论文,并着手翻译赫胥黎所著《天演论》一书(1898年出版)。在这些论文和译作中,严复怀着"警世"的强烈愿望,系统地介绍西方进步社会学说和进化论哲学思想,由此标志着中国近代思想界进入了新纪元。他论进化发展是宇宙的普遍规律,小至草木虫草,大至日月,"一切民物之事,与大宇之内日局诸体,……乃无一焉非天之所演也"①。天地一切都在变化,只有"天演"的规律是永恒的。严复告诉人们:物竞天择,优胜劣败,这是自然界和人类社会的普遍规律,不奋发努力,自强进取,就将被无情地淘汰,难逃亡国灭种的惨祸!因而吴汝纶评论《天演论》说,"其言皆与时局痛下针砭,无空发之议"②,"使读者怵然知变"③。《天演论》阐述了人类社会发展变化的规律,同时它又是传统学

---

① 严复:《天演论》卷上导言二《广义》,6页,北京,商务印书馆,1981。
② 吴汝纶:《尺牍一》,见《桐城吴先生全书》,王恩绂等刻本,光绪三十年(1904)。
③ 吴汝纶:《天演论·序》,1页,北京,商务印书馆,1981。

术闻所未闻的进步历史观。书中《人群》、《进化》、《教源》等章节，还从多方面论述人类历史发展进化的一些重要问题。这些自成体系、乐观向上、奋发进取的观点，为当时的热心接受新事物的学者打开了一个新天地，使他们掌握了纵观几千年历史的理论武器。

三、封建帝制崩溃前后"新史学"的倡导和推进

戊戌维新虽然被顽固派扼杀了，但戊戌运动又是中国近代史上第一次思想解放运动，由此开启的思想解放的潮流是阻挡不了的。至20世纪初年，由于空前民族危机的刺激，以及逐步形成的共和革命思想的推动，中国思想界出现了急剧变化的局面，掀起了输入西方新思想、新学理，用以分析中国历史与现实问题，寻找救国道路的进步潮流。十年之间，雨后春笋般地刊行了大量译著、杂志和报纸。梁启超对当时情况有过生动的概括："戊戌政变，继以庚子'拳祸'，清室衰微益暴露，青年学子，相率求学海外。……壬寅、癸卯间，译述之业特盛。定期出版之杂志不下数十种，日本每一新书出，译者动数家。新思想之输入，如火如荼矣。"[①] "新史学"倡导者如饥似渴地输入和传播西方近代史学理论和方法，对于封建时代为专制统治服务的旧史展开猛烈批判，呼吁实行"史界革命"，建立起具有崭新时代内容、唤起民众觉醒、适应救国需要的新史学。

中国20世纪初输入西方史学理论，主要是通过日本进行的。前此，在19世纪末，一些进步学者在开始介绍日本学者新著新译的历史书籍的同时，也有零星地介绍刚刚传入日本的某些西方近代史学理论。到了20世纪初年，才开始稍有系统的介绍。1902年，留日学生汪荣宝在《译书汇编》"历史"专栏发表编译的《史学概论》，其书系以日本近代史学元老坪井九马三《史学研究法》为主要依据，并参考日本其他近代史家之论著辑译而成。汪氏自称"所采皆最近史学界之界说，与本邦从来之习惯大异其趣，

[①] 梁启超：《清代学术概论》，见《饮冰室合集》专集之三十四，71页，北京，中华书局，1989。

绍介于吾同嗜食者，以为他日新史学界之先河"。预示今后中国史学界所要走的是与旧史迥然不同的"新史学"的方向。另一著名的日本近代史家浮田和民的著作《史学原论》，是一部更有系统地介绍西方近代史学方法论的著作，此书在1902—1903年间，更被我国留学生竞相翻译，先后共有六种译本之多。① 这也从一个侧面反映当时新史学思潮的高涨。此书出版后，迅速产生了很大反响，有的评论认为，以此书所论述的主张，正好对照出中国旧史"不知考求民族进化之原则"等项严重弊病，"针膏肓而起废疾，必在于兹"。

这一时期翻译介绍的西方近代名著，有法国基佐《欧洲文明史》，此书在当时被认为是"史理学之嚆矢"。评论者认为，在基佐以前，欧洲对于自身文明的发展，"祗知其然而不知其所以然"，以为文明乃是"从天而降"。在基佐书出以后，"始以为欧洲文明，其渊源启自日耳曼之封建政体与圣会，及罗马自由市邑之三者，而各处政道，因而并立互相竞争，是即为欧洲文明之精神，而欧洲人民，此后乃得知文明之原因"。② 还有英国巴克尔《英国文明史》，此书当时的译本也多达四种。③ 巴克尔这部著作的特点是，以很大篇幅论述史学理论和史学方法问题。巴克尔以革新的精神，冲破英国某些保守的史学观念，注意探索历史的因果关系和规律，试图把历史研究提高到科学的地位，其理论和方法，影响到西方国家、日本以至

---

① 这六种译本是：(1)《新史学》，侯士绾译，上海文明书局代印。(2)《史学通论》，李浩生译，上海作新社印刷。(3)《史学通论》，罗大维译，上海作新社印刷。以上三种均于1903年印行。(4)《史学原论》，刘崇杰译，"闽学会丛书"之一，闽学会出版。(5)《史学原论》，杨毓麟译，湖南编译社发行。(6)《史学原论》，东新译社同人编译。后三种均在当时书刊上登载出新书出版广告。

② 见1902年广智书局出版的《泰西政治学者列传》（署名"中国广东青年"，系根据日本学者杉山藤次郎的著作编译）中的《基率特传》。另据1900年留日学生在日本创办的《译书汇编》第二期载，《欧洲文明史》已经译出，译者为尼骚。

③ 这四种译本是：(1)由南洋公学译书院译刊，1903年。(2)清末学部主办的《学部官报》"选择书报"专栏从1906年至1907年间（第三期至二十八期）陆续译刊。(3)《政艺通报》新书广告所刊《文明史论》(1903年)，系由日文译本转译，并有短篇评介。(4)据1904年作新出版社的《美国留学报告》中"留学生著述"报道，有番禺王建祖所译《英国文明史》。

中国史学的发展。"二十世纪初年中国出现的新史学思潮中，强调要注意文明史的研究，反对'君史'，重视'民史'，要讨究历史中的因果关系，求得历史发展的'公理'或'公例'，开始提到历史和科学的关系问题，这些显然是直接或间接地受巴克尔文明史学思想的影响。"①

西方新学理的输入，为当时激愤于时局危险和清廷腐败的进步学者提供了思想武器，他们大声疾呼对旧史学实行根本改造，注入与时代潮流相适应的新内容，迎接"新史学"时代的到来。这一时期，邓实、曾鲲化、马叙伦和汪荣宝等人都撰有热情提倡新史学的论著。而作为这一思潮的代表人物则是梁启超。他在20世纪初年的主要贡献是：（1）在理论上对封建旧史的严重弊病作了有力的廓清，并对建设近世史学的方向提出了初步的设想。1901年，梁启超撰成《中国史叙论》，论述地理条件对中国历史的影响，古代民族都不是单纯血统，而由长期混合而成，划分中国历史为上世史、中世史和近世史三大段，这些在当时都是别开生面的新鲜见解。次年，他发表了《新史学》名文，激烈地批判封建旧史，痛陈其为维护专制制度的"君史"实质，以及长期阻碍社会进步，阻碍民众形成"群体意识""国民意识"的严重弊病，呼吁实行"史学革命"，以西方的"民史"来彻底改造中国旧史，迎接"新史学"时代的到来。他所规划的"新史学"，应该符合"提倡民族主义，使我四万万同胞强立于此优胜劣败之世界"的时代需要，在历史观上应以进化论为指导，叙述民族的进化、发展，在内容上应当写出群体的活动，而史家的根本任务，在于求得通过广泛的资料收集和研究最后求得历史进化的公理公例。（2）在研究实践上，他对如何摆脱长久沿袭的旧格局、开创近代式的学术研究，作出成功的示范。这一时期，他撰成有多种史著问世，著名者有《论中国学术思想变迁之大势》、《戊戌政变记》、《王荆公》、《郑和传》等。尤其是《论中国学术思想变迁之大势》这篇长文（撰成于1902年），鲜明地贯穿了进化观和因果论的理论指导，体现了与以往学者全然不同的理论风格。堪称是"新史学"理论在研究实践上结出的第一个硕果。

---

① 俞旦初：《二十世纪初年的中国新史学思潮初考》，载《史学史研究》，1982（1）。

时隔不久，同样是信奉进化论学说的维新派学者夏曾佑，著成《中国古代史》（上古到隋朝）。① 此书以进化论和因果律为指导，对中国历史的演进作了别开生面的论述。作者破天荒第一次以进化发展观点为指导，提出了一套划分中国历史发展阶段自成体系的学说，划分为三大时代、七小时期。夏氏划分历史阶段，所注重的是国势强弱、文化发展及民族关系；并且特别重视"世运""变局"，考察历史发展的转折，往往能作出独到的分析。书中还激烈地批判专制主义的罪恶，反映了20世纪初进步的思想界要求结束专制制度的时代呼声。跟书中新鲜的内容相适应，夏氏在编纂上也采用了新颖的形式。梁启超《新史学》和夏曾佑《中国古代史》的问世，是近代史学的重大事件。以往，在鸦片战争时期产生的《圣武记》、《海国图志》、《瀛寰志略》等史著，突破了传统学术的格局，在内容上和史学观点上都有不少紧扣近代时代脉搏开时代风气的新颖、精彩之处，因而亦是近代史学史上的大事。但它们尚属于"创榛辟莽"时期工作，按近代学术标准来要求，其历史观点尚欠系统，内容和编纂方式也不够成熟，因而我们称之为"近代史学的发轫"。又经过历史学家长达60年的努力，终于在时代的推动下，特别是由于戊戌维新时期新的文化思潮的激荡和近代进化论这一崭新的哲学思想的指导，自鸦片战争以来孕育、酝酿的近代史学思潮，至此达到又一次质的飞跃，分别在史学理论和通史著述两个领域诞生了重要著作，标志着近代史学的正式产生。此后几十年中，进步史家无不以"新史学"看待自己的事业和这门学科取得的进展。

20世纪初史学领域中还奏响了以暴力革命推翻清朝的时代强音。以孙中山为代表的以武装斗争推翻清朝统治的革命路线，在19世纪末已经出现。至20世纪，特别是1903年以后，国内革命思想迅速高涨，成为代表中国社会前进的时代主潮。戊戌变法的失败证明改良主义在中国行不通，但在相当时间内，改良派还有很大影响。为什么一定要革命，一定要推翻清朝统治才能救中国，这些与民族生死前途攸关的大道理，必须通过宣

---

① 原名《最新中学中国历史教科书》，于1904年到1906年在上海出版，到1933年由当时教育部定为《大学丛书》之一再版，改为今名。

传，通过与改良派论战，才能深入人心。革命派从事历史教育，采用了通俗读物或政论文章的形式，以大量中外历史知识作为有力的根据，揭露帝国主义企图灭亡中国的阴谋，揭露清朝政府对内残害人民，对外屈辱投降的本质，动员人民用革命手段推翻清廷，实现建立民主共和国的理想，成效卓著地帮助民众提高思想觉悟。邹容著《革命军》，陈天华著《猛回头》、《警世钟》，章炳麟著《驳康有为论革命书》（这些论著均撰于1903年），都是宣传革命思想的出色通俗历史著作和政论，它们以充沛的热情、磅礴的气势，论述革命必然性、正义性，宣告革命是摧毁腐朽的封建势力、彻底改造旧社会、为民众造福、创立自由光明美好的中华共和国的唯一手段，对于传播革命思想、教育和鼓舞民众，产生了巨大的作用。1905年，著名的反清革命人士黄节、邓实、刘师培还在上海出版《国粹学报》，撰著、刊行宣传爱国反清的著作。国粹派是资产阶级革命派的一翼，他们从爱国救亡和排满革命出发，利用史学宣传保存汉族固有文化，鼓吹民族主义，在当时也起到动员民众参加革命的作用。但国粹派人物大多有浓厚的封建性，其政治主张和史学观点有严重的局限性。

经过镇压戊戌维新运动，出卖义和团、对侵略者签订屈辱卖国的《辛丑条约》之后，以西太后为首的清朝统治集团反动顽固的面目早已彻底暴露，国内有识之士和人民群众进一步认清其对外放手卖国、对内残民以贼的凶恶、腐朽本质。为了延续其统治，清朝于1901年起几年内推行所谓"新政"。"新政"的一部分措施，如提倡民族工业、废科举、设学校、派留学生等，是为了缓和封建政权与民族资产阶级的矛盾，在客观上起到了一定的积极作用。而"新政"的主要内容是练兵筹饷，拟订了在全国编练新军的庞大计划。故清廷的"新政"与"戊戌维新"有着本质的区别，它的根本目的是为了维护封建的专制制度和纲常伦理，加强对人民的统治。①清政府又于1906年9月宣布了"预备立宪"，但其目的是企图借立宪之名，实行中央集权，满族贵族集权。其时，由上海而湖北、湖南、广东，各省

---

① 白寿彝总主编：《中国通史》第11卷《近代前期》（上）（龚书铎主编），278页，上海，上海人民出版社，1999。

纷纷成立筹备宪政的组织，并联名上书请愿，要求朝廷速开国会。清廷先应允预备立宪以九年为限，暴露出其根本没有立宪的诚意，又于1911年5月宣布成立第一届责任内阁，在13名内阁大臣中满族贵族占了九名，军政大权进一步集中到皇亲权贵手中。清廷如此玩弄预备立宪的伎俩，其结果适得其反，各省立宪派人物通过咨议局的活动，把清廷黑暗腐败的种种丑恶揭露出来，使之更加声名狼藉。地方军阀、官员和立宪派对"预备立宪"的骗局普遍不满，使清朝廷更加孤立。经过孙中山为首的革命党人不屈不挠举行起义、展开组织活动和舆论宣传，革命之说已经遍倡于国中，必须用革命手段推翻这个溃烂的封建王朝，中国才能不亡，成为人们的普遍意识。如孙中山在论述黄花岗起义的意义时所说："然是役也，碧血横飞，浩气四塞，草木为之含悲，风云因而变色，全国久蛰之心，乃大兴奋，然愤所积，如怒涛排壑，不可遏抑。"① 这一时期，由于社会危机的郁积，民族的苦难达到极点，激发了国内四面八方的"民变"，自1902年到1911年间，各地此伏彼起的民变多达1300余起，平均每两天半发生一次。清朝统治者已经走投无路，陷于绝境，只等革命民众奋力一击，这个腐朽反动的王朝便会应声崩溃。

1911年10月10日，武昌起义爆发，革命军迅速占领汉阳、汉口，迅速形成全国反清革命高潮，革命党人在各省积极发动新军、会党起义。到11月下旬，已有14个省先后宣布脱离清廷独立。清廷反动统治陷入土崩瓦解。1912年1月1日，孙中山在南京就任临时大总统，宣布中华民国独立。1912年2月12日，清帝溥仪退位。辛亥革命结束了两千余年的封建帝制，从此民主共和国的观念深入人心，标志着历史的巨大进步。辛亥革命以后，任何反对势力妄想复辟帝制都必遭惨败，1915年12月袁世凯复辟帝制，只做了83天皇帝梦，于1916年3月22日被迫宣布取消帝制，至6月6日便在国人皆曰可杀的愤怒声讨中暴亡，1917年张勋复辟只存在12天。辛亥革命的胜利，是由于孙中山为首的革命党人长期进行反对封建主

---

① 孙中山：《〈黄花岗烈士事略〉序》，见《孙中山全集》，第6卷，50页，北京，中华书局，1985。

义的民主革命伟大斗争而取得的,也是自戊戌维新运动以来中国各种社会进步力量共同推动而最终取得的。而其中,作为思想文化之一部分,"新史学"思潮激烈地批判封建专制制度、呼唤社会进步,《革命军》作者邹容等人宣传"革命者,顺乎天而应乎人者也"的历史著作,为争取辛亥革命的胜利,与有力焉!我们从近代史学演进的角度,能进一步有力地证明民主革命的必然性和正义性,同时也证明那种"告别革命","宁可慢慢来,通过当时立宪派所主张的改良逼着它(指清朝)迈上现代化和救亡的道路"的言论,同客观史实是多么大相径庭!

南京临时政府成立后,在短短的三个月内,颁布了许多政治、经济和社会改革的法令。主要有:根据资产阶级"自由平等"、"天赋人权"的原则,宣布人民有选举、参政等政治权利,以及居住、信仰、集会、结社、出版、言论等自由,废除刑讯,禁止贩卖劳工、废除奴婢,禁止种植和吸食鸦片,奖励兴办工商业和华侨在国内投资,等等,都有利于民主政治和发展资本主义。同时颁布一系列革除封建恶浊风俗的措施,如禁缠足,禁赌博,废除大人、老爷之旧称,改称官职、先生、君,废跪拜,禁止贩卖人口,倡女权,女子参军、参政,改服饰,废清朝官爵命服翎领补服,改穿西装、中山装等。以国家政权颁布大量符合民主制度和现代工业文明社会的政令,这在中国是破天荒第一次,无疑是对于腐朽的封建制度的一次冲击,也是对根深蒂固的旧文化、旧观念的一次冲击。但是,由于中国资产阶级的软弱,辛亥革命并没有从根本上改变半殖民地半封建的社会秩序,没有发动民众进行彻底的反对帝国主义和反对封建主义的斗争。而中国的反动势力过于强大,盘根错节,随时会卷土重来,加上帝国主义勾结支持国内反动势力,致使民国政府的权力很快被袁世凯所篡夺,革命归于夭折。

从袁世凯于 1912 年 3 月 10 日就任大总统起,中国进入了北洋军阀黑暗统治时期。李大钊所写《大哀篇》一文,曾对民国初年的社会危机作了集中的描述:"哀哉!吾民瘁于晚清稗政之余,复丁干戈大乱之后,满地兵燹,疮痍弥目,民生凋敝,亦云极矣!"① 对此,领导革命的孙中山目击

---

① 李大钊:《大哀篇》,见《李大钊选集》,6 页,北京,人民出版社,1959。

身受，尤曾痛苦地做了回顾："失去一满洲之专制，转生出无数强盗之专制，其为毒之烈，较前尤甚。于是民愈不聊生矣！"① 与政治上军阀跋扈肆虐，大小兵燹连年不断，民众生活困苦不堪的社会黑暗现实相伴随的，是在思想文化领域出现了尊孔复古的逆流。1912年11月，陈焕章秉承康有为之意，在上海联络沈曾植、梁鼎芬，发起成立孔教会。随之海内外一些重要城市纷纷成立孔教支会，据说有130余处。1912年，袁世凯下令尊崇伦常，要"全国人民恪守礼法"。又颁布"尊崇孔圣"的通令。当年，在镇压李烈钧等发起的"二次革命"的同时，袁世凯政府查封了大批进步报刊，许多报人遭逮捕，使当时国内报刊锐减300多种。1914年，袁世凯更上演祀孔祭天的闹剧，作为其复辟帝制活动的先行，在告令中称"孔子之道，亘古常新，与天无极"。

民国初年政治的倒退和思想文化上的复古逆流，的确使20世纪初年兴起的"新史学"思潮和以历史教育宣传民主革命的热情遭受挫折，在文化领域掀起尊孔复古声浪之下，史学界顿成沉寂。以往有关的史学史论著，常对这一段略去不论。然而经过对材料的深入挖掘和对问题的进一步分析、归纳，我们能够对民国初年的史学作有价值的论述，描绘出其演进的轨迹。在这一时期，经过王国维、陈垣、胡适、梁启超、李大钊、陈独秀等人的努力，无论从研究实践或历史观点上都为推进史学的近代化作出了重要建树，具有开辟史学新格局的意义。

在研究实践上，其显著者，有王国维在卜辞研究上"二重证据法"的运用，有陈垣著成宗教史研究开山之作《元也里可温考》，有胡适《中国哲学史大纲》上卷开创的学术研究新范式。王国维有近代学者的敏锐眼光，认识到刚刚发现的殷墟甲骨卜辞是研究殷商历史的极其宝贵的第一手资料。他用《史记》和其他历史文献与甲骨史料互相释证，于1917年撰成《殷卜辞中所见先公先王考》及《续考》两文，对整个商王室世系作总体的研究，取得了震惊学术界的成就，王国维对"二重证据法"的成功运用，

---

① 孙中山：《建国方略·自序》，见《孙中山选集》（上），116页，北京，人民出版社，1956。

也成为"五四"以后新史家广泛运用的治史方法,因而王氏被誉为"新史学的开山"。同年,陈垣撰成的《元也里可温考》,则是开创近代宗教史研究的一部名著。元代典籍中每见有"也里可温"的记载,以往治史者不明其究竟。陈垣经过严格的比勘、训诂、释证,先论定元史上之也里可温即为基督教。然后广搜元代官方文献、碑刻遗存、地方志以及私人著作等大量史料,进行精审的疏证、归纳,逐项论述元代也里可温之东来、也里可温的戒律、人数、社会地位、元政府所给予也里可温的各项待遇等问题。由于作者具有可贵的史识和钩稽分析的精深功力,才将沉埋数百年的历史揭示阐释出来,故这一研究成果很受海内外学者的重视。以后陈垣除继续基督教的研究外,又扩大到其他宗教的研究,著有《开封一赐乐业教考》、《火祆教入中国考》、《摩尼教入中国考》、《回回教入中国考》等,为近代宗教史学科的建立作出了杰出的贡献。由于进行宗教史的研究,此后陈垣又在元史领域撰成多种重要著作,成为20世纪元史研究的著名学者。

胡适于1910年到美国留学,后转入哥伦比亚大学,从杜威专攻哲学,获得哲学博士学位。1917年回国,应聘为北京大学教授,为哲学系学生开设中国哲学史课程,在其讲义基础上著成《中国哲学史大纲》上卷,于次年出版,对学术界产生了甚大影响。当时人们觉得它新鲜,首先是他同嗜古成癖的旧式学者风格迥异,开头第一章是"中国哲学结胎时代",用《诗经》作为论述时代背景的材料,丢开唐虞夏商,径从周宣王以后讲起。其次是用"导言"自标界说,提出了一套治哲学史的方法论,讲研究哲学史有三个目的:一是"明变";二是"求因";三是"评判"。但要达到这三个目的,先须做一番"述学"的工夫。所谓"述学",第一步是"审定史料";第二步是"整理史料"。审定史料的证据可分为五种:一是"史事";二是"文字";三是"文体";四是"思想",合称为"内证";五是"旁证"。整理史料的方法约有三端:一是"校勘";二是"训诂";三是"贯通"。再次是他讲先秦哲学史,既不站在"宋学家"的立场,亦不站在"汉学家"的立场,而是平等地对待孔子、墨子、庄子、孟子、荀子和其他各家学说,对于每一位思想家,都企图理清其哲学观点与时代的关系,把先后出现的哲学观点和逻辑方法组织在一个有系统的框架体系之中。以上三项，都是为中国哲学史研究以及20世纪的史学研究提供了新范式。故当时担任北京大学校长、对建立中国现代学术作出卓著的贡献的蔡元培特为此书写序，作了高度评价。

在历史观点上，堪称代表时代水平、发表了传播遐迩的政论、史论名文的是李大钊和陈独秀。他们两人当时都是伟大的爱国者和革命民主主义者，是刚刚发动的五四新文化运动的先锋和旗手，并继而开始了由民主主义者向共产主义者的转变。1913年当李大钊还是一位24岁的青年，他即著文揭露民国初年社会危机之根源，在于军阀专制跋扈造成兵燹遍地、杀戮掠夺，民众荡析离居，转死沟壑，痛斥军阀借民权之名，行专制暴虐之实，"钻营运动争权攘利之不暇，奚暇计及民生哉？然则所谓民政者，少数豪暴狡狯者之专政，非吾民自主之政也；民权者，少数豪暴狡狯者之窃权，非吾民自得之权也"①。1914年，美国人古德诺（曾受聘为袁世凯总统府顾问）发表《中国新约法论》的演说，别有用心地鼓吹中国"人民生计至艰，无参究政治之能力"，一旦改专制政体而为共和，必造成祸乱。李大钊立即著文痛加批驳，他引用历史的事实，环视世界之潮流，论证民众政治、要求民主是必然的趋势，古德诺所云，完全是歪曲中国之国情、为袁世凯复辟帝制制造舆论。② 1916年3月，在全国人民的愤怒声讨中，袁世凯的"洪宪帝制"被迫宣布取消，但仍称大总统。李大钊以思想家和历史学家的深沉思考和睿见卓识，发表长篇论文《民彝与政治》，从总结历史经验教训的高度，论述在中国如何根绝袁世凯阴谋窃国复辟帝制，铲除独裁专制在中国滋生的土壤。他以"民彝"二字概括民众的心理、伦常、觉悟，也指民众的组织能力和法制水平，深刻地指出："兹世文明先进之国民，莫不争求适宜之政治，以信其民彝，彰其民彝。吾民于此，其当鼓勇奋力，以趋从此时代之精神，而求此适宜之政治也，亦奚容疑。""先进国民之所以求此政治者，断头流血，万死不辞，培养民权自由之华，经年郁茂以有今日之盛。盖其努力率由生之欲求而发，出于自主之本能，

---

① 李大钊：《大哀篇》，见《李大钊选集》，3页，北京，人民出版社，1959。
② 李大钊：《国情》，见《李大钊选集》，47页，北京，人民出版社，1959。

其强烈无能为抗也。吾民对于此种政治之要求，虽云校先进国民为微弱；此种政治意识觉醒之范围，亦校为狭小。而观于革命之风云，蓬勃飞腾之象，轩然方兴而未有艾，则此民权自由之华，实已苞蕾于神州之陆。吾民宜固其秉彝之心田，冒万难以排去其摧凌，而后以渐渍之工夫，熏陶昌大其光采，乃吾民唯一之天职，吾侪唯一之主张矣"①。当时国内出现尊孔读经的文化逆流，北洋军阀政府在其《宪法草案》中更规定"国民教育以孔子之道为修身大本"，李大钊立即连续著文予以抨击，他中肯地指出，两千年来，孔子学说历经封建统治者的演绎，已经成为封建专制政治的法宝和灵魂。"历代君主，莫不尊之祀之，奉为先师，崇为至圣。而孔子云者，遂非复个人之名称，而为保护君主政治之偶像矣。""古今之社会不同，古今之道德自异。而道德之进化发展，亦泰半由于自然淘汰，几分由于人为淘汰。孔子之道，施于今日之社会为不适于生存，任诸自然之淘汰，其势力迟早必归于消灭。"值得注意的是李大钊当时已清醒地采取辩证分析的态度，他明确提出应将孔子学说的本义与经过历代统治者所演绎、改塑成为专制主义政治护符之"孔学"二者区别开来："余之掊击孔子，非掊击孔子之本身，乃掊击孔子为历代君主所雕塑之偶像的权威也；非掊击孔子，乃掊击专制政治之灵魂也"②。陈独秀于1901年后三次留学日本。武昌起义前后，在安徽、浙江积极参加反清革命活动。袁世凯称帝，他追随宣布安徽"独立"的都督柏文蔚讨袁。1915年，他在上海创办《青年》杂志（后改名《新青年》，迁北京）以激进的民主主义思想掀起现代史上具有伟大意义的思想启蒙运动，高举"民主"和"科学"两面大旗，猛烈抨击儒家伦理道德、旧文学、旧教育，在《新青年》杂志上连续撰文阐发民主、进化、发展的历史观。他同样把批判腐朽反动的封建意识形态的矛头，集中于揭露两千年来儒学为专制主义政治张目的本质，痛陈儒学在今日已与社会进步和民众需要相对立，成为传播民主与科学、提高国民觉悟的障碍。他说："孔子生长封建时代，所提倡之道德，封建时代之道德也；

---

① 李大钊：《民彝与政治》，见《李大钊选集》，40页，北京，人民出版社，1959。
② 李大钊：《自然的伦理观与孔子》，见《李大钊选集》，80页，北京，人民出版社，1959。

所垂示之礼教，封建时代之生活状态也；所主张之政治，封建时代之政治也。封建时代之道德、礼教、生活、政治，所心营目注，其范围不越君主贵族之权利与名誉，于多数国民之幸福无与焉。"① 在1915年9月《青年杂志》创刊号中，陈独秀首次公开宣布高举"民主"和"科学"两面大旗，指出："近代欧洲之所以优越他族者，科学之兴，其功不在人权说下，若舟车之有两轮焉。""国人而欲脱蒙昧时代，羞为浅化之民也，则急起直追，当以科学与人权并重"②。此处之"人权"即后来所言之"民主"，由此而揭起了"五四"时期新的思想启蒙的序幕。李大钊、陈独秀的高昂爱国精神、对救亡图强和思想启蒙的崇高责任感、对帝国主义和封建主义反动势力的坚决斗争精神，使他们在俄国十月革命的鼓舞下，迅速地成为马克思主义者，成为中国共产党的创始人，并且是唯物史观这一科学历史观在中国的最早传播者。唯物史观的指导和民国初年在治史方法、治史内容和研究范式诸方面出现的新创造、新变化，共同开启了中国史学新的发展阶段。

揭示出民国初年史学研究的新方法、新领域、新范式和历史观的变革，并加以恰当的阐释，不仅能更加清晰而完整地描绘出20世纪最初20年历史学演变的脉络，而且对于说明"新史学"思潮与"五四"时期史学研究的新局面，说明新文化运动的产生和唯物史观在中国迅速传播的必然性，都具有重要的学术价值和理论意义。以鸦片战争时期为起点的史学近代化趋势，是由于中国社会剧变和文化思潮激荡涌起双重作用下的必然产物，其发展趋势无法抵挡。到19世纪末和20世纪初，西方新学理的传播逐步加强，近代进化论成为先进的中国人认识世界和解释历史的指导思想，"新史学"思潮汹涌激荡，加上甲骨卜辞等一批重要史料的发现、利用，西方治史观念和方法经由旅外中国学者的直接传入，至此，中国史学近代化的发展已经蓄满了势头，如航船张满了风帆。其客观要求，就是推进史学再向前发展，并加深与西方近代史学的联系、沟通，即使如民国初

---

① 陈独秀：《孔教研究》，载《每周评论》，第20号，1919-05-04。
② 陈独秀：《敬告青年》，载《青年杂志》，1915（1）。

年出现的政治黑暗局面和思想文化逆流，也无法阻止这一发展势头。这就是唯物史观创始人所阐述的意识形态发展的相对独立性原理。"历史思想家（历史在这里应当是政治、法律、哲学、神学，总之，一切属于社会而不是单纯属于自然界的领域的简单概括）——历史思想家在每一科学领域中都有一定的材料，这些材料是从以前的各代人的思维中独立形成的，并且在这些世代相继的人们的头脑中经过了自己的独立的发展道路。"① "每一个时代的哲学作为分工的一个特定的领域，都具有由它的先驱传给它而它便由此出发的特定的思想材料作为前提。因此，经济上落后的国家在哲学上仍然能够演奏第一小提琴。"② 以王国维、陈垣、胡适等为代表的在史学领域作出的建树，是继承史学近代化趋势、尤其是"新史学"思潮的发展势头而创造出来的，这正证明中国史学近代化的发展趋势蓄积已久，不可阻挡。这是我们从中总结出来的具有理论价值的认识之一。

具有丰富中国史学理论价值的又一认识是，包括"五四"前夕史学领域新变革在内的"新文化运动"的发动，是辛亥革命以来中国政治、文化势力正、反两方面作用的结果。武昌起义爆发、中华民国宣告成立，以及由于革命胜利而出现的民主精神的高涨，这一切都是中国历史的巨大进步。这是自19世纪末以来革命党人奔走呼号、流血牺牲换来的，也是自戊戌维新运动以来新思想传播，向腐朽的封建制度顽固势力不断发起冲击的结果。外国帝国主义、国内专制政权、封建军阀层层压迫，给中国社会的进步设置了重重障碍。中国新生社会力量要取得每一进步，都要付出极其艰难的奋斗和沉重的代价。但是，"青山遮不住，毕竟东流去"。进步势力不屈不挠展开斗争，终于推翻了两千年的封建帝制，创建了民主共和国。至此，有更多的先进人士确切地认识到：古老的中国必须追赶世界潮流，在政治上实行民主共和制度，在经济上大力发展资本主义、走向工业化，在文化上必须用科学、进步的思想战胜一切旧思想，中国才能不亡，才能

---

① 恩格斯：《致弗·梅林》，见《马克思恩格斯选集》，第4卷，726~727页，北京，人民出版社，1995。

② 恩格斯：《致康·施米特》，见《马克思恩格斯选集》，第4卷，703~704页，北京，人民出版社，1995。

自立于世界民族之林。所以,辛亥革命的胜利,标志着东方睡狮已经惊醒!虽然革命遭到夭折,不久中国又陷入政治黑暗、军阀割据,但是,历史已经取得的进步不会因为反动势力的反扑而白白丧失,有如汹涌的海潮遇到礁石退下了,但它下一次却要以更大的力量再向前冲击。"武昌起义以及各省急起响应的革命浪潮,确给中国人民带来一阵兴奋。""由辛亥所唤起的中国社会的希望,同民国初年中国社会的黑暗之间形成的一种巨大的落差,巨大的落差产生了巨大的波澜,于是而有新文化运动。"① 梁启超也曾经正确地说明"辛亥"与"五四"之间的内在联系,他在1923年所撰《五十年中国进化概论》中说:"革命成功将近十年,所希望的件件都落空,渐渐有点废然思返,觉得社会文化是整套的,要拿旧心理运用新制度,决计不可能,渐渐要求全人格的觉悟。"② 在"五四"前新文化运动中已经开启的史学研究的新局面,到"五四"以后即发展成为新历史考证学的形成、"科学主义史学"思潮、唯物史观的迅速传播等多样而壮观的史学新潮流,这正是历史的必然选择。

(原刊《北京行政学院学报》2007年第5～6期)

---

① 陈旭麓:《陈旭麓文集》,第1卷,118页,上海,华东师范大学出版社,1996。

② 梁启超:《五十年中国进化概论》,见《饮冰室合集》文集之三十九,45页,北京,中华书局,1989。

晚清公羊学的发展轨迹

一、戊戌前后的公羊学说

公羊学说在儒家思想中堪称独树一帜，但在历史上却经历了戏剧性的命运。它在西汉时期备受推崇，至东汉末年之后却消沉一千余年。至清代后期，龚自珍、魏源发挥公羊学说变易性、政治性的特点，用来讥议时政、批判专制；公羊学说具有解释性的特点，专讲"微言大义"，便于容纳新思想，故在晚清适逢时会而逐步壮大。19世纪最后十年至20世纪初年，由资产阶级维新派所改造的公羊学说，更具新的时代特点，成为宣传维新变法的思想武器。在中国面临被外国列强瓜分的危险形势下，这一阐发变易改制的学说反映了时代的脉搏，拨动了爱国知识分子的心弦，成为他们观察国家民族命运的武器，因而影响了一批知识分子。张之洞于1903年所写《学术》诗云："理乱寻源学术乖，父仇子劫有由来。刘郎不叹多葵麦，只恨荆榛满路栽。"张氏自注曰："二十年来，都下经学讲《公羊》，文章讲龚定庵，经济讲王安石，皆余出都以后风气也。遂有今日，伤哉！"① 这便是公羊学说在维新前后风行的生动写照。

康有为在广州、桂林讲学，梁启超等在湖南时务学堂讲学，都把《公羊传》放在重要的地位上，这是公羊学盛行的明显证据。近代一些著名学者对这一时期的学术风气有中肯的评论。夏曾佑说："好学深思之士，大都皆通今文学。"② 周予同于1928年著书也说："到了清代的中末叶，因为社会、政治、学术各方面趋势的汇合，于是这骸骨似的今文学忽而复活，居然在学术界有'当者披靡'的现象。当时所称为'常州学派'、'公羊学

---

① 张之洞：《张文襄公诗集》卷四，7页，上海，集益书局石印本，1917。
② 夏曾佑：《中国古代史》第2篇第1章第62节《儒家与方士之分离即道教之原始》，362页，石家庄，河北教育出版社，2000。

派'，就是这西汉博士的裔孙。现在清朝覆亡已十六年，但这今文派的余波回响仍然在学术界里存在着，并且似乎向新的途径发展着。"① 此称"当者披靡"，足见当时喜谈《公羊》声势之猛烈。陈寅恪对于清季学术风尚也有一段重要评论："曩以家世因缘，获闻光绪京朝胜流之绪论。其时学术风气，治经颇尚《公羊春秋》，乙部之学，则喜谈西北史地。后来公羊今文之学，递演为改制疑古，流风所被，与近四十年来变幻之政治，浪漫之文学，殊有连系。此稍习国闻之士所能知者也。西北史地以较为朴学之故，似不及今文经学流被之深广。"② 清季公羊今文之学是学术所尚，流被深广，影响近代几十年，这个看法是积戊戌之前在湖南倡办地方新政的陈宝箴、协助策划湖南新政的陈三立以及历史学家陈寅恪三代人的观察感受而得出的，因而同样应予足够的重视。

戊戌维新前后，湖南新旧两派斗争激烈。1895—1898年，巡抚陈宝箴在其任内以开天下风气之先为己任，与署按察使黄遵宪、学政江标及其继任者熊希龄、候补知府谭嗣同等倡办新政。谭嗣同、唐才常发起组织"南学会"，由黄遵宪、谭嗣同等主讲，探求救亡之法，听者踊跃。前此在陈宝箴、黄遵宪、江标支持下，谭嗣同等又发起创办时务学堂，聘请梁启超为中文总教习，韩文举、叶觉迈、唐才常等为分教习。梁启超等以公羊改制学说，参酌西方资本主义民权政治学说教育学生，培养学生变法维新、救亡图强的意识。学生按日札记，由教师批改，师生醉心民权学说，发挥公羊改制微言大义，日夕讲论。"札记及批语中，盖屡宣其微言，湘中一二老宿，睹而大哗，群起挤之。新旧之哄，起于湘而波动于京师。御史某刺录札记全稿中触犯清廷忌讳者百余条，进呈严劾。戊戌党祸之构成，此实一重要原因也。"③

---

① 周予同：《〈经学历史〉序言》一，见皮锡瑞：《经学历史》，1页，北京，中华书局，1959。

② 陈寅恪：《朱延丰突厥通考序》，见《寒柳堂集》，144页，上海，上海古籍出版社，1980。

③ 梁启超：《时务学堂札记残卷序》，见《饮冰室合集》文集之三十七，69～70页，北京，中华书局，1989。

政变发生后，湖南的苏舆把地方乡绅王先谦、叶德辉、宾凤阳等攻击维新派的文字编成《翼教丛编》。叶德辉惊呼，公羊学说、维新理论的传播引起"举国若狂"，他在一封信中说："时务学堂梁卓如主张公羊之学，以佐其改制之谬论，三尺童子，无一惑之……况今之公羊学又非汉之公羊学也。汉之公羊学尊汉，今之公羊学尊夷。改制之圣人，余知其必不出此。梁卓如来湘，苟务申其师说，则将祸我湘人……大抵公羊之学便于空疏。近世所谓微言大义之说者，亦正蹈斯病。生已盗名，而欲使天下后世共趋于欺罔，一人唱，百人和。聪颖之士既喜其说之新奇，尤喜其学之简易，以至举国若狂，不可收拾。蚁孔溃河，溜穴倾山，能毋惧欤！……公羊之学，以之治经，尚多流弊，以之比附时事，更启人悖逆之萌。其书空言改制，有害于道。"① 叶德辉和王先谦等，自称"保卫圣道"，用各种手段攻击维新派，说时务学堂培养"无父无君之乱党"，南学会提倡"一切平等禽兽之行"，"倡平等"是"堕纲常"，"伸民权"是"无君上"，要求清政府杀康有为、梁启超。不久，时务学堂停办。顽固派还攻击邵阳县南学分会首领樊锥"欲以我朝列圣乾纲独揽之天下，变为泰西民主之国，真汉奸之尤"，把他驱逐出境。今文经学大师皮锡瑞在南学会讲学，力主变法，他的儿子著《醒世歌》，说"若把地球来参详，中国并不在中央"，劣绅们斥皮氏父子"披邪说煽惑"，也用暴力将其驱逐出境。顽固派的种种攻击和仇视，恰恰证明以公羊新学说为重要内容的维新思想在湖南的迅猛传播，对旧的封建统治秩序造成了很大威胁。

二、从政治层面和文化层面考察

晚清公羊学说直接促进了戊戌维新运动。陈寅恪就认为，晚清公羊今文之学与40年来中国政治的变迁有着重要的关系。② 相反，叶德辉于1915年谈及经学问题时，也把清朝灭亡与今文经学直接联系起来，他说：

---

① 《叶吏部与石醉六书》，见《翼教丛编》卷六，光绪二十四年（1898）石印本。
② 陈寅恪：《朱延丰突厥通考序》，见《寒柳堂集》，140页，上海，上海古籍出版社，1980。

"至康有为、廖平之徒，肆其邪说，经学晦盲，而清社亦因之而屋焉。追原祸始，至今于龚、魏犹有余痛。昔人谓明季钟（惺）、谭（友夏）为亡国之诗妖，如康、廖者，亦亡国之文妖已矣。"① 这段话反映了叶德辉对戊戌时期康有为所代表的进步思潮的仇恨，也从反面说明今文经学的盛行，与旧的思想体系的动摇以至清朝的彻底溃亡，有着十分密切的关系。

但事物是复杂的，康有为的今文学说对戊戌变法也带来负面影响。康有为提出的刘歆伪造古文经典、公羊新三世说、孔子改制等观点，本身就是有争议的问题，作为一种抒发政治思想的理论，自然引起一些人的疑惑，更给顽固派以诋骂的口实。余联沅在1894年奏焚《新学伪经考》的折子中，指责康有为"惑世诬民，非圣无法，同少正卯"②。文悌于1898年上《严参康有为折》，他说："（康）托词孔子改制，谓孔子作《春秋》，西狩获麟，为受命之符，以春秋变周，为孔子当一代王者，明似推崇孔教，实则自申其改制之义。大抵原据公羊何休学……不知何休为《公羊传》罪人，宋儒早经论定……数千年后士，不获亲见圣人，自三传以下，假托圣贤，以伸己说者，何可胜数，又焉能于蠹简之余，欲尽废群籍，执一家之言，而谓为独得圣人改制之心哉？"③ 故胡思敬在《戊戌履霜录》中称，康有为今文学之说"未足倾动士林"，指的即是这些事实。有的人赞成变法维新，但对孔子改制之说却不赞成，如陈宝箴在湖南主持推行新政，虽遭顽固派王先谦、叶德辉等攻讦，而布新除旧不辍。时论对康有为、梁启超毁誉不一，他力排众议，特上奏举荐康有为，称他博学多才，议论宏通，言人所不敢言，为人所不敢为。但他对康有为"托古改制"理论甚为不满，请求光绪帝令康有为将《孔子改制考》自行毁版。有的学者即认为康有为推演有争论的今文学说作为变法理论，是戊戌维新失败的原因之一："《新学伪经考》与《改制考》不仅

---

① 叶德辉：《经学通诰》，2页，湖南省教育会发行，1915。
② 康有为：《康南海自编年谱》"光绪二十年"，见中国史学会编：《中国近代史资料丛刊·戊戌变法》（四），128页，上海，上海人民出版社，1957。
③ 中国史学会编：《中国近代史资料丛刊·戊戌变法》（二），483～484页，上海，上海人民出版社，1957。

引起不必要之纷争，而且几淹没变法之主题。"①

　　公羊学的盛行对晚清学术文化的影响，与它在政治上的影响，既有联系又有区别。第一，它的影响并未因戊戌时期的过去而消失，相反，戊戌后它继续在哲学、史学领域发生影响。如周予同所说，"现在清朝覆亡已十六年，但这今文派的余波回响仍然在学术界存在着，并且似乎向新的途径发展着。"第二，晚清公羊学在学术文化上的影响，概括来说有两项。从哲学领域说，晚清公羊朴素变易观的盛行，为20世纪初年西方进化论在中国的广泛传播准备了条件。从史学领域说，晚清今文学盛行形成了重新研究古代典籍和历史的普遍认识，从而促进了20世纪初年"新史学"思潮的兴起，并且对于"五四"前后"古史辨"派考辨古史、探求可信的古史体系产生了直接的影响。

　　探讨这两个问题具有广泛的文化意义。近代中国的学术文化，有分为"旧学"与"新学"，也有分做"传统文化"与"近代文化"。人们每每有一种误解，似乎新学与旧学之间有一个断层，二者相对立。"传统的"即是封建的，"近代文化"是从外国输入的，从外国移植的。导致这一认识的重要原因，是由于近代"新学"在20世纪初产生，是与当时一股来势迅猛的学习西方、批判封建主义的思潮相联系的。20世纪初，由于空前严重的民族危机的刺激，进步思想界为了寻找救国真理，大量介绍西方社会学说，以此为武器，猛烈批判封建主义。梁启超用亲历的感受概述了当时的情况："戊戌政变，继以庚子'拳祸'，清室衰微益暴露。青年学子，相率求学海外……壬寅、癸卯间，译述之业特盛，定期出版之杂志不下数十种，日本每一新书出，译者动数家。新思想之输入，如火如荼矣。"② 就史学范围而论，20世纪初年"新史学"的产生，是伴随着对封建旧史学的激烈批判而出现的。梁启超著《新史学》，批评旧史是"二十四姓之家谱"、"相斫书"、"墓志铭"、"蜡人院之偶像"，主张用"新史学"取代旧史学。

---

　　① 汪荣祖：《论戊戌变法失败的思想因素》，见《晚清变法思想论丛》，111页，台北，联经出版事业公司，1983。
　　② 梁启超：《清代学术概论》，见《饮冰室合集》专集之三十四，71页，北京，中华书局，1989。

新学诞生之时对旧学的批判如此突出，而新学与旧学之间的联系和过渡却不甚明显，难怪有的人误认为"近代文化"是从外国移植的。这种看法并不符合历史实际，在理论上也无法解释近代文化从西方输入的新观念为何能在我们民族中生根。

其实，早在70多年前，当新学正在形成过程中，有的学者就敏锐地认识到无视近代文化与传统文化的继承关系是错误的。顾颉刚于1919年写有《中国近来学术思想的变迁观》一文，讲了自己认识前后的变化："我从前以为近三十年的中国学术思想界是易旧为新时期，是用欧变华时期，但现在看来，实不尽然。""在三十年来，新有的东西固然是对于外国的文化比较吸引而后成的，但是在中国原有的学问上——'朴学'、'史学'、'经济'、'今文派'——的趋势看来，也是向这方面走去。"① 当时他仅27岁，大学尚未毕业，却以亲身经历讲出深刻的道理；近代学术文化的成就固然受到西学的影响，但同时也是对传统学术文化有选择的继承。今天我们的研究工作应该在前辈学者认识的基础上大大向前推进，更加深入地总结和阐述，包括今文学在内的中国中古时代学术文化的精华如何成为向近代文化转变的内在基础和动力。这对于科学地认识近代文化的产生，认识传统文化中的优秀部分所具有的久远生命力，从而更有效地克服民族虚无主义、增强民族自尊意识，都有重要的意义。以下进而讨论晚清公羊学盛行与进化论传播，以及公羊学说与"新史学"的产生两个问题。

三、公羊朴素进化观与近代进化论的传播

19、20世纪之交，是中国哲学领域产生质的飞跃的时期。

西方进化论的传播是同近代另一位向西方寻找真理的代表人物严复的名字直接联系在一起的。严复在被派往英国学习海军期间，热心地研读哲学和各种社会思想学说。甲午战争爆发，严复亲见老大腐败的清王朝被由

---

① 顾颉刚：《中国近来学术思想界的变迁观》（作于1919年），载《中国哲学》第11辑，北京，生活·读书·新知三联书店，1984。

于学习西方而骤强的日本打得惨败，更加引起他对国家命运的深切忧虑。1895年，他先后在报上发表《论世变之亟》、《原强》、《辟韩》、《救亡决论》等论文，并着手翻译赫胥黎所著《天演论》一书，并在1898年出版。在这些论文和译作中，严复怀着"警世"的强烈愿望，比较系统地介绍西方进化论哲学思想。进化论的传播可以认为是中国近代思想界进入新纪元的重要标志。严复阐发生存竞争、优胜劣败而形成进化发展的规律，是同唤起人们对民族危亡形势的认识紧密相联系的。赫胥黎的通俗著作《进化论与伦理学》出版于1894年。严复选择这本书及时地译述，在当时情况下，他不作原书直译，而采取意译、改写、插入议论和大段案语的方法，着眼于中国国情，就原著某一内容或观点加以发挥，抒发本人的哲学思想和政治观点，希望以此达到"警世"的目的。《天演论》阐述进化发展是宇宙的普遍规律，并赞赏斯宾塞把生存竞争、自然淘汰的规律引用到人类社会的观点，着重论述适应环境，不断进化，产生新特性、新能力，认为这是在激烈的生存竞争中取胜的根本条件。他的目的是由此促使人们重视"保群进化"，去旧即新，学习西方，变革图强。另一方面严复抛弃斯宾塞"任天为治"（指在人类社会中任凭自然选择、优胜劣败的规律自发起作用）的观点，而吸收和发挥赫胥黎所主张的人类不应任由物竞天存命运的摆布，人类应发挥力量加以干预的论点。这样，严复以达尔文进化论学说为基础，又经过自己的综合、创造，使他的理论主张具有鲜明的时代性，以激励处于危机关头的中国人"自强保种"为最大特色。《天演论》出版时，正是民族危机最严重、进步知识分子满怀激愤、思变思强的时刻，严复创造性地介绍进化论学说，提供了一套新鲜的哲学观、历史观，极大地鼓舞了中国人民的斗志和信心。进化论学说在海内的传播，使中国思想界产生了划时代的变化。《民报》评论说："物竞天择之理，厘然当于人心，而中国民气为之一变。"[①]《天演论》被书肆争相翻印，版本达30多种，成为空前畅销书。

[①]《述侯官严氏最近政见》，载《民报》第2号，转引自张枬、王忍之编：《辛亥革命前十年间时论选集》，第2卷上册，143页，北京，生活·读书·新知三联书店，1963。

在 19 世纪末 20 世纪初，恰恰是康有为、梁启超、夏曾佑、谭嗣同、唐才常、黄遵宪这些信奉公羊学说、热心维新变法的志士，成为进化论学说最早的接受者和积极的传播者。喜谈公羊、投身变法运动、传播进化论，三位一体，这是十分值得深思的历史现象。

康有为是晚清今文学运动和维新运动的领袖，他极其敏锐地吸收了西方进化论以构建其变法理论。还在严复最初发表介绍西方进化论的文章时，康有为就表示敬佩。梁启超于 1896 年致严复的信中说："南海先生读大著后，亦谓眼中未见此等人。"① 梁启超本人不仅对进化论学说心折赞赏，而且在 20 世纪初年连续著文介绍达尔文学说。《论学术之势力左右世界》一文，指出进化论在哲学领域引起了一场革命："达尔文者，实举十九世纪以后之思想，彻底而一新之者也。是故凡人类智识所能见之现象，无一不可以进化之大理贯通之：政治、法制之变迁，进化也；宗教、道德之发达，进化也；风俗、习惯之移易，进化也。数千年之历史，进化之历史；数万里之世界，进化之世界也……此义一明，于是人人不敢不自勉为强者为优者，然后可以立于此物竞天择之界。无论为一人，为一国家，皆向此鹄以进。""虽谓达尔文以前为一天地，达尔文以后为一天地可也。"他预言进化论学说"将磅礴充塞于本世纪而未有已也"②。同年他还著有《天演学初祖达尔文之学说及其略传》，再次强调进化论学说问世 40 年来，"无论政治界学术界宗教界思想界人事界，皆生一绝大之变迁"，认为人类各个领域，"无大无小，而一皆为此天演大例之所范围"③。与此同时，梁启超倡导"史界革命"，规划"新史学"应该以探究人类社会进化之公理公例为根本任务，实则要求以进化论作为史学领域的理论指导，因而成为"新史学的开山"。梁启超如此高度评价、热心传播和自觉运用进化论，诚

---

① 梁启超：《与严幼陵先生书》，见《饮冰室合集》文集之一，110 页，北京，中华书局，1989。

② 梁启超：《论学术之势力左右世界》，见《饮冰室合集》文集之六，114 页，北京，中华书局，1989。

③ 梁启超：《天演学初祖达尔文之学说及其略传》，见《饮冰室合集》文集之十三，12、18 页，北京，中华书局，1989。

然来源有自。这就是他在 19 世纪最末几年已经把公羊学说与进化论二者糅合起来。他在 1899 年所写的《论支那宗教改革》一文中说："《春秋》之立法也，有三世，一曰据乱世，二曰升平世，三曰太平世。其意言世界初起，必起于据乱，渐进而为升平，又渐进而为太平，今胜于古，后胜于今。此西人打捞乌盈（即达尔文）、士啤生（即斯宾塞）氏等，所倡进化之说也。支那向来旧说，皆谓文明世界，在于古时，其象为已过。《春秋》三世之说，谓文明世界，在于他日，其象为未来。谓文明已过，则保守之心生；谓文明为未来，则进步之心生。故汉世治《春秋》学者，以三世为义，为《春秋》全书之关键。诚哉其为关键也！因三世之递进，故一切典章制度，皆因时而异，日日变异。"① 这一段典型性的论述，确切地证明，经由中国本土的进化观，人们如何便捷顺当地接受了西方的进化论。

四、爱国志士共同的思想历程

晚清许多爱国志士有一条共同的思想轨迹：由于政治腐败、外侮日亟的刺激，他们不满于处于正统地位的哲学观，经过苦苦地哲学探索，进而走向中国的朴素进化观——公羊学说，然后由中国本土的进化观进而服膺西方进化论，并大力传播，用它来观察历史与现实。在上书清帝失败之后，康有为转而苦心探索和构建不同于正统思想的学说体系。梁启超、谭嗣同、夏曾佑也有过相似的经历。梁启超事后回忆说："甲午战前，我们三人来北京应试，我们几乎没有一天不见面，见面就谈学问，常常对吵，每天总大吵一两场。但吵的结果，十次有九次我被穗卿屈服，我们大概总得到意见一致。""这会想起来，那时候我们的思想真'浪漫'得可惊，不知从那里会有怎么多问题，一会发生一个，一会又发生一个。我们要把宇宙间所有的问题都解决，但帮助我们解决的资料都没有。我们便靠主观的

---

① 梁启超：《论支那宗教改革》，见《饮冰室合集》文集之三，58 页，北京，中华书局，1989。

冥想，想得的便拿来对吵，吵到意见一致的时候，便自以为已经解决了。"① 梁启超称他们当时处于"学问饥荒时代"，指的就是哲学苦闷时代。这些英拔锐进的青年，"生育在此种'学问饥荒'之环境之中，冥思苦索，欲以构成一种'不中不西即中即西'的新学派"②。为了寻求救国的道路，为了争取在旧传统束缚下获得精神的解放，他们苦苦探求新的哲理。在中国学术内部，他们首先尊崇公羊变易哲学，此后，西方学说传入，他们心悦诚服地接受了进化论学说。

谭嗣同著《仁学》，首先标列"仁学界说"，云："仁以通为第一义"。通的首义，为"中外通"，"多取义于《春秋》，以太平世远近小大若一故也"③。他讲《仁学》，思想来源属于中国典籍者，也首列《易》及《春秋公羊传》。夏曾佑对自己由尊崇公羊学说进而满腔热情地接受进化论的思想历程讲得尤为真切。他早年与梁启超、谭嗣同一样热心于公羊学，故梁启超论其学术思想渊源说："曾佑方治龚、刘今文学，每发一义，辄相视莫逆。"④ 夏氏还写有诗句："瑶人申受出方耕，孤绪微茫出董生"，概括今文学派的系统颇为精到。在他的思想中，公羊学说成为沟通进化论的桥梁。1896年年底他到达天津，结识严复，便立即倾心于达尔文学说，这在他致表兄汪康年信中有深刻的表述："到津之后，幸遇又陵，衡宇相接，夜辄过谈，谈辄竟夜，微言妙旨，往往而遇。徐、利以来，始通算术；咸、同之际，乃言格致，洎乎近岁，政术始萌。而彼中积学之人，孤识宏怀，而心通来物，盖吾人言西学以来不及此者也。但理赜例繁，旦夕之间，难以笔述，拟尽通其义，然后追想成书，不知生平有此福否？"⑤ 由于

---

① 梁启超：《亡友夏穗卿先生》，见《饮冰室合集》文集之四十四（上），20页，北京，中华书局，1989。
② 梁启超：《清代学术概论》，见《饮冰室合集》专集之三十四，71页，北京，中华书局，1989。
③ 谭嗣同：《仁学》，见《谭嗣同全集》下册，291页，北京，中华书局，1981。
④ 梁启超：《清代学术概论》，见《饮冰室合集》专集之三十四，61页，北京，中华书局，1989。
⑤ 夏曾佑致汪康年信第十三函，见《汪康年师友手札》（二），上海，上海古籍出版社，1981。

亲聆严复深入讲述进化论学说，以往从未能解决的哲学问题，似乎得到答案，找到了真理。他的哲学观点实现了质的飞跃。又据夏循垍撰《夏穗卿传略》载，当时严复译《天演论》、《原富》等书，常"与先生反复商榷而成篇"①，这显然使夏氏对于进化论有更深刻的理解。他想写一本阐述进化论的哲学著作，虽未能实现，却撰成以进化论史观为主导思想的通史著作《中国古代史》。

唐才常的思想经历也说明这一时期社会思潮的特点。唐才常于1893年参加湖南乡试时，末篇即用公羊家言予以申述。故戊戌年他写信给老师欧阳中鹄，即称自己并非初次在时务学堂讲公羊改制之说："受业于素王改制，讲之有年，初非附会康门。"并申明他对《新学伪经考》"宗旨微有不同处，初不敢苟同"，不相信《周官》《左氏》出于刘歆作伪之说，而认为两书是周代文献。②他又申明《公羊传》的价值在于"内外夷夏之说，随时变通，期于拨乱世反之正"③。此后，唐才常即吸收西方进化论等学说来阐述他对历史与政治问题的见解。如说："《春秋》言据乱、升平、太平，西人言石刀、铜刀、铁刀。"④又称："一切政学格致，皆谓今胜于古。如当中国周匡王时，有埃及法老尼古者，曾驱十二万沟红海，不成而死。而近来法人勒塞伯斯，自咸丰十年至同治八年，卒沟通之，此甚远胜古人之一端。"⑤他更相信现今不合理的社会终将进步到平等、民主的时代，"若夫地球全局，则非发明重民、恶战、平等、平权之大义，断断不能挽此浩劫！"⑥尽管唐才常对于西方进化论和民主学说的了解还不系统、不深刻，但他已经把这些西方进步思想作为自己观察历史和未来的指导，则是无疑问的。

---

① 夏循垍：《夏穗卿传略》，载《史学年报》，1940-03（2）。
② 唐才常：《上欧阳中鹄书》（一）、（九），见《唐才常集》，224、238页，北京，中华书局，1980。
③ 唐才常：《交涉甄微》，见《唐才常集》，43页，北京，中华书局，1980。
④ 唐才常：《辨惑》（上），见《唐才常集》，164页，北京，中华书局，1980。
⑤ 同上书，166页。
⑥ 唐才常：《上欧阳中鹄书》（九），见《唐才常集》，238页，北京，中华书局，1980。

20世纪初年进化论学说迅速传播以后,在19世纪90年代盛行的作为哲学观的公羊三世说即完成了自己的历史任务,其地位被进化论所取代,而其价值却融入新的观念之中。公羊三世说具有粗疏、主观和神秘的弱点,它所讲的变易历史哲学,取之于古代经典中的"微言大义",在很大程度上是建立在主观推论和比附的基础上,未能摆脱旧的传统学术体系;因此它的一些主要见解很容易引起争议,使很多人感到怀疑和骇异。而西方进化论学说,是从大量的实验和实例中归纳出来的,因而具有严密的科学性和鲜明的实证性,进化论学说在当时取代了公羊学,这是学术进化发展的规律,但公羊学的朴素变易观却成为19世纪、20世纪之交中国进步知识界通向西方进化论的桥梁,这一贡献是不可埋没的。

五、公羊学说与"新史学"思潮

20世纪初年,与大力传播西方新思想、要求结束封建帝制统治的时代大潮相呼应,在史学领域内出现了批判"君史"、提倡"民史"的热潮。这一"新史学"思潮,在指导思想上要求贯彻社会进化论发展的观点,摒弃旧史家循环史观和复古史观的影响;在研究对象与内容上体现人群进化和社会生活的情状,取代旧史为帝王将相立传、维护封建等级制度的陈旧体例;在著史形式上也要求采用新体裁、新风格。因而这是标志着旧史阶段终结、史学近代化正式展开的划时代事件,它影响了整个20世纪。最有意义的是,"新史学"两位最重要的开创者正是梁启超和夏曾佑,他们分别在史学理论领域和通史领域撰写了标志着近代史学正式登上学术舞台的出色著作,而他们的共同经历便是由公羊学说走向"新学"。这一重要事实恰恰说明:晚清公羊学盛行的时代虽已过去,但其精神却仍然活在20世纪的新学术中,并且向新的途径发展着。

梁启超《新史学》一文著于1902年,是要求以进化史观为指导建立近代史学体系的宣言书和理论著作。梁氏代表当时进步思想界,对于二千年旧史的积弊作了系统的清算。他激烈地批判封建旧史有"四弊"、"二病","知有朝廷而不知有国家";"知有个人而不知有群体"。梁氏批判旧史和设计新史学的一个重要的指导思想,是历史进化观点:"所贵乎史者,贵其能叙一群人相交涉、相竞争、相团结之道,能述一群人所以休养生息、同体进化之状,使后之读者爱其群、善其群之心油然生焉!"他认为旧史恰恰不能说明同群进化的情形,孤立而不联系的一篇篇本纪、列传凑在一起,"如海岸之石,乱堆错落",简直是"合无数之墓志铭而成者"。梁氏对旧史的激烈指责,虽有过当之处,但确能打中要害。在中国传统学术中,梁氏肯定公羊三世说具有进化的意义:"三世者,进化之象也。所谓据乱、升平、太平,与世俱进是也。三世则历史之情状也……三世之义,既治者则不能复乱;藉曰有小乱,而必非与前此之乱等也。"他对"新史学"提出的界说,便是"叙述人群进化之现象,而求得其公理公例"。而新史家的根本任务,在于"以过去的进化,导未来之进化",[①] 对全体人民起到教育、启发的作用,发挥人群之力,推动人类社会向更加进步幸福的境地前进。

　　梁启超倡导以探求、叙述人群进化的公理公例作为"新史学"的根本要求,这绝不是偶然的,而是他原先思想认识的继续和发展。从万木草堂向康有为问学起,特别是《时务报》、时务学堂时期宣传维新变法,与顽固保守人物激烈辩论之时,他已得心应手地运用公羊三世朴素进化观来解释历史和未来。由朴素进化观到系统的进化论学说,只是从较低阶段迈进到较高阶段,梁启超很自然地完成了这一过渡,并且深刻感受到用进化论改造整个史学领域的极端必要,因而成为"新史学"理论的奠基者和充满激情的倡导者。在同一时期,梁启超还准备以进化论为指导改写全部中国史;在学术思想史领域,他撰成了饮誉海内的长篇论文——《论中国学术思想变迁之大势》。梁氏早年是广州学海堂的优等生,受过传统学术的严格训练,以后长期勤奋学习,因而谙熟古代典籍。他信奉公羊朴素变易观,对传统学术的变迁早有深入的思考,故在接受西方进化论之后,认识升华,形成系统的新见解。此文以八万余字的简要篇幅,概述了中国数千

---

① 以上《新史学》的引文,均见《饮冰室合集》文集之九,3、8、10～11页,北京,中华书局,1989。

年学术思想演进的趋势。他把中国学术思想的演进划分为七个时代，论述了各个时代思想的主要特点、成就和缺陷，这些特点又何以产生，前一时代的学术思想如何成为这一时代的渊源，这一时代的思想又对后代产生了什么影响。梁氏对学术思想变迁能够纵贯分析，提挈脉络，叙述因果变化，正是《新史学》理论观点的体现。譬如，战国时代诸子百家争鸣，是中国学术的辉煌时期，梁氏从七个方面分析学术勃兴的原因：（1）由于前此学术思想蕴蓄之宏富；（2）由于社会急剧变动的刺激；（3）由于思想学术之自由；（4）由于交通之频繁，学术思想得到交流；（5）由于人才之见重；（6）由于文字之趋简，著述及传播较前容易；（7）由于讲学之风盛，学术思想得到有效的传播。显然，发展进化的观点使梁氏能成功地分析学术思潮变迁与时代的关系。故《论大势》一文，堪称是运用进化论哲学进行史学研究取得的第一个硕果，是《新史学》理论主张的出色实践。

梁启超把夏曾佑誉为"晚清思想界革命的先驱者"。他称夏氏治经宗龚、刘今文之学，但又"不以公羊学家自居"。这些都是意味深长的。夏曾佑经由公羊学说的沟通作用，走向了近代进化论，却并不停留在公羊学说上，以此自限。即是说，吸收了公羊学说的变易观点，而又能突破其牵强比附的体系，这是夏曾佑在历史研究上获得成功的重要原因。夏氏这种学术个性，在《中国古代史》书中有确切的体现。他说："案此篇（指陆德明《经典释文》）皆唐人之学，至宋学兴，而其说一变，至近日今文学兴，而其说再变。年代久远，书缺简脱，不可详也。然以今文学为是。"①又说："儒术中有今文古文之争。自东汉至清初，皆用古文学，当世几无知今文为何物者。至嘉庆以后，乃稍稍有人分别今古文之所以然，而好学深思之士，大都皆信今文学。本编亦尊今文学者，惟其命意与清朝诸经师稍异，凡经义之变迁，皆以历史因果之理解之，不专在讲经也。"② 这些话

---

① 夏曾佑：《中国古代史》第1篇第2章第10节《孔子之六经》，98页，石家庄，河北教育出版社，2000。

② 夏曾佑：《中国古代史》第2篇第1章第62节《儒家与方士之分离即道教之原始》，362页，石家庄，河北教育出版社，2000。

说明，第一，夏氏推尊今文学，并且明确肯定晚清今文学风靡于世的进步意义，称赞当时信仰公羊学说者是"好学深思之士"。第二，他的学说，又与专讲"微言大义"的清朝经师不同。他不拘牵于经师的旧说，要运用今文学的精髓，与进化论的原理相结合，在书中阐明"历史因果之理"。故此，《中国古代史》开宗明义第一篇《世界之初》，论述人类起源，即揭示出达尔文进化学说与宗教神学的对立。宗教神学讲人类由"元祖降生"，昔之学人笃于宗教而盲从，至近代才逐渐从这种落后意识走出来。达尔文进化论学说，则"本于考察当世之生物，与地层之化石，条分缕析，观其会通，而得物与物相嬗之故"。又说，"由古之说，则人之生为神造；由今之说，则人之生为天演：其学如水火之不相容。"这就是宗教与科学的对立。他著史即以自然和人类社会由低级到高级发展进化的理论为指导，贯串全书。由公羊朴素进化论而达到近代科学的进化论，遂使夏曾佑的学术思想进入新境界，运用这一崭新观点而在通史研究领域获得丰硕之果。

《中国古代史》一经问世便使读者"有心开目朗之感"，"上下千古，了然在目"。这也是晚清新学传播历史上光彩四射的一页。对于进化论这一刚刚从西方传入的新学说，夏氏能避免生搬硬套、捉襟见肘的毛病，而做到正确地把握和比较熟练地运用，其原因，在于蕴积深厚。早在19世纪90年代前期，夏氏就如饥似渴地探求公羊朴素进化观，以此为指导，思考哲学、历史问题，以后与严复密切往还，自觉眼前豁然开朗，一通百通。因此，书中对中国几千年历史发展形成的阶段性演进的系统看法，乃是他自探求公羊学说以来长时间研求的成果，绝非一蹴而就，骤然而得。中国历代"正史"的编纂，均以朝代起讫定终始，体例沿用不变，编年体史书则按年代先后逐年编写，也一向无所改易。至夏氏通史著作出，才破天荒第一次以进化发展观点为指导，提出了一套划分中国历史发展阶段的自成体系的学说。他划分中国历史为三个大的阶段：上古之世，自传说时代至周初；中古之世，自秦至唐；近古之世，自宋至晚清。从他这一总体框架看法，我们也可感觉到公羊三世历史观的精髓存在其中。三大段又各自分为小的时期，从夏氏概括的各时代的特点，可以看出他对各个时代的递嬗和因果关系确有较好的把握。如他把中古之世划分为极盛期、中衰期、复盛期三期。"由秦至三国，为极盛之期。此时中国人才、国势极强，凡其兵事，皆同种相战，而别种人皆稽颡于阙廷。此由实行第二期人之理想而得其良果者，故谓之极盛期。由晋至隋，为中衰之期。此时外族入侵，握其政权，而宗教也大受外教之变化，故谓之中衰期。唐室一代，为复盛之期。此时国力之强，略与汉等，而风俗不逮，然已胜于其后矣，故谓之复盛期。"近古之世，又划分为退化期和更化期。"五季宋元为退化之期。因此期中，教殖荒芜，风俗凌替，兵力财力，逐渐摧颓，渐有不能独立之象。此由附会第二期人之理想，而得其恶果者，故谓之退化期。清代二百六十一年为更化之期。此期前半，学问政治，集秦以来之大成；后半，世局人心，开秦以来所未有。此盖处秦人成局之已穷，而将转入他局者，故谓之更化期。"① 由于早年研求公羊学说以来长期淬砺的进化观哲学思想，这位历史学家对自己所处时代有切中肯綮的看法：由秦代建立的封建专制政体已经注定要被废除，中国内部的变化和世界的潮流已经预示着社会将走向世界共同的民主政治道路。夏氏所说的"处秦人成局之已穷"和"世局人心，开秦以来所未有"，实际上便是这位维新思想家对时局的论断。

与全书独创的理论框架、具有新鲜时代气息的内容和方法相适应，《中国古代史》在史书形式上亦有新颖的创造。夏氏借鉴当时刚刚传入的外国史书分章叙述的方法，同时吸收了中国纪事本末体的优点，将二者糅合起来，创造了新的史学编纂形式。这同样体现了进步公羊学者要求变革旧事物、适应时代变化的思维方式和学术风格。通过夏曾佑的艰苦努力，《中国古代史》从内容到形式都给人以耳目一新之感。第一册自1904年印行后，至1906年即再版六次，受到读者热烈的欢迎，在传播新鲜历史观点和历史知识上产生了广泛影响。

在晚清新学创造的实践中，梁启超、夏曾佑所走的道路是成功的。他们接受了由龚自珍和魏源奠定、康有为所发扬的进步公羊学说的传统，站

---

① 夏曾佑：《中国古代史》第1篇第1章第4节《古今世变之大概》，12页，石家庄，河北教育出版社，2000。

在哲学思考的高度,信奉万世万物处在变易之中和人类历史朴素进化的观点,强烈要求革新政治、以救亡图强为己任。同时,他们热心学习和传播西方进化论和其他进步学说,决不以公羊学家自限,不墨守清代经师附会经文的旧规,并且摒弃主观武断的方法,努力运用近代进化论这一新鲜哲学观探求新知,因而成为20世纪初年"新史学"思潮的杰出代表人物,为推进19世纪的中国学术向近代学术飞跃作出了宝贵的贡献。

(原刊《历史研究》1996年第5期)

梁启超晚年的文化自觉：
《欧游心影录》的思想价值

《欧游心影录》一书，是梁启超在第一次世界大战刚刚结束这一特殊的历史时刻游历欧洲后写下的观感，由于篇中生动及时地报道了欧洲遭受这场人类历史上亘古未有的浩劫之后，政治、经济、社会、文化各方面的直接信息，处处透露出这位睿智哲人的深刻思考，加上梁氏特有的笔端常带感情的文字，因此在其发表的当时即引起极大的反响。这部著作在近些年来论述"五四"时期社会思潮或梁氏后期思想的论著中也屡被提到，但其着眼点却颇有值得商榷之处。原因是，有的论者只注意到书中有"我的可爱的青年啊，立正，开步走！大海那边有好几万万人，愁着物质文明破产，哀哀欲绝地喊救命，等着你来超拔他哩"一段话，据此批评梁氏文化观点的保守和倒退，而对全篇的极有价值的探索和文化反思则未作全面检讨。本文乃有感于此而发，旨在阐明书中梁氏对欧洲社会的观察和对中国文化反思的意义乃在于表明他在晚年对于中西文化问题已达到自觉认识的阶段。

一、梁氏游欧的目的

1918年11月，第一次世界大战结束。此年年底至1920年初，梁氏偕蒋方震、丁文江、张君劢等人赴欧洲游历、考察，历时一年有余。梁氏于启程赴欧前夕，与张东荪、黄溯初谈了一通宵，"着实将从前迷梦的政治活动忏悔一番，相约以后决然舍弃，要从思想界尽些微力"，换一个生命。梁启超此行目的有二："第一件想自己求一点学问，而且看看这个空前绝后的历史怎样收场，拓一拓眼界。第二件也因为正在做正义人道的外交梦，以为这次和会真要把全世界不合理的国际关系根本改造，立个永久的和平基础。想拿私人资格把我们的冤苦，向全世界舆论申诉申诉，也算尽一二分国民责任。"① 梁氏一行于 1918 年 2 月抵伦敦，先后到法国、比利时、荷兰、瑞士、意大利。再返回法国，年底到柏林。梁启超在巴黎时，正值国际和会召开，英、法、美等大国操纵和会，他们屈服于日本的压力，居然牺牲中国利益，同意日本继承德国在中国山东的全部权利的无理要求。对此，梁启超满怀爱国义愤，以中国民间代表的身份，向国际舆论界表示强烈抗议。同时，他与国内民间组织国民外交协会保持密切联系，及时报告和会消息，鼓动国内人士敦促北洋政府在收回山东主权问题上采取坚定态度。4 月底，梁氏将山东交涉失败的消息报告国内，呼吁拒签对德和约。他在致国民外交协会的电报中说："请警告政府及国民，严责各全权万勿署名，以示决心。"梁启超的坚决态度和努力，对五四运动的爆发产生过直接的影响。② 帝国主义列强分赃和大国操纵国际事务的行径，使梁启超深受刺激和教育，他称"惊醒了正义人道的梦"，并使他对于中国时时面临着帝国主义侵略掠夺的威胁，有更清醒的认识。

　　梁启超欧游所抱定的第一个目的是开拓眼界、寻求学问，实则包含对欧洲文明的真价值之考察，和对中国救国道路的探求两个部分，在这方面他有更大的收获。欧洲之行引起他的强烈震撼，使他心灵深处酝酿着一场"绝大的革命"。1919 年 6 月，他在英国写信给国内的弟弟梁启勋，报告他四个多月考察各地的感受："至内部心灵界之变化，则殊不能自测其所屈。数月以来，晤种种性质差别之人，闻种种派别错综之论，睹种种利害冲突之事，炫以范象通神之图画雕刻，摩以回肠荡气之诗歌音乐，环以恢诡葱郁之社会状态，饫以雄伟矫变之天然风景，以吾之天性富于情感，而志不懈于向上，弟试思之，其感受刺激，宜何如者！吾自觉吾之意境，日在酝酿发酵中，吾之灵府必将起一绝大之革命，惟革命产儿为何物，今尚在不可知之数耳。"③

---

　　① 梁启超：《欧游心影录》，见《饮冰室合集》专集之二十三，38 页，北京，中华书局，1989。
　　② 据梁敬錞：《我所知道的五四运动》，载《传记文学》第 8 卷第 5 期，台北，传记文学出版社，1976。
　　③ 丁文江、赵丰田编：《梁启超年谱长编》，880～881 页，上海，上海人民出版社，1983。

梁启超是在特殊时刻进行对欧洲的考察的，他到处目睹欧洲各国经历世界大战遭受严重破坏的现实。各国互相残杀的结果，欧洲人口死伤达3000万，法国失去壮丁近半数，到处满目疮痍。粮食及各种物品严重匮乏，物价飞涨，晚上连电灯照明都难以保证，进入冬季连取暖用煤都没有。诚如梁氏所言，连战胜国英法也"荆天棘地"。他又描述凡尔登战场留下的惨状，只好拿被维苏威火山毁成废墟的庞贝城相比拟。梁氏严厉谴责帝国主义国家间的野蛮残杀，痛斥文明人制造的武器造成的破坏比野蛮人不知要超出多少倍。他观察到欧洲战后劳资两大阶级之间矛盾更加尖锐，罢工风潮"看得见听得见的每月总有几次"，规模最大的英国铁路罢工，"简直就是两个敌国交战"。同时，他报道了一些欧洲人士对西方文明弊病的尖锐批评。大战以后，欧洲人对先前过分相信"科学万能"感到幻灭。"当时讴歌科学万能的人"，眼看科学不但没有给人类带来幸福，"倒反带来灾难"，因而"到如今却叫起科学破产来"。① 最典型的是美国记者赛蒙和梁启超的谈话，他不赞成把西方文明输入中国，而说他"回去就是关起大门老等，等你们把中国文明输进来救拔我们"。② 可见大战灾难确实给西方思想界带来危机。梁氏在篇末所讲欧洲人愁着物质文明的破产，等着用中国文明去超拔他们，其导因也正在这里。

二、社会成员的自主自觉精神，是欧洲进步的不竭源泉

尽管梁启超目睹了欧洲"文明国家"互相厮杀造成的惨祸和战后种种矛盾，并耳闻一些欧洲人士的悲观论调，然而，他在书中仍然明确地表达了对欧洲前途的信心。最重要的原因在于，梁启超经过一番考虑，认识到欧洲文明以往取得的巨大进步，优越的社会组织，发达的产业，先进的科学技术，各种学说的创造等，其根基立在下层民众的自主自觉意识和"个性发展"，使社会进步和文明建立在大多数人的基础之上。因此，这次大

---

① 梁启超：《欧游心影录》，见《饮冰室合集》专集之二十三，12页，北京，中华书局，1989。

② 同上书，15页。

战虽然使战胜国和战败国都陷于一蹶不振的境地，但绝不会如同历史上的埃及、希腊、罗马那样，造成以往灿烂文明的中绝。梁启超断言，欧洲的文明"是建设在大多数人心理上，好像盖房子从地脚修起，打了个很结实的桩儿，任凭暴风疾雨，是不会动摇的"。① 他把欧洲民众发挥自主自觉意识的文化特征概括为"群众化"，并作了颇有深度的分析："欧洲百年来物质上精神上的变化，都是由'个性发展'而来，现在还日日往这条路上去做。他和古代中世纪乃至18世纪的文明，根本上有不同的一点，从前是贵族的文明、受动的文明，如今却是群众的文明、自发的文明。从前的文明是靠少数特别地位特别天才的人来维持他，自然逃不了'人亡政息'的公例；今世的文明，是靠全社会一般人个个自觉、日日创造出来的，所以他的'质'虽有时比前不如，他的'量'却比从前来得丰富，他的'力'却比从前来得连续。现在的欧洲，一言以蔽之，万事万物，都是'群众化'。"②

现代文明的创造依赖于社会成员发挥自觉精神，这样，政治的民主、良好的秩序、物质的富裕等才有广泛而坚实的基础，成为推动社会进步的不竭源泉。梁启超早年著《新民说》，正是希望在中国造就出这样有责任感和创造力的现代国民。他在欧洲，特别重视从所见所闻的社会现实中，发现和感受"民众自主自觉"的精神，因为这些正是他反思中国文明的特点和缺点，思考改造国民性和探索中国前途的重要参照系。在法国兰士，正遇到当地驻军连队在广场上举行授勋仪式，由高级军官代表总统向两名负伤士兵授予勋章，场面隆重、热烈，他十分重视这种做法确能发挥出"国家主义下一种精神教育"的作用。在著名战地凡尔登，他了解到，当日两军激战时，法军总炮台里面宽敞的地下室内，竟还经常为士兵演电影、举行音乐会，还有一个设备完备的士兵消费协会，供士兵购买各种价格低廉的生活用品，由士兵自己组织，军官加入，由此，梁氏对法国士兵所表现出来的国民高度自治能力和民主管理精神表示了由衷的赞叹。在另一著名战地梅兹城，梁氏最受感动的是这里将矗立起一座法国普通士兵的

---

① 梁启超：《欧游心影录》，见《饮冰室合集》专集之二十三，16页，北京，中华书局，1989。

② 同上书，16页。

新铜像，取代被市民捣毁的过去德军所立德皇威廉第一的铜像。梁氏高度评价由此而体现的西方人重视下层民众意志的精神和现代欧洲"平民化"的时代趋势，说："我看了这铜像，觉得他用意真是深长美善。他表示出一国中历史上大事业，并不是一两位有名人做出来的，乃是大多数无名人做出来的。所以这个铜像，我叫做'平民化'的铜像。其实欧美今后大势所趋，那件事不是'平民化'！这铜像不过一种显著的表征罢了。"[①]

三、对中国文明前途的深刻思考

梁氏考察欧洲，更重要的目的在于探索中国如何才能富强的大学问。由于他相当深刻地认识到欧洲文明进步的基础在于民众的觉悟和能力，两相对照，学习欧洲文明的长处，提高中国人的自觉成为他思考的核心。《欧游心影录》"总论"下篇即以"中国人的自觉"为题，论述他对中国如何摆脱贫穷落后、寻求民族强盛之路的主张。

首先，梁氏提出"爱国"应与"世界眼光"联系起来："一面不能知国家不知有个人，一面不能知有国家不知有世界。"即应确实知道世界局势，学习别人长处，赶上世界潮流，发奋努力，以期对人类全体文明作出更大贡献。当时，中国正处于北洋军阀统治的黑暗时代，社会弊病丛生，矛盾错综复杂，梁氏呼吁从西方文明曾经遇到巨大挫折、经受了考验、取得辉煌成功的历史，得到启示和借鉴，鼓舞中国民众在种种困难面前绝对不能悲观，而应该鼓起百倍勇气去争取光明前途。这热切的呼吁正寓涵着他睿智深远的眼光和炽烈的爱国感情。

其次，梁氏拿西方的法治精神、民众素质为对照，反思中国国民性的弱点，有力地加以针砭，强调培养法治精神发展个性的重要。继《新民说》之后梁氏在此篇中进一步警告中国人若不改变缺少团体意识的劣根性，必将无法在国际社会立足，"结果非被淘汰不可"。这就需要借鉴、学

---

① 梁启超：《欧游心影录》，见《饮冰室合集》专集之二十三，115页，北京，中华书局，1989。

习欧美人的组织能力和法治精神。中国人极其缺乏法治精神的原因，一者生活方式是"单调生活，不是共同生活"。二者国家和家族，长期是权力至上的人发号施令，"不容有公认法则来束缚他"，别人只能随时无条件服从。故"法治"二字，在从前社会，可谓全无意义。明乎此，更应该下大力气在国民中进行教育、培养。他主张由市自治会、乡自治会这样的地方自治，来培养管理国家的兴趣和责任心。

再次，梁氏呼吁"思想解放"，这与"五四"精神是相合拍的。他提出，对于什么问题都要穷竟原委，求出个真知灼见，不受束缚。欧洲现代文明，都从"自由批评"产生出来，由自己的审择——批评，而必然引起别人的审择，由此便开了思想解放的路，互相浚发，互相匡正，真理日明，世运日进。杰出人物的学说，必定是首先摆脱古代思想和并时思想的束缚，独立自主研究，才立出一家学说。而中国学术的衰落、停顿，正是由于长期受到"定于一尊"的束缚、禁锢之结果。"真金不怕红炉火"，针对各种问题敢于发表不同见解，自由进行批评，可以刮垢磨光，越发显出真价值。对于当时受人注意的"社会主义"理论，梁氏也直率地发表了自己的看法。他认为从国民生计上，自然是现代最有价值的学说，国内提倡新思潮的人，渐渐地注意研究他，也是很好的现象。但他主张区分精神的方法和实行的方法。其精神（即原则上）"是绝对要采用的"；至于实行的方法，那就各国各时代种种不同，"采用的程度如何，总要顺应本国现时社会的情况"。具体而言，不同意有人所主张现在中国应注重生产问题而先不管分配问题。他主张"一面用全力奖励生产，同时眼光并须顾及分配"。梁氏对当时阶级的现状分析，并未能抓住要领，主张最好能避免发生社会革命。但他不反对社会主义原理，而提出应根据中国实际情况行事，实则主张首先大力发展中国的民族资本工业，同时兼顾工人的利益，兼顾分配问题，"力求分配趋于公平"，"令小资本家以至赤贫的工人，都有正式的防卫的武器"，认为"这是坦坦平平的一条大路"，这种认识却是有正确的成分。

最后，梁启超提出中国文化发展的前景："拿西洋文明来扩充我的文明，又拿我的文明去补助西洋的文明，叫他化合起来成一种新文明。"他批评对传统文化盲目崇拜和虚无主义两种态度,同时提出总结、发挥中国文化应借西方文化做途径,因其方法严密,而且思想解放有久远传统,内容丰富,很值得参考。具体来说,他对中国文化的发展规划了四个步骤:"第一步,要人人存一个尊重、爱护本国文化的诚意;第二步,要用那西洋人研究学问的方法去研究他,得他的真相;第三步,把自己的文化综合起来,还拿别人的补助他,叫他起一种化合作用,成了一个新文化系统;第四步,把这新系统往外扩充,叫人类全体都得着他好处。"[1] 面对中西文化的各种复杂问题,梁氏洞察利弊,高屋建瓴,理出了清晰的思路,主张一方面要充分尊重自己的文化传统;另一方面,要大力学习和运用西方的先进学理和科学方法,对我们的原有文化进行有系统的总结,并吸收西方文化的优良东西来补充,最终达到东西方文化融合,创造出一种新文化,扩充到世界,为全人类作出贡献。——他的设计方案鲜明地不同于文化的保守主义和民族虚无主义,突出地体现出辩证思想和"不懈地向上"的精神,这种对中西文化问题的自觉认识,无愧是代表了"五四"时期的时代智慧。

(原刊《学术研究》2003 年第 7 期)

---

[1] 梁启超:《欧游心影录》,见《饮冰室合集》专集之二十三,35~37 页,北京,中华书局,1989。

西学传播与近代史学的演进

一、鸦片战争时期中西文化接触与史学风气的变化

中国近代史学发轫于鸦片战争时期，其原因是异常深刻的，一方面，是由于受到民族危机加剧和御侮图强的需要所刺激；另一方面，又因为中西文化交流、输入了新观念而触发，这是中国社会和学术文化发展双重的内在必然性交会的显示。

中国史学具有经世致用的长远传统，而且在鸦片战争以前，在一些感觉敏锐的学者身上，治史路数已在酝酿着变化，如赵翼探求"古今风会之递变"和揭露封建统治的黑暗腐败，俞正燮将历史考证的重点放在与现实关系密切的边境民族问题、中俄关系、治河问题等，尤其是龚自珍强烈呼吁变革、诋排专制和批判空疏学风，都预示着史学风气将要发生变化。然而变化的可能性要成为变化的现实，并且在近代史开端时期能如此放射出异彩，则还需要有力因素的引发。这就是鸦片战争时期西方近代思想的传入。通过魏源这位具有远大的眼光、朴素的历史进化观和强烈变革意识的人物，接受了西方新思想、新观念的影响，在史学领域进行糅合和创造，因而实现了史学发展的新突破。

魏源的史学实践实现了传统史学格局的新突破，因而成为创辟近代范畴史学的代表人物，这与他在中西文化撞击中勇于接受新思想，敏锐认识到东西方关系出现了新的历史变局密切相关。随着欧洲国家资本主义制度的迅速发展和欧亚间航路的开通，至18世纪初叶，欧洲殖民势力加紧东进，其目标就是要把东方国家作为其经济掠夺的对象和占据成为其殖民地。与西方侵略势力一起东来的，还有其先进的文化。中西文化的接触，虽然最早可以追溯到明末清初一些早期的西方传教士来华，与之交往的只限于极少数的士人或官员，在这个很小的士大夫圈子中只了解到西方天

文、历算的先进，康熙帝对南怀仁等传教士所欣赏的便是他们推算历法、预测天象的准确。但是由于东西方地理距离的遥远，语言不通，自古以来在各自独立的环境中发展起来的文化体系的迥异，以及中国因长期在东方世界中处于文明输出国而形成的"天朝上国"地位的心理状态，和明清以来专制皇朝实行的闭关锁国的政策所造成的严重限制，一直到整个18世纪，中国人对于外部世界局势和西方文明始终是极其隔膜和茫然无知的。纪昀、阮元在乾嘉间号称通儒，但纪昀主纂《四库总目提要》，称艾儒略《职方外纪》、南怀仁《坤舆图说》等书为若邹衍之谈九州，夸幻变测，不可究诘，阮元作《畴人传》，称欧洲天文学家第谷的天文学说为上下易位，动静倒置，离经叛道，不可为训。至鸦片战争前后，西方列强的侵略已经威胁着中华民族的生存，林则徐、魏源作为当时士大夫中最有识见的人物，首先认识到欲抗击外侮必先了解夷情，进而认识到欲制外夷必先师夷长技，承认中国落后，学习外国先进的军事技术。他们是最早跨越东西方文化巨大障碍、倡导了解外国的人物，也是开启近代向西方学习这一进步思想潮流的杰出先行者。林则徐率先组织幕僚翻译英国人慕瑞《地理大全》，成《四洲志》一书。魏源又遵照林则徐的嘱托，在此基础上编纂规模巨大的《海国图志》，成为当时东方最完备的世界史地文献。魏源一方面呕心沥血总结如何抗击西方侵略者的经验，总结包括安南、缅甸、爪哇等东方民族御敌的经验，了解英国侵略军经由印度、马六甲海峡等地区东来的军事要地。另一方面，他以一种极其难得的求实和清醒的眼光，肯定西方文明本身的悠久历史，高度评价西方民主制度的渊源和它与中国历代君主专制制度迥不相同的特点，尤其对新大陆发现以来欧洲各国所取得的巨大进步表示惊叹，对华盛顿所创立的美国民主制度的先进性衷心赞美。《海国图志》卷三十七辑录玛吉士《地理备考·欧罗巴各国总叙上》中，特别关注雅典政治家梭伦的政治改革措施，对于"议事厅"制度评价尤高："有梭伦者，当周灵王年间，修改律例，归于平允。遂按一国资财之多寡，分尊卑贵贱四等。其四等至贫贱之人虽不得居官，至有通国会议公务，亦可参预。又恐人多语杂，因建议事厅、大理寺二署。其议事厅定额四百人，为庶民会议之所；其大理寺乃官府会议之所。其官必名望才德，由众推举。此梭伦所定政治章程,各国多〔有〕效之者。"对于地理大发现刺激下欧洲文明的迅速进步再三赞叹:"彼时,西洋人有日讷瓦国人名哥隆波(按,即热那亚人哥伦布)者,拟由西方而赴东方,国人皆谓孟浪之谈;复禀弗兰西、英吉利、布路亚三国王,亦皆不见用,最后得大吕宋国王赏发银币,备三大船,于明孝宗弘治五年开行西往,越三十三日,探得前途始有洲岛。及临近其地,并非印度;所遇人民,言行殊异,即今之亚美里加洲地也。罗马国败废之后,欧罗巴余邦皆遭大幽暗,世衰道微,国人卤莽,文学攸敦。迄明永乐以后,复如田禾旱稿得雨还苏,渐再知教化。况新寻得各洲,勃然复兴,创造印撰书籍,百工技艺,交接贸易。故诸史推今世为极盛。"

《海国图志》卷三十六以前,记载亚、非各国的历史和现状,包括"东南洋"即东亚、东南亚,"西南洋"即印度半岛各国,"小西洋"即西南亚和非洲各国。卷三十七以下,是魏源重点记述的欧、美各资本主义国家。因此,他在此卷的开头,写了《大西洋欧罗巴洲各国总叙》,鲜明地提出如何抵抗欧美各列强国家的武力侵略和师其长技的全局性看法。他首先引用康熙五十年的《圣谕》中所言:"海外如西洋等国,千百年后,中国恐受其累。此朕逆料之言。"说明西方国家之侵略威胁是130年前康熙所预料之事,如今不幸而言中。中国早已从历史上居"天下之中"的"天朝上国"变为受欺负的贫弱国家,因此魏源以"岂天地气运自西北而东南,将中外一家欤"来概括中国对外形势所面临的亘古未有之变局。如何抗击侵略,在御侮战争中取胜,维护民族的生存呢?魏源洞察机宜,以超乎常人的智慧和勇气,提出"塞其害、师其长"的战略性方针,由此开创了近代向西方学习的先声。他对当时闭目塞听的顽固势力痛加针砭,作了有力的论述:

> 自意大里裂为数国,教虽存而富强不竞。于是佛郎机、英吉利代兴,而英吉利尤炽,不务行教而专行贾,且佐行贾以行兵,兵贾相资,遂雄岛夷。人知鸦烟流毒为中国三千年未有之祸,而不知水战、火器为沿海数万里必当师之技;而不知饷兵之厚、练

兵之严、驭兵之纪律，为绿营水师对治之药。故今志于英夷特详。志西洋正所以志英吉利也。

塞其害、师其长，彼且为我富强；舍其长、甘其害，我乌制彼胜败？奋之！奋之！利今害所随，祸兮福所基，吾闻由余之告秦缪矣。善师四夷者，能制四夷；不善师外夷者，外夷制之。①

尤为难得的是，魏源能冲破中国士大夫在几千年专制制度下形成的天子圣明、臣子匍匐于地的思想模式，敏锐地认识到西方资本主义民主制度的先进性，称赞"其章程可垂奕世而无弊"②，并且高度评价美国民选总统、四年改选，改变以往君主国家王位至死不变为天经地义的制度，谓"可不谓公乎"，"可不谓周乎"，盛赞这种制度极其公正、公平和完备，这些在当时都是石破天惊之伟论！是由于中国传统的变易、进化观点和批判黑暗现实、呼吁变革、渴望实现国家富强的精神在这位卓越思想家和史学家的身上得到汇注，他才会在暗昧无知、与世隔绝的年代，对外部世界的广阔和西方文化的进步性获得如此宝贵的认识。与魏源以"气运说"来表达西方正对东方处于主导地位，东方国家要求得富强，应当学习西方这一对世界局势的总体认识相适应，他总结出"地气天时变，则史例亦随世而变"这一历史编纂的重要命题，其中包含着史书的观点、内容和体裁体例形式都应随时代变化而大胆改革、创新的意思。魏源撰著此书的指导思想十分明确，如他所说："是书何以作？曰：为以夷攻夷而作，为以夷款夷而作，为师夷长技以制夷而作。"又说，"（《海国图志》）何以异于昔人海图之书？曰：彼皆以中土人谭西洋，此则以西洋人谭西洋也。"③ 因而此书实现了对传统学术格局的历史性突破：第一次全面、详尽地介绍了当时所能搜求到的世界各国（重点是西方列强）的地理、历史、社会状况，介绍世界资本主义的商业制度、贸易情况和先进技术；并且其内容主要采之于

---

① 魏源：《海国图志》卷三十七《大西洋欧罗巴洲各国总叙》，1092～1093 页，长沙，岳麓书社，1998。
② 魏源：《海国图志·后叙》，长沙，岳麓书社，1998。
③ 魏源：《海国图志·原叙》，长沙，岳麓书社，1998。

当时所能搜集到的外国人撰写的新著作。《海国图志》对传统史志体大胆改造，创造了论、志、表、图互相配合的新的体裁形式，书前长达四卷的总论，以下各卷中又大量采用叙论、后论、按语夹注等，并且根据介绍国人亟需的对外国知识的需要，有地球图、各洲各国地图和船舰、蒸汽机及鱼雷等各种图，以及中西年历对照表。

二、从冯桂芬《采西学议》到黄遵宪《日本国志》及时记述日本"改从西法"

鸦片战争时期是中国人学习西学的早期阶段，其特点是基本上停留在着眼于学习西方军事技术的先进。其后，传播西学达到逐步认识应从制度层面学习，这一阶段持续时间较长，大致应划到甲午战争以前。较早的是冯桂芬，在其所著《校邠庐抗议》一书中，专门设了《采西学议》一篇，可以说，比起魏源之"师其技"来，"采其学"已经进了一步。但他所注重的，基本上限于学习语言文字、历算之术、格致之理、制器尚象之法。冯氏还有一点值得称道的，是他已经朦胧地猜测到对西学进一步的研求，能逐步达到掌握其精微的东西。他在《上海设立同文馆议》中，建议"以读书明理之人"，招进同文馆学习译文。"行之既久，能之者必多，必有端人正士，奇尤异敏之资出于其中，然后得西人之要领而驭之。"并且展望前景：从已经译出之书，必能进而"尽见其未译之书，方能探赜索隐，由粗迹而入精微"。① 其后，马建忠、郑观应作为早期维新派思想家，也都论及输入西学问题。郑观应《盛世危言·西学》篇中，提出将西学分为天学、地学、人学，基本上均胪列自然科学、技术各项。其中"人学"部分，则包括政教、刑法、商贾等。马建忠所撰《适可斋纪言》书中，写有《拟设翻译院书议》，提出应译之书较详，分为三类，包括（一）时事、政策、言论；（二）制度、条约、地图、资料书、工具书等；（三）万国史

---

① 冯桂芬：《校邠庐抗议·上海设立同文馆议》，见中国史学会编：《中国近代史资料丛刊·戊戌变法》（一），38页，上海，上海人民出版社，1957。

乘、历代兴废，及各门自然科学基础著作。邵作舟的见解较前述诸人颇有特出之处，他提出："今日译泰西政教义理之书最急，而器数工艺之书可以稍缓，此译书所当讲之一事也。"具体而言，他主张"大译诸国史乘、地志、民族、职官、礼乐、学校、律令、事例、赋税、程式，一切人情、风俗、典章、制度，与夫伦常、教化、义理之书，官为刊集，遍布海内，则天下之有志于时务者，不必通其文字言语，而皆可以读其书，究其事，朝得而学之，夕可起而行之。内则择其善政，斟酌损益，以补我之所未备；外则洞知其强弱治乱向背喜恶，有所盟约论议，则以知其张弛操纵，而恫喝之术穷，知其异同得失，而举措之机当。"① 邵氏认为应当尤其重视西方国家"伦常、教化、义理"之书，所见不独远远超过洋务派人物，而且有较之一般早期维新思想家所不及之处。但他也并未对西方国家学术思想有真正的了解，所关心的仍限于对于其善政加以采择损益，以补我之未备，和知悉其强弱治乱向背喜恶之故后，有利于在谈判中与之应付。

概言之，自19世纪七八十年代以来，中国人对西学的了解，主要集中于政法、制度、史志、刑律、商业和声光化电即各门自然科学知识方面，此一时期，成于江南制造局、同文馆、西方传教士所谓西书约300种，也都属于这些范围。对于西方文化中应存在有深层次的东西，只有邵作舟稍稍提到，但对西方国家致富强之"教化、义理"为何，即使邵氏本人也并不了然。

相比之下，黄遵宪通过他在日本长达四年余的学习、观察和认真研究，通过日本明治维新这一由于改从西法而实现了历史性的巨大进步的成功样板，他对西方文化的"教化、伦常、义理"，也即西学的精华，已经有相当深刻的理解。故《日本国志》虽然不是介绍、阐发"西学"之义理的著作，但却通过黄氏对日本"改从西法"而迅速产生巨大历史变化的记述和他本人正面阐发的观点，表明他对西学之精蕴的理解，已高出于其他早期维新派人物。到了19世纪末叶，中国社会发展的根本要求是，迅速打

---

① 邵作舟：《邵氏危言·译书》，见中国史学会编：《中国近代史资料丛刊·戊戌变法》（一），183页，上海，上海人民出版社，1957。

破与世隔绝、闭关自守的状态,摒弃"严夷夏之大防"、"用夏变夷"的迂腐意识,了解世界资本主义发展的潮流,输入民权观念、民主制度和近代社会政治学说。《日本国志》不仅及时地、集中地报告了日本抛弃闭关锁国的旧规,通过学习西法由弱变强的信息,提供了当时中国最为急需、最易仿效的成功经验,而且在书中黄遵宪又写下他对北美资本主义本土资产阶级民主制度的感受,因而使本书成为了解世界潮流的窗口。黄遵宪是一个"百年过半周游四"、"绕尽地球剩半环"的外交家,他在日本、北美、西欧、新加坡共历时14年,阅历之丰富和对世界事务了解之深入在当时是屈指可数的人物。最具有时代典型意义的事实是,黄遵宪对西方民主制度和民权学说的理解,不仅结合他对实际的深入考察和广泛的比较得来,而且是经过他在日本期间直接阅读卢梭、孟德斯鸠的著作,由"惊怪"变为信服这样的思想转变历程而确认的。因此,在政治观念上黄遵宪确信资本主义政体较封建专制远为优越,相信民权学说体现了世界进步潮流,并以此严厉地抨击专制政体虐民的罪恶,这是他撰成《日本国志》一书在历史观上的最重要的基石。试看他愤慨地揭露专制制度对民众的压迫和摧残:"盖自封建以后,尊卑之分,上下悬绝,其列于平民者,不得与藩士通嫁,不得骑马,不得衣丝,不得佩刀剑。而苛赋重敛,公七民三,……小民任其鱼肉,含冤茹苦,无可控诉。或越分而上请,奏疏未上,刀锯旋加。"[①]黄遵宪在这里讲的是日本的史实,而其思想上和学理上的意义,也是表达他对中国封建专制的抗议。因此,他才以那样的热情赞颂日本爱国志士为了改变专制政治,为了争取召开国会,而表现出的不避死难、前赴后继的精神。正由于黄遵宪在东西方文化差别的最根本之点上(也是由传统的封建制社会向近代社会转变的最根本之点上),摒弃了旧意识,接受了新的观念,随之而来,他在外交、经济、文化等方面,也向国内传播十分新鲜的、具有显著进步意义的新观念。外交观念上,黄遵宪主张冲破封闭状态、竞事外交、对外开放。他严斥国内那般"足己自封,于外事不屑措

---

① 黄遵宪:《日本国志》卷一《国统志一》,上海,图书集成印书局刻印,光绪二十四年(1889)。

意"的守旧派人物，在《日本国志·邻交志》等篇中反复论述"交邻之有大益"，日本近十几年来取得的进步正是大力学习西方的结果，已使日本"骎骎乎进开明之域，与诸大国争衡！"而若日本仍旧实行原先的"闭关谢绝"的政策，则至今仍然改变不了"一洪荒草昧未开之国耳"！经济观念上，黄遵宪用心良苦地传播各种资本主义制度、措施和价值观，尤其是与外国激烈竞争、维护民族经济的利益："其竭志尽力，与邻国竞争，则有甲弛乙张，此起彼伏者。其微析于秋毫，其末甚于锥刀，其相倾轧之甚，其间不能容发。"[①] 其他关于举办国有企业，扶植民间企业，设立会社，鼓励采用新技术和制造优质产品等一系列资本主义经济观念和制度，黄遵宪在书中都有具体、明确的记述，作了充分的肯定。文化、教育观念上，黄遵宪十分痛恨中国的八股科举制度，因而详细地介绍日本的新式教育制度，并且高度赞扬新闻纸广泛迅速地传播信息、启发民智的巨大作用。总起来说，黄遵宪因对日本明治维新成功经验的观察总结，和他对西方社会和文化的了解，都能在事实的基础上再加以提升，形成观念层面的认识。这些迥异于封建农业文明、符合于对西方制度和文化本质的新观念，就是他撰著《日本国志》的指导思想。由于这些来源于西方文化和西学的新观念的推动，使黄遵宪有能力继《海国图志》之后撰成近代史学的又一名著。正因为《日本国志》在传播西方文化的精义上具有如此出色的成就，它便成为中国史学走向近代的又一重要的里程碑式的杰作。

三、戊戌前后以输入西学为急务与对"君史"的批评

戊戌维新运动前后至20世纪初年，是西学在近代中国迅速而广泛传播的时期，中国进步知识分子的群体的思想观念由此产生了深刻的变化，由于西方新学理的推动，中国史学经过长期的酝酿之后，才达到质的飞跃，完整意义上的近代史学至此终于产生。

---

① 黄遵宪：《日本国志》卷三十八《物产志》，上海，图书集成印书局刻印，光绪二十四年（1889）。

康有为和梁启超是戊戌维新运动的领袖。康有为对外国历史、地理和资本主义社会组织、经济活动都有一定的了解，对于西方近代进化论和资本主义代议制、君主立宪等政治制度、政治学说也有所知晓，但他未到过外国，又不懂外文，故他的这些知识都系间接获得，未能洞悉其精髓。他在运用西方政治学说等来构成其维新运动理论纲领时，既有勇于发挥、气势磅礴的一面，也有因未能通晓其真谛而不恰当地比附的一面。梁启超著《变法通议》，在《时务报》上连载，他运用学到的外国史地政法等西学知识，围绕世界万物都在变，开议院可以通上下之情，组织学会可以发挥合群之力，开设新学堂可以学到声光化电、造船、开矿等有用知识等项论题，宣传变法图强，保国保种的道理，奏响了时代的强音，起到了教育民众、激发民众的巨大效果，举国如饮狂泉，云附景从。他又著《西学书目表序例》、《西学书目表后序》，强调译西书是当务之急，输入西学是国家存亡兴衰之关键，其论云："风气渐开，敌氛渐逼，我而知西学之为急，我将兴之，我而不知，人将兴之，事机之动，在十年之间而已，今夫守旧之不敌开新，天之理也。动植各物之递嬗，非、墨两洲之迁移，有固然矣！中国俗儒，拘墟谬瞀之论，虽坚且悍，然自法越以后，盖稍变矣，中日以后，盖益变矣。"① 又云："智愚之分，强弱之原也。今以西人声光化电、农矿工商诸学，与吾中国考据、词章、帖括家言相较，其所知之简与繁，相去几何矣！兵志曰：知彼知己，百战百胜。人方日日营伺吾侧，纤细曲折，虚实毕见。而我犹枵然自大，偃然高卧，非直不能知敌，亦且昧于自知，坐见侵陵，固其宜也！故国家欲自强，以多译西书为本；学者欲自立，以多读西书为功。"② 梁启超把输入西方学说提高到是中国处于列强环伺之中救亡图强之关键的高度来认识，所以大声疾呼要善于阅读、利用已译之西书，尤应设立专门机构、组织人力广译西方新出之书，使之在国中迅速传播。他作《西学书目表》，就是将晚清以来已译出的西方著作区

---

① 梁启超：《西学书目表后序》，见《饮冰室合集》文集之一，126页，北京，中华书局，1989。

② 梁启超：《西学书目表序例》，见《饮冰室合集》文集之一，122页，北京，中华书局，1989。

分门类作一整理和介绍。他区分已译之300种左右分为"学"、"政"、"教"三类,"教"(即宗教)之一类不予介绍,其余诸书分为三卷。上卷为"西学诸书",分算学、重学、电学、化学、声学、光学、汽学、天学、地学、全体学、动植物学、医学、图学;中卷为"西政诸书",分史志、官制、学制、法律、农政、矿政、工政、商政、兵政、船政;下卷为"杂类之书",分游记、报章、格致。另设了一类"西人议论之书"。以上对已译西书的分类,实际上也表明梁启超当时所理解的"西学学科门类体系"。所列各种科目,并非已译之书都已具备相当数量,诚如梁氏所言,"西政各籍,译者寥寥,官制、学制、农政诸门,竟无完帙"。① 然因梁氏认为这些都是不可或缺的学科门类,故即使已译之书稀缺之甚,也仍列为一门。意在"预悬其目,以俟他日之增益"。② 梁氏作为维新运动思想家、宣传家,他对指导欧美各国政治体制建构之国家学说、宪法理论等特别予以关注:"国与国并立,而有交际;人与人相处,而有要约;政法之所由立也。中国惟不讲此学,故外之不能与国争存,内之不能使吾民得所。夫政法者,立国之本也。日本变法则先其本;中国变法则务其末。是以事虽同,效乃大异也。故今日之计,莫急于改宪法,必尽取其国律、商律、刑律等书,而广译之。如《罗马律要》(为诸国定律之祖),《诸国律例异同》,《诸国商律考异》,《民主与君主经国之经》,《公法例案》(备载一切交涉事件原委),《条约集成》(自古迄今,宇下各国凡有条约无不备载,译成可三四百卷)等书(以上诸书马氏〔建忠〕所举。制造局所译《各国交涉公法论》似即《公法例案》之节本)皆当速译。……尤律法之译尤重在律意。法则有时与地之各不相宜,意则古今中外之所同也。今欲变通旧制,必尽采西人律意之书,而斟酌损益之。通以历代变迁之所自,按以今日时势之可行,则体用备矣。(旧译无政法类之书,惟《佐治刍言》一种耳。)"③ 梁

---

① 梁启超:《西学书目表序例》,见《饮冰室合集》文集之一,122页,北京,中华书局,1989。

② 同上书,124页。

③ 梁启超:《变法通议·论译书》,见《饮冰室合集》文集之一,69页,北京,中华书局,1989。

氏把西方能贯通各国具体政法制度的国家学说和法制理论称为"体",称本国所要具体解决问题为"用",这比同时代许多言西学者高倡"中学为体,西学为用"的体用观,诚不知要高出多少。同样值得注意者,梁氏尤关注西方近代优秀史著与中国旧史所记载的内容,有前者重民众之生活状况,国家民族之盛衰,而后者重在一朝一姓之兴亡之本质的不同,认为多译多读西方史著可以更加了解各国变法的原因:"史者,所以通知古今,国之鉴也。中国之史,长于言事,而西史,长于言政。言事者之所重,在一朝一姓兴亡之所由,谓之君史;言政之所在,在一城一镇教养之所起,谓之民史。故外史中有农业史、商业史、艺史、矿史、交际史、理学史(谓格致等新理)等名,实史裁之正轨也。言其新政者,有十九世纪史(西人以耶苏纪年,自一千八百年至九百年谓之十九世纪。凡欧洲一切新政皆于此百年内勃兴,故百年之史最可观。近译《泰西新史揽要》即此类书也,惟闻非彼中善本)等。撰记之家,不一而足。择要广译,以观西人变法之始,情状若何,亦所谓借他人之阅历而用之也。(旧译此类书有《大英国志》、《俄史辑译》、《法国志略》、《英法俄德四国志略》等,然太简略,不足以资考镜,故史学书尚需广译。)"① 梁氏当时为维新变法进行舆论动员之时,已经明确地批评中国旧史弊病之所在,形成专记帝王将相活动之"君史"与着重记载社会进步之"民史"这样两种观念,日后他倡导"史界革命"之理论,已经萌发于甲午战后大力提倡传播西学之此时。

自19世纪70年代前后至梁启超著《变法通议》,经此长达30年的积累酝酿,西学在中国的传播虽然已有上述成效,但其缺陷是尚未达到哲学和社会政治学说的内核。梁启超本人即曾中肯地论述这一时期西学输入最大的弊病是失于肤浅:"光绪间所谓'新学家'者,欲求知识于域外,则以此为枕中鸿秘(按,指江南制造局等所译西书),盖'学问饥荒'至是而极矣。甲午丧师,举国震动,年少气盛之士,疾首扼腕言'维新变法',而疆吏若李鸿章、张之洞辈,亦稍稍和之。而其流行语,则有所谓'中学

---

① 梁启超:《变法通议·论译书》,见《饮冰室合集》文集之一,70页,北京,中华书局,1989。

为体，西学为用'者，张之洞最乐道之，而举国以为至言。盖当时之人，绝不承认欧美人除能制造、能测量、能驾驶、能操练之外，更有其他学问，而在译出西书中求之，亦确无他种学问可见。康有为、梁启超、谭嗣同辈，即生育于此种'学问饥荒'之环境中，冥思苦索，欲以构成一种'不中不西即中即西'之新学派，而已为时代所不容。盖固有之旧思想，既深根固蒂，而外来之新思想，又来源浅觳，汲之而易竭，其支绌灭裂，固宜然矣。"① 梁氏称当日言西学者来源浅薄，自是恰当的批评。这一时期，阻碍对西方学理之理解、发挥者，还有接受西学的人士中普遍存在的"西学中源论"。郑观应言："西人不知大道，囿于一偏。……自《大学》亡《格致》一篇，《周礼》阙《冬官》一册，古人名物象数之学，流徙而入于泰西，其工艺之精，遂远非中国所及。盖我务其本，彼逐其末；我晰其精，彼得其粗。"② 认为西方科学技术的先进乃源于中国古代典籍，中国圣人之教在本土流失后从欧美人手里发展了。黄遵宪在《日本国志》中也拿西方自然科学与中国墨家学说作了比附，说："余考泰西之学，墨翟之学也。"且认为："彼之精微，不出我书。"③ 同样持西方科技之先进系来源于中国先秦学术的看法。梁启超撰写《西学书目表》时，对西方进化论已有闻知，称："守旧之不敌开新，天之理也。"但他仍言："六经之微言大义，远过于彼中之宗风者。""西人今日所讲求之而未得者，而我圣人于数千年前发明之。""今之西学，先秦诸子多能道之。"④ 像郑观应、黄遵宪、梁启超这些大力主张输入西学、仿效西法的人物，又为何声称西学出自于先秦圣贤之教呢？对此，我们应联系当时的历史条件来理解。在当时情势下，公开讲出中国文化落后于西方，应该在根本上学习西方必定要受到顽

---

① 梁启超：《清代学术概论》，见《饮冰室合集》专集之三十四，71页，北京，中华书局，1989。

② 郑观应：《盛世危言·道器》，见中国史学会编：《中国近代史资料丛刊·戊戌变法》（一），43页，上海，上海人民出版社，1957。

③ 黄遵宪：《日本国志》卷三十二《学术志一》，上海，图书集成印书局刻印，光绪二十四年（1889）。

④ 梁启超：《西学书目表后序》，见《饮冰室合集》文集之一，126、128页，北京，中华书局，1989。

固派无情的压制，故这些思想家在倡导学习西方的同时，又讲到西方技术的进步是由中国先秦经典派生而来的话，包含着他们为减轻"非圣无法"的压力的苦心。再有一层，当时中国处于落后衰弱的情形下，这些说法也含有激发人们在向西方学习中增强民族自信心的用意。譬如黄遵宪本对我国古代自然科学的成就有丰富的知识，他总结出先秦墨经在力学、光学、数学等方面提出的一系列科学命题，还举出张衡候风地动仪、《书经考灵曜》中"地恒动不止，而人不知"的说法等大量有价值的例证。然则，即便考虑到前述两项，也无法改变事情的实质：光绪年间这些思想家所持的"西学中源"说，毕竟是牵强无稽之说，已经远远落后却强要面子为自己辩护，混淆了古代学术与近代科学的界限，必须破除这些谬见，向西方学习才能向前推进。

四、严复对西方近代思想的系统传播的巨大功绩

这一历史使命终于由近代向西方学习的杰出人物严复来完成。严复是对国家民族命运异常关心和胸怀大志的爱国者。当他在英国留学期间，中国的半殖民地化正逐步加深，面临着西方列强蚕食鲸吞日愈加剧的严重形势，他虽是洋务派办的福建船政学堂培养出来的人才，但对洋务运动的"自强"并不具有信心，特别是他到达资本主义已充分发达的英国，在对比中英的情况后更产生了疑问。为了向西方寻求救国的方案，他除了学习海军专业的科目外，更注重研读西方近代的哲学和人文社会科学著作，尤其对西方社会政治学说和英法等资本主义国家的社会制度进行认真的研究。他广泛涉猎，深入钻研，"常把中英两国的政治制度和学术思想进行对比，分析'中学'和'西学'的异同"。[①] 他还注重对英、法社会考察访问，并亲自到法庭"观审听狱"。回国后，他身在海军学堂，心里却想着如何为国家的御侮图强效力。他担任北洋水师学堂校长，甲午战争中国被

[①] 戴学稷：《容闳和严复——参加戊戌维新的西洋留学生》，见王晓秋主编：《戊戌维新与近代中国的改革》，676 页，北京，社会科学文献出版社，1999。

日本打得惨败的事实，使他激愤愧恨，"腐心切齿，欲致力于译述以警世"。① 从此时起至20世纪初，他为传播西学作出了巨大的贡献，其一是在天津创办《国闻报》进行宣传介绍，其二是撰写了一系列重要文章，出版了影响全国知识界观念的译著。

《国闻报》于1897年10月创刊。严复创办的宗旨，即是大力介绍西方学说。严复所特别注重的有二，一是选择西方近代学术之最具精义者，尽可能及时译载；二是以译者的论述和发挥，与直接翻译相配合。《天津国闻报馆启》首列报馆所致力的两项主要目标为译泰西名论和译泰西政法学术宗教：

> 各报卷端例登论说，今既译西人之报，自当附见西人之论，祇以微言妙旨，传述为难，向者译人付之盖阙，今择其尤雅，弁诸简端，旁通发挥，佐以管蠡。译泰西名论。
>
> 报之所纪事在现前，而万事之根，胚胎政教，今拟分泰西各国政、学、教为三支，胪其文献，叙其旨要，分列卷端，以备参考。史有表志，托义于斯。译泰西政法、学术、宗教。②

这就清楚地表明：严复的旨趣不在一般地刊登西方国家报纸新闻，而尤为重视"西人之论"。更为关注的是最具价值的学术观点，故称"泰西名论"。而且要结合中国人的理解，结合中国的情形，加以阐发，故强调要"旁通发挥"。他又认为导致西方富强的根本和各项政治、军事举动的根源，是西人之"政教"即学术思想，故又将介绍、论述西之政法、学术、宗教为办报宗旨的又一要着。再次，是介绍各国政治、学术的特点，及与中国的关系。如："交涉猬起，壤地犬牙，实首俄国，事实既确，情伪自明，天下之事，商之天下。译俄国各报。""三岛区区，富强称最，民智之效，于斯尤明，商权海权，皆关时政。译英国各报。"③ 最后是要关注

---

① 王蘧常：《严几道年谱》，14页，上海，商务印书馆，1935。
② 《时务报及其他报纸·天津国闻报馆启》，见中国史学会编：《中国近代史资料丛刊·戊戌变法》（四），529～530页，上海，上海人民出版社，1957。
③ 同上书，530页。

地处边远，内地对之情况甚不了解的东北、正北、西北、正西各地区。本着这种办报宗旨，于同年11月又创办《国闻汇编》旬刊，更详于载外国之事，鼓吹输入西方新学理和学习西方民主政体，通上下之情，以达到自强的目的。选译外国报刊多达百余种，并曾按期发表他本人译述的赫胥黎名著《天演论》，与上海《时务报》南北呼应，对推动维新运动的兴起作用极大。

严复的翻译和介绍，是要选择已被历史证明对西方国家的富强和进步最具指导意义，而又对中国的御侮救亡、激励人心、一新学术最具警醒作用的西方学说精华。他在分篇译述《天演论》的同时，先后发表了《原强》、《救亡决论》、《论世变之亟》、《辟韩》等重要政论，这些论文与《天演论》这部系统著作相配合，破天荒第一次在中国宣传了一套与传统观点迥异的新的宇宙观、历史观和价值观。以严复的译作为标界，近代西学的传播至此才进入学术思想的阶段，从而引起中国知识界一系列根本观念的改变。严复着重论述的有关中国救亡图强和学术进步的三项重要新学理是：一、推动西方社会取得伟大进步的天演学说和群学理论；二、诋斥专制制度的祸害，宣扬民主、自由思想的巨大进步意义；三、对比中西文化和社会观念的根本性不同，呼吁革除阻碍社会进步的封建伦理纲常，力倡树立导致国家强盛的新价值观。

在《原强》中，严复指出，达尔文经过广泛调查，穷精眇虑，历数十年而著成的《物种探原》一书，对于欧美社会和学术有划时代的意义："自其书出，欧美二洲，几于家有其书，而泰西之学术政教，一时斐变。论者谓达氏之学，其一新耳目，更革心思，甚于奈端（牛顿）氏之格致天算，殆非虚言。"[①] 他以精练的语言，概括达尔文进化论学说的原理："民物于世，樊然并生，同食天地自然之利矣。然与接与构，民民物物，各争有以自存。其始也种与种争，及其稍进，则群与群争，弱者常为强肉，愚者常为智役。"[②] 只有最能适应客观环境变化，健壮敏捷超乎常类的物种才

[①] 严复：《原强》，见中国史学会编：《中国近代史资料丛刊·戊戌变法》（三），41页，上海，上海人民出版社，1957。

[②] 同上书，41页。

能保存下来，而迟钝羸弱低劣者则不能逃避被淘汰的命运。太古时代曾主宰大地的生物，如恐龙之类，即因不能随环境之变化而改变其体质机能，因而在地球上灭绝，只能由考古学家从发掘出来恐龙遗骨证明它曾存在过。"动植如此，民人亦然。……达氏总有生之物，标其宗旨，论其大凡如此，至其证阐明确，犁然有当于人心。"①

《原强》在介绍进化论学说这一引起西方国家革命性变革的新理论的同时，又向国内读者介绍斯宾塞尔（斯宾塞）的学说——群学。"群学"之称何以得名？"宗天演之术，以大阐人伦治化之事，……犹荀卿言人之贵于禽兽者，以其能群也，故曰群学。凡民相生相养，易事通功，推以至于刑政礼乐之大，皆自能群之性以生，又用近今格致之理术，以发挥修齐治平之事。……而于一国盛衰强弱之故，民德醇漓合散之由，则尤三致意焉。"② 人而能群，国家才不是一盘散沙，人而能群，社会才能协调发展。严复阐释和传播斯宾塞"群"学说同样旨在以此一促成西方国家强盛的极有价值的学说来救治中国积贫积弱的病根。故他特别重视发挥斯宾塞学说中所论人体活动贵能自由，以此推论国家的发展贵在自主的观点："知吾身之所生，则知群之所以立矣；知寿命之所以弥永，则知国脉之所以灵长矣。一身之内，形神相资，一群之中，力德相备。身贵自由，国贵自主，生之与群相似如此，此其故无他，二者皆有官之品而已矣。故学问之事，以群学为要归，唯群学明而后知治乱盛衰之故，而能有修齐治平之功，呜呼！此真大人之学矣。"③ 而中国要在列强环伺、虎视眈眈的险境中避免被瓜分的惨祸，至关重要的问题是提高民族素质，以有效的措施来增进国民的智慧、体力和道德，故他语重心长地披露斯宾塞另一重要著作《明民论》的要旨："《明民论》者，言教人之术也。……其教人也，以浚智慧、练体力、厉德行三者为之纲"。④ "盖生民之大要三，而强弱存亡，

---

① 严复：《原强》，见中国史学会编：《中国近代史资料丛刊·戊戌变法》（三），42页，上海，上海人民出版社，1957。
② 同上书，42页。
③ 同上书，43页。
④ 同上书，42页。

莫不视此,一曰血气体力之强,二曰聪明智虑之强,三曰德行仁义之强。是以西洋观化言治之家,莫不以民力、民智、民德三者,断民种之高下,未有三者备,而民生不优,亦未有三者备,而国威不奋者也。""反是而观,夫苟其民契需恂愁,各奋其私,则其群将涣,以将涣之群,而与鸷悍多智爱国保种之民遇,小则虏辱,大则灭亡,此不必干戈用而杀伐行也。"① 因此,严复痛切地宣告:挽救危机、免除亡国灭种之惨剧,当务之急,是开民智、鼓民力、新民德,"发政施令之间,要其所归,皆以其民之力智德三者为准的,凡可以进是三者,皆所力行,凡可以退是三者,皆所宜废。"② 处在19世纪末年国家处境风雨飘摇、亡国之祸近在眉睫的危殆时刻,严复传播的这些新思想的确具有振聋发聩的力量,如何改造国民性、如何新民,迅速成为知识界、舆论界共同关注和长久讨论的重要课题。

　　严复盛赞欧美民主制度对于保证社会发展、国家富强、上下同心所具有的巨大优越性,严厉地抨击中国二千年封建专制政体造成的祸害。他概括西方社会制度的特点是"以自由为体,以民主为用"。"自其自由平等以观之,则捐忌讳,去烦苛,决壅蔽,人人得其意,申其言,上下之势不相悬隔,君不甚尊,民不甚贱,而联若一体者。"③ 人民被保证享有充分的自由权,人民的利益不容许受侵犯,国君也不能剥夺:"彼西人之言曰:'唯天生民,各具赋畀,得自由者,乃为全受,故人人各得自由,国国各得自由,第务令毋相侵损而已。侵人自由者,斯为逆天理,贼人道,其杀人伤人及盗蚀人财物,皆侵人自由之极致也。故侵人自由,虽国君不能,而其刑禁章条,要皆为此设耳。'"④ 反观中国,专制皇帝高高在上,恣意妄为,人民备受压迫奴役,对此,严复以极其锋利的言辞,予以大胆的抨击。他

---

　　① 严复:《原强》,见中国史学会编:《中国近代史资料丛刊·戊戌变法》(三),42页,上海,上海人民出版社,1957。
　　② 同上书,44页。
　　③ 严复:《原强》,见中国史学会编:《中国近代史资料丛刊·戊戌变法》(三),49、48页,上海,上海人民出版社,1957。
　　④ 严复:《论世变之亟》,见中国史学会编:《中国近代史资料丛刊·戊戌变法》(三),73页,上海,上海人民出版社,1957。

说:"窃钩者诛,窃国者侯。夫自秦以来,为中国之君者,皆其尤强梗者也,最能欺夺者也。窃尝闻道之大原,出于天矣。今韩子务尊其尤强梗、最能欺夺之一人,使安坐而出其唯所欲为之令,而使天下无数之民,各出其苦筋力劳神虑者以供其欲,少不如是焉则诛。天之意固如是乎?道之原又如是乎?"① 严复认为,韩愈《原道》篇中所言"君者,出令者也。臣者,行君之令而致之民者也。……民不出粟米麻丝作器皿通货财以事其上,则诛"云云,是颠倒了君民的关系。符合事理的看法应该是民为主人:"是故西洋之言治者曰:国者斯民之公产也,王侯将相者,通国之公仆隶也。而中之尊王者曰:天子富有四海,臣妾亿兆。臣妾者,其文之故训,犹奴虏也。夫如是,则西洋之民,其尊且贵也,过于王侯将相;而我中国之民,其卑且贱皆奴产子也。"② 中国二千年来这种错误观点应予重新颠倒过来。对于为封建专制服务的八股科举制度,严复怒斥其有三害:锢智慧;坏心术;滋游手。"使天下消磨岁月于无用之地,堕坏志节于冥昧之中,长人虚骄,昏人神智,上不足以辅国家,下不足以资事畜,破坏人才,国随贫弱,此之不除,徒补苴罅漏,张皇幽眇,无益也。虽练军实,讲通商,亦无益也。何则?无人才,则之数事者,虽举亦废故也。舐糠及米,终致危亡而已。"③ 严复对封建专制制度的激烈批判,是在理论上否定其存在的合理性,预示中国社会必将最终实现民主制度,这同样反映出19世纪末中国社会和思想酝酿着伟大变革的时代潮流。

五、以新鲜的历史观为指导与"近代史学"的正式产生

严复由于对西方社会有深入的了解,因而成为最早开拓中西文化、社会观念比较研究的学者。他的议论深深地击中中国传统伦理和价值观的要

---

① 严复:《辟韩》,见中国史学会编:《中国近代史资料丛刊·戊戌变法》(三),79页,上海,上海人民出版社,1957。
② 同上书,81页。
③ 严复:《救亡决论》,见中国史学会编:《中国近代史资料丛刊·戊戌变法》(三),63页,上海,上海人民出版社,1957。

害。他认为，中西文化的差异，首先是对古今关系看法的不同："中西事理，其最不同，而断乎不可合者，莫大于中之人好古而忽今，西之人力今以胜古；中之人以一治、一乱、一盛、一衰，为天行人事之自然；西之人以日进无疆，既胜不可复衰，既治不可复乱，为学术政化之极则。"① 这就是蔡元培所褒扬的提倡"尊今叛古"的激进精神，反对复古倒退，满怀信心地创造未来。他又比较中西伦理观念的不同："中国最重三纲，而西人首明平等；中国亲亲，而西人尚贤；中国以孝治天下，而西人以公治天下；中国尊主，而西人隆民；中国贵一道而同风，而西人喜党居而州处；中国多忌讳，而西人众讥评。"② 针对中国学术一向喜好蹈空夸饰、泥古保守的积弊，严复又总结西方近代学术的特点："至于晚近言学，则先物理而后文词，重达用而薄藻饰。且其教子弟也，尤必使自竭其耳目，自致其心思，贵自得而贱因人，喜善疑而慎信古；其名数诸学，则藉以教致思穷理之术，其力质诸学，则假以导观物察变之方。"③ 这些言论无不切中传统观念的痼疾。严复倡导对历史观、伦理观、学术风尚来个根本的改造，让中国的官员学者以树立服务民众、求实进取、独立思考、勇于创新的新型价值观为目标，必须如此，古老的中华民族才有振兴的希望。

严复的译述和文章所宣传的观点，使19世纪后30年长久酝酿的传播西方学说实现了重大的突破。他所系统论述的进化论学说和群学理论，他对专制制度罪恶的批判和"开民智、鼓民力、新民德"的主张，他通过中西文化和学术比较而倡导的科学、致用、进取的新价值观，都是为了呼唤面临被瓜分、被宰割命运的中国人警醒过来，都与结束封建专制统治、争取近代化前途的时代潮流相合拍。由于物竞天择，优胜劣败、世界万物和人类社会不断由低级向高级阶段进化发展等先进学说，为中国知识界提供了观察国家民族前途的崭新的思想武器，因而被国人争相传诵，严氏所译

---

① 严复：《论世变之亟》，见中国史学会编：《中国近代史资料丛刊·戊戌变法》（三），71页，上海，上海人民出版社，1957。

② 同上书，73页。

③ 严复：《原强》，见中国史学会编：《中国近代史资料丛刊·戊戌变法》（三），56页，上海，上海人民出版社，1957。

的赫胥黎的《天演论》，亚当·斯密的《原富》，斯宾塞的《群学肄言》，约翰·穆勒的《群己权界论》、《名学》，孟德斯鸠的《法意》，甄克思的《社会通诠》，耶方斯的《名学浅说》等多部西方名著，为近代中国人提供了有系统的和准确的西方学说的精华。严复的译述和文章提供的新鲜历史观、发展观和其他新学理，直接推动史学产生了质的飞跃。夏曾佑于1897年在天津与严复共同创办《国闻报》，由于密切过从，他有充分的机会聆听严复讲解《天演论》学说，遂使他的眼前打开了新天地，长久以来他苦苦追求、思索的宇宙观、发展观和认识历史的指导思想问题至此豁然贯通，达到了新的境界。至20世纪初年，他便以这些新学理来分析中国历史，写成近代史上第一部以进化论为指导的中国通史著作——《中国古代史》。梁启超在戊戌维新时期也十分服膺严复介绍的西方学说，称赞他"于西学中学，皆为我国一流人物"①。戊戌政变后他流亡日本，更有机会学习其他西学著作，在20世纪初年，他在撰写了大量介绍西方近代学说的启蒙论著的同时，以"史界革命"的倡导者自任，著成史学理论的名作《新史学》，宣传历史研究应以叙述人群进化之公理公例为宗旨。他又写成近代中国史学史上第一篇系统的长篇论文《论中国学术思想变迁之大势》，运用进化观和因果律，把中国几千年的学术思想变迁看作是有因果联系的嬗变过程，研究政治、经济、民族、文化等原因对学术的影响和各种学派之间的互相作用。这三部进化论学说催开的史学之花，便分别以通史、史学理论和学术史的不同形式，宣告严格意义上的"近代史学"的诞生。以后，进化论和因果律普遍地为有识史家所遵信，加上西方汉学家的研究方法对中国学者的影响（最早是经由罗振玉、王国维），以及德国兰克学派、西方考证方法和美国杜威实验主义方法的影响（经由胡适、陈寅恪、傅斯年等），乃为"五四"时期史学呈现的新局面准备了条件。

（原刊《北京师范大学学报》2004年第3期）

---

① 《新民丛报》，第1期，1902-02-08。

中　篇
当代史学的思考

恩格斯晚年对唯物史观理论的重大贡献

马克思和恩格斯创立的唯物史观，是马克思主义学说的核心部分。自从 19 世纪 40 年代创立以来，在长达一个多世纪中，这一科学理论指导了全世界范围内无产阶级和一切被压迫民族争取解放的斗争，同时，在学术研究领域成为指引人们认识历史、认识世界、不断探求真理的明灯，至今仍然在全世界范围内赢得极高的声誉。唯物史观理论是探索性、开放性的思想体系，它要不断丰富和发展自己，保持其长青的活力。唯物史观发展的道路是曲折起伏的，它要接受客观实践的检验，随着时代的发展而作出新的理论概括；同时，其正确原理的传播和贯彻，也不可能一帆风顺，而难免要遭受到一些人的严重误解或歪曲，如若听任其散布，必将危害革命事业。因此，坚定的马克思主义者必须及时地批判这些谬误，并结合各项复杂的实际情况宣传正确的主张，使更多的人们分清是非，而恰恰在批判谬误的过程中，唯物史观原理又得到发展和丰富。在这方面，恩格斯无疑为唯物史观的发展谱写了辉煌的篇章。在欧洲，当 19 世纪 70 年代前后马克思主义迅速传播形成潮流时，却有一些自称"信仰"马克思主义的人，其实他们既不认真领会马克思主义理论，又缺乏实际革命活动的锻炼，他们只会猎取马克思主义的个别词句，当作教条和公式随意套用，以此作为一种时髦。马克思和恩格斯洞悉其错误实质和危害，立即予以批驳。但因马克思过早逝世，因此批判这些谬误的重任主要落在恩格斯肩上。为此，晚年恩格斯写了大量信件，他不顾辛劳，为了捍卫马克思主义真理，深刻地剖析教条主义者的错误及其危害，由此而涉及唯物史观的许多重大问题，给予充分的阐释。他这样做，不啻是为发展唯物史观建树了一座丰碑。马克思和恩格斯在 19 世纪 40 年代著成的《德意志意识形态》、《〈政治经济学批判〉序言》等，奠定了唯物史观学说的基础，而恩格斯晚年阐发的诸多命题和原理则将之大大丰富和发展了。完全可以说，正是有了晚年恩格斯所作的这些精辟论述，唯物史观理论才形成为完整的、原理更加丰富而明晰的科学体系。恩格斯所作的这些精辟论述，对于指导我们认识世界、指导实际革命工作和指导科学研究，都具有极其宝贵的价值。

一、唯物史观理论勇于探索、与时俱进的科学品格

马克思、恩格斯在创立马克思主义过程中自觉继承了文明世界的一切优秀遗产，而摒除了以往对人类社会历史进程唯心的和机械刻板的解释，他们是从无比繁复的第一手资料和复杂的客观现实中经过研究，概括出具有高度科学价值的基本原理，而在运用这些原理去说明具体历史问题之时，则必定要深入考察研究对象纵向发展过程和不同阶段特点，横向的诸多复杂的联系，将理论与实践紧密结合起来，审慎地得出恰当的结论；随着事物的变化、世界的发展、各种理论和学说的进步，则认识要不断提高。——唯物史观形成过程中这些基本特点，必然赋予这一学说体系具有尊重客观事实、符合辩证思维和勇于探索、与时俱进的科学品格。因此，马克思一再强调他所揭示的原理并不是提供解释一切历史现象的历史哲学，更不是可以随意套用的现成药方和公式。当19世纪70年代末，一些法国青年学者热衷于把马克思学说作为时髦，他们自称"马克思主义者"，却不去认真钻研和领会马克思、恩格斯的著作和实质，只会将个别词句生搬硬套，以此作为不认真研究历史的借口，马克思对此至感愤慨，曾说过："我只知道我自己不是'马克思主义者'。"[①] 马克思的严正态度，突出地说明了唯物史观与教条主义在根本上是相对立的。恩格斯同样严肃地批评了一些德国的青年学者将唯物史观词句贴标签式地随便套用的错误做法，告诫说，如果把唯物史观当作公式套用，就会走到它的对立物，即唯心主义和形而上学。他在写给德国"青年派"领袖保·恩格特的信中一针见血地指出："至于谈到您用唯物主义方法处理问题的尝试，那么，首先我必须说明：如果不把唯物主义方法当作研究历史的指南，而把它当作现

---

① 《恩格斯致康·施米特》，见《马克思恩格斯选集》，第4卷，691页，北京，人民出版社，1995。

成的公式，按照它来剪裁各种历史事实，那它就会转变为自己的对立物。"①同一时期，恩格斯又在致康·施米特信中，语重心长地教导说必须把基本原理运用到探索复杂社会实际之中，这样做将会使研究的领域广阔、前途远大："对德国的许多青年著作家来说，'唯物主义'这个词大体上只是一个套语，他们把这个套语当作标签贴到各种事物上去，再不作进一步的研究，就是说，他们一把这个标签贴上去，就以为问题已经解决了。但是我们的历史观首先是进行研究工作的指南，并不是按照黑格尔学派的方式构造体系的诀窍。必须重新研究全部历史，必须详细研究各种社会形态存在的条件，然后设法从这些条件中找出相应的政治、私法、美学、哲学、宗教等的观点。在这方面，到现在为止只做了很少的一点工作，因为只有很少的人认真地这样做过。在这方面，我们需要很大的帮助，这个领域无限广阔，谁肯认真地工作，谁就能做出许多成绩，就能超群出众。但是，许许多多年轻的德国人却不是这样，他们只是用历史唯物主义的套语（**一切都可能被变成套语**）来把自己的相当贫乏的历史知识（经济史还处在襁褓之中呢！）尽速构成体系，于是就自以为非常了不起了。"②

马克思和恩格斯的唯物主义历史观是和辩证法密切结合、成为一体的。唯物史观强调经济因素是历史演进的终极原因，生产力和生产关系的基本矛盾是社会变革的根本动力。马克思、恩格斯强调这一根本原则，绝不意味着可以忽视政治、法律、社会意识等项的作用。教条式地套用唯物史观的人们的错误在于：他们的思维直接违背了辩证法的根本原则，只见到事物的一面，而忽视了有密切关系的另一面。恩格斯曾一再指出要把握唯物主义的历史观点与辩证法结合这一根本的思想方法，并且诚恳地对马克思和他本人因为时代环境所迫曾经不得不较多地强调经济因素的作用，而进行自我批评，指出只要问题一关系到描述某个历史时期，即关系到实际的应用，那么，如果不对各种复杂的情况作出中肯的分析，则将造成严重的错误，他说："青年们有时过分看重经济方面，这有一部分是马克思

---

① 《恩格斯致康·施米特》，见《马克思恩格斯选集》，第4卷，688页，北京，人民出版社，1995。

② 同上书，691～692页。

和我应当负责的。我们在反驳我们的论敌时，常常不得不强调被他们否认的主要原则，并且不是始终都有时间、地点和机会来给其他参与相互作用的因素以应有的重视。但是，只要问题一关系到描述某个历史时期，即关系到实际的应用，那情况就不同了，这里就不容许有任何错误了。可惜人们往往以为，只要掌握了主要原理——而且还并不总是掌握得正确，那就算已经充分地理解了新理论并且立刻就能够应用它了。在这方面，我是可以责备许多最新的'马克思主义者'的；而他们也的确造成过惊人的混乱……"①在另一处地方，恩格斯同样诚恳地承认马克思和他本人在著作中通常强调得不够而造成的"过错"："这就是说，我们大家首先是把重点放在从基本经济事实中引出政治的、法的和其他意识形态的观念以及以这些观念为中介的行动，而且**必须这样做**。但是我们这样做的时候为了内容方面而忽视了形式方面，即这些观念等是由什么样的方式和方法产生的。"②由于这方面的缺失，就给了论敌进行曲解或歪曲的借口。恩格斯十分精辟地论述教条主义者思维方式和根本错误，是抛弃了辩证法，将事物矛盾着的对立绝对化地视为对立的两极，违背了发展过程是以相互作用的形式进行的根本原则："所有这些先生们所缺少的东西就是辩证法。他们总是只在这里看到原因，在那里看到结果。他们从来看不到：这是一种空洞的抽象，这种形而上学的两极对立在现实世界只存在于危机中，而整个伟大的发展过程是在相互作用的形式中进行的（虽然相互作用的力量很不相等：其中经济运动是最强有力的、最本原的、最有决定性的），这里没有什么是绝对的，一切是相对的。对他们说来，黑格尔是不存在的……"③

恩格斯在晚年不顾领导工人国际工作的繁忙和整理出版《资本论》第二、三卷的辛劳，给欧洲各国的革命活动家和进步学者写了大量信件，目

---

① 《恩格斯致约·布洛赫》，见《马克思恩格斯选集》，第 4 卷，698 页，北京，人民出版社，1995。

② 《恩格斯致弗·梅林》，见《马克思恩格斯选集》，第 4 卷，726 页，北京，人民出版社，1995。

③ 《恩格斯致卡·考茨基》，见《马克思恩格斯选集》，第 4 卷，705 页，北京，人民出版社，1995。

的是教导他们正确地领会和运用唯物史观的真谛。这些信件是马克思主义发展史上的宝贵文献，除了对论敌的歪曲进行驳斥外，更大量的是针对所谓一些"马克思主义者"对于马克思主义学说的原理原则的片面理解，有力地廓清教条主义、公式主义的谬误。恩格斯的这些论述强烈地体现出唯物史观学说与教条化、公式化根本对立的本质特征和精神风格，具有很强的战斗性、针对性，并且结合一些重要历史问题进行透彻的分析，对一些重要命题作了充分的阐释。因此，这些书信毫无疑问是对唯物史观的重大丰富和发展，对我们从事历史研究具有宝贵的指导意义。

二、在廓清谬误中大大推进了唯物史观理论体系

恩格斯晚年以高度的理论创新精神和透彻的思辨分析阐明的唯物史观命题和原理，其核心问题是廓清这些青年"马克思主义者"违反历史演进丰富性、违反辩证法的严重错误：他们将唯物史观学说所揭示的人类社会发展规律性，与社会生活形式的复杂多样、演进道路的曲折变化完全相脱离、相割裂，将指导人们分析复杂现象的规律变成可以一成不变地任意套用的教条，因而将无比丰富多彩的人类生活变成似乎用简单的几条公式便可以造出来，把具有丰富的发展变化内涵的科学理论，变成为僵死的、畸形的、形而上学的说教。恩格斯的巨大理论贡献主要包括以下四项：

其一，论述经济条件是历史发展的基础，在根本上起决定性作用，但是，影响历史进程的原因，是"一切因素间的相互作用"，破除将社会形态演进简单地直接归结于经济原因的公式主义错误。在致约·布洛赫的信中，恩格斯对此作了精彩的论述："根据唯物史观，历史过程中的决定性因素**归根到底**是现实生活的生产和再生产。无论马克思或我都从来没有肯定过比这更多的东西。如果有人在这里加以歪曲，说经济因素是**唯一**决定性的因素，那么他就是把这个命题变成毫无内容的、抽象的、荒诞无稽的空话。经济状况是基础，但是对历史斗争的进程发生影响并且在许多情况下主要是决定着这一斗争的**形式**的，还有上层建筑的各种因素：阶级斗争的政治形式及其成果——由胜利了的阶级在获胜以后确立的宪法等，各种

法的形式以及所有这些实际斗争在参加者头脑中的反映，政治的、法律的和哲学的理论，宗教的观点以及它们向教义体系的进一步发展。这里表现出这一切因素间的相互作用，而在这种相互作用中归根到底是经济运动作为必然的东西通过无穷无尽的偶然事件（即这样一些事物和事变，它们的内部联系是如此疏远或者是如此难以确定，以致我们可以认为这种联系并不存在，忘掉这种联系）向前发展。否则把理论应用于任何历史时期，就会比解一个最简单的一次方程式更容易了。"[①] 这里他明确指出，如果教条主义式地认为经济因素是唯一的决定因素，则会把正确的原理变成荒诞的空话，而实际上，应该在认识经济条件是基础的同时，还应认识到政治形式和意识形态的各种因素，在许多情况下上层建筑的各种因素能对斗争形式起到主要的决定作用。因此，决定历史进程的是"一切因素间的相互作用"，经济运动的必然性是通过无穷无尽的偶然事件向前发展的。接着恩格斯又以德国历史为例，说明尽管经济条件归根结底起决定作用，但是政治以及传统意识等条件，也都对历史进程起着一定的作用："普鲁士国家也是由于历史的、归根到底是经济的原因而产生出来和发展起来的。但是，恐怕只有书呆子才会断定，在北德意志的许多小邦中，勃兰登堡成为一个体现了北部和南部之间的经济差异、语言差异，而自宗教改革以来也体现了宗教差异的强国，这只是由经济的必然性所决定，而不是也由其他因素所决定（在这里首先起作用的是这样一个情况：勃兰登堡由于掌握了普鲁士而卷入了波兰事件，并因而卷入了国际政治关系，这种关系在奥地利王室领地形成的过程中也起过决定的作用）。要从经济上说明每一个德意志小邦的过去和现在的存在，或者要从经济上说明那种把苏台德山脉至陶努斯山所形成的地理划分扩大成为贯穿全德意志的真正裂痕的高地德意志语的音变的起源，那么，很难不闹出笑话来。"恩格斯进而提出了著名的"合力论"，阐明在历史上，各个不同的阶级、阶层、团体和个人，都根据自己的利益，通过努力表达自己的意志，构成各种复杂的关系、矛盾

---

① 《恩格斯致约·布洛赫》，见《马克思恩格斯选集》，第4卷，695～696页，北京，人民出版社，1995。

和冲突，而历史进程最终显示出来的方向，就是这各种力量和冲突的总和，历史上的每一单个的意志都对历史的演进起到或大或小、或是根本性或是很次要的作用；故历史的演进在实质上是符合规律的，但演进的道路和形式，则是极其复杂多样、曲折回旋的。他说："历史是这样创造的：最终的结果总是从许多单个的意志的相互冲突中产生出来的，而其中每一个意志，又是由许多特殊的生活条件，才成为它所成为的那样。这样就有无数互相交错的力量，有无数个力的平行四边形，由此就产生出一个合力，即历史结果，而这个结果又可以看作一个作为整体的、不自觉地和不自主地起着作用的力量的产物。因为任何一个人的愿望都会受到任何另一个人的妨碍，而最后出现的结果就是谁都没有希望过的事物。所以到目前为止的历史总是像一种自然过程一样地进行，而且实质上也是服从于同一运动规律的。但是，各个人的意志——其中的每一个都希望得到他的体质和外部的、归根到底是经济的情况（或是他个人的，或是一般社会性的）使他向往的东西——虽然都达不到自己的愿望，而是融合为一个总的平均数，一个总的合力，然而从这一事实中决不应作出结论说，这些意志等于零。相反地，每个意志都对合力有所贡献，因而是包括在这个合力里面的。"①

其二，经济运动与国家权力二者对历史发展作用的相互关系。恩格斯说："这是两种不相等的力量的相互作用：一方面是经济运动；另一方面是追求尽可能大的独立性并且一经确立也就有了自己的运动的新的政治权力。总的说来，经济运动会为自己开辟道路，但是它也必定要经受它自己所确立的并且具有相对独立性的政治运动的反作用，即国家权力的以及和它同时产生的反对派的运动的反作用。"他认为国家权力对于经济发展的反作用可以归结为三种情况："它可以沿着同一方向起作用，在这种情况下就会发展得比较快；它可以沿着相反方向起作用，在这种情况下，像现在每个大民族的情况那样，它经过一定的时期都要崩溃；或者是它可以阻止经济发展沿着既定的方向走，而给它规定另外的方向——这种情况归根

---

① 《恩格斯致约·布洛赫》，见《马克思恩格斯选集》，第4卷，695～697页，北京，人民出版社，1995。

到底还是归结为前两种情况中的一种。但是很明显,在第二和第三种情况下,政治权力会给经济发展带来巨大的损害,并造成人力和物力的大量浪费。"恩格斯还特别指出,如果发生政治权力侵占和粗暴地毁灭经济资源的话,必将造成灾难性的后果。"由于这种情况,从前在一定条件下某一地方和某一民族的全部经济发展可能被毁灭。现在,这种情况多半都有相反的作用,至少在各大民族中间是如此;战败者最终在经济上、政治上和道义上赢得的东西往往比胜利者更多。"① 不论古代或近代,都不乏国家权力对于大自然粗暴破坏而遭到严重惩罚的例证,今天的世界,由于生态环境受到严重破坏,而造成的严重后果,更成为全人类共同关注的紧迫课题。这也是为恩格斯的论述提供了新的确凿的验证。

与此密切相关的是,恩格斯指出,对经济条件的决定作用,不应作太狭窄的理解,它应当包括一个时代生产和运输的**全部技术**、经济关系赖以发展的地理基础等项。"我们视之为社会历史的决定性基础的经济关系,是指一定社会的人们生产生活资料和彼此交换产品(在有分工的条件下)的方式。因此,这里包括生产和运输的全部技术。这种技术,照我们的观点看来,也决定着产品的交换方式以及分配方式,从而在氏族社会解体后也决定着阶级的划分,决定着统治和被奴役的关系,决定着国家、政治、法,等等。此外,包括在经济关系中的还有这些关系赖以发展的地理基础和事实上由过去沿袭下来的先前各经济发展阶段的残余(这些残余往往只是由于传统或惰性才继续保存着),当然还有围绕着这一社会形式的外部环境。"②

其三,论述意识形态的反作用。根据唯物史观的基本原理,一定性质的社会经济基础决定一定性质的上层建筑,并形成与之相适应的哲学、法律、宗教等意识形态。教条主义者对此往往作片面的、绝对的理解,只讲经济基础和上层建筑对意识形态的决定作用,这就违背了辩证法,对社会历史进程造成严重曲解。故此,恩格斯晚年对于纠正教条主义者的这种错

---

① 《恩格斯致康·施米特》,见《马克思恩格斯选集》,第4卷,701~702页,北京,人民出版社,1995。

② 《恩格斯致瓦·博尔吉乌斯》,见《马克思恩格斯选集》,第4卷,731页,北京,人民出版社,1995。

误观点同样予以高度重视，一再阐明经济基础与意识形态之间作用与反作用的辩证关系。他在致康·施米特的信中说："我们称之为**意识形态观点**的那种东西——又对经济基础发生反作用，并且能在某种限度内改变经济基础，我认为这是不言而喻的。以家庭的同一发展阶段为前提，继承法的基础是经济的。尽管如此，很难证明：例如在英国立遗嘱的绝对自由，在法国对这种自由的严格限制，在一切细节上都只是出于经济的原因。但是二者都对经济起着很大的反作用，因为二者都影响财产的分配。"他又说，意识形态领域中哲学、科学等部门，在历史进程中对于消除史前时期形成的愚昧已作了长期的努力。"从事这些事情的人们又属于分工的特殊部门，并且认为自己是致力于一个独立的领域。只要他们形成社会分工之内的独立集团，他们的产物，包括他们的错误在内，就要反过来影响全部社会发展，甚至影响经济发展。但是，尽管如此，他们本身又处于经济发展的起支配作用的影响之下。"他还提出了意识形态领域相对独立性的重要原理："每一时代的哲学作为分工的一个特定的领域，都具有由它的先驱传给它而它便由此出发的特定的思想材料作为前提。因此，经济上落后的国家在哲学上仍然能够演奏第一小提琴：18世纪的法国对英国来说是如此（法国人是以英国哲学为依据的），后来的德国对英法两国来说也是如此。但是，不论在法国或是在德国，哲学和那个时代的普遍的学术繁荣一样，也是经济高涨的结果。经济发展对这些领域也具有最终的至上权力，这在我看来是确定无疑的，但是这种至上权力是发生在各该领域本身所规定的那些条件范围内：例如在哲学中，它是发生在这样一种作用所规定的条件的范围内，这种作用就是各种经济影响（这些经济影响多半又只是在它的政治等的外衣下起作用）对先驱所提供的现有哲学材料发生的作用。经济在这里并不重新创造出任何东西，但是它决定着现有思想材料的改变和进一步发展的方式，而且多半也是间接决定的，因为对哲学发生最大的直接影响的，是政治的、法律的和道德的反映。"① 不久之后，恩格斯又在致弗·梅

---

① 《恩格斯致康·施米特》，见《马克思恩格斯选集》，第4卷，702～704页，北京，人民出版社，1995。

林的信中作了进一步论述,他指出,政治、法律、哲学等部门在那些世代相连的人们的头脑中经过了自己的独立发展道路,这些部门在不同时代经历的演变从其实质而言是决定于意识形态以外的社会条件,而从形式来看却使人们以为始终是思维本身的发展。恩格斯对此的解释是:"历史思想家(历史在这里应当是政治、法律、哲学、神学,总之,一切属于**社会**而不是单纯属于自然界的领域的简单概括)——历史思想家在每一科学领域中都有一定的材料,这些材料是从以前的各代人的思维中独立形成的,并且在这些世代相继的人们的头脑中经过了自己的独立的发展道路。当然,属于本领域或其他领域的外部事实对这种发展可能共同起决定性的作用,但是这种事实本身又被默认为只是思维过程的果实,于是我们便始终停留在纯粹思维的范围之中,而这种思维仿佛顺利地消化了甚至最顽强的事实。"① 这就为历史研究者提出了复杂丰富而又具有很高学术价值的研究课题。

其四,历史内在规律的必然性与历史事件的偶然性之关系。社会生产方式的有序演进,经济条件是各种社会力量发生风云变幻的事件不断演变的根本原因,这些都是历史发展的内在规律。但是历史进程又是无比曲折的,各种现象复杂纷繁。对于历史发展之客观的必然性不能作机械的理解和公式化的套用,否则就会把无比生动丰富的人类历史变成抽象的概念演绎;同时,又应摒弃认为历史事件之间毫无联系、只是"事件的荒唐堆积"之类的唯心主义者的错误见解。因此,必须正确地认识和把握历史发展的内在规律性和历史事件复杂演变的偶然性之间的关系,认识表面看来似乎是偶然性事件的背后隐藏着客观必然性;而历史必然性又是通过复杂万端的偶然性现象表现出来,而且偶然的因素也一定对历史的进程产生影响,结果造成各个国家、民族历史道路的种种差异。这样,阐释必然性与偶然性的辩证关系,就成为正确运用唯物史观原理、纠正教条式理解的题中应有之义。恩格斯在他逝世的前一年,在致瓦·博尔吉乌斯的信中对此作了分析:"人们自己创造自己的历史,但是到现在为止,他们并不是按照共同的意志,根据一个共同的计

---

① 《恩格斯致弗·梅林》,见《马克思恩格斯选集》,第4卷,726~727页,北京,人民出版社,1995。

划,甚至不是在一个有明确界限的既定社会内来创造自己的历史。他们的意向是相互交错的,正因为如此,在所有这样的社会里,都是那种以**偶然性**为其补充和表现形式的**必然性**占统治地位。在这里通过各种偶然性而得到实现的必然性,归根到底仍然是经济的必然性。这里我们就来谈谈所谓伟大人物的问题。恰巧某个伟大人物在一定时间出现于某一国家,这当然纯粹是一种偶然现象。但是,如果我们把这个人去掉,那时就会需要有另外一个人来代替他,并且这个代替者是会出现的,不论好一些或差一些,但是最终总是会出现的。恰巧拿破仑这个科西嘉人做了被本身的战争弄得精疲力竭的法兰西共和国所需要的军事独裁者,这是个偶然现象。但是,假如没有拿破仑这个人,他的角色就会由另一个人来扮演。这一点可以由下面的事实来证明:每当需要有这样一个人的时候,他就会出现,如凯撒、奥古斯都、克伦威尔等等。如果说马克思发现了唯物史观,那么梯叶里、米涅、基佐以及1850年以前英国所有的历史编纂学家则表明,人们已经在这方面作过努力,而摩尔根对于同一观点的发现表明,发现这一观点的时机已经成熟了,这一观点必定被发现。""历史上所有其他的偶然现象和表面的偶然现象都是如此。我们所研究的领域越是远离经济,越是接近于纯粹抽象的意识形态,我们就越是发现它在自己的发展中表现为偶然现象,它的曲线就越是曲折。如果您划出曲线的中轴线,您就会发现,所考察的时期越长,所考察的范围越广,这个轴线就越同经济发展的轴线接近于平行。"① 恩格斯的这些重要论述,捍卫了唯物史观的基本原理,在批判教条主义错误倾向的同时将马克思主义理论向前推进。

三、永远保持唯物史观常青的活力

恩格斯晚年对唯物史观理论的重大发展,是留给我们极其宝贵的思想财富。唯物史观学说,经历了它的孕育、产生、成功运用和继续发展丰富

---

① 《恩格斯致瓦·博尔吉乌斯》,见《马克思恩格斯选集》,第4卷,732~733页,北京,人民出版社,1995。

的不同阶段。马克思、恩格斯从摒弃前人因时代和阶级的局限,用种种唯心主义的形而上学的或机械唯物主义的观点歪曲历史开始,通过分析复杂的历史现象和社会现实,深刻而全面地揭示了认识人类历史的一系列本质问题,从社会形态由低级阶段向高级阶段的有序演进,生产力与生产关系、经济基础与上层建筑、社会存在与社会意识的辩证关系,在阶级社会中运用阶级分析方法是认识一切复杂纷纭社会现象的一把钥匙,人民群众与个别杰出人物在历史上的作用,影响历史进程的原因是"一切因素间的相互作用",政治权力对经济发展产生作用的不同情况,意识形态的相对独立性原理,历史必然性与历史偶然性的关系,到如何训练和运用辩证的、发展的、普遍联系的观点分析问题的思想方法。为了概括和创造这些具有重大价值的命题和原理,前有马克思首创奠基之功,后有恩格斯坚决捍卫和大力发展之功,由此构成内容丰富的唯物史观的理论体系,为我们有效地提供分析复杂历史现象的思想武器和指导研究工作的科学方法。通过认真领会和努力运用唯物史观理论,就能达到对社会历史发展获得科学的认识,能够逐步地达到对客观历史演变实质的把握,尽可能接近真实地再现客观历史的本来面貌;就能深刻认识人类社会中经济的、政治的、民族的、外交的、意识形态的种种现象虽然关系错综复杂,然而又有规律可循,构成互相联系的复杂的有机体;就能够不断发现新材料,恰当地分析问题并作出新的概括,推进众多领域的科学认识,即令在研究过程中对某一问题认识有错误,也容易在自由探索和批评的气氛中得到纠正;就能不断开阔视野,及时总结时代的新经验,借鉴和吸收其他学科部门的新发现、新原理,使唯物史观理论继续向前发展;就能坚持正确的认识路线和研究方法,坚决摒弃思想僵化、故步自封、主观臆测的错误思想,永远保持唯物史观常青的活力。声称提倡唯物史观将会导致教条主义的人,若非恶意的歪曲,便是绝大的误解。恰恰相反,从本质上看,从发展的历史看,从内涵的丰富性和所揭示的真理的深刻性看,唯物史观学说与教条主义乃是根本相对立的。在唯物史观传播和运用的历史上,之所以产生公式化、教条化的错误是运用者认识幼稚、经验不足所致,或是特殊环境下错误的政治路线影响所致,因而走到唯物史观的反面,唯物史观理论绝对不能承担这个责任。作为唯物史观学说的杰出发展者和捍卫者的列宁，和作为著名马克思主义理论家的弗·梅林，都曾对唯物史观学说与教条主义、形而上学的对立作过极其精当的评论。列宁说："人们自己创造自己的历史，但人们即人民群众的动机由什么决定，各种矛盾思想或意向间的冲突由什么引起，一切人类社会中所有这些冲突的总和究竟怎样，造成人们全部历史活动基础的客观物质生活生产条件究竟怎样，这些条件的发展规律又是怎样，——马克思对这一切都注意到了，并指出了科学地研究历史，这一极其复杂而又是有规律的统一过程的途径。"① "恩格斯在谈到他自己和他那位著名的朋友时说过：我们的学说不是教条，而是行动的指南。这个经典性的论点异常鲜明有力地强调了马克思主义往往被人忽视的那一方面。而忽视那一方面，就会把马克思主义变成一种片面的、畸形的、僵死的东西，就会阉割马克思主义的活的灵魂，破坏它的根本的理论基础——辩证法，即关于包罗万象和充满矛盾的历史发展的学说；就会破坏马克思主义同时代的一定的实际任务，即随着每一次新的历史转变而改变着一定实际任务之间的联系。"② 弗·梅林则说："历史唯物主义消灭了每一种任意的历史结构；它排斥了每一种想把多变的人类生活视为一律的死板公式。……历史唯物主义对待每一个历史时期都不带有任何预先的假定，它只是对它进行从基础到最上层的研究，从它的经济结构起一直向上研究到它的精神观念。"③

不但马克思主义的杰出思想家和著名学者高度评价唯物史观理论向人们指出"以科学态度研究历史的途径即把历史当作一个十分复杂并充满了矛盾但毕竟是有规律的统一过程来研究的途径"，评价"它排斥了每一种想把多变的人类生活视为一律的死板公式"，而且像20世纪英国著名历史学家巴勒

---

① 列宁：《卡尔·马克思》，见《列宁选集》，第2卷，425页，北京，人民出版社，1995。

② 列宁：《论马克思主义历史发展中的几个特点》，见《列宁选集》，第2卷，398页，北京，人民出版社，1995。

③ ［德］弗·梅林著，吉洪译：《保卫马克思主义》，20～21页，北京，人民出版社，1982。

克拉夫这样虽然不是马克思主义者，但对历史研究深有造诣的正直学者，也郑重指出当代著名的历史学家无一例外地交口称赞马克思主义历史哲学启发了他们的创造力，称誉马克思是"最不教条、最灵活的作者"。在这里引一段他的评论同样是饶有兴味的。他说："今天仍保留着生命力和内在潜力的唯一的'历史哲学'，当然是马克思主义。我们已经看到，马克思主义不仅是共产主义国家中强大的思想力量，在整个亚洲也是十分强大的思想力量。马克思主义对非共产主义国家的影响也同样强大。当代著名历史学家，甚至包括对马克思的分析抱有不同见解的历史学家，无一例外地交口称誉马克思主义历史哲学对他们产生的巨大影响，启发了他们的创造力。伊赛亚·伯林在他的著作中写道：'在一切比较重要的社会历史理论当中，马克思主义胆量最大，而且最充满智慧。'"他又指出："虽然非马克思主义者和反马克思主义者不愿意承认这一事实，但是，要否认马克思主义是有关人类社会进化的能够自圆其说的唯一理论，是很难办到的。也就是说，马克思主义是唯一的历史哲学，它对历史学家的思想产生了明显的影响。这并不是说马克思主义是教条，更不应当将马克思主义当作教条来使用。从某些方面看，马克思是最不教条、最灵活的作者。"[①]

巴勒克拉夫对马克思主义唯物史观的评价十分典型，耐人寻味，体现出他作为对历史研究具有严肃认真态度并且眼光锐敏的学者的高度学识和智慧。马克思主义之所以至今仍然保留着强大的生命力和启迪意义，就因为它是指导人们揭示社会历史的实质规律和复杂进程的科学历史观和方法论。正确地运用唯物史观理论，不但不会导致出现教条主义，相反地，这样做正是克服教条主义的有效途径。而且，正如恩格斯所谆谆告诫的那样，谁只要能够认真地运用唯物史观的原理在历史学的某一领域上努力探索，谁就将获得广阔天地，做出超群出众的成绩！

（原刊《陕西师范大学学报》2009年第1期）

---

① ［英］巴勒克拉夫：《当代史学主要趋势》，杨豫译，261页，上海，上海译文出版社，1987。

中国马克思主义史学发展道路的思考

中国马克思主义史学，自李大钊于 1919 年发表《我的马克思主义观》，传播唯物史观以来，已走过 80 多年的历程，从涓涓细流壮大成浑浩的江河。80 多年的发展，著述丰富，名家辈出，提出了大量重要的理论观点，开拓了许多重要的研究领域，极大地改变了中国史学的面貌，同时又经历了十分曲折的道路，有过深刻的教训。总之，80 多年来成就很大，需要总结、反思的问题很多。限于我的水平，今天只能就下面三个问题讲点粗浅的看法，不当之处请予以指正。

一、唯物史观传播把中国史学推向新阶段

"五四"前后至大革命失败前，马克思主义在中国思想文化界的传播形成了一个热潮。近些年来，学术界有的人自觉或不自觉地对唯物史观指导史学研究提出怀疑，每每要讲到中国学者接受马克思主义社会形态学说是因为受了斯大林的影响，照抄了《论辩证唯物主义和历史唯物主义》的小册子，因而其科学性值得怀疑。其实这本身在时间上是先后倒置。最早介绍马克思社会形态学说的是李大钊，他 1919 年 5 月写《我的马克思主义观》论述"马克思历史观的主要部分"时说："大体而论，吾人得以亚细亚的、古代的、封建的及现代资本家的生产方法，为社会经济的组织进步的阶段。"[①]"社会的物质的生产力，于其发展的一定阶段，与他从来所在那里面活动当时的生产关系，与那不过是法制上的表现的所有关系冲突。这个关系，这样由生产力的发展形式变而为束缚。于是乎社会革命的时代来。巨大的表面构造的全部，随着经济基础的变动，或徐，或激，都变革

---

① 李大钊：《李大钊史学论集》，13 页，石家庄，河北人民出版社，1984。

了"①。他根据的是日本河上肇的译本,而斯大林小册子是1938年9月才著成出版的,时间相差近20年。李大钊在1919年到1924年写了一系列宣传唯物史观的文章,发表在《新青年》等杂志,如《物质变动与道德变动》(1919)、《由经济上解释中国近代思想变动的原因》(1920)、《马克思的历史哲学与理恺尔的历史哲学》(1920)、《唯物史观在现代史学上的价值》(1920)、《研究历史的任务》(1923)、《史学要论》(1924)等。他在《史学要论》中明确论述唯物史观在历史学引起的伟大变革:"从来的史学家,欲单从社会的上层说明社会的变革,——历史,——而不顾社会的基址;那样的方法,不能真正理解历史。社会上层,全随经济的基址的变动而变动,故历史非从经济关系上说明不可。这是马克思的历史观的大体。""马克思所以主张以经济为中心考察社会的变革的原故,因为经济关系能如自然科学发见因果律。这样子遂把历史学提到科学的地位。"因此,李大钊提出要不断"动手改作"历史。"一时代有一时代比较进步的历史观,一时代有比一时代比较进步的知识;史观与知识不断的进步,人们对于历史事实的解喻自然要不断的变动。"李大钊的论述,指明唯物史观是科学历史观的意义,同时意味着要运用唯物史观的原理来解释中国文献史料,写出与旧史面貌完全不同的新的历史著作。李大钊还在大学里讲授"唯物史观研究""史学思想史"等课程,在当时传播唯物史观的功绩最为杰出,被人们誉为"马克思主义专家",并成为当时从理论武器到思想面貌完全崭新的文化生力军的一名主将。

在当时,《新青年》、《中国青年》、《晨报》副刊、《民国日报》副刊、《学灯》等报刊,成为先进知识分子宣传唯物史观的重要阵地。《共产党宣言》、《哥达纲领批判》、《国家与革命》等书译本都相继出版,还出版了一批日本河上肇、俄国普列汉诺夫等人有关唯物史观的著作,其中就以河上肇的著作影响最大。北京、上海、广州、武汉、长沙等地进步势力较大的高等学府,几乎都开设讲授唯物史观的课程。周恩来甚至在天津警署的牢狱中,还宣讲"唯物史观总论和阶级竞争史"、"历史上经济组织的变迁"

---

① 李大钊:《李大钊史学论集》,12页,石家庄,河北人民出版社,1984。

等。当时杨端六即撰有《马克思学说评》一文,敏锐而中肯地指出马克思主义在全国迅速传播的特点:"以我国思想界之迟钝,输入西洋之学说,殆莫不经过多少阶级(段)而始得其一知半解之理想,而社会犹反对之。今不数年,而马克思之名喧传全国,上自所谓名士,下至初级学生,殆无不汲汲于马克思学说之宣播。"至"五四"以后,更出现了一批由党内理论家和进步理论工作者写成的研究社会发展史的著作,至 20 年代末十年间数量多达 15 种,其中著名的有蔡和森《社会进化史》(1924)、李达《现代社会学》(1926)、邓初民《社会进化史纲》(1931)、马哲民《社会进化史》(1929)、陈翰笙《人类的历史》(1927)。这些著作虽然深浅精粗各有差别,但是有共同的特点:运用唯物史观作指导,系统叙述人类社会的起源和发展,努力阐明社会发展的一般规律。"五四"时期形成的传播马克思主义的热潮有力地说明,中国人找到马克思主义的真理,固然与俄国十月革命胜利影响有密切关系,而更加深刻的原因是,处于内忧外患、灾难深重的中国社会,经历了自鸦片战争以来一系列重大事件,证明无论是传统思想、维新思想、资产阶级革命思想都无法把中国从帝国主义和封建势力的沉重压迫下解救出来,只有马克思主义指引的由共产党领导工农民众进行彻底的反帝反封建革命的道路,才能使中华民族得到解放。总之,马克思主义的迅速传播是由于中国社会面临的深刻的阶级矛盾和民族矛盾所决定的。中国马克思主义史学的创立和壮大也同中国人民争取解放的斗争紧密地联系在一起。

郭沫若所著《中国古代社会研究》,是运用唯物史观系统研究中国历史的开山之作。这部名著酝酿和写作于 1928 年到 1929 年。当时大革命刚刚失败,郭沫若流亡日本,是处于日本特务监视、生活困难、资料匮乏种种恶劣条件下,发愤写成的。郭沫若把用唯物史观指导研究中国历史同认清革命的前途直接联系起来,他说:"对于未来社会的待望逼迫着我们不能不生出清算过往社会的要求。古人说:'前事不忘,后事之师。'认清楚过往的来程也正好决定我们未来的去向。"他要用历史研究驳倒"国情特殊"论,证明"中国人不是神,也不是猴子,中国人所组成的社会不应该有甚么不同",要走世界各国共同的道路,以此鼓舞处于困难时刻的国内人民看到未来的光明前途。同时他要探求中国历史发展所具有的本身的特点，谱写"恩格斯的《家庭、私有制和国家的起源》的续篇"。①为此，他把先进的科学理论的指导同扎实的文献考订功夫结合起来。他继承了清代学者实事求是的考证成果，继承了罗振玉等人尤其是王国维，研究甲骨、金文的成绩，出色地对旧史料作出新解，熔《诗》、《书》、《易》中纸上史料，与卜辞、金文中的考古材料于一炉，赋予它们以新的意义，并且上升到系统分析社会生产方式和阶级关系的高度。这样，文献、卜辞、金文这些原来似乎互相孤立的材料，都发生了联系，成为有用的活材料，殷周时期的社会生产生活方式也得以重现。此前，李大钊为传播唯物史观作出了重大贡献，并提出改写历史的任务，现在郭沫若继续了他的工作，做到把马克思主义的理论同中国历史结合起来，在深入研究的基础上，作了系统的清理，因此成为中国马克思主义史学的划时代的著作。

根据当时所掌握的史料和认识水平，郭沫若在书中对中国历史不同阶段社会性质的看法是：商代尚未十分脱离母系中的社会，商代的产生是以牲畜为本位。到周代已有发达的农业，其社会性质是奴隶社会。东周以后，才由奴隶制转入封建制。自秦以后，"中国的封建性质一直到最近百年都是很岿然的存在着的"。"最近百年"中国社会性质又有新变化，当时他用"资本制"和"资本制的革命"来表述，但他实际上指的，就是旧的封建制解体、帝国主义势力不断侵入以后新的历史阶段，也即我们平时所讲的半殖民地半封建社会。当然，由于当时处于运用唯物史观研究中国历史和中国社会的草创阶段，书中存在着对史料解释不够娴熟和有的提法不恰切的毛病。近年来，有的研究者离开当时的历史环境，贬低《中国古代社会研究》，这并不符合历史主义的态度。这些论者所持的理由主要有二：一是批评此书存在"公式主义"的毛病，"差不多死死地把唯物史观的公式，往古代的资料上套"。须知郭沫若是运用唯物史观研究中国古代社会的第一人，所做的堪称是创榛辟莽的工作，的确很不成熟。但当时的任务

---

① 均见郭沫若：《中国古代社会研究·自序》，见《郭沫若全集》（历史编），第1卷，6、9页，北京，人民出版社，1982。

是证明唯物史观原理同样适合于指导中国古史研究，中国社会的进程同样符合人类社会的普遍规律，这样才能帮助人民大众树立对革命前途的信心。因此，"套上"是时代的要求，至于让它更臻于完善，则有待于"更有时间更有自由的同志"，"继续作更详细的探索"。二是批评郭沫若此后一再改变他对古代社会性质的看法。历史研究本来是十分复杂的事情，在探索的道路修正旧说、提出新说正是不断进取的表现。此书在史学著作中第一次论证了中国历史的发展经历了原始公社制——奴隶社会——封建社会——被卷入资本主义世界潮流的近代中国社会这几个基本社会阶段。后来，郭沫若本人对于区分历史阶段的时期曾有变更，但一直保持在这部著作中形成的基本看法，并且为进步史学界所接受。此后，郭沫若进而修正说：商代中期以后已逐步由畜牧转入以农业为主，原始制的解体和奴隶制的产生应提前到商代；又提出奴隶制向封建制的过渡应该放在春秋、战国时期。——这些修正都标志着他的研究工作不断获得进展。《中国古代社会研究》对于推进中国历史的巨大意义，我们不仅可以从当时赞成唯物史观的学者所写的评论中得到证明，如称"郭沫若先生的《中国古代社会研究》要算是震动一世的名著。就大体看，他那独创的精神，崭新的见解，扫除旧史学界的乌烟瘴气，而为新史学开其先路的功绩，自值得我们的敬仰"①。当时，属于"新史学"流派史家的张荫麟也十分称道郭沫若从社会经济基础以及社会制度变迁的大背景来阐发历史研究方法。他同样敏锐地认识到郭沫若提供了运用唯物史观来研究中国历史的新范式具有开辟史学研究新道路的意义，所以赞扬此书"例示了研究古史的一条大道"②。

马克思主义史学家和进步学者对于中国社会和中国历史的看法，很快地在30年代初开始的中国社会性质论战和中国社会史论战中受到了考验。1927年大革命失败后，中国革命处于低潮时期，如何正确认识中国社会的性质和革命的前途，成为十分紧迫而尖锐的问题。1928年6—7月召开的

---

① 嵇文甫：《评郭沫若〈中国古代社会研究〉》，见《嵇文甫文集》（一），243页，郑州，河南人民出版社，1985。

② 张荫麟：《评郭沫若〈中国古代社会研究〉》，载《大公报·文学副刊》，第208期，1932-01-04。

中国共产党"六大",根据列宁和共产国际的指示和党的领导人对中国社会现实的分析,提出当前中国社会性质是半殖民地半封建社会,中国革命仍是资产阶级性质的民主革命。当时由于中国革命处于极端困难时期,许多人悲观彷徨,马克思主义学者认为剖析中国当前社会性质、帮助人们认清革命发展的方向是自己的责任。王学文、李一氓等在上海创办了《新思潮》杂志。1930年4月,《新思潮》"中国经济研究专号"发表了王学文、李一氓、潘东周等的文章,他们从帝国主义对中国的侵略阻碍了中国近代民族资本的发展、农村仍然顽固地保持着封建势力等文献,论证"六大"路线的正确,批判陈独秀取消革命的谬论。以任曙、严灵峰为代表的陈独秀的追随者写文章进行反驳,武断地讲帝国主义入侵"绝对地"破坏了封建制度的经济基础,中国社会中"是资本主义关系占统治地位","中国目前是资本主义社会"。由此又引起了1932年至1933年的"中国社会史论战"。关于秦以前的社会性质,论战的焦点是中国是否存在过奴隶社会。陶希圣等人对此否认。关于秦以后至鸦片战争以前的社会性质,陶希圣认为是"商业资本社会"。陈邦国认为,"秦的统一,是商业资本的统一"。公孙金认为,自秦以后,中国社会是"为封建思想所支配的初期资本社会"。如果自秦以后真的是"商业资本社会"或"初期资本社会",那中国革命主要任务之一是反对封建主义岂非无的放矢,这种论调受到马克思主义学者的有力反驳。潘东周等指出,封建社会的商品交换与资本主义社会的商业资本有着质的不同。春秋战国时期虽然商人势力相当活跃,但它没有也不可能破坏中国封建社会的经济基础。"中国并没有发生工业革命,因此,也不可能使中国的封建关系'实质上久已不存在'。"大商人虽曾在政治上发生过相当的影响,但自秦以后至近代,地主在各朝代中仍是统治阶级。吕振羽指出,即使"在商业资本获发展的封建社会末期,这也不能对于封建社会的生产关系有何重大的改变"。郭沫若虽然因在国外没能参加社会史大论战,但他在著作中论述的近代以前中国是封建社会的观点对进步学者是很大的鼓舞。经过这场大论战,中国在鸦片战争前长期处于封建社会和鸦片战争后是半殖民地半封建社会的正确观点扩大了影响,由于受到马克思主义学者的有力批驳,虽然热闹一时的"商业资本社会"论终于销声匿迹。对于中国社会性质、阶级关系和社会基本矛盾的正确分析，是中国共产党制定新民主主义时期革命纲领任务的基础，这些科学分析已由新民主主义的胜利得到了权威的验证。诚如黎澍所说，论战以前，党的领导机关虽然对中国社会性质有正确的提法，"但并未引起人们的注意，经过后来的一番论战，至少是在一定范围内公开进行了关于各个问题的讨论，使人们对它的现实意义有了认识"。又说，关于中国革命的反帝反封建性质的规定，"如果不对中国历史作一番切实的研究，用丰富的事实加以说明，就很难为中国人所理解。所以进一步研究中国历史，对于正确认识中国革命的性质、任务，从而制定正确的政策和策略，无疑具有重大的意义"①。

以上事实证明，在中国马克思主义史学的奠基时期，郭沫若的著作和其他马克思主义历史工作者的论著，表明他们对于中国革命现实问题深切的责任感和清醒的态度，发扬了中国史学经世致用的优良传统。同时也证明中国马克思主义史学的代表人物，从一开始就把握着正确的方向，要把唯物史观原理与中国历史结合起来，重视研究中国的国情，尽管在某些地方还难免粗糙，却体现了革命性和科学性的统一。这是中国马克思主义史学的重要特点。

抗日战争爆发前夕到1949年，是马克思主义史学的壮大时期。在前一时期的基础上，马克思主义史学大大地开拓了研究领域，史学家辛勤著述，在断代史、通史、近代史、历史理论和专史各个领域均有重要建树，完成了一批重要著作，在整个学术文化界令人瞩目。不仅其观点进步，风格新颖，而且在学术上很有深度，具有厚重的分量，显示出自己建构研究中国历史体系的规模和力量。"马克思主义史学五大家"在这一时期相继都完成了重要著作。郭沫若于抗战后期撰成《青铜时代》、《十批判书》。吕振羽先后著成《史前期中国社会研究》（1934）、《殷周时代的中国社会》（1936）、《中国政治思想史》（1937）、《简明中国通史》（1941—1948年间著成，分第一、第二分册出版）。翦伯赞先后著成《历史哲学教程》

---

① 黎澍：《再思集》，217页，北京，中国社会科学出版社，1985。

(1938)、《中国史纲》第一、二卷（1943—1944）。范文澜著成《中国通史简编》（1941）、《中国近代史》（上册）（1945）。侯外庐著成《中国古典社会史论》《中国古代思想学说史》、《中国近世思想学说史》、《中国思想通史》（第一卷）等（均完成于1943—1947）。还有胡绳的《帝国主义与中国政治》（1949年初出版），王亚南的《中国经济原论》和《中国官僚政治研究》（分别撰成于1943年和1948年）等。这些著作中有不少堪称是里程碑式的史著，经历了时间的考验，至今仍然显示出活跃的生命力。

马克思主义史学壮大的重要表现是，马克思主义史学家在前一阶段成就的基础上进一步掌握了丰富的史料，运用唯物史观的分析方法对唯物史观的运用达到新境界，在研究方法上更趋成熟。自觉地提出并实践"研究中国历史与人类历史的共同性与中国历史的特殊性及其二者的联结"这一目标，就是这一时期特点的集中体现。吕振羽《史前期中国社会研究》，以唯物史观为指导，分析文献和考古资料，并结合民族学、民俗学知识，考证出远古传说中的可信部分能与出土文物相印证，系统论证了古代原始社会，纠正了古史辨派疑古过头的偏向。《殷周时代的中国社会》一书，根据当时中国地下出土文物史实，认定殷代确已进入奴隶社会，并从财产形态、阶级构成、国家形成过程等项作了全面考察，创立了殷商奴隶制学说。并且，根据考古学界对殷墟出土器物和遗迹的考察，从当时铜器冶炼技术和冶炼场遗址的普遍存在，青铜工艺所达到的水平，得出殷商非新石器或金石并用时代，而是"青铜器时代"的结论。又从文献上关于酗酒成风的记载，以及酒器的大量出土，推论出殷商时期已达到较高的劳动生产率，才提供了多余的粮食，而殷商已达到相当高度水平的文化，也只有在较高的剩余劳动之上才能创造出来，这一切与阶级对立（奴隶主与奴隶阶级的对立）、国家形成的社会发展水平正相适应。故殷周不是氏族社会，而是奴隶制社会。同时，他提出西周是封建社会的观点。认为：周灭商以后，奴隶已被解放，原来殷代国家的土地被宣布为"王有"，封赐给贵族和各级臣僚，他们成为大大小小的封建领主。形成了由天子、诸侯、大夫、士组成的封建领主阶级与被称为"庶人"或"小人"的农奴阶级之间的对立。并论证西周封建制的形成过程大致到宣王中兴时完成。故吕振羽是"西周封建说"的首倡者。关于此书所阐述的上述两项观点的价值，吴泽教授曾评价说："吕著的可贵之处在于创立了殷商奴隶制社会论和西周封建说。这对中国历史科学的研究有着十分重大建树的意义。"① 在《简明中国通史》中，吕振羽对几千年中国历史的进程提出了更深入、更有系统的看法。在其1941年所写第一分册序言中，更把其撰著目的明确归纳为如下三项："第一，把中国史看成同全人类的历史一样，作为一个有规律的社会发展过程来把握；第二，力避原理原则式的叙述和抽象的论断；第三，尽可能照顾中国各民族的历史和其相互作用。"既要探讨中国历史发展的规律性，又要探讨对它所表现的具体特点，并将其真实面貌复现，这就把中国史学推向发展的新阶段。范文澜在延安完成的《中国通史简编》，到1942年全书56万字全部出版，成为第一部用唯物史观为指导的中国通史。范文澜在此书的"绪言"表明，他的研究工作要全力总结出唯物史观所阐述的人类社会共同规律在中国历史上表现出来的特殊性。这部书的主要成就是：通过对历史资料的分析、综合，对几千年中国历史提出系统的看法，并且比较深入而成功地分析和描述各个时代的特色，做到主干清晰，而又有血有肉。继之完成的《中国近代史》（上册），大大推动了史学界对这一阶段历史的研究。以往史学界有关近代史著作甚少，有的著作有进步的观点，但篇幅较小，内容单薄，有的则从唯心史观出发，任意曲解史实。范著《中国近代史》以马克思主义为指导，在大量占有材料的基础上，通过对历史的系统叙述，恢复了中国近代历史的本来面目，标志着近代史的研究进入科学的阶段。它所奠定的基本格局和提出的许多论断影响史学界达几十年。戴逸评价说："这两部书全面地、系统地阐明了中国的全部历史，教育、影响了后代的历史学家，也教育、影响了当时千千万万的革命者。范老的著作很多，这两部著作可以说奠定了他在历史学界崇高的、不朽的地位。"②

马克思主义史家在抗战时期建树的业绩是一笔宝贵的史学遗产。新中

---

① 吴泽：《我国马克思主义史学的开拓者——吕振羽》，见刘茂林、叶桂生著《吕振羽评传》一书代序，3页，北京，社会科学文献出版社，1990。
② 戴逸：《时代需要这样的历史学家》，载《近代史研究》，1994（1）。

国成立以后，马克思主义史学在全社会上影响很大，是同这一时期所取得的成就密切相关的。这些史学前辈都是战士兼学者，范文澜和吕振羽后来都到了根据地。他们一边参加抗日斗争，一边辛勤著述，真正做到与革命同命运，与民众同呼吸。他们的史著的确与探索中国革命的正确道路有紧密的关系，对鼓舞人民斗志、投身革命洪流发挥了巨大的作用。同时他们又极其重视充分占有史料和运用实证方法，他们的目的是要探索历史的真相，而非为现成公式作图解，所以有重要的学术价值。范文澜《中国通史简编》1942年至1951年先后印行八版（包括1947年在上海印行）。《中国近代史》（上册）1946年至1953年共印行九版。再举一个例子说明当时产生的反响，有的学者虽然尚未运用唯物史观指导史学研究，但仍然重视马克思主义史家著作的价值，如顾颉刚于1948年写信给友人说：范文澜的中国通史已经写成了，我们也应该努力写出自己的通史著作。（大意）处在当时为挽救民族命运浴血奋战的年代，史学家有时无法抑制地联系到当时的现实，也是可以理解的。范文澜在1949年以后曾对此作过严格的自我批评，说，书中"有些地方因'借古说今'而损害了实事求是的观点"。如叙述三国历史时，借吴、蜀联合拒魏来类比抗日民族统一战线，借孙权来类比蒋介石集团破坏统一战线。这些都应予纠正。实则我们如果细读全书，像这种"借古说今"的地方极少，范文澜作为重要的一条缺点提出来，乃是他律己甚严的表现。我们不应根据范文澜有过这段自我批评的话，就误认为是此书的主要倾向。更不能有意无意地贬低这些史学前辈著作的科学性，不恰当地称之为"战时史学"。

二、如何正确评价"建国后十七年"的史学道路

　　1949年新中国成立，随着新的社会制度的建立，马克思主义史学在全国范围内确立了主导地位，中国史学在三四十年代取得重大成就的基础上迎来了新的发展阶段。对于新中国成立后十七年历史研究从总体上作基本的估计，本来是不应当发生很大分歧的，因为事情很明显，正如"十七年"中整个社会主义事业一样，史学工作虽经过严重的挫折，走过弯路，

但同时又取得了巨大的成绩。学术界前些年却存在这样的观点,认为"十七年"中教条化盛行,整个中国史变成了一部农民战争史。不久前,有的研究者进而提出:近五十年的史学应分为前后两个阶段。"前三十年为第一阶段,这一阶段基本上是'泛政治化史学'时期,以农民战争研究为代表的研究体系使中国史学完全政治化。"① 对1949年后十七年历史研究更贬斥为"完全政治化"的史学,完全依附于政治、毫无学术的独立性可言,甚至将之与"文化大革命"十年中"四人帮"疯狂践踏、摧残历史科学、蓄意制造混乱、颠倒黑白扯到一起,认为此三十年史学应划作一个历史阶段。如果这种观点确有道理,那么,十七年中用以指导历史研究的唯物史观基本观点则早应宣布为过时和非科学的。认为当前史学应当彻底地改易新说的看法,似乎也就有道理了。对十七年历史研究如何正确评价,实则直接关系到怎样认识20世纪中国马克思主义史学的历史地位,和怎样看待唯物史观的科学价值及其发展前景,如此关系重大的问题,不能不通过深入讨论以究明史实真相。

我想正确评价十七年史学道路,以下四项是很重要的。

(一)应当如实地评价史学家坚持以唯物史观基本原理与中国实际相结合的正确方向所取得的成就

新中国成立后,在全国范围内掀起了普及唯物史观的热潮,广大历史教师、史学工作者自觉学习马列主义、用以指导教学和科研工作成为风气。本来,人民革命的胜利证明了运用马克思主义原理分析中国近代社会的性质,革命的任务、对象、方法、策略等项取得了伟大的成功,老一辈马克思主义史学家郭沫若、范文澜、翦伯赞等人运用唯物史观写成的著作所具有的科学价值也得到了验证,这些都使史学工作者受到鼓舞和激励。新的社会、新的任务,迫切需要新的理论来指导,所以历史教师和研究者学习马克思主义,对于多数人来说是自觉的、很有热情的。新中国成立后史学界学风的又一特点是逐步营造自由讨论、开展批评和自我批评的风

---

① 德朋、苗宗生:《展望新世纪中国史学发展趋势》,载《光明日报》,2001-10-02。

气。在此前已作出卓著成就的老一辈学者能随着时代而前进，如范文澜在新中国成立初发表文章，对自己以往史著中的失误诚恳地作自我批评。翦伯赞也在1952年著文作自我批评，说："我在解放前，也常用以古喻今的方法去影射当时的反动派。其实这样以古喻今的方法，不但不能帮助人们对现实政治的理解，而且相反地模糊了人们对现实政治的认识。"① 这种诚恳的自我批评，更启发史学工作者以坦诚的、实事求是的态度对待史学事业。新中国成立初学术刊物上登载直截了当地进行批评、并且指名道姓的文章，大家都认为很正常，受批评者也能公开承认错误，虚心接受。很典型的是黎澍在1951年《学习》杂志先后发表了批评吴泽、侯外庐两位先生的文章，被批评者迅速公开答复，表示由衷地感激接受，一定认真改正。

新中国成立初党中央和毛泽东提出"百家争鸣、百花齐放"的方针，也与史学界关系很大。"百家争鸣"正式作为指导全国文化、学术工作的方针，是毛泽东和党中央在1956年提出来的，而学术研究应该贯彻百家争鸣的精神，则在1953年"中国历史问题研究委员会"举行第一次会议和筹办《历史研究》杂志时已经提出。这与郭沫若和范文澜这两位著名历史学家对古史分期观点不同，需要展开讨论、争鸣大有关系。在古史分期上，郭沫若主西周奴隶说，范文澜主西周封建说，形成对史学界影响最大的两大派，毛泽东当然熟知这种情况，实行"百家争鸣"方针的精神最早向史学界提出，与这种背景大有关系。故1953年9月21日中国历史问题研究委员会开会时，陈伯达传达了党中央的指示精神，要开展"批评和自我批评"，"不宜把方式弄得死板"，考虑由陈寅恪担任历史研究所二所所长，并提出"聘请研究人员的范围不要太狭，要开一下门，像顾颉刚也可以找来。增加几个研究所可以把历史研究的阵营搞起来，学术问题在各所讨论。由郭沫若、范文澜同志来共同组织讨论会"。在这次会议上讲历史研究要百家争鸣的问题，实际上是党中央主席毛泽东的意见。② 当时，范文

---

① 翦伯赞：《翦伯赞历史论文选集》，7～8页，北京，人民出版社，1980。
② 刘潞、崔永华编：《刘大年存当代学人手札》（排印本），45页所引刘大年的回忆；并参见《刘大年史学论文选集·〈历史研究〉的光荣》（北京，人民出版社，1987）一文。

澜即建议在这个会议上考虑把他的《中国通史简编》作为讨论的底稿。1956年，党中央和毛泽东向全国提出"百花齐放"、"百家争鸣"，以发展文艺、繁荣学术的方针。这一时期，人民出版社等先后出版了一批基本上属于考据性的著作，如吴晗《读史札记》，刘节《古史考存》，蒙文通《周秦少数民族研究》，顾颉刚《秦汉的方士与儒生》（《汉代学术史略》改题重版），李剑农《先秦两汉经济史稿》、《魏晋南北朝隋唐经济史稿》和《宋元明经济史稿》，周一良《魏晋南北朝史论集》，汤用彤《魏晋玄学论稿》，姚薇元《北朝胡姓考》，岑仲勉《隋唐史》和《突厥集史》，戴裔煊《宋代钞盐制度研究》，梁方仲《明代粮长制度》，谢国桢《南明史略》，王锺翰《清史杂考》，罗尔纲《忠王李秀成自传原稿笺证》等。1954年《历史研究》创刊号及次年，先后发表陈寅恪的《记唐代之李武韦杨婚姻集团》和《论韩愈》两文。这些，都表明对以考证为主要方法的学者的学术成果同样充分尊重，这对于从旧中国过来的、只熟悉考证方法的学者是很大的鼓舞。百家争鸣的新高潮是因重新评价曹操问题引起的。1959年1月25日，郭沫若首先在《光明日报》发表《读蔡文姬的〈胡笳十八拍〉》一文，从对于民族的贡献的角度对曹操作了高度评价，指出以往把他当成坏人"实在是历史上的一大歪曲"，首次提出重新评价曹操的问题。紧接着，翦伯赞于同年2月19日也在《光明日报》发表《应该替曹操恢复名誉——从〈赤壁之战〉说到曹操》，同样认为曹操是中国历史上有数的杰出人物，应该为曹操恢复名誉。同年3月23日，郭沫若又在《人民日报》发表《替曹操翻案》一文，如同巨石激浪，迅速在全国范围内产生了强烈的反响，不仅史学界，还有文学界、戏剧界以至一般文史爱好者纷纷撰文，展开热烈争鸣。许多知名学者如吴晗、刘大杰、王昆仑、谭其骧、周一良等都争相发表文章各抒己见。郭沫若、吴晗又提出对武则天和其他一些历史人物重新评价的问题。因而讨论更加广泛深入，涉及以唯物史观评价历史人物的理论、标准等项。据统计，仅有关围绕重新评价曹操所发表的文章，仅至6月底就达140篇以上，故被称为"对我国学术界的繁荣产生了特殊的影响"①。史学界

---

① 倪迅：《毛泽东与知识分子交往纪事》，载《光明日报》，2001-06-26。

在数年中展开的关于古史分期、封建土地制度问题、农民战争性质作用问题、汉民族形成问题和资本主义萌芽问题的讨论,尽管被称为"五朵金花"、存在着一定的局限性,但它们的确是认真讨论学术问题,并不是靠行政命令发动布置的,而且各方讨论十分热烈,持续时间甚长。进行热烈讨论的还有历史人物评价、中国近代史分期、中国封建社会长期延续问题等。这些讨论也都对推动历史研究起到作用。

在上述自由讨论、热烈争鸣的学术气氛下,十七年中一批具有卓识的学者对于运用唯物史观指导历史研究有两点很自觉的认识:(1)更加明确马克思主义经典作家的著作及提出的原理主要是依据西欧各国历史写出来的,其中既有适用于研究其他国家、民族历史的共同性,又有西欧国家本身的特殊性。中国学者的责任,是通过认真阅读马恩著作区分出上述二者,撇开其特殊性,只运用其共同性。并结合中国的历史实际,研究出中国的历史如何表现出共同性和自己所具有的特殊性,阐明中国历史的规律性和所表现出来的本民族的特点。(2)中国是一个有几千年悠久历史的东方大国,有丰富的史料,研究中国历史的规律和特点,将是对唯物史观宝库的重要贡献。笔者认为,就正常的学术研究来说,正是这种正确的指导思想,代表着十七年历史研究的前进方向。百家争鸣的学术气氛和坚持以唯物史观原理探索中国历史特点的理论指导,促使十七年中在通史、断代史和专史领域都产生出一批优秀的史著。

其中,通史的撰著难度最大,最能反映出学术水准的高低。中国历史悠久漫长,史料汗牛充栋,撰成好的通史,不仅需要在搜集、考核和分析史料上具有深厚的功力,尤其需要对中国历史演进的全局和各个历史阶段的特点,有自成体系的把握和贯穿全书的史识,还需要有处理史料、组织和再现史实的高超能力。在中国史学史上,能够著成受到普遍称道的通史著作、令后代传诵不衰的史家屈指可数。司马迁著《史记》,做到了"通古今之变",成为史家楷模,司马光著成编年体通史《资治通鉴》,成为又一不朽之作。20世纪初以后,撰写通史成为史学家的共同追求,夏曾佑、吕思勉、邓之诚、钱穆、张荫麟等都有著作,梁启超、章太炎都曾有著述计划,梁已撰成部分篇章。可见通史的价值有特别的重要性。"十七年"

中，恰恰在通史领域产生了影响巨大的著作。首先是范文澜著成修订本《中国通史简编》一至三编（共4册，于1953年至1964年出版）。这部著作是在延安版基础上精心修订完成的，原版自远古至鸦片战争，共56万字。修订本写至五代十国，却达110万字，内容大大扩充，所以全书实际上等于是重写。这部书累计印数超过百万册，长时间成为广大干部、大学生、社会大众学习中国历史的必读著作，教育了几代人。因而在学术界被认为是20世纪影响最大的通史著作，是20世纪中国史学发展的重要里程碑。范文澜原先精熟于中国传统的经史之学，他学习马列主义，又特别强调要创造性地运用，使之与中国的历史实际相结合。新中国成立以后通过修订《中国通史简编》，对此更有深刻体会，因而他有运用唯物史观原理要做到"神似"，反对"形似"的名言，一再告诫史学工作者要彻底摒弃把唯物史观当成现成公式去剪裁历史事实的极其恶劣的教条主义做法。他所论述的春秋战国时期是封建领主制向地主制过渡的时期，汉族在秦汉时起就基本上形成为民族了，中国封建社会经历了秦统一以前的初期、秦到元末为中期（又以隋统一划分为中期的前段和后段）、明至清鸦片战争以前为后期等，虽然并非全部都可作为定论，但是人们读后感觉到这确是运用唯物史观的基本原理来分析中国历史的特点，而不是生吞活剥马克思主义的词句，按照现成公式去图解中国历史。全书内容丰富，认真发掘了经史子集中的材料并利用一些考古史料，详细地论述了自远古至五代这一漫长时期中国政治、经济、民族、文化、军事、外交等的发展历程，论述了历史上各种制度的沿革，评价、分析了众多的历史事件和人物。同时，全书在章节结构上组织严密、安排合理，文字精练而生动，具有浓厚的中国作风、中国气派，这些更增加了对读者的吸引力。由翦伯赞主编的《中国史纲要》，是"十七年"通史研究的又一重要收获。这部书是1961年高等学校文科教材编选计划会议决定，委托翦伯赞主编作为高校中国通史教材之用。主要撰写人邓广铭、邵循正、汪籛、田余庆、许大龄等都是研究各个时期历史的专家。而且，在写作、讨论过程中，翦伯赞经常就体例、理论运用和史料鉴别等问题与编写组成员反复商讨，最后定稿时，他还要字斟句酌地进行推敲（1962年至1966年，先后出版了第三册、第四册和第二册，包括三国两晋至近代部分。第一册的先秦部分，由翦伯赞亲自撰写，未及完成即含冤去世，"文化大革命"结束后由吴荣曾完成。至1979年全书四册一并印行）。这部通史经过二三十年时间的考验，证明它无愧为一部成功之作，并且在中国史学史上又一次创造了集体著史、主编负责的成功经验。尤其作为大学通史教材，它具备着论述全面系统，内容繁简适当的独特优点。它文字简练，条理清楚，而又内涵丰富，对史实的分析中肯细致而又摒除空论，重要的基本的史料都向读者提供而又绝不庞杂。本书在20世纪90年代荣获首届全国高校文科教材评奖的特别奖，确实当之无愧。

(二) 史学工作者的科学精神和奉献精神

十七年中史学工作者精心构撰的专著、论文等，都体现出这些学者发扬中国史学优秀传统、在学术研究上执著追求的精神。这种科学精神，还突出地体现在这一时期整理历史文献的大型工程上。

十七年中因政治运动的影响和对一些人物或问题进行过一些不适当的批判所带来的消极作用，史学界中一些人的确存在忽视史料的倾向，在一段时间内甚至极为严重。但这只是事情的一面。事情的另一面是，中国史学会领导和许多有见识的专家极其重视扎实的史料工作，尤其在整理大型历史文献上做出了巨大的成绩。几项著名的、嘉惠学术之功甚伟的大型工程是：

1. 整理、标点《资治通鉴》。

2. 标点、整理《二十四史》。

3. 整理、出版《中国近代史资料丛刊》。这一浩巨工程是由中国史学会组织、部署进行的。各个专题由范文澜、翦伯赞、邵循正、齐思和、向达、白寿彝等著名学者任主编。十年之中编辑出版《丛刊》10种，从《鸦片战争》到《辛亥革命》共62册，3000余万字，规模如此巨大，而且是连续出书，持续不断，令人赞叹！《丛刊》是在唯物史观指导下对近代史资料的一项大规模的科学整理，涵盖了近代史的各个重要时期，提供了最有价值的研究资料，堪称是新中国历史科学的又一盛举。各个专题均依照下列科学的工作程序进行：(1)尽可能地广泛搜集史料；(2)精心地选录和合理地分类、编排；(3)分段、标点、校勘；(4)撰写书目解题，编制与本专题相关的各种附录。这些工作中无论其中的某一项，工作量都是很浩巨的。仅拿分段标点和校正错字说，全部3000余万字的史料都经编选者认真加工、提供定本，让广大读者方便地阅读、使用，即此一项就是功德无量的工作。负责各个专题的专家，都以远大的眼光和高度严肃认真的态度，搜集并发掘了大量有关各个历史时期重大事件的官、私文献，将许多稀见史料变成广大读者容易得到的，将不少秘藏史料变成公开的，将大量分散难找的史料变成集中、系统地整理出来的。同时，又尽可能地集中搜集近代史时期有关边疆地区和少数民族活动的史料，搜集与政治事件有关的社会状况及学术文化范围的史料，并且在当时所能够做到的条件下，尽可能地搜集、翻译了外国史料，体现出将中国史与世界史相联系的眼光。所有这些都保证了这套《丛刊》的极高的学术价值。负责各专题主编工作的学者，其中如范文澜、邵循正、聂崇岐等本身即近代史专家，以此身份担任主编工作，而还有其他不少人原先的主要研究领域是在古代史或外国史，如翦伯赞、向达、齐思和、柴德赓等，为了发展新中国历史科学的需要，却丝毫不计较研究领域的转换和编纂工作的艰巨，无不毅然地全力以赴投身进去。发扬这种高度认真负责的精神，是医治近年学术界浮躁风气的良药。正因为中国史学会卓有成效的组织工作，尤其是各卷主编均为国内第一流的学者，具有丰富的学识、严谨的科学态度和高度负责的精神，在他们的主持下，编纂工作遇到的困难都迎刃而解，取得了高水平的学术成果。因为这套《中国近代史资料丛刊》对于研究中国近代史具有不可替代的重要性，最近上海人民出版社和中国书店又已合作将这部巨型书籍再版。

此外，十七年中大型文献资料的整理，还有《中国近代经济史资料丛刊》，内容包括近代工业史、农业史、对外贸易史、铁路史、货币史、外债史、海关史等多个方面，同样堪称为整理文献资料的巨制。其他尚有《明清史料》、《中国通史参考资料》，宋代、元明、清代史料笔记丛刊等多种。上述大型文献资料整理工程，都因其史料的重要性和整理工作的科学性而在海内外产生了深远的影响，如《中国近代史资料丛刊》10种，据说仅在美国就培养出一大批博士。

（三）抵制教条化错误的倾向

在我国历史步入新时期之初，由于拨乱反正、批判极左错误、肃清"四人帮"影射史学流毒的需要，我们曾着重地揭露极左路线在史学领域的种种表现，批判教条化、公式化，片面强调阶级斗争、将之绝对化，对马克思主义词句生搬硬套、贴标签，以及研究领域狭窄、选题重复雷同、研究方法单调等失误，而少谈十七年的成绩。在那个特定的年代，这样做是有必要的。因为，其目的是引起对"四人帮"蓄意制造混乱和对极左错误严重危害性的高度重视，剖析其根源，从而使历史研究重新端正方向。

十七年中教条化、公式化错误盛行的年代，主要是在1958年及其后一段时间，高等学校中"拔白旗、插红旗"，一些有学问的教授、专家受到批判，学生上讲台，学生编讲义，两三个月工夫即"编"出一本通史讲义，这只能是剪刀加浆糊，用若干条干巴巴的材料对历史唯物主义公式作图解，贴标签式地引用马恩的词句。只讲阶级斗争，对农民起义尽量拔高，而对历史上的统治阶级一概骂倒，制度和史实少有涉及，要把帝王将相和历代皇朝名号一律抹掉，一部历史变成为概念演绎。教条化、公式化、概念化的谬误是显而易见的，但在当时却打着"革命"的旗号，所以一度势头很猛，使不少人分不清方向。对于教条化的危害我们要痛加批判，肃清流毒，同时应深入分析造成教条化盛行的原因。究其产生的原因，一是由于史学工作者自身水平不高，经验不足造成。二是政治上"左"的错误路线的影响、干扰、误导。1957年反右，尤其是1958年"大跃进"以后，党的指导思想出现了"左"倾错误，对革命事业造成严重的损失，史学界"拔白旗"、公式化地图解历史的风气一度盛行，就是在当时特定的政治背景下泛滥的。三是"文化大革命"前夕"四人帮"及其爪牙的蓄意制造混乱，颠倒是非，要把学术界和人们的思想搞乱。对第一种情况，只要史学工作者认真学习，在学术实践中不断摸索，开展正常的批评讨论，就能逐步得到提高和纠正。第二种原因，只要排除政治因素的干扰、影响，失去那种气候，问题自然得到解决。1962年前后，党中央的路线得到调整，当时正常的学术研究便迅速得到恢复。新时期以来拨乱反正，彻底纠正"左"的错误，教条化错误便基本上被有效地铲除了。这些就是明证。至于"四人帮"的蓄意破坏，那是为实现其反革命图谋，是另一种性质的问题，早已被钉在历史的耻辱柱上，不属于学术问题的范围，更不应算到十七年史学工作的账上。因此，绝不能以"教条化、公式化盛行"来概括整个十七年的历史研究，更不是由于新中国成立，马克思主义在全国确立了主导地位，就必然造成教条化错误，绝不是这样。

恰恰相反，教条化所反对的正是马克思主义本身，唯物史观本身就是教条化的对立物。上述十七年史学所取得的巨大成绩，正是由于唯物史观原理得到正确运用和坚持其正确方向而取得的。不仅如此，我们在反思十七年中出现的严重曲折的时候，还应确切地承认：当错误倾向的潮流袭来的时候，正是坚持以唯物史观为指导的、成熟的史学家，如郭沫若、范文澜、翦伯赞等人，勇于挺身而出抵制教条化错误，捍卫历史学的科学性和尊严。郭沫若于1959年3月21日写了《关于目前历史研究中的几个问题——答〈新建设〉编辑部问》一文，明确指出简单化地提出"打破王朝体系"一类的做法是错误的。此文的发表，和同年发表的《替曹操翻案》，引起大规模的学术争鸣，推进了史学研究。这两件事，可以说是这位马克思主义史学家在十七年中对历史科学的两项重要贡献。

范文澜一向态度坚决地反对教条化地对待马克思主义，在新中国成立初年，他就曾多次发表过重要言论。写于1954年的修订本《中国通史简编·绪言》的一个根本指导思想，就是反对教条主义，因此他在文中严肃地批评教条主义者"把马克思主义底生动原理变成毫无意思的生硬公式"，批评"把历史描绘为没有人参加的（或者说没有人的能动性的）各种经济过程的平稳的自行发展，把历史唯物主义变成为经济唯物主义，而生动活泼的人类历史可以用几个公式造成了"的极其错误的做法。[①] 1957年，他应邀到北京大学历史问题讲座发表《历史研究中的几个问题》的讲演，特别谆谆告诫要使史学研究走向健康发展的大道，首先必须大力破除教条主

[①] 范文澜：《中国通史简编》（修订本），"绪言"，10、48页，北京，人民出版社，1955。

义。"只有反对教条主义，才能学会马克思列宁主义。不破不立，只有破，才有立。"他称教条主义是"伪马克思主义"。针对由于搞"运动"，大学里有不少教师不敢讲出自己对历史问题的看法的不正常情况，他强调说："比如说，我们教历史课，明明自己有心得，有见解，却不敢讲出来，宁愿拿一本心以为非的书，按照它那种说法去讲。……这样的'谦虚谨慎'是不需要的，是有害的。我们应该把'我'大大恢复起来，对经典著作也好，对所谓'权威'说话也好，用'我'来批判它们，以客观存在为准绳，合理的接受，不合理的放弃。"① 在当时，这样明确地提出把"我"大大恢复起来，以客观实践为检验一切的标准，确实为治疗教条主义提供了一剂良药，具有石破天惊的力量。到1961年，正当教条化、公式化在史学当中盛行的时候，范文澜更挺身而出，一年之中一连三次在重要的公开场合发表讲话，予以严肃的批判，揭露其危害。3月，在纪念巴黎公社90周年学术讨论会上，他发表《反对放空炮》的讲话，严肃地指出史学界存在着离开史实、忽视史料、抽象地空谈理论的学风不正的严重问题，强调踏踏实实进行科学工作的重大意义。他一针见血地指出当前教条化的普遍恶劣做法是"把历史事件忽略到无以复加的地步"，说这种空炮放得再多也毫无用处。治疗这种教条主义病症的唯一有效办法，就是"必须对所要研究的历史事件做认真的调查研究工作，阅读有关的各种书籍，系统地从头到底读下去，详细了解这件事情的经过始末，然后用马克思列宁主义、毛泽东思想的观点方法来分析事情发生的原因和发展过程中发生的好的因素和坏的因素，判断这件事情的趋向是什么"。② 5月，在北京举行的纪念太平天国革命110周年学术讨论会上，范文澜再次针对史学界流行的"打破王朝体系"和"打倒帝王将相"的问题，强调坚持严格的历史主义。他说："这种论调好像是很革命的，实际上是主观主义的。阶级社会是由互相对立着的统治阶级和被统治阶级构成的，打破王朝体系，抹掉帝王将相，只讲人民群众的活动，结果一部中国历史就只剩了农民战争，整个历

---

① 范文澜：《范文澜历史论文选集》，215、219～220页，北京，中国社会科学出版社，1979。

② 范文澜：《反对放空炮》，载《历史研究》，1961 (3)。

史被取消了。"① 10月,在武汉举行纪念辛亥革命50周年学术讨论会,他又同吴玉章一同强调树立严肃学风的意义。警惕教条主义的危害,与之作坚决斗争,是范文澜治学的鲜明特色,也是他在史学研究上取得卓著成就的一个根本原因。他与郭沫若、翦伯赞不愧为当时反对教条主义错误潮流的中流砥柱。

翦伯赞也在1959年、1961年、1962年连续发表文章,旗帜鲜明地反对教条化倾向。翦伯赞所写的《关于处理若干历史问题的初步意见》和《目前史学研究中存在的几个问题》两文,就是反对教条化、反对"左"倾思想的檄文。诚如最近有的学者在回顾整个新中国史学所走过的道路时所评价的:"对纠正当时史学领域'左'倾的思潮的影响,扭转历史科学领域的混乱局面起到积极作用。"② 翦伯赞勇敢地捍卫历史主义的原则,在当时确实表现出反潮流的大无畏勇气,后来即因此惨遭"四人帮"残酷迫害致死,他是为捍卫唯物史观的原则而献出生命的。郭沫若、范文澜、翦伯赞等史学家的言论和作用,表明他们才真正掌握唯物史观的精髓,真正懂得把唯物主义普遍原理创造性地运用到中国历史实际中去乃是史学工作的灵魂,在他们身上才真正代表了唯物史观的风格。这些,同样是对所谓十七年史学"完全政治化"的观点提供了有力的反证。故十七年绝不是整个被教条化统治的时期,也不是"史学完全变成政治的附庸",而是虽然经历了严重的曲折,但成绩是主要的,是发展的重要时期。这些史学家的业绩和精神是为我们留下的宝贵思想遗产,我们应当充分地珍惜和继承。对此一笔抹杀是极其错误的。

(四)新中国成立后历史考证学的新境界

评价十七年史学(以至整个新中国50年史学)还有一个重要的方面,是历史考证学达到的新境界。在1949年以前业已取得了很大成就的20世纪中国历史考证学,进入新中国以后,由于一批原先熟悉严密考证方法的史学家接受了唯物史观的指导,他们的学术工作到达了新的高度,尤其是

---

① 《纪念太平天国革命一百一十周年首都史学界讨论六篇学术报告》,载《人民日报》,1961-05-31。

② 周一良、苏双碧:《新中国史学研究回顾》,载《光明日报》,2001-11-13。

在断代史和历史地理学领域取得了令海内外学者瞩目的成就。这些学者是一个学术群体，包括谭其骧、唐长孺、徐中舒、郑天挺、杨向奎、邓广铭、周一良、罗尔纲、王仲荦、韩国磐、傅衣凌、梁方仲、金景芳、方国瑜、史念海等以及一些健在的知名学者。这些学者进入新中国时正当40岁上下，本已有很好的学术功底和治史经验，又适逢其时地获得科学世界观的指导，因而学术思想达到了升华。谭其骧以前长于历史地理沿革问题的考证，至新中国成立后所写《何以黄河在东汉以后会出现一个长期安流的局面——从历史上论证黄河中游土地的合理利用是消弭下游水害的决定性因素》等文章，则有新的风格。这些研究成果与新中国成立前相比，无论从考虑历史问题的时间跨度或空间范围来说，还是从论题中所包含的思想性深度来说，尤其是从总结历史现象的规律性的高度和结合当前社会发展需要的程度来说，都达到了更高的学术境地。他从黄河两千年所经历的变迁，论证由于历史上严重破坏流域两岸的植被，而造成河患频仍的严重教训，因而在当时就提出在黄河中游地区，包括内蒙、陕西、山西广大地区，应当实行农、林、牧综合经营发展，"封山育林"，"植树种草"的建议。严肃的学术研究和对国家民族发展紧迫问题的关切，在这里达到高度的统一。经过40年实践的检验，恰恰证明谭氏严谨、深入研究历史所得出的结论符合真理的认识，具有极高的科学价值。唯物史观并不神秘，其基本原理即得之于对历史实际进程的概括，只要结合学术研究来体会它、运用它，即能获得成效。

三、新时期坚持和发展唯物史观以及面临的问题

改革开放以来，中国史学进入了新的发展时期。新时期之最初几年，史学界集中力量严肃地批判"四人帮"大搞"影射史学"、颠倒历史、蓄意践踏和破坏历史科学的罪行，清算教条主义的危害和恶劣影响，这项工作是整个国家批判"左"的路线、拨乱反正、解放思想的重要组成部分。实事求是的正确思想路线重新得到贯彻，历史学和其他科学部门一样，学术的尊严得到充分的维护，20多年中培养出数量巨大的新的历史研究人

才，国外境外的学术观点、学术成果大量被介绍进来，交流频繁，学术刊物多达数以千计，每年出版的各类历史学著作琳琅满目，难以胜数。对此25年来历史学状况，用"出现前所未有的蓬勃发展局面"，"呈现出开拓进取的态势"来概括，应当是多数人所能同意的。

然而情况是复杂的，马克思主义史学的发展受到了严峻的考验。一是，在批判、反思教条主义危害、批判极左思想的工作中，教条化、公式化的错误与运用马克思主义的观点、方法二者有时并不容易正确区分清楚；二是，各式外国思想的涌入，容易使人眼花缭乱，失去主见；三是经过苏联、东欧巨变，骤然使相当一部分人对马克思主义思想体系的信念产生动摇。因此，新时期以来，马克思主义对史学的指导作用每每受到责难和挑战，有的研究者提出唯物史观已经过时，应该改弦更张，有人则说唯物史观已成为茶余饭后嘲讽的对象。在这种情况下，有的研究者虽然本人仍相信唯物史观的指导作用，但对于若要发言、写文章申明自己的见解，却感到不能理直气壮。前一阶段在十七年中，是马克思主义史学在发展道路上遭受了严重的挫折，新时期以来这一阶段，则一再遭受到责难和挑战。这个问题牵涉方面很多，理论性很强，需要经过深入讨论，更需要对丰富复杂的实践进行总结，才能得到有说服力的回答。我只能尝试谈一点很粗浅的看法。我的总的认识是：我们信奉唯物史观的指导作用，并非因为它有什么神秘，或是先验的正确，而是因为它的基本原理是马克思、恩格斯深入地、广泛地研究了人类历史客观进程而概括出来的科学认识，迄今为止仍然是最为先进和逻辑体系完整的理论学说，能够引领我们对历史达到更具本质意义的认识。唯物史观的基本原理必须坚持，同时要根据时代条件和学术研究的推进而加以发展和创新，不断丰富这一科学的思想体系；而对于其中经过实践检验证明是不恰当的个别提法和结论，则应当予以舍弃。坚持与发展唯物史观，与清除教条主义恶劣影响不但不矛盾，而且是其题中应有之义。中国是一个文明古国和东方大国，上古时代有极其丰富的考古发现和文献资料，中古时期的封建社会时间很长、发展程度很高，在世界史上也具有典型性，近代以来反帝反封建斗争波澜壮阔，当代进行的现代化建设举世瞩目，以上各项，都是具有世界意义的历史研究课题，只要我们坚持以唯物史观普遍原理与中国历史相结合的方向，不断丰富、深化和发展，定能拿出更多的具有高度科学价值的成果，为人类文化宝库作出更大贡献。大力学习外国进步的新学理与发展唯物史观原理同样并不相矛盾，唯物史观是开放的思想体系，它需要广泛吸收人类文明的最新智慧，结合各种新的、有积极意义的研究方法，而向前发展。

运用唯物史观指导史学研究，不在于你的著作中引用多少马克思、恩格斯的词句，而在于运用其基本原理去分析客观事实，得出具有创新价值的认识。依我的浅见，新时期中产生的得到学术界充分肯定、确实能够传世的史学论著，大体都是既体现出唯物史观指导，而又在发掘史料、对问题分析和综合、方法上有独创性的著作。在理论探讨方面，不少长期在史学园地辛勤耕耘、深入思考的史学名家，经过思想解放潮流的洗礼，也焕发学术青春，提出许多很有理论意义的新论点、新命题。在近代史方面，如黎澍、金冲及、陈旭麓等人对于维新派在近代中国的重大进步意义、辛亥革命运动的伟大历史功绩和革命党人中不同政治倾向人物的分析，胡绳对于资产阶级民主革命时期的"中间力量"及其思想文化上代表人物作用的分析，刘大年关于近代史基本线索的分析等，都因其在理论上具有的明显创新意义而受到关注。在古代史和传统史学研究领域，白寿彝先生关于封建社会内部分期的论述，民族地区封建化进程对于中国历史发展的意义，批判继承传统史学遗产对于发展新史学的意义，也都受到学术界的重视。一直到他逝世之前，一直把"在唯物史观指导下进行新的理论创造"作为学术研究的根本方向，他所主编的《中国通史》12卷22册，也被誉为20世纪中国史学的压轴之作。新时期以来学术界的理论创新和成功实践预示着唯物史观在中国定能得到丰富和发展，与新的时代条件相结合，继续焕发出其蓬勃生机和活力。

综观80多年的历程，马克思主义史学能够发展壮大，克服其早期的弱点以后又战胜种种曲折磨难，取得一系列重大的成就，其中有着宝贵的传统和经验，这些经验蕴涵着深刻的哲理启示的意义：一是坚持普遍原理与中国历史实际相结合的方向，从李大钊、郭沫若、范文澜，到胡绳、刘大年、白寿彝等人，都坚持这一正确方向，并大力发挥本人的学术创新精神。二是充分尊重前人成果,吸收古代文化遗产中优良的东西,同时学习近代实证史家学术上的精华。如郭沫若对王国维甲骨、金文研究成果的继承,范文澜对传统经史、乾嘉学术和近代章太炎学术成就的继承,白寿彝对传统史学和陈垣学术的继承。三是坚决摒弃和清除教条主义的危害。运用唯物史观为指导,能够取得成功与否,从根本上说,取决于是创造地运用其精神,还是死板地照搬其教条。没有长期地有效地进行反对教条主义的斗争,彻底清除其恶劣影响,就不可能有马克思主义史学的今天。我们要坚决反对教条主义式的所谓马克思主义,而坚持以马克思主义原理指导研究工作,对此完全应该理直气壮。特别是经过新时期以来批判反思、解放思想、与时俱进,整个史学界对此已积累了丰富的经验,对于如何坚持和发展唯物史观的认识达到更高的层次,这是我们的一个强项。从乾嘉学者以来所积累的一套严密精良的考证方法,则是我们又一强项。再加上当前大力吸收西方进步学说的局面早已形成,学术界创新意识普遍强烈。把这四项有利条件汇合起来,奋发努力,我们一定能赢得新世纪史学更加美好的前景!

(原刊《当代中国史研究》2004 年第 2 期)

新历史考证学与史观指导

新历史考证学的演进是20世纪学术史的重要篇章。它继承、发展了传统考证学的方法，在"五四"前后形成学术的高峰，名家继出，群星闪耀。至1949年以后，在新的历史条件下又达到发展的新阶段，在诸多领域内取得了享誉海内外的出色成就，至今仍然因其见识的卓越和结论的精当而令后学者仰慕不已。近年来，学界对20世纪历史考证学的成就颇为关注，发表有不少相关论著。① 已有的成果尽管不乏创新之见，但似乎大多偏重于作个案研究，而从宏观上对新历史考证学的演进脉络和阶段特点进行分析和概括，从深度上揭示新历史考证学在其演进历程中是否经历了实质性变化，则尚少见有深入的讨论。实际上，20世纪新历史考证学经历了前后两次质的飞跃，而变化的根本原因，都是因历史观的指导使考证学者的治史观念、学术视野和研究方法产生了重大变化而引起的。深入地探讨这些问题，无疑将有助于科学地总结20世纪学术史的演进道路，进一步揭示其实质内涵，并能对当前史学的发展提供有益的借鉴，故应引起足够的重视。本文谨对此略申己见，以就教于专家和广大读者。

一、传统的历史考证学如何提升为近代的学问

20世纪的中国历史考证学是继承清代朴学的优良传统而发展起来的。有清一代，由于特殊的社会条件，考证之学高度发达，形成了"实事求是，无征不信，广参互证，追根求源"的严密精良的考证方法，考证学者

---

① 如袁英光：《新史学的开山——王国维评传》(1999)；王永兴：《陈寅恪先生史学述略稿》(1998)；彭明辉：《疑古思想与现代中国史学的发展》(1991)；欧阳哲生选编：《解析胡适》(2000)；蒙默编：《蒙文通学记》(1993)；许冠三：《新史学九十年》(1986)；罗志田主编：《20世纪的中国：学术与社会》(史学卷)(2001)；陈其泰主编：《20世纪中国历史考证学研究》(2004)。

之最著者，前有开创清代朴学人物顾炎武，后有乾嘉朴学名家戴震、钱大昕、王鸣盛、赵翼。20世纪的考证学者深受其影响，推崇其学术成就。如王国维称誉顾炎武、戴震、钱大昕同为清代270年学术的"开创者"①。陈寅恪也推崇钱氏代表了考证学的高峰，他在评价陈垣考史之作为中华学人所推服时，说："盖先生之精思博学，吾国学者，自钱晓徵以来，未之有也。"② 陈垣本人也明言自己的治史方法、旨趣是效法顾炎武、钱大昕："从前重考证，服膺嘉定钱氏；事变后，颇趋实用，推尊昆山顾氏。"③ 他又盛赞赵翼考史之作，写有著名的诗句："百年史学推瓯北，万首诗篇爱剑南。"④

20世纪中国历史考证学是在清代朴学的基础上发展的，但它们又是不同的社会条件和学术条件的产物，构成演进的不同阶段。大体以20世纪初年为分界，此前的清代考证学是传统学术，此后的20世纪历史考证学则是近代学术。新历史考证学的形成，从学术条件言，是得益于20世纪初年"四大新史料"，即甲骨文、敦煌文书、汉晋木简、明清档案的相继发现，为历史研究提供了新的课题；而更为重要的推动作用，则是历史观念的深刻变革。20世纪初磅礴于华夏大地上的新史学思潮，使进化史观战胜了以往盛行的循环史观、复古倒退史观，取得了支配地位，并且启发历史研究者以开阔的眼光去进行学术探索，由以往以帝王将相为中心转向以社会生活的演进为中心，由以往集中于关注个别英雄人物的活动到集中考察社会集团的活动，由以往比较狭窄地依靠古代文献资料到利用"上自穹古之石史，下至昨今之新闻"，都置于史料范围之内。继之掀起的是更加波澜壮阔的五四新文化运动潮流，使学术界人士经受了一场新的洗礼，从此"科学思想"深入人心，有见识、有作为的史家，无不以推进"史学的科学

---

① 王国维：《沈乙庵先生七十寿序》，见《王国维论学集》，401页，北京，中国社会科学出版社，1997。
② 陈寅恪：《金明馆丛稿二编》，239页，上海，上海古籍出版社，1982。
③ 陈垣：《陈垣史学论著选》，624页，上海，上海人民出版社，1981。
④ 李瑚：《励耘书屋受业偶记》，见《励耘书屋问学记》，127页，北京，生活·读书·新知三联书店，1982。

化"为治史的目标,历史考证学的面貌随之产生了更加深刻的变化,把以往"求实求真"的努力提升到新的阶段。20世纪考证史家适逢时会地处于中西文化交流的潮流之中,进化史观、科学思想这些具有根本意义的新观念、新学理都是中国思想界从西方引进的,它们与中国传统学术中的精华相融合,因而获得巨大的生命力,导致中国学术界出现新的面貌。中西交融还有治史方法方面的丰富内容,诸如逻辑方法、系统方法、审查史料方法、比较研究法、语源学方法等,这些方法本来在传统学术中也有使用,而西方近代学者的论述更加明确,或更加充分,学理不分中西,优良者即易被接受和传播,收到推进学术、深化认识历史问题的显著功效。

总之,中国是伟大的文明古国,中华民族历来具有发达的历史意识,史学在中国传统学术中蔚为大观,历史考证一项尤为历代学者所擅长。中国文化原本有这样一片沃土,进入20世纪之后,适逢其会,时代提供了适宜的阳光、雨露和滋养,因而催开了满园鲜艳夺目的史学之花。20世纪的历史考证学同乾嘉历史考证学有其渊源的关系,但它又有崭新的时代内涵,在治史观念上、在史料的利用上、在考史方法上,达到更新、更进步,更加科学和更加严密,我们即在这个意义上将其界定为"新历史考证学"。

"新历史考证学的形成,主要是因历史观念的深刻变革而推动实现的。"——这一命题,可以从"五四"前后新历史考证学的著名学者王国维、胡适、顾颉刚、陈寅恪等人的治史主张和实践,得到充分的证实。

王国维治学特点有二,一是精通乾嘉学者严密考证方法,一是重视吸收运用西方新学理。他在日本东京物理学校留学期间,受到自然科学的系统训练,又深入学习了西方哲学、心理学、教育学等学科知识,曾翻译、撰写了有关教育学、算术及教授法、法学通论、哲学、心理学、动物学等多种著作。同时,他与当时日本、法国的汉学家内藤虎次郎、伯希和、沙畹等有学术交往。这些学术经历使他具有开阔的视野和锐敏的眼光,创立了著名的"二重证据法",使甲骨文研究由限于文字考释、个别人名地名释读,提升到探讨上古史重大问题的崭新阶段。由于王国维成功地运用科学方法考证新史料,使文献所载几千年前商先公先王世系获得了地下出土实物的确证,而《史记》这部古史名著在总体上史料价值的可靠性也得到证实,且证明后人运用新出土的史料,以科学的方法,可以有根据地纠正两千年前史家的误记。故郭沫若评价说:"王国维的业绩是新史学的开山"。① 陈梦家称誉说:"商殷世系的条理,《殷本纪》世系的说明,有赖于王国维的研究。他的《殷卜辞中所见先公先王考》和《续考》,是研究商代历史最有代表性的著作。……利用这批资料作为历史制度的系统研究的,则始于王氏。"② 齐思和也指出,王国维的重大功绩是运用新的观念和方法,"将甲骨文字的研究引到古史上去,为中国古代史的研究开辟了一个新的途径"。③

胡适于1919年出版《中国哲学史大纲》(上卷),因其具有新的史学观念和研究方法而大受欢迎,出版之后两个月即再版。书的开篇为"导言",专门论述哲学史研究的方法论。他认为,哲学史要以三项基本观念和方法作指导,一是"明变",使学者知道古今思想沿革变迁的线索;二是"求因",要寻出这些沿革变迁的原因;三是"评判",是须要使学者知道各种学说的价值。为了达到这三项目的,他又提出要在史料的辨析和整理上下工夫,尤其强调能够"贯通",说:"我做这部哲学史的最大奢望,在于把各家的哲学融会贯通,要使他们各成为有头绪有条理的学说。"④ 蔡元培为此书作序,表彰此书有四种特长:"证明的方法","扼要的手段","平等的眼光","系统的研究",在治史观点和方法上体现了近代学术的要求。⑤ 胡适又于1919年11月撰有《新思潮的意义》一文,提出"整理国故"的方针是:"研究问题,输入学理,整理国故,再造文明"。又说:"新思潮对于旧文化的态度,在消极一方面是反对盲从,是反对调和;在积极一方面,是用科学的方法来做整理的功夫。"⑥ 其核心的要求,便是进行有系统

---

① 郭沫若:《十批判书》,见《郭沫若全集》(历史编),第2卷,6页,北京,人民出版社,1982。
② 陈梦家:《卜辞综述》,334页,北京,科学出版社,1956。
③ 齐思和:《晚清史学的发展》,见《中国史探研》,684页,石家庄,河北教育出版社,2000。
④ 胡适:《中国哲学史大纲》,上卷,24页,北京,东方出版社,1996。
⑤ 蔡元培:《序》,见《中国哲学史大纲》,上卷,2~3页,北京,东方出版社,1996。
⑥ 胡适:《新思潮的意义》,见《胡适文存》(一),533页,合肥,黄山书社,1996。

的研究,和用科学的方法作精确的考证两项。周予同是"五四"时代青年学者,他对"五四"时期提倡科学、反对盲从的时代精神产生了推动历史学发展的巨大作用有切身的体会,在1941年所撰《五十年来中国之新史学》一文中,称赞胡适的贡献是以新文化运动的崭新立场建筑新的史学,说:"转变期的史学,到了他确是前进了一步。胡适为什么有这样的业绩?除了他个人的天才与学力的原因之外,我们不能不归因于时代的反映。'五四运动'前后本来是中国社会飞跃的一个时期,而胡适正是以'代言人'的姿态踏上了这一时期。"①

顾颉刚创立"古史辨派",进行古史辨伪,批判前人因嗜古成癖而造成的种种附会,提出"层累地造成的古史说",继又提出推翻非信史的四项标准:(1)打破"民族出于一元的观念";(2)打破"地域向来一统的观念";(3)打破"古史人化的观念";(4)打破"古代为黄金世界的观念"。②破除了杜撰的"盘古开天"、"三皇五帝"的旧古史体系,震动了当时的学术界,对于探求科学的古史体系起到开路的作用。顾颉刚史学观念的核心是"求真"的科学态度和理性批判精神。其学术思想渊源有胡适讲课中勇于"截断众流"和运用"历史演进法"的启发,有乾嘉学者严密考史方法,有今文经学派疑古辨伪传统的影响,而这些因素能在顾颉刚这样一个青年学者身上汇集为大胆批判千百年来相沿的旧说的决心,则是有"五四"时期倡导的"民主"、"科学"的思想解放潮流洗礼和激励的原因。他曾多次态度鲜明地强调科学理性的精神使他思想得到解放,产生了极大的勇气去批判封建时代的旧传统、旧偶像:"到了现在,理性不受宗教的约束,批评之风大盛,昔时信守的藩篱都很不费力地撤除了,许多学问思想上的偶像都不攻而自倒了。……使得我又欣快,又惊诧,终于放大了胆子而叫喊出来。""我的心目中没有一个偶像,由得我用了活泼的理性作公

---

① 周予同:《五十年来中国之新史学》,见《周予同经学史论著选集》(增订本),542页,上海,上海人民出版社,1996。
② 顾颉刚:《答刘胡两先生书》,见《古史辨》(一),99~101页,上海,上海古籍出版社,1982。

平的裁断,这是我极为高兴的。"① 由于臆造的旧史体系是与一千多年来束缚人们头脑的封建"道统"相一致的,因此,古史辨伪工作就具有扫荡长期毒害人们思想、根深蒂固的封建意识的意义,正如尹达所作的中肯评论:"否定了这些作为不可侵犯的神圣'经'典,这一来就具有反封建的重要意义。"②

而陈寅恪长期致力的范围是"中古民族文化之史",他采用了近代西方学者所重视的"民族—文化"观念、因果关系、比较研究等"外来观念",与清代学者实事求是、严密考证的方法结合起来,既善于钩稽史料、抉幽阐微,又具有比他的先辈开阔得多的眼光,因小见大,对一些别人不注意的材料也能以独到的识见发现其价值,力求从总体上,从事物的相互联系、因果关系中探求历史演进中带全局意义的大事。在其名著《唐代政治史述论稿》中,概括出"外族盛衰之连环性"的概念,对唐与周围各民族(包括大食)的广阔范围进行考察,总结出带规律性的认识。陈寅恪认为:"观察唐初中国与某甲族之关系,其范围不可限于某甲族,必通览诸外族相互关系,然后三百年间中国与四夷更迭盛衰之故始得明了,当时唐室对外之措施亦可略知其意。"因为,"其他民族之崛起或强大可致某甲族之灭亡或衰弱","而唐王室统治之中国遂受其兴亡强弱之影响"。③ 另一名作《隋唐制度渊源略论稿》,同样能做到细致入微地考辨史实,再作综合分析,揭示出对历史演进有重大意义的内在关联。如他分析河西文化是在长期战乱中西北地区保存下来的汉、魏、西晋华夏文化的继续,实为中国历史上意义重大的隋唐制度渊源之一,云:"秦凉州西北一隅之地,其文化续汉、魏、西晋之学风,下开(北)魏、(北)齐、隋、唐之制度,承前启后,继绝扶衰,五百年间延绵一脉。"④ 确实显示出超越前人的见识。因此,这两部著作在国内外有广泛的影响,1949年前读过的研习隋唐史的

---

① 顾颉刚:《古史辨》,第1册自序,78~79页,上海,上海古籍出版社,1982。
② 杨向奎《论"古史辨派"》一文"后记"所引,见《中华学术论文集》,34页,北京,中华书局,1981。
③ 陈寅恪:《唐代政治史述论稿》,125页,上海,上海古籍出版社,1997。
④ 陈寅恪:《隋唐制度渊源略论稿》,41页,北京,中华书局,1963。

学者,"无不惊呼大开了眼界,有茅塞顿开之感"。①

从以上分析可以认识:20世纪初年和"五四"前后,在东西文化交流迅速发展的时代条件下,由于进化史观、科学思想、历史演进、因果关系等新的治史观念和方法产生了指导的作用,蕴积深厚的中国传统考证学至此产生了飞跃,提升为一门近代的学问。新史料的发现固然提供了有利的条件,但更重要的是由于历史观念发生变革,才从根本上推动历史考证学出现新局面,由以往考证具体名物、制度、事件达到研究古史重大问题,由考辨片断的、局部问题达到系统地研究和探求带规律性的大事。到1949年,马克思主义成为全国政治、社会生活的指导思想,当然也成为学术研究的指导思想,一批具有卓识的学者对唯物史观成功地运用,又使新历史考证学再次产生飞跃,达到新的境界。前后两次飞跃固然治史观念的层次有别,考证学者治史的领域和风格有别,而因史观的指导推动了考证学达到新境的道理则是相同的,所反映的是学术演进的一个通则,其意义非同小可,实在不容忽视。

唯物史观指导如何推动新历史考证学达到新的发展阶段,这个问题不但内涵丰富,极具理论价值和学术价值,而且其中有的地方目前研究者尚存在认识的分歧,因此须要作为本文的重点加以详论。

二、新历史考证学与唯物史观的学术关联

上面讲到,新历史考证学派形成于"五四"前后,其奠基人物是王国维、胡适、顾颉刚等人。中国马克思主义史学的形成时间较之略晚,李大钊著成《史学要论》(1924)和郭沫若著成《中国古代社会研究》(1929),是其创始和奠基的标志。1949年以前,新历史考证学派和马克思主义学派平行发展,成为20世纪前半期中国史学演进的两大干流。但它们之间绝非互相对立,也非互不相干,而是互有紧密的学术关联。

马克思主义史家对新历史考证学派的学术成就予以高度评价。郭沫若

---

① 胡如雷:《读〈汪篯隋唐史论稿〉兼论隋唐史研究》,载《读书》,1982(2)。

对于王国维的著作有很高的称誉："他遗留给我们的是他知识的产品,那好像一座崔巍的楼阁,在几千年来的旧学的城垒上,灿然放出了一段异样的光辉。""大抵在目前欲论中国的古学,欲清算中国的古代社会,我们是不能不以罗、王二家之业绩为其出发点了。"① 以上评论见于《中国古代社会研究》,写于1929年。至1945年郭沫若撰《古代研究的自我批判》一文,又表彰王国维的卜辞研究"抉发了三千年来所久被埋没的秘密",并说:"我们要说殷墟的发现是新史学的开端,王国维的业绩是新史学的开山,那样评价是不算过分的。"② 郭沫若对顾颉刚关于古史辨伪的积极成果也有明确的肯定,称他的"层累地造成的古史"说"的确是个卓识"。③ 侯外庐在其研究古代社会史、思想史的实践中也很重视吸收考证学家的成就,《中国古代思想学说史·自序》中说:"研究中国古代思想史的第一步,当以文献学为基础,作者的时代,著书的真伪,文字的考证,材料的头绪,皆专门学问。"他又在《韧的追求》一书中,称王国维和郭沫若同是他的老师:"对待历史材料应谨守科学的法则,善于汲取前人的考据成果,同时又有自己的鉴别能力,勇于创新。我之所以赞赏王国维考辨史料的谨严方法,钦佩郭沫若敢于撞破旧史学门墙而独辟蹊径的科学勇气,把他们当作自己的老师,原因在此。"④

这些评论充分说明,马克思主义史家对于有成就的新历史考证学家所具有深厚的学术功力、严谨的治学精神、严密而科学的考证方法、锐敏而通达的历史见识,都给予极高的评价,甚至真诚地推崇,把借鉴他们的学术成果、发扬他们的治学精神,视为发展新史学的至关重要的条件。那么,有见识的新考证学家对唯物史观的态度又是如何呢?他们非但不加排拒,而且敏锐地意识到用以指导学术研究具有重要的意义,认为唯物史观重视经济条件构成社会发展的基础,经济、政治、思想文化、社会生活等

---

① 郭沫若:《郭沫若全集》(历史编),第1卷,8页,北京,人民出版社,1982。
② 郭沫若:《中国古代社会研究》,见《郭沫若全集》(历史编),第1卷,304~305页,北京,人民出版社,1982。
③ 郭沫若:《郭沫若全集》(历史编),第1卷,8页,北京,人民出版社,1982。
④ 侯外庐:《韧的追求》,225页,北京,生活·读书·新知三联书店,1985。

各项因素互相联系和依存，使社会构成有机的统一体等基本观点，能推进历史研究达到更深刻、更正确的认识。顾颉刚于1933年所写的《古史辨》第四册序言中说："近年唯物史观风靡一世，就有许多人痛诋我们不站在这个立场上作研究为不当。他人我不知，我自己决不反对唯物史观。我感觉到研究古史年代，人物事迹，书籍真伪，需用于唯物史观的甚少，毋宁说这种种正是唯物史观所亟待于校勘和考证学者的借助之为宜；至于研究古代思想及制度时，则我们不该不取唯物为基本观念。……他们的校勘训诂是第一级，我们的考证事实是第二级。等到我们把古书和古史的真伪弄清楚，这一层的根柢又打好了，将来从事唯物史观的人要搜取材料时就更方便了，不会得错用了。是则我们的'下学'适以得唯物史观者的'上达'；我们虽不谈史观，何尝阻碍了他们的进行，我们正为他们准备着初步工作的坚实基础呢！"① 顾颉刚晚年从事《尚书》研究，所写《〈尚书·大诰〉今译（摘要）》，论述周初政治、军事、外交、思想观念各个方面的关系，即在一定程度上因受到唯物史观的影响而对历史问题作出新的分析，著名学者平心对此评价说："能从历史角度进行考察，以求全面具体地弄清楚《尚书》各篇的历史背景和历史脉络。"② 吕思勉在实证方法基础上写成的史著，很重视各个时期经济的研究，原因即在他初步学习了唯物史观的原理，用以指导其史学研究。他在1945年所著《历史研究法》中写道："（马克思）以经济现象为社会最重要的条件，而把他种现象看作依附于其上的上层建筑，对于史事的了解，实在是有很大的帮助的。但能平心观察，其理自明。"③

马克思主义史学的基本方法与新历史考证学是相通的，而马克思主义又是总结了欧洲近代哲学、经济学、社会主义学说和历史学最高成果的科学思想体系，它又远远高出于新历史考证学。因此，如果熟悉史料、善于辨析事理的新历史考证学家掌握了它，思想认识就会大大得到提升，学术研究就会得到一系列的新收获。新历史考证学家实事求是的治学态度，以

---

① 顾颉刚：《古史辨》第4册序言，6页，上海，上海古籍出版社，1982。
② 平心：《从〈尚书〉研究论到〈大诰〉校译》，载《历史研究》，1962（5）。
③ 吕思勉：《史学与史籍七种》，37~38页，上海，上海古籍出版社，2009。

联系的观点分析史实、以"通识"的眼光考辨史料的方法,都与马克思主义史学的基本方法相贯通;问题在于,新历史考证学家的运用是素朴的,尚未达到十分自觉的阶段,而马克思主义则是构成体系的,而且要求自觉地运用,因而达到更高的层次,能够更加深刻地发现真理。新历史考证学在20世纪前半期成就斐然,至1949年,中国社会状况发生巨大变化,马克思主义在全国范围内取得指导地位,也催开了历史考证学领域新的绚丽之花,跃进到新的阶段。

当时,一批在20世纪三四十年代受到严密考证方法训练的学者,如蒙文通、郑天挺、韩儒林、徐中舒、谭其骧、唐长孺、罗尔纲、杨向奎、邓广铭、周一良、王仲荦、韩国磐、傅衣凌、梁方仲、赵光贤、杨志玖、王玉哲、史念海等,还有一些健在的著名学者,进入新中国时大都正当40岁上下(其中有几位年纪较长,已过50岁),对于他们来说,本已有很好的学术功底和治史经验,又适逢其时地获得科学世界观的指导。他们对于新中国成立初年在全国范围内形成学习唯物史观的热潮是真诚欢迎的,一方面,因其与实证史学有诸多类通而觉得它容易接受;另一方面,又因其比以往的学说具有更高的科学性和巨大的进步性而感到眼前打开了一片新天地,能引导自己更加接近真理。故他们学习的态度是充分自觉的、兴奋的,而且充满自我解剖精神,勇于放弃以前不恰当的观点,迫切要求进步。吕思勉不顾本人年过六旬,学习唯物史观更加热情高涨。他积极参加思想改造运动,写出了长达万余字的思想总结,既检查了自己的思想,又回顾自己早在47岁时就接触到马列主义,"但愧未深求",在学习运动中,"近与附中李永圻君谈及,李君云,学马列主义当分三部分:(一)哲学,(二)经济,(三)社会主义。今人多侈谈其三,而于一二根底太浅。此言适中予病,当努力补修"①。唐长孺于1955年出版《魏晋南北朝史论丛》,在所写跋语中有真切的表达:"在研究过程中,我深刻体会到企图解决历史上的根本问题,必须掌握马克思列宁主义的理论。"② 并说下决心还要再

---

① 吕思勉:《自述——三反及思想改造学习总结》,载《史学理论研究》,1996(4)。
② 唐长孺:《魏晋南北朝史论丛》,433页,石家庄,河北教育出版社,2000。

好好学习，以清除旧史观对自己的错误影响。谭其骧在1979年写文章反思新中国成立后史学界走过的道路时，尽管当时有人认为唯物史观带来教条化，他却诚恳地赞许在新中国成立初期学习马克思主义带来了史学界的大进步："记得建国初期，史学工作者都在努力学习马克思主义理论，并试图应用到自己的专业研究中去。在史学界展开了关于古史分期、汉民族形成、资本主义萌芽……等一系列的讨论，编辑了大部头的史料丛刊。史学界出现了一片欣欣向荣的新气象。"① 当然，这些史学家的学习又明确贯彻以唯物史观普遍原理与中国历史实际相结合的指导思想，警惕并抵制教条化倾向。如唐长孺起初读了马克思关于古代东方国家普遍存在土地国有制的论述后，曾认为中国也不例外，但经过在研究工作中的反复思考，终于认为土地国有制与中国古代历史实际有许多说不通之处，最后决然放弃原先的看法。惟其这些史学家坚持实事求是地研究历史，既重视科学世界观指导又坚决摒弃教条主义，他们的研究成果才得到海内外同行的充分肯定。

蒙文通是这批考证学者中年龄较长者，他通过学习，迅速地提高了认识水平，自称"数十年之积惑一朝冰释"，尤其具有典型意义。他的感受是在新中国成立初年一封私人信件中讲述的，因而更加实在而可信。蒙文通在信中言："文通解放后一二年来，研读马列著作，于列宁哲学尤为服膺，不徒有科学之论据，亦驾往时旧哲学而上之。"蒙氏长期研治经史之学，于儒家学说钻研尤深，但长期在探求孔、孟、董、朱、王等儒学人物著作中积累而未决的问题，只有至新中国成立后学习了马列著作才找到了答案。"人性"问题是儒家学说中一个关键性命题。孔子言"性相近，习相远"，孟子主张"性善"。至宋儒即大力推阐性善之说，以人之初生，性原为善，复原反本，即为圣人。对于此说，他原先信服，而后来产生怀疑，积疑于心中而长期不能解决，至学习了马列之后才得豁然贯通。他深刻地讲出其思想认识提高的过程："儒家之学，自《周易》以下迄宋明，皆深明于变动之说，惟于发展之义则儒者所忽，而义亦不可据。今读辩证唯物论，乃确有以知宋明之说有未尽者。文通少年时，服膺宋明人学，三

---

① 谭其骧：《勿空破，认真立》，载《中国史研究》，1979（3）。

十始大有所疑，不得解则走而之四方，求之师友，无所得也，遂复弃去，唯于经史之学究心；然于宋明人之得者，终未释于怀。年四十时，乃知朱子、阳明之所弊端在论理气之有所不澈；曰格物穷理，曰满街尧舜，实即同于一义之未澈而各走一端。既知其病之所在也，而究不知所以易之。年五十始于象山之言有所省，而稍知所以救其失，于是作《儒学五论》，于《儒家哲学思想之发展》一文篇末《后论》中略言之。自尔以来，又十年矣，于宋明之确然未是者，积思之久，于陈乾初之说得之，于马列之说证之。"蒙氏乃感叹说："数十年之积惑一朝冰释！"①

由于学习了马列主义哲学学说，使他能以辩证的态度，区分了古代儒学中的精华与糟粕，认识到孔子之"性相近，习相远"的命题中确有真理的成分，孟子的"性善说"有可取之处，人性中有向善发展的潜质，要靠后天的教育、修养，使由晦而明，由弱而强。但朱熹的"即物穷理"和王阳明之"致良知"，则颠倒了理、气先后的关系，违背了须经教育、锻炼提高的规律，因而抛弃了孔、孟学说中有价值的东西。而清儒对理学进行了反思，王夫之、陈确之日生日成言性，戴震之言情欲天生合理，颜元之重视实践，正可以救宋儒之失！也正因为学了马列的理论，使蒙文通认识到朱子、阳明之说法虽不同，表现形式虽不同，但致误之根源却是相同的，即违背了先有事物、后有规律，思想意识要靠教育和实践去提高的根本原理。故蒙氏总结朱子、王阳明的失误在于"先天论"，而正确的论点则应是马列主义所阐明的"发展论"。

蒙文通在解放初学习马列主义而使数十年积惑一朝冰释，并用"先天论"和"发展论"来分析古人学说中的精华与糟粕的经历，是具有深刻意义的，它证明新中国成立初年许多研究者学习马列主义是自觉的、愉快

---

① 蒙文通：《致张表方书》（写于1952年），载《中国哲学》，第5辑，北京，生活·读书·新知三联书店，1981。按，张表方先生即张澜。又，1951年，时在西南师范学院任教的高亨先生致函蒙文通先生，同样表达了对学习唯物史观的欢迎态度和互相鼓励的心情。信中说："弟志在用新观点、新方法研究古典，所以于四月间入西南革命大学研究班学习。再越两月，即可结业。对于辩证唯物论和历史唯物论及政治经济学，粗有了解。此后或能对于革命有所贡献。望吾兄多赐教言。"

的,并且收获巨大,学术上升到崭新的境界,能够对复杂的历史现象和学术问题,透过现象,看到本质,以辩证的眼光作具体、细致的分析,互相联系,上下贯通,从而得出正确的结论,解决了长期困惑自己的问题,获得真理性的认识。证明唯物辩证法确是比传统思想和近代流行的诸多学说远为高明,唯物辩证法能给人以科学分析问题的理论武器,是具有明效大验的科学世界观和方法论。新中国成立之后,马列主义在全国范围内确立了指导地位,广大史学工作者和知识分子掀起学习唯物史观的热潮,这是中国学术史上的重大事件。事实证明,马列主义的指导使史学工作者焕发出新的精神面貌,在历史观和治学方法上进入新境,学术上取得了大量新的创获。

三、对中国历史进程的宏观概括和维护中华民族利益的崇高责任感

蒙文通(1894—1968)学习了马列主义以后感到豁然贯通,认识到唯物史观理论对于史学研究的重大指导意义,而从研究实践来看,新中国成立后他所发表的论著,无论是研究的内容、研究的深度和治学的风格,比较起以前擅长考证和朴素地运用辩证分析方法的特点来说,都已经明显地有了质的飞跃。我们可以举出其代表性成果《中国历代农产量的扩大和赋役制度及学术思想的演变》及《越史丛考》来作分析,前者突出地反映出他不再满足于史料的翔实和考辨的精审,而要上升到对历史进程和其内在规律性作宏观的概括;后者则突出地反映出他维护历史公正和中华民族利益的自觉性和崇高责任感。岁月的洗练,更加显示其著作的光彩,直至今天读来,我们仍能深刻地感受到唯物史观指导使其研究成果具有更高的学术价值和更强的生命力。

《中国历代农产量的扩大和赋役制度及学术思想的演变》一文首先提出作者的基本观点是:"人类社会是处在不断向前发展、不断向前运动的过程中。社会不断向前发展、运动的泉源,归根结底是决定于社会生产力的发展。""生产力的发展,首先是反映在农产品的品种和数量上。因此,

农产品品种和数量的扩大和增加，也就是农业生产力的发展和提高的反映。"① 综合上述两项，作者显然认为农业产量的提高，反映出农业生产力的发展，对于中国封建社会的发展具有推动意义。作者又认为，我国两千年来单位面积和农产量的扩大，前后可分为四个阶段，"第一阶段是战国、两汉，第二阶段是魏晋、六朝，第三阶段是唐宋，第四阶段是明清"。如亩、石都是用汉量计算，则两汉产量是百亩 300 石。魏晋、六朝较两汉大约增加百分之二十。唐宋都是百亩 600 石，较汉增加了百分之百。至明清，则较唐宋又增加了百分之五十。②

作者强调唐前唐后的变化，对于整个中国历史进程具有特别重要的意义。"自唐以后的自耕农民，才开始掌握了较多的剩下的农产品以供交换之用（非自耕农一般都不及自耕农），而农民的购买力也才有了提高，才为工商业的加速发展提供了可能。"他认为，农产品提高的四个阶段，与赋役制度的变化密切相关，"统治者对于劳动农民剩余劳动的剥削，从秦汉的劳役负担重于实物负担，变为劳役负担逐步减轻、实物负担不断加重，又变而为实物负担逐渐减少，货币负担逐渐增加，最后则全变为货币负担"。故可以将两汉的租赋、魏晋到唐的租调、唐宋到明的两税和明以后的一条鞭，划分为四个阶段。"这四个阶段又恰好和农产量扩大的四个阶段正相吻合，这也正体现着统治者对农民剩余劳动的剥削方式是紧随着生产力的发展而变化着，生产力进一步提高，剥削方式也就改变一次，因此清代的农业生产量虽已远远超过秦汉，但劳动人民还是不免于流离死亡，无所告诉。"③

作者提出，在四个阶段中，"又以唐前唐后之变最为剧烈，而且也更为全面"。"我国的农业生产力在唐代有着较大的发展。作为农业直接生产者的农民的社会地位和作为封建基础的土地制度也都同时发生了重大的变化。"首先，是农民社会地位的变化。"在生产力逐渐提高以后，农民底自

---

① 霍巍主编：《川大史学·蒙文通卷》（蒙默编），552 页，成都，四川大学出版社，2006。
② 同上书，553 页。
③ 同上书，554～555 页。

己的经济逐渐扩大,严格的依附关系已不再适合这种状态,而王朝统治者又凭借其政治力量不断地给豪族世家以打击,农民对豪族世家的人格依附关系逐渐削弱。"以隋末唐初为分界,由于隋末农民大起义,豪族世家的经济基础被彻底摧毁,"在此以后,农民和豪族世家的人格依附关系便逐渐为佃农和地主的经济契约关系所代替了。……农民地位的这一变化使其在经济上的独立性有了扩大,这样也就刺激了农民的生产兴趣,又进而促进了生产力的提高。因此,农民地位的这一变化,是有极其重大的意义的"。其次,是土地制度的变化。"自两汉、魏晋下迄于唐,都有打击豪强兼并的限田制度和制民之产的均田制度。但从中唐以后,均田之制也只是被人作为议论题材罢了。"再次,是社会阶级关系的变化。"豪族世家丧失了其对农民的特权地位,打垮了长期的巩固其经济地位和地方势力的基础。因而唐以前的地主,一般的都是横恣乡里、绵延几百年的豪族世家,官府也还需要其支持。唐以后的情况便大不同,一般的地主在三数世后又可能降为农民,他们政治上反而多要仰仗官府的庇护了。从东晋南渡要侨置州郡、建立门阀,南宋南渡不需要侨置州郡,也无门阀出现的具体事例的对比,就可以看出这变化的实质。"[①]

作者进而认为,由于阶级关系等项的根本性变化,导致了唐以后封建社会各有关制度也就不得不相应地发生变化。诸如赋税制度由租庸调改为两税法,兵制由府兵变为募兵,人才诠选由贡举和九品中正变为科举考试,中央管制也由两汉魏晋的三公九卿制度变为隋唐的六部制度,标志着中央集权的进一步发展。在意识形态领域,同样发生了摆脱约束、寻求自由思想的深刻变化:"由于新的阶级赋予了人们在经济发展中和经济地位上变化扩大的可能,人们开始能够自己掌握自己的生活前途(虽然还不是完全的掌握),人格的独立性随着也被发现了,因而小有产者的自由思想在意识形态中表现得最为突出,在各方面都有很多迥与唐前不同的创造和发展,在哲学上发生了'人人心中自有仲尼'的理学、'呵祖骂佛'的禅宗,这两者都体现着人类思

[①] 霍巍主编:《川大史学·蒙文通卷》(蒙默编),556~557页,成都,四川大学出版社,2006。

想史上的巨大解放。"他如文学作品表现的内容由宫廷转向民间，绘画题材"由朝市转向山林"等，也都为唐以下开辟了新途径、新境界。①

蒙文通论述唐代社会经济的发展和阶级关系的变动是中国封建社会前后期形成不同特点的根本性原因，由此而导致税制、兵制、选举、官制，以至意识形态领域一系列相应的变革，他的论述堪称言之成理，而且自成系统。由一个新中国成立前以精熟典籍和擅长考证著名的学者，到如此着力分析社会演进各部门、各领域的联系，发展的阶段特点，探索发展的内部规律性，由原先对具体问题的细致辨析，到对历史发展趋势作出宏观概括和见解精辟的阐释，我们不能不叹服其变化之大和进展之速，是唯物史观理论这一科学世界观的指引，使他的学术达到升华。论者称蒙文通学术的特点是"通观达识，明其流变"，实则他是在学习和运用了唯物史观以后，才真正达到这样的境界。他的论述涉及方面至广，我们不能要求其中的每项论断都完全准确，但毫无疑问，他以社会经济发展和阶级关系变动作为考察社会演变的根本不同，他提出的唐以后农民人身依附关系的变化、地主身份性的变化、唐宋以后意识形态诸多领域的相应变化等项，都是确有见地的，显示出单纯从事考证的学者所难以具有的开阔视野和洞察力。我们还应注意到，"唐宋变革论""唐宋社会转型论"在近年来已经成为学界讨论的"热点"，而蒙文通早在20世纪50年代初即已提出"秦以来二千多年的中国历史，就巨大变化来看，可以唐前唐后分为两大段"②的观点，并且从社会经济、到阶级关系、到意识形态领域，作了比较全面而又提纲挈领的论证，这不能不承认蒙文通的论述已经开其先声，③而其前瞻性见解恰恰是在50年代初刚刚接受了唯物

---

① 霍巍主编：《川大史学·蒙文通卷》（蒙默编），557～558页，成都，四川大学出版社，2006。

② 同上书，559页。

③ 对此，胡昭曦先生《蒙文通先生对宋史研究的贡献》一文中已有论及："'断断续续写了几年'，于1957年发表的《中国历代农产量的扩大和赋役制度及学术思想的演变》一文，是集中体现蒙先生关于治史要通和探源明变学术主张的代表作，也是他研究中国古代史上的社会变革和宋代学术思想发展变化的代表作。""蒙先生明确提出秦汉至明清的社会变革及其重要阶段，进行了深入分析，系统地探讨了这些变革发展的原因、轨迹、特点等，为学术研究作出了贡献。他是我国现代史学家中，较早注意到唐宋之际社会全面变革的学者之一。"（《蒙文通先生诞辰110周年纪念文集》，63、64页，北京，线装书局，2005）

史观指导即提出来，科学的历史观在这位坚持"实事求是"和作辩证分析进行研究的学者身上，产生了明效大验。

《越史丛考》著于1964至1968年，时蒙文通已届晚年，是他生前绝笔之作。这部著作的完成，既是他早年从事古代民族史研究的继续，又是他运用自己的丰富学识，为解决一个与国家利益直接相关的重大课题而深入探求的成功之作。

作者在文章开头即明言："越族"泛指古代东南沿海地区之民族，然因书缺有间，记载简略，事或若明若昧，越人分布地域即争论聚讼问题之一。"陶维英《越南古代史》（科学出版社1959年中译本），近世论越史之名著也，于此竟谓：'春秋战国以前，当另外一个大族（汉族）占据着黄河流域的时候，而越族却占据着扬子江以南的整个地区'，歧义殊说，异乎平素所闻未有甚于此者。然而，核之载籍，羌非故实。"① 蒙文通洞察到，以往中外学人论及古代越族分布的著作中一些缺乏根据甚至是纯属臆造、颠倒史实的言论，当今却有国外学者别有用心地收集综合、穿凿解释，并借此推波助澜，这就应当引起正直学者的高度警惕。他说："国内外学人谓长江流域古有越人者不乏其人。然持此说者，不过就楚越同祖、夔越、扬越、夷越诸事论之而已，尚未有言'扬子江以南整个地区'尽越人所居者也，更未有言居古中国之越人'在来自北方的人的逼迫下'乃西南迁至越南者也。陶氏《越南古代史》综此诸说进行疏通证明，而予以理论化、系统化。越人后此之论越南古史者，莫不祖述其说，甚或扬其波而炽其焰。此诸说者，实多影响之谈、附会之说，核之史实，舛缪自见。"② 这就必须严肃对待，以确凿的史实与错误的论点相对照，一一考辨清楚。蒙氏在书中，考论了12个方面的问题，即以"越族古居'扬子江以南整个地区'辨"列为第一项，进行有理有据的有力辩驳。

首先，蒙文通详引各种古代文献进行分析、考辨，论述古代居于南方的楚族与越族的畛域。《吕氏春秋·恃君》篇言，"扬汉之南，百越之际"，究

---

① 蒙文通：《古族甄微》，见《蒙文通文集》，第2卷，229页，成都，巴蜀书社，1993。

② 同上书，312页。

竟所指何地？高诱注释"扬汉之南"为"扬州汉水南"。此扬州之汉水，当即《汉书·地理志》豫章郡之湖汉水，豫章古属扬州，故湖汉又得名扬汉，即指今赣江水系。"扬汉之南"乃谓今福建、广东。百越之称屡见于《史记》。《项羽本纪》言："鄱君吴芮率百越佐诸侯"，此百越之君即闽越王无诸、东海王摇，二国所居为浙江南部及福建之地。《平津侯主父列传》言：秦始皇"又使尉佗、屠睢将楼船之士南攻百越"，据《越尉佗列传》，尉佗、屠睢所攻之百越，略当今广东、广西之地。又《荀子·儒效》言："居楚而楚，居越而越，居夏而夏。"同书《荣辱》篇言："越人安越，楚人安楚，君子安雅（夏）。""是汉世所谓百越之地与《吕氏春秋》所言基本相同而境宇稍广。然皆未尝以荆楚为越也，犹是《荀子》越、楚各别之义。"① 再据《史记·货殖列传》言："颍川、南阳，夏人之居也。"又言："陈在楚、夏之交。"则以淮水以南为楚，淮水以北为夏，大致分明。至于越、楚分界亦可于《货殖列传》中推寻。司马迁言楚分西楚、南楚、东楚，自淮北至汝南、南郡为西楚，衡山、九江、豫章、长沙，为南楚，彭城以东，为东楚。蒙文通说："传谓豫章、长沙（略当今江西、湖南）为南楚，当是楚之南土；而越则更在其南，《方言》所谓'南楚之南'者也。"② 再证以《淮南子》和《汉书》。《淮南子·人间》言秦始皇因利越之犀角、象齿等特产，发率五十万为五军，驻守镡城、九疑、番禺、南野、馀干，以与越人战。五军所处为一勾月弧，长沙、豫章正处此勾月弧内。《汉书·地理志》则言："粤（越）地，牵牛、婺女之分野也，今之苍梧、郁林、合浦、交趾、九真、南海、日南，皆粤分也。"此七郡含会稽正处此勾弧之外。蒙文通分析说："《货殖列传》以习俗判楚地，《地理志》以分野述越地，而《淮南子》则以五军所处划楚、越之界；三书虽各明一事，然其所说楚、越之地则若合符节。是战国秦汉之世，楚、越之畛域固厘然各别也。则是长江中下游几尽楚地，何得谓长江以南尽越人所居也。"③

---

① 蒙文通：《古族甄微》，见《蒙文通文集》，第 2 卷，300 页，成都，巴蜀书社，1993。
② 同上书，301 页。
③ 同上书，302 页。

又针对陶维英书所谓"春秋战国时代以前","越族占据着扬子江以南的整个地区"云云,蒙文通进一步据史实作了有力的辩驳:"越人之盛始于勾践,已届春秋之末,而楚国之盛则早在西周:昭王伐荆楚,'南征而不复',周人遂不再得志于江南。夷王之时,楚熊渠'兴兵伐庸,扬粤,至于鄂'。春秋之初,楚武王始开濮地,楚文王尽食江汉诸姬。楚成王时,'楚地千里',楚庄王时,北伐陆浑之戎,观兵于周疆,问鼎于周室,继又大败晋师于邲。是在越人兴盛之前,楚人早已据有长江中下游之地,越人曾不得侧足其间。"陶书所言,"诚瞽说也"。① "合荆蛮、扬越之地计之,其于长江下游不过江南一隅而已。苟据此以论整个长江以南尽为越人所居,岂不谬哉!"② 蒙文通对"古代越族居长江以南整个地区"这一谬说的批驳,确为证据详明,理由充足,揭示出历史的真相,打中杜撰者的要害。

古史辽远,典籍上所留下来的历史记载只是片段的,亟须学者细心地绅绎推寻、考辨分析,祛除其疑惑,揭示其内在联系,得到历史本相的认识。且古籍在长期的流传过程中,每有传写讹误,或因他人附入,或以臆断增删者,更须研究者广参互证,辨析其错误,以求得正确结论。科学历史观正能帮助研究者透过现象,探求本质,去粗取精,去伪存真。蒙文通对"楚、越同祖"说的辨析,为此提供了有力的证明。论"越人北徙而非南迁",是蒙文通深入考辨的又一重点问题,直接针对陶维英书中袭用三十余年前法国人鄂卢梭的荒谬见解,提出"到了越国被楚国灭亡以后,在来自北方的人之南下的逼迫之下,他们的酋长率领整个部落逃往南方"的误说。蒙文通指出,凡此"皆属臆度虚构之谈","案之载籍,越人迁徙之迹可考者,适与鄂卢梭之说相反,不仅未曾南迁,而实屡次北徙"。③ 他以大量确凿的史实作了有力的辩驳。(1)据《史记·楚世家》记载,秦灭楚之年在秦始皇二十三年(公元前224),越之亡,据《秦始皇本纪》,则在

---

① 蒙文通:《古族甄微》,见《蒙文通文集》,第2卷,302页,成都,巴蜀书社,1993。

② 同上书,303页。

③ 同上书,326页。

秦始皇二十五年（公元前222）。"是楚之灭犹在越先，何得谓越亡于楚也。"① （2）据《越绝书·记吴地传》载，秦时，迁徙越民所往之地，在乌程、余杭、黟、歙、无湖、石城，均在山阴之北。"是秦时越人之徙乃北迁而非南走也。"② （3）据《史记·东越列传》载：建元三年，闽越攻东瓯，武帝遣严助以节发会稽兵救之。未至，闽越引兵而去，东瓯请举国徙中国，乃悉举众来处江淮之间。"此为汉代越人之首次大迁徙，自东瓯徙庐江，即自浙南徙皖西，此亦为北迁而非南走也。"③ （4）据《史记·东越列传》载：元封元年，闽越诸将杀王馀善降汉，汉封诸有功者，在九江郡、临淮郡、济南郡、会稽郡。（5）据《史记·河渠书》载：武帝时越人还有徙至河东（今山西省西南部）者。（6）《汉书·严助传》载：淮南王刘长攻反叛之南海王，"以其军降，处于上淦"。蒙文通作了深入考辨，认为：南海为淮南王出兵能至之地，则当与同为勾践后裔之东瓯、闽越相毗邻。全祖望谓当在汀、潮、赣之间，近是。《汉书·地理志》有南海亭之名，为揭阳县，此南海王国地跨闽、广可知。"勾践之族所居之最南境殆即至此。然此南海王国之越人，于文帝时已迁至上淦，上淦地虽不可具考（《舆地纪胜》卷三四谓上淦即临江军之新淦县），其在故淮南王国之庐江界中则无疑也。是此越人之徙，亦为北迁而非南走也。"④

总之，《越史丛考》作为一部享誉学林的著作，的确体现出蒙文通将其原本学术根底深厚、精熟于史料的治学特色，与由于运用了唯物史观能够洞察历史问题之本质、具有远见卓识，二者恰当地结合起来，令人叹服地体现出全面的观点、辩证分析的观点、透过现象把握事物本质的观点，因而具有高度的学术价值和说服力。正是由于运用了唯物史观作指导，他能够将《汉书》颜师古注中提出的应当区分古代统治者之族别与处于被统治地位的民众的族别的观点发掘出来，并作了意义深远的发挥，说："一

---

① 蒙文通：《古族甄微》，见《蒙文通文集》，第2卷，336～337页，成都，巴蜀书社，1993。
② 同上书，338页。
③ 同上书，338页。
④ 同上书，340页。

国之统治者与被统治者民族不同，中外历史不乏其例。当蒙古、满族建立元、清王朝之际，岂谓全国尽蒙、满之族乎！善乎颜师古注《汉书·地理志》之言也：'越之为号，其来尚矣。少康封庶子主禹祠，君于越地耳，故此志云："其君禹后"，岂谓百越之人皆禹苗裔！'颜氏以统治者与被统治者未必同族为说，此义至明且善。《世本》、韦昭'楚、越同祖'之说，亦第就楚、越之统治王室言之耳，即坐实其言，岂可据之以论越、楚两国人民之民族乎？诚持论如此，是其识见下于千余年前之颜师古远矣！"① 他作了这样深刻的阐发，更使喋喋不休宣称"古代越族居于整个长江以南地区"者理屈词穷。

正是由于运用唯物史观作指导，他在分析复杂历史问题时，牢牢把握住事物的本质方面和非本质方面，而不让非本质的现象掩盖了事物的本质。在考辨"古代中国南方与交趾间民族迁徙"时，一方面，指出古代中国南方民族确有多次向交趾南迁的史实，如：秦灭巴蜀，开明之子孙南迁交趾；西汉末，夜郎迁九真徼外；乌浒由交趾之西而东入郁林，又部分南迁入交趾；另一方面，又有由交趾北迁者，如：《后汉书·南蛮传》载：九真徼外蛮里（俚）慕化内属；西晋时，俚人分布在苍梧、郁林五郡，自晋以后，南朝诸史载俚事颇多，其地则自越州、始兴、晋康、及于广州之北。虽然有这些复杂情形，但无论是中国西南，还是交趾地区，仍然改变不了原有主体民族在本土繁衍生息这一本质的事实。蒙文通对此作了切中肯綮的概括："是自战国至晋七、八百年间，中土南方之域与交趾之间，民族之迁徙频繁，南迁者有之，北徙者亦有之，且其族类不可以一、二数，然交趾之主体民族——骆越——则早已居于交趾、九真之地，既非自北南迁，亦未见有北迁之迹；是古西南民族之南北迁徙虽频，然于南、北主体民族之大局固无与也。"②

尤其是，正是由于运用了唯物史观作指导，蒙文通更加具有高度的爱国主义精神，他敏锐地看出关于古代越族问题的言论背后有严重的政治意

---

① 蒙文通：《古族甄微》，见《蒙文通文集》，第2卷，310页，成都，巴蜀书社，1993。

② 同上书，354页。

义。现存的史料有的记载首尾不备，有的因长期传抄而致误，"苟不精研深思，旁通曲证，谠证其文字，考镜其源流，匪特难免郢书燕说、鱼鲁亥豕之失，且将俾居心叵测之徒捏造事实、歪曲历史之机"①。拿出辨析精确的史实，驳倒蓄意散布之谬见，乃是事关维护历史公正和中华民族崇高利益的大事情。因此从1964至1968年四年中，他不顾"四清"运动的影响，不顾"文化大革命"中个人受到的迫害，以惊人的毅力完成了这部十万字的著作。书稿刚完成，不久蒙先生即辞世。正是崇高的爱国思想和唯物史观的指导，使这部在其最后岁月完成的著作绽放出非同寻常的光彩。

李一氓高度评价蒙文通教授这部著作全书贯穿着强烈的爱国主义精神，表现出维护国家民族利益的历史学家的崇高责任感，作者引据丰富详审的史料，对陶著所作的辩驳有凭有据，令人信服，并对古籍记载有歧误之处深入分析，从而恢复了历史的真实性。他说："作者作为历史学家，自有一种历史的责任感，有必要把这个问题，越族是怎么一回事，弄清楚。作者的学术水平完全足以担当这个责任，把这一繁难的问题分析得头头是道；也把国际上一些史学家（包括法国越史学家）对这一问题的奇谈怪论，引证翔实地一一加以驳倒。从中国民族而言，这就不单纯涉及一个越族的问题，而是涉及中国民族的整体的问题。因此，作者这本书自然具有现实的时代意义。他不是为历史考证而考证，不是抽象的考证，更不是炫耀博学的考证。在着笔时，他必然怀有维护中国民族崇高利益的历史学家的责任感。"②

一个考证学者，如果没有唯物史观理论对他的指引，如果不是他本人真诚地认识到马列主义具有高度的真理性，并且努力运用于研究之中，而他能够对中国古代历史进程的实质性问题作出如此深刻的阐释，能够以维护国家民族利益的崇高责任感去研究古代民族关系史问题，那是不可思议的。显然，蒙文通半个世纪的学术生涯，正是以新中国成立为界限划分为前后两大阶段。他由原先擅长考证之学，到新中国成立后自觉地以唯物史

---

① 蒙文通：《古族甄微》，见《蒙文通文集》，第2卷，359页，成都，巴蜀书社，1993。

② 李一氓：《读〈越史丛考〉》，载《读书》，1984（4）。

观为指导而达到治史的升华，这一学术道路是极具典型意义的，集中体现了同时代一批正直的学者共同经历的重大变化。他在学术上实现的跃进证明了两项重要的道理：从20世纪前半期走过来的、具有"实事求是"科学态度并且重视审查史料、重视因果关系观念的学者，很容易、并能自愿地接受唯物史观和它所倡导的优良学风；而这些精熟于典籍、擅长于具体问题考证的学者，只有在接受了唯物史观科学理论的指导之后，才能做到自觉地去探求历史演进的本质性和规律性认识，在治史道路上实现质的飞跃。这两项，其价值远远超过了理解蒙文通本人思想轨迹的意义，对于认识新历史考证学的发展道路，以至认识整部20世纪学术史都至关重要，因此在本节作为个案剖析而详加论述。

四、诸多领域所取得的风格多样的出色成就

新中国成立初年这一批年届中年的考证学者是一个引人注目的学术群体，他们正处于学术上锐意进取的极佳时期。他们学习了马列主义之后，运用科学的历史观和方法论到自己所熟悉的研究领域中，以之为指导，许多人都取得了独具特色的成就。前面所论是蒙文通在通论性研究和古代民族关系史领域的成就，这里再以谭其骧、唐长孺、赵光贤为例，简要论述他们各自在历史地理学、魏晋南北朝史、先秦史领域的建树，藉以进一步证明以唯物史观为指导如何使新考证学绽放出新的光彩。

（一）透过历史表象揭示历史演进的规律性

谭其骧（1911—1992）毕生从事历史地理学的研究，1944年以前，在历史沿革地理和移民史领域发表了多篇论文，均以严密考证见长，受到顾颉刚的器重。如《秦郡新考》，针对乾嘉学者以来三百年聚讼纷纭的秦代设郡问题进行爬梳清理、深入考证，纠正、补充了清代全祖望、近代王国维考而未备之处。逐项辨明秦始皇二十六年初并天下所置、并见于《汉志》者三十二郡，尚有黔中等未见于《汉志》者四郡，共三十六郡；又有南海等四郡，为"名见《汉志》，始皇三十三年开始越置"；东海等六郡，为"《汉志》缺，始皇三十六年后析内郡置"。结论为"秦一代之郡于史有

征者四十六",全文以考辨精审、论据坚实而大受称道。1949年以后,由于自觉地以科学历史观作指导,使他大大开阔了视野和学者襟怀,发扬了原先精于考证的长处,且能透过历史表象探求本质性和规律性的认识。我们打开谭氏论文结集《长水集》、《长水集续编》(以及在此基础上由他的学生编成的《长水粹编》)翻阅,1949年以后的论文,与前期《秦郡新考》、《汉百三郡国建置之始考》、《〈宋州郡志〉校勘记》等已颇不相同。如:《关于上海地区的成陆年代》(1960)、《何以黄河在东汉以后会出现一个长期安流的局面——从历史上论证黄河中游土地的合理利用是消弭下游水害的决定性因素》(1962)、《历史时期渤海湾西岸的大海侵》(1965)、《上海市大陆部分的海陆变迁和开发过程》(1972)、《山西在国史上的地位》(1981)、《浙江各地区的开发过程与省界、地区界的形成》(1986)、《海河水系的形成和发展》(1986)、《自汉至唐海南岛历史政治地理——附论梁隋间高凉冼夫人功业及凉梁隋高冯氏地方势力》(1988)等。这些研究成果与新中国成立前相比,无论从考虑历史问题的时间跨度或空间范围说,从论题中所包含的思想性深度说,尤其是,从总结历史现象的规律性的高度和结合当前社会发展需要的程度说,毫无疑问都达到了更高的学术境地。

《何以黄河在东汉以后会出现一个长期安流的局面》[①] 一文,尤为著者精心构撰的名作,其考辨和论证,上下纵贯几千年,东西包括大河上下广袤的区域,精到地论述了一系列问题,确是运用唯物辩证的世界观为指导,在进行环环相扣的严密考证和逻辑推理的基础上,努力探讨历史发展中的规律性东西。谭氏首先将从有历史记载以来直到新中国成立为止全部黄河的历史,分成唐以前和五代以后前后二期,并指出,黄河在前期决徙次数并不很多,基本上利多害少,只是到了后期,才变成决徙频仍,有害无利。尤其值得注意的是,西汉至唐九百多年间,西汉河患严重,东汉以后长期安流。在河患很严重的第二期之后,接着出现的是一个基本安流无事的第三期,这一重大变化应如何解释?以往水利史专家的解释,都认为

---

① 此文系谭氏先于1961年在复旦大学作学术报告,次年修改后发表。

是东汉王景治河"深合乎治导之原理",是他的成功所带来的。谭氏慧眼独具,分析问题的所在:(1)王景治河,据《后汉书·王景传》载,只称"商度地势,凿山阜,破砥绩,直截沟河,防遏冲要,疏决壅积,十里立一水门,令更相洄注"。这33个字讲的是在下游从事修防工程,仅属治标之法,何以能收长久之效?(2)东汉后叶和魏晋南北朝,是封建政权腐朽无能和割据混乱时期,黄河却能安流,这显然不能以社会政治因素作解释。他决不作眼光狭窄的考证家,总把自己局限于某一个朝代,或某一局部地位,或者限制于考证某项具体问题之内。而是把眼光投向历史上整个黄河流域,抓住"黄河溢洪改道在下游,而主要地酿成祸患的洪水和泥沙则主要来自中游"这一根本问题,逐层分析考辨。他运用工程学的知识,计算黄河中游不同河段洪水含沙量,证明对下游水患起决定作用的是中游一、二两区(一区:河套、陕西地区;二区:晋、陕交界及河南西部地区)。此一、二区,大部是黄土高原,土质疏松,不适当的开垦和农耕,必然造成植被破坏,造成严重水土流失,且高原、台地会被冲成纵横的沟壑,水土流失则更为加剧。因此,"这两个地区在历史时期的土地利用情况的改变,是决定黄河下游安危的关键因素"。在这一范围内,战国以前,以畜牧、射猎为主,植物很好,如《史记·货殖列传》所言,山西"饶材、竹、穀、纑、旄"等林牧业特产,天水、陇西一带"畜牧为天下饶"。至秦汉时期,却向这一地区大量移民开垦,如汉武帝于元朔二年、元狩三年、元鼎六年、天汉元年多次募民徙边郡,开田官,数量有时多达70余万口。作者指出:"西汉一代,尤其是武帝以后,黄河下游的决徙之患越闹越凶,正好与这一带的垦田迅速开辟,人口迅速增加相对应;也就是说,这一带的变牧为农,其代价是下游数以千万计的人民,遭受了百数十年之久的严重的水灾。"[①] 东汉末至十六国时期黄河中游地区的生产生活方式又如何呢?谭氏对此作了进一步的考证:(1)晋西北迟至南北朝晚期,居民仍以"山胡"为主,以畜牧为生。(2)陕西则直至十六国的前、后秦时代,才在洛水中游设置了洛川、中部(今黄陵)等县,前此废边郡已有二

---

① 谭其骧:《长水集》,15页,北京,人民出版社,1987。

百余年。而实际上二秦的版图所届远在洛川、中部之北,那些地方仍不设郡县,正反映其多数居民仍为居无常所的牧民。(3)姚秦末年赫连勃勃在这一带建立了夏国,仍不立郡县。(4)据《魏书·铁弗传》及《食货志》载,赫连勃勃之父卫辰被魏道武帝击败时,俘获品中只有马、牛、羊,而没有提到粮食。后 40 余年,太武帝灭夏,也仍然以河西(指山陕间的黄河以西)"水草善,乃以为牧地,畜产滋息"。由此证明魏晋十六国时代虽然政治混乱、战争频繁,而黄河却能长期安流,原因即在:东汉以后北朝中叶以前,这二区基本上是牧区。

谭氏通过对纵贯上下两千多年的黄河下游灾害史和中游生产、生态面貌的考证和分析,终于透过历史的现象,揭示了真相:东汉以后黄河的长期安流,并不因王景筑堤防洪的办法高明,而是因为中游地区返农还牧,恢复了植被,减少了水土流失。谭氏怀着总结历史上的经验教训为当今社会的发展提供鉴戒的崇高责任感,以凝重的笔触写下自己通过考证而得出的重要结论:"'越垦越穷,越穷越垦',终至于草原成了耕地,林场也成了耕地,陂泽洼地成了耕地,丘陵坡地也成了耕地;耕地又变成了沟壑陡坡和土阜。到处光秃秃,到处千沟万壑……就这样,当地人民的日子越过越穷,下游的河床越填越高,洪水越来越集中,决徙之祸越闹越凶。就这样,整个黄河流域都陷于水旱频仍贫穷落后的境地,经历了千有余年之久。"① 因此,谭氏早在 40 多年前就根据科学研究的成果提出建议:"在黄河中游这二区,应从单纯的农业经济逐步向农、林、牧综合经营发展。"首要的措施就是"封山育林,同时利用所有的荒坡、荒沟、荒地,大量植树种草",达到"蓄水保土、调节气候、改良土壤"的目的。严肃的学术研究和对国家民族发展紧迫问题的关切,在这里达到高度的统一。今天,在黄河中游和广大西北地区实行退耕还牧、退耕还林已成为一项重要的国策和千万民众的共同行动,经过 40 年实践的检验,恰恰证明谭氏严谨、深入研究历史所得出的结论符合真理的认识,具有极高的科学价值。

谭其骧在新中国成立后对与当今社会发展关系密切的重要课题作精湛

---

① 谭其骧:《长水集》,30 页,北京,人民出版社,1987。

研究的还有海河水系、云梦泽、上海成陆问题、淮河水系、海南政治历史地理。关于海河水系，谭氏根据《汉书·地理志》、《说文》、《水经》的记载加以考证，获得一个重要发现：东汉中叶以前河北平原诸大河是分流入海的，未曾汇合成一河。到公元3世纪曹操开平虏渠和白沟等人工河道，使河北平原上众多分流入海的水道互相沟通，下游日渐淤塞，逐渐形成今天的海河水系。他于1957年在复旦大学报告了这一结论，散发了报告提纲。虽然至1986年他才撰成并正式发表《海河水系的形成和发展》一文，但"海河的治理却已循着恢复历史原貌，即在为海河下游开挖多条出海水道的方案进行了"①。谭其骧从专重历史文献的记载考证历史沿革地理，到以唯物辩证的哲学观的高度驾驭史料，既发扬严密考证的精神，又自觉地探求中国历史发展中许多实质性的大问题，探求历史演进中规律性的东西，做到视野开阔，高屋建瓴，将科学研究与推动社会发展、民族进步紧密结合起来——这正是具有悠久传统、方法精良的历史考证学，在新的时代条件下与科学历史观结合而开辟了它发展的新阶段、大大提高其学术价值的一个缩影。

（二）从经济生产领域与政治制度等的互动揭示社会特征及演进脉络

唐长孺（1911—1994）早年研究辽金元史，不久即转为专攻魏晋南北朝隋唐史。1946年，他撰成《唐书兵志笺证》一稿尤为精于考证之作，经陈寅恪评审而被聘为教授。1949年以后，唐氏治学仍以扎实深入著称，且在新的时代条件下，他与何兹全、周一良、王仲荦、马长寿等位先生一同开拓了魏晋南北朝史的研究领域。在此以前，陈寅恪的论著代表了20世纪三四十年代魏晋南北朝史研究的新水平，他着眼于较长的历史过程，探索魏晋南北朝史的演进脉络，尤其"重视不同的种族、家族、地域、文化为背景的社会集团的活动，从中发现历史的联系和推移"。② 再经过唐长孺这批学者在五六十年代的努力，"在魏晋南北朝的多个领域取得全面创获。他们通过精审的考辨，严谨的论证，多方位地勾画了魏晋南北朝社会的重

---

① 葛剑雄：《长水粹编·前言》，11页，石家庄，河北教育出版社，2002。
② 田余庆：《秦汉魏晋史探微》，390页，北京，中华书局，1993。

要特征与发展大势。特别是在陈寅恪所忽视的社会经济领域取得的成绩尤大，如土地制度、赋役制度、部门经济、整体经济以及依附关系等重大论题均有突破性进展。"① 唐长孺所撰《孙吴建国及汉末江南的宗部与山越》（1955）和《南朝寒人的兴起》（1959），即为从经济生产领域与政治制度等的互动揭示魏晋南北朝社会特征及其演进脉络的成功之作。

　　前一文考察的重点是：(1) 关于山越。针对有的学者认为山越是孙吴境内的少数民族（汉代越族之后裔）的看法，唐氏提出了完全不同的新见解，认为：山越分布状况虽大体上和西汉时越族居地相同（只是退入山中），但都不能照西汉的看法将之认作与汉人截然不同的种族。"山越"实为居于山地的南方土著。其主要根据为：《后汉书·循吏传·刘宠传》所载会稽郡境内"山民愚朴，乃有白首不入市井者"，地方官不把他们当越人，他们也不以越人自居。说明经过汉代三百年的杂居，原先住在山中的越人已在一定程度上接受汉族文化。(2) 山越与宗部关系密切。唐氏遍引《三国志》、《后汉书》、《晋书》中的记载，考证各篇中常见的"宗部""宗伍""宗贼"之宗，不应如清人何焯所云与"賨"同义，而应如李贤注所释为"宗党"。宗部、宗伍应释为"结聚宗族而成的部伍"。大族豪强为了反抗政府的征发，同时也即是保卫和扩大其既得权益，他们必然要据守险阻，组织武装。"在平地上大族不久就被孙氏政权所吸引或消灭，而在山险之区却维持得较久；并且又因频受征剿，入山愈深，于是以大族为核心的宗族组织与山民或山越结成一体而难以区别了。"证明山族与宗部之间关系的实质，是东汉末年以来为了逃避政府沉重的赋役负担，在大族控制下"在险阻地区组成的武装集团"。② (3) 分析宗帅与政府的矛盾。作为宗族首领的宗帅，同时又是大地主。一般宗族部众与宗帅的关系，即地主与依附农民的关系，故又称"田客"、"部曲"。部众是为逃避政府的赋役而来。因而作为大地主或大族首领的宗帅，产生了与政府争夺剥削对象和劳动力的矛盾。通过分析《三国志·孙策传》注引《江表传》所载的典型史

---

① 曹文柱等：《二十世纪魏晋南北朝史研究》，载《历史研究》，2002 (5)。
② 唐长孺：《魏晋南北朝史论丛》，14 页，石家庄，河北教育出版社，2000。

料，证明豫章太守华歆在宗部控制区域内不能收税，只能向宗帅征求，"由此可见五六千家的宗民对政府没有直接的关系"。①而《三国志·陆凯传》所载陆凯谏孙皓所言"先帝战士不给役使，春惟知农，秋惟知稻，江渚有事，责其死战"，这类史料尤确切地说明孙吴的兵既要打仗，又要种田这一实质性问题。(4) 由此而形成孙吴不同于曹魏的领兵制度与复客制度。因为孙坚出身地方豪强，以后上升为江南豪族，其政权基础也是以孙氏为首的若干宗族联盟。其中有江南旧族，有南渡的北方大族，也有孙权新提拔的将领。"孙氏与他们共同抗拒了北方军事集团的侵入，也共同击破了与他们竞争的另外各个宗族组织，同时他们也共同分取了所获得的利益。"② 领兵制度即父子世袭拥有军队，复客制度即国家将屯田户赏赐给私人，免其徭役。此两项制度恰好适应了吴国的社会状况和政治权力关系，由此实现孙氏皇家及其联合者共同瓜分劳动力和土地。从历史发展的趋势看，"魏晋以后是世家大族在经济上、政治上取得最大限度发展的时期，而在最初却表现在孙吴的制度上"。③ 本文从考证"山越"与"宗部"的具体内涵开始，而作者所着力的，是从这一局部向纵深处分析东汉末以后大土地所有者的形成和演变，政府与地方豪强之间对剥削对象和劳动力的争夺，孙吴建国的政治统治格局，皇家集团与最有势力的大族之间采取对劳动力和土地瓜分的办法在制度上的反映，以及由此而显示的历史发展趋势，这正是唐氏在新中国成立后治史的特色。

《南朝寒人的兴起》同样体现了通过深入考辨、分析，以求揭示历史发展的深层动向的风格。著者摆脱习常以婚宦论士庶的窠臼，首先，从经济基础论述南朝"寒人"的社会地位和阶级身份，他们是寒族地主，包括地方豪强、庶族地主和向地主转化的商人。如《宋书·孝义传》所载张进之虽是大族、富人，却仍是寒门，所任主簿、校尉都是寒官，所以至元嘉初才获得蠲免徭役。其次，他分析南朝的实际政治权力在转入寒人手中，这是门阀制度内在矛盾导致的必然趋势。门阀制度下，官职上的区别是清

---

① 唐长孺：《魏晋南北朝史论丛》，16页，石家庄，河北教育出版社，2000年。
② 同上书，19页。
③ 同上书，27页。

官和浊官。士族占据"职闲廪重"的清官，如秘书省官属、东宫官属都是出身官中第一等清官。"大体上清官都不是繁剧之职，他们或是文学侍从之臣，或是议论而不治事。……优闲而不负实际责任的为清，办理庶政者较次以至于浊。"这"恰好说明门阀贵族之腐朽，实际工作既由寒人来办，权力自然要转入寒人手中。"① 再次，唐氏论述南朝王公贵人的左右或"门生"（实为随从），很多都是富人，其目的，一是为逃避课役；二是假王公贵人或朝廷的权力，方便从事商业活动。而南朝皇帝则利用寒人加强政治、军事的控制。他举出《南齐书·幸臣传》序所云用亲信寒人，专署诏令机密；《宋书·恩幸传》序谓"官置百司，权不外假"，"耳目所寄，事归近习"，都说明皇权增强和寒人柄用的关系。在对上述大量史料深入分析的基础上，著者揭示出门阀制度必然崩坏的趋势："当宋、齐二代的门阀贵族如王球、江敩之流傲慢地不接待寒人之际，却也正是大量寒人挤入士族，以至士庶不分之时。……寒门地主和转向地主的商人们通过宋、齐二代的统治阶级内部的长期斗争，他们获得了胜利。向来门阀贵族独占的权利不能不对寒门地主、商人开放，虽然这并不是甘心的。"② 到最后，"政治上统治阶级间士庶之别也就必然清除。"③ 唐氏此文通过从各个局部问题的考辨入手，层层揭示、分析各个局部问题间的内在联系，论述寒族地主必然利用自己的经济能力作斗争，而门阀制度内部恰恰包含着最终否定它自身的矛盾，因而导致门阀制度的完结。

唐氏晚年又著有《魏晋南北朝隋唐史三论》一书对汉至隋唐一千余年的历史演变作贯通的研究，上溯汉代社会结构，分三篇，从自然经济和商品经济的状况，土地制度的演变，门阀制度形成到衰落，直接劳动者身份和构成的变化，军事制度，学术思想文化等项，总论魏晋时期、南北朝时期以及唐代的社会演变脉络，在材料翔实、考辨精审的基础上进行理论上的分析和概括，因而被誉为代表这一领域研究水平的鸿篇巨制。

---

① 唐长孺：《魏晋南北朝史论丛》，551页，石家庄，河北教育出版社，2000。
② 同上书，570～571页。
③ 同上书，576页。

(三) 对社会形态演变的探索

以唯物史观为指导的史学工作者重视社会形态演变的探索，因而在20世纪50年代至60年代初出现了古史分期讨论的热潮，有不少原先属于新考证学派的学者也积极参加，并且发表了很有影响的论著。这里以赵光贤先生为例。

赵光贤（1910—2003）所著《周代社会辨析》从1958年属稿到1980年出版，经历了整整20年。这部著作出版后，即以其鲜明的理论指导、详审的史料和深入精到的辨析，受到学术界的重视。作者在古史分期讨论中是"西周封建论"者，书中对下列几项问题的辨析尤具卓识。

一是周代封建生产关系建立的条件及其主要特征。

作者认为，依据马克思在《摩尔根〈古代社会〉一书摘要》中一段论述："现代家庭在萌芽时，不仅包含着奴隶制（servitus），而且也包含着农奴制，因为它从一开始就是同田野耕作的劳役有关的。它以缩影的形式包含了一切后来在社会及其国家中广泛发展起来的对立。"① 这就告诉我们，农奴制是和奴隶制在阶级社会开始时同时萌芽的，因为它从一开始就同田间耕作的劳役有关，在公社内部，多个人连同他的家属在分配给他一块份地上独立地从事劳动，就成为农奴制的来源。其又一来源，是恩格斯所指出的，征服者让旧居民种植土地，而把一部分作物献给征服者时，就发生了农奴制。作者认为，原先殷代社会属于东方型的家庭奴隶制。"周灭殷后，除了殷遗民迁洛邑的，由贵族下降为农民外，对其他原来的农民，根据周公的政策，都令其耕种原有土地不变，对原来的宗族部落组织等也都继续保持下去，正符合恩格斯的话，他们事实上成为周族的农奴，而非种族奴隶。"故"殷周之际，周初生长起来的农奴制逐渐取代了殷代的奴隶制，所以此时奴隶制的成长意味着新的生产方式代替了旧的生产方式。它是划时代的社会变革。古代东方型奴隶社会的规律性，结合着殷周之际的历史条件，决定了当时从奴隶社会逐渐走向封建社会，它是符合历史唯物

---

① 赵光贤先生此处是依据恩格斯：《家庭、私有制和国家的起源》中所引，见《马克思恩格斯选集》，第4卷，53页，北京，人民出版社，1972。参见马克思：《摩尔根〈古代社会〉一书摘要》，38页，北京，人民出版社，1965。

主义的。"① 周王国的建立和新的生产关系的建立并非偶然，其条件有三：一是，周人本是农业民族，拥有较高的农业生产水平；二是，殷纣王的暴虐统治和殷民的普遍反抗，动摇了殷王国的基础；三是，周统治者在建立新国家之后采取了一系列的正确措施，使新政权巩固下来，并在一定的生产水平的基础上逐渐改变生产关系，这样就形成了新的封建制国家。

作者认为周代实行了受田制度，"受田的办法是一夫百亩，这就是通常所说井田制"。根据《孟子·滕文公》所述，井田制有三个特点：一，"其中包括公田和私田，形成了对立的统一，没有一方即没有另一方。如公田与私田分开，那么'雨我公田，遂及我私'便成为不可理解的了。正因有公田、私田的对立，所以生产者（即所谓野人）在公田上和在私田上的劳动，在时间上和地点上是完全分开的"。二，"农民把在公田上的收获交给公家，这是一种代役租的形式，也叫作劳动地租。这是一种剥削劳动者剩余劳动形式，孟子叫作助，它书叫作藉，所以孟子说：'助者藉也。'《诗·韩奕》：'实亩实藉'，亩当指私田，藉当指公田"。三，"这种田是贵族的禄田，贵族们靠着剥削农民的剩余劳动以维持其生活，所以孟子说：'井地不均，谷禄不平'。但是行之既久，暴君污吏为了满足其贪欲，往往'慢其经界'，侵占更多的土地，加重对农民的剥削。由此可见，井田制是土地占有者与生产者相结合的一种特殊形式，也就是土地占有者剥削生产者的一种特殊形式。"② 井田制之存在与否不在田地是否呈井字形，而在它是否具备这三个特点。关于周代的受田制度，不但在《汉书·食货志》、《孟子》、《荀子·大略》、《吕氏春秋·乐成》、《周礼·大司徒》等文献都有记载，而且在新出土的云梦秦简的田律中也得到有力的证据。秦简中规定："入顷刍稾，以其受田之数，无垦不垦，顷入刍三石，稾二石……"作者指出："这些简上所记载的秦律当是战国末期在秦朝曾实行过的，这一条规定，农民应按他受田的多少来向政府交纳刍和稾。值得注意的是，律文既已规定，每顷要出刍三石，稾二石，又规定按'受田之数'定应交

---

① 赵光贤：《周代社会辨析》，28页，北京，人民出版社，1980。

② 同上书，47～48页。

刍稾之量，显然农民所受田可以超过一顷，即不限百亩。它告诉我们，在战国末叶秦国还实行受田，而这种制度必定有它长久的历史；换句话说，受田制度不是秦国的创造，而是来源于西周。"①

二是周代主要农业生产者的身份问题。

作者认为，周代一夫百亩的受田制导源于农村公社的份田。"本来是公社的公有田，此时变为王田，又被赏赐给贵族们，成为他们的领地，而村社田也往往被贵族所夺。于是原来公社的自由农民就变为贵族领主的农奴和隶农。"② 关于西周的直接生产者的身份，《诗·豳风·七月》为我们提供了最好的依据。诗中言"无衣无褐，曷以卒岁"，说明农民生活之苦。"三之日于耜"，说明农民有自己的生产工具。"同我妇子，馌彼南亩"，说明农民有自己的小家庭。"六月食郁及薁，七月亨葵及菽"，说明农民吃的很坏。可是"十月纳禾稼，黍稷重穋，禾麻菽麦"，把好粮都交给主人。还要为主人服劳役，如修房、凿冰，要向主人献狐皮、羔皮等，受超经济剥削。"从此诗所描写的农民生活的景象来看，这农民有他自己的妻、子，成一个小家庭；他用自己的工具在田地上劳动，老婆孩子给他送饭，完全过着个体的经济生活。他受着主人的严重剥削，所以他绝不是一个公社的自由农民。从他有自己的家庭、生产工具和个体经济等方面来看，说他是一个农奴。"③ 周代主要直接生产者"庶人"，其身份究竟是农奴，还是奴隶，是长期聚讼的问题。对此作者作了深入的辨析。首先举出两条金文材料来反驳将"庶人"解释为"奴隶"的说法。《牧毁》："不用先王作二刑（借为型），亦多虐庶民。"又，《叔弓镈》："谏罚朕庶人左右毋讳。"作者反诘道："试解上引金文，周王不以先王为仪型，为什么就会只虐待奴隶？难道对平民就不虐待？为什么叔弓对王的'庶人、左右'有过，直言无讳，却把奴隶放在王的'左右'之上？"④ 显然，若以庶人为奴隶，这些金文材料都无法解释。作者又以新出土的陕西岐山县董家村发现的《卫盉》

---

① 赵光贤：《周代社会辨析》，41页，北京，人民出版社，1980。
② 同上书，69页。
③ 同上书，70~71页。
④ 同上书，76页。

铭文，作为新的对庶人为奴隶说的有力反证。铭文说："矩伯庶人取堇章（瑾章）于裘卫，才（在）八十朋厥贾（价）……"作者指出："这个反证就在'矩伯庶人'四个字上。作器者裘卫是一个贵族，和他做交易的矩伯也是一个贵族。裘卫为什么称矩伯为庶人？这样的称呼是金文中前所未见的，难道矩伯是奴隶吗？当然不是。那么怎样解释'矩伯庶人'这个称呼呢？我的推测是这样：矩伯这个贵族可能由于犯罪，受到周王的处罚，降为庶人，当时，可能没收了他的一些动产，但还保留着土地，后来又恢复了他的贵族身份，可是被没收的财产已不可能取回，他不得已只好用几块田地向富有的裘卫手里换取许多礼器，但裘卫在作器时仍称矩伯为庶人。我以为，矩伯身份下降，不会下降到奴隶的地位，只能降为平民。"① 因此，金文中"矩伯庶人"一词的出现，无疑否定了庶人是奴隶的说法。

三是如何正确认识周代"宗法制度"与封建制社会的关系。

对此，作者提出了三点看法。第一，周代以前不存在宗法制，宗法制度是周人创立的，它把统治阶级成员都纳入宗法的系统之中，以巩固统治阶级的利益。第二，以往论宗法制度，根据汉儒的说法，君统与宗统分开，这是极大的误解，实际上相反，二者合而为一。作者说："过去封建时代的礼家虽然无不谈宗法，但始终没有给我们一个明确的定义。当然他们受了时代和阶级的局限也不可能做到这一点。今天我们接受了马克思主义的历史观，对这问题应当有一个正确的理解。"② 根据汉儒的理解，宗法制度是卿大夫、士的继统法，与天子诸侯无关。《礼记·丧服小记》言，"别子为祖，继别为宗"，"有五世而迁之宗，有百世而迁之宗"。《礼记·郊特牲》又言，"诸侯不敢祖天子，大夫不敢祖诸侯"。其致误原因是汉代要提高君权，把君统从宗统中独立出去，就突出了天子的地位。"如古文献和金文所证明的，自西周以来，天子是共主，同时也是同姓诸侯的大宗；诸侯是一国之君，同时也是同族卿大夫的大宗。所以周王室称为宗周，鲁国也称为宗鲁或宗国。后世礼家强分君统与宗统为二，并把宗法看

---

① 赵光贤：《周代社会辨析》，77~78页，北京，人民出版社，1980。
② 同上书，100页。

成只是卿大夫士的继统法是不符合历史事实的。""天子、诸侯、卿大夫、士之间的关系都是用宗法制度来维系着的。""天子对诸侯与王朝卿士来说是大宗。诸侯对其同族是大宗,对天子则是小宗。诸侯之别子为卿大夫,对诸侯来说是小宗,对其诸弟来说则是大宗。《礼记》所说'别子为祖,继别为宗'、'有百世不迁之宗,有五世而迁之宗',这只有在诸侯的诸弟彼此之间的关系上说是对的,这样就把宗法关系局限于很狭小的圈子里,这样就不合于建立宗法制度的原意了。"① 在西周人看来,周王是天下共主,也就是同姓诸侯与王朝卿士的大宗,而诸侯在其封国之内,也是同族的大宗。周人称镐京为宗周,认为天下的大宗在此,否则宗周之称便不可解。到了春秋时期,这个看法并未改变。作者举出《左传》僖公五年载晋士艻对晋献公讲的话进行了分析:士艻"讽刺献公信骊姬之谗,欲害世子申生,所谓宗子指申生,显然他认为晋侯为同族的大宗,世子就是宗子。《己白钟》铭以己白为大宗。《晋邦盐》铭记晋侯嫁女于楚,为楚国的宗妇,宗妇就是宗子之妻,可见楚国也以太子为宗子。这些例子都说明在春秋时期诸侯王子都以君统、宗统合而为一,诸侯是君,同时就是所有他的子孙的大宗。这和汉儒以来的宗法说正好相反"②。第三,尤应认识宗法制度在本质上是土地私有财产的制度。作者引用了马克思《1844年经济学哲学手稿》中的一段话:"长子继承权的所有者,即长子,是属于土地的。……土地占有制是私有制的基础,但是在封建土地占有制之下,占有者至少显得好像是占有地的君主。"并加以阐释:"马克思明白地指出,这是封建土地占有制,在这里,'长子继承权的所有者即长子是属于土地的'。这话说得非常深刻。试想没有私有土地,要宗法何用?战国以前庶人不立宗法,不正是因为他们没有土地吗?由此看来,宗法制度的继统问题实质上是土地财产的继承问题,是毫无疑义的了。这就是封建土地所有制的特点。……只有马克思从把长子继承制看作一种建立在私有财产之上并为保护它而存在的角度来看,才真正揭穿了宗法制度的秘密。"③

---

① 赵光贤:《周代社会辨析》,105页,北京,人民出版社,1980。
② 同上书,103页。
③ 赵光贤:《周代社会辨析》,107~108页,北京,人民出版社,1980。

作者在书中还讨论了封国、采邑、世卿等项制度与周代社会性质的关系，从意识形态方面考察周代社会性质，及春秋战国之际的社会变革等问题。《周代社会辨析》一书确实表明作者将研究工作建立在充分占有材料的基础之上，包括十分重视新出土考古材料的使用，并自觉地以马克思主义基本观点和辩证分析的方法为指导，从经济基础到上层建筑、意识形态领域作贯通的研究，提出了一系列创见，因而此书出版后产生了很好的反响，评论者誉之为"辨有特色，析有新意"的成功之作。①

以上论述新中国成立后这批出色学者的成就，只是举要式的，难免挂一漏万。这些分析证明：就研究的层次和达到的深度而言，与"五四"前后考证史家的特点相比，1949年以后的学者由于运用科学历史观为指导，确实已达到了新的高度。即：从以往探索古代帝王世系一类问题，到论述中国两千年历史演进的不同阶段特点，以及经济基础、上层建筑、意识形态之间的互动关系的变迁；由以往进行古籍辨伪、古史中具体事件、制度问题的辨伪，到论述历史现象内部的规律性，并要从中总结与当前国计民生关系密切的经验教训；由以往探求一个时期带全局性的大事，到揭示出社会形态演变的内在动因和特征等。由于科学历史观指导的力量和学者们的出色努力，至此，新历史考证学实现了质的飞跃，它已汇入到新中国成立后推进马克思主义史学发展壮大的时代大趋势之中。

五、新历史考证学演进道路的启示意义

总结新历史考证学演进道路的深刻启示意义有二：一是提高我们对唯物史观理论之科学价值的认识，坚定以此指导史学研究的信念；二是澄清对一些问题的错误认识，正确评价新中国史学的得与失。

正确地认识我们以往走过的道路，直接关系到如何认定今后前进的方向。新时期以来，经过实行改革开放、拨乱反正，批判极左路线，清除教

---

① 参见张作耀：《辨有特色，析有新意》，载《历史研究》，1981（6）；王玉哲：《一部新的古史分期问题的专著——读赵光贤〈周代社会辨析〉》，载《历史教学》，1982（4）。

条主义的恶劣影响，并大力引进西方新学理，史学界出现了思想解放、学术繁荣的局面。但是毋庸讳言，在对待是否坚持以唯物史观指导史学研究上，的确存在着认识的分歧，与此相联系，在如何正确评价新中国史学的成绩与失误上，也存在大不相同的看法。有的人对唯物史观指导作用认识产生动摇，也正由于错误地认为新中国前十七年史学"完全政治化"，谈不上有重要学术价值，"十七年"一言以蔽之，就是教条化横行。这种看法是否符合事实呢？我们通过正确地总结新历史考证学如何在新中国成立后达到新的境界，便可以对此作有力的澄清。

蒙文通、谭其骧等学者，由原先注重于作具体问题的考证，到重视对中国历史进程作宏观概括、并且自觉地维护中华民族的利益，或是做到透过历史表象揭示历史演进的规律性，或是从经济生产领域与政治制度等的互动揭示社会阶级的特征，或是以马克思主义基本原理探讨社会形态的演变，他们正是由于自觉地接受了唯物史观指导，而在学术上产生了质的飞跃。这是20世纪史学发展史上具有十分深刻意义的大事。

唯物史观是科学的历史观，同时又是科学的思想方法论，是人类优秀文明的当然继承者和合乎逻辑的发展，因而它与历史学中的实证方法自然也有许多相通之处。唯物史观也强调搜集史料，要求占有充分的材料；同样重视对材料的考辨，去伪存真，重视史料出处的环境，重视甄别、审查的工作，务求立论有坚实的史料依据；同样遵从孤证不能成立的原则，遇有力之反证即应放弃，训练严谨、科学的态度，反对主观臆断，所得的结论必须经受住事后的验证，发现原先认识有错误迅即改正，决不讳饰；同样要求尊重前人的成果，同时又反对盲从，学贵独创，要有所发现，不断前进，等等。诸如此类，因为都是做学问的基本方法和原则，所以唯物史观与实证史学都是相通的。唯物史观又是总结了欧洲近代哲学、经济学、社会主义学说和历史学最高成果的科学思想体系，因而它又远远高出于实证史学。特别是，唯物史观揭示出："一切重要历史事件的终极原因和伟大动力是社会的经济发展，是生产方式和交换方式的改变，是由此产生的社会之划分为不同的阶级，是这些阶级之间的斗争。"① 生产关系的总和构成上层建筑的物质基础，是社会存在决定社会意识，而不是相反，同时承认社会意识对社会存在起反作用；重视人民群众在历史上的重要作用；唯物、辩证地分析一切历史现象，坚持历史主义的态度；把历史看成按其自然过程发展的整体运动；等等。这样认识的广度和洞察历史现象本质的识见，是传统思想和近代进化史观等所无法比拟的。唯物史观又是开放的思想体系，它与时俱进，并且能与每一国家民族复杂多样历史进程相结合而灵活地运用，作出恰当的概括。像唯物史观理论这样的科学体系，研究者如能潜心钻研，真正地掌握它，用以指导对错综变化的历史现象进行分析，学术工作就能进入新境。有的学者称许唐长孺建国后治学"始终注意从具体史实的考订分析入手，溯其渊源，考其流变，以把握历史演进的大势，探求历史发展的趋向，终究达到发微阐宏的境界"；研究每一问题，必作到"精深分析，由表及里，探求历史的真实面貌与发展演变的规律"。② 此等成就，此等境界，正得益于科学世界观的指导和精深的实证功力二者结合的结果。周一良先生对1949年后大陆学者与他以前曾经共事过的港台、欧美学者的研究风格作过比较，对我们也很有启发。他于1982年赴美访问时，极留心阅读隔绝几十年的港台与欧美的中国史学著作，以严耕望《中国地方行政制度史》一书为"最有价值者"之一，很珍惜地随身携带回国，他评价说："严书久仰其名而未得见，读后深佩其考订之细密周详。所不足者，只就制度论制度，未能放眼联系当时政治、社会、事件、人物，以探求制度之运行及其所以然之故，这种地方大陆学人就显出所长了。"③ 周氏以行家评论，发人深思。大陆学人之所以能联系政治、社会等项论述"制度之运行及其所以然之故"，正因为有宏观理论对实证研究作指导，所以能够达到对历史的整体性和更深层次的认识。

"十七年"史学演进确实经历过严重的曲折，发生过教条主义的严重

---

① 恩格斯：《〈社会主义从空想到科学的发展〉1892年英文版导言》，见《马克思恩格斯选集》，第3卷，704～705页，北京，人民出版社，1995。
② 朱雷：《魏晋南北朝史论丛·前言》，5页，石家庄，河北教育出版社，2000。
③ 周一良：《毕竟是书生》，90页，北京，十月文艺出版社，1998。

错误,我们对此已经作过彻底清算,彻底批判了教条式的所谓马克思主义,认清其危害。今天我们要坚持的是马克思主义的科学理论、基本原理,在根本上是与教条主义相对立的。"十七年"的史学工作,与全国社会主义建设的全局一样,尽管有过严重失误,但从总体上说,成绩仍是巨大的。将"十七年"史学贬责为"完全政治化","只剩下一部农民战争史",这种看法与客观事实大相径庭,有的人怀疑唯物史观指导作用,即与这种错误估计直接有关。我们之所以作出"十七年史学虽然经历过严重曲折,但从全局看,仍然取得了巨大的成就"这样的评价,主要理由是:(1)新中国成立后至20世纪60年代初的大多数年份,学术空气健康向上,史学界展开了热烈的学术争鸣;(2)新历史考证学达到了新境界;(3)在通史、断代史、专史领域都产生了一批优秀的史著;(4)创立开拓了诸多学术领域,包括近代史和现代史、世界史、经济史、民族史、史学史等;(5)史学理论有重要论著问世,标志着中国学者在运用唯物史观上取得重要进展;(6)成功地完成多项大型历史文献整理工程;(7)建立了基本完整的学科体系,培养了一批史学人才。① 教条主义虽然一度盛行,但其所占年份合加起来尚不及十七年的三分之一。再者,对于造成教条主义错误的原因更须具体分析,一是,因研究者对运用唯物史观缺乏经验所致。像这种情况只要在实践中加强锻炼,同时开展健康的批评、自我批评即能逐步解决。二是,由于政治上"左"的错误干扰、影响,这是教条化泛滥的主要原因,在1958年"大跃进"以后三年中最为明显。对此,只要纠正了"左"的错误指导思想,便能迅速扭转局面,如1960年中央作出了调整政策之后,学术界的研究、讨论立即正常开展起来,新时期以来拨乱反正,学术研究更出现了空前繁荣,即为明证。三是,"四人帮"及其爪牙的恶意煽动、猖狂破坏。那是在"文化大革命"即将发动的时期,而且其反革命罪行已遭到彻底的清算,故不属于学术讨论的范围之内。合而观之,教条化盛行的原因,绝不是由于提倡唯物史观指导所致。恰恰相反,当教条

---

① 参见陈其泰:《建国后十七年史学"完全政治化"说的商榷》,载《学术研究》,2001(12);《关于建国后十七年史学的评价问题》,载《南开学报》,2002(2)。

主义逆流汹涌而来的时候，真正坚持马克思主义的史学家如郭沫若、范文澜、翦伯赞等人，他们挺身而出予以严肃批判，在他们身上才真正显示出唯物史观的科学品格。实际上，"十七年"中存在着两种对立的学风：一种是实事求是、坚持将马克思主义基本原理与中国历史实际相结合的优良学风，一种是教条式地摘引马列词句，当作公式随意套用的恶劣学风。"十七年"史学所取得的成就，恰恰是正直、严肃的学者大力发扬优良学风、坚决抵制教条主义恶劣学风而取得的。这也是考察、评价"十七年"史学的一个极为重要的思想方法论问题。不应当只看到教条化、公式化在一段时间的盛行和危害，更不能将曾经发生的教条主义错误不加分析地归罪于唯物史观，从而怀疑以至否定唯物史观科学理论的指导作用。

在唯物史观的指导下历史考证学达到新的境界，是这一科学理论的正确性和生命力的生动证明。20世纪中国史学的进展为我们提供了大量宝贵经验，只要我们善于继承这笔精神遗产，坚持在唯物史观指导下从事新的理论创造，同时大力吸取西方新学理，潜心研究，艰苦努力，就一定能迎来21世纪中国史学的美好前景！

《中国近代史资料丛刊》的学术价值

1949年6月，在迎接全国解放的胜利气氛中，新政治协商会议筹备会在北京召开。7月1日，史学界人士率先组织了中国新史学会筹备会，负责人是马克思主义史学家范文澜。在他领导下，学会确立了以推动近代史研究为工作的重点，因而立即展开了组织编辑《中国近代史资料丛刊》的工作，以贯彻毛泽东于1942年在《改造我们的学习》著名讲演中提出的重要指示："对于近百年的中国史，应聚集人材，分工合作地去做，克服无组织状态。应先作经济史政治史军事史文化史几个部门的分析研究，然后有可能作综合研究。"首先于1950年成立了总编辑委员会，由11位著名学者组成：徐特立、范文澜、翦伯赞、陈垣、郑振铎、向达、胡绳、吕振羽、华岗、邵循正、白寿彝，并确定了各个专题和负责各专题编辑工作的学者。

1951年7月，中国史学会在北京正式成立，会后召开了理事会，推举郭沫若为会长，吴玉章、范文澜为副会长。范文澜负责史学会的日常工作，他又是《中国近代史资料丛刊》的总负责人。在此后十年中，史学会的主要工作，即为继续编辑出版《丛刊》。继第一种《义和团》出版之后，1952年出版《太平天国》（向达主编）和《回民起义》（白寿彝主编），1953年出版《戊戌变法》（翦伯赞主编），1954年出版《鸦片战争》（齐思和主编），1955年出版《中法战争》，1956年出版《中日战争》（均为邵循正主编），1957年出版《辛亥革命》（柴德赓主编）和《捻军》（范文澜主编），1959年出版《洋务运动》（聂崇岐主编）。以上，经过精心组织，十年之中编辑出版《丛刊》10种，共60册，3000余万字，规模如此巨大，而且是连续出书，持续不断，令人赞叹！它是在马克思主义观点指导下对近代史资料的一次大规模的科学整理，涵盖了近代史各个重要时期，提供了最基本和最有价值的研究资料。这一浩大工程的完成是新中国历史科学的盛举，它毫无疑义地为20世纪中国史学增添了亮丽的光彩！这部大型文献历来受重视且利用者甚众，20世纪80年代初李一氓先生曾在国务院古籍整理小组会议上讲，光在美国利用这部文献进行研究就出了一百多名博士。这里仅从以下四个方面论述这部重要文献的学术价值。

一、规模宏大，网罗齐备

《中国近代史资料丛刊》的最大成就是，规模巨大，网罗齐备，为近代史研究提供了系统、全面的史料，具有极高的学术价值。

我们可以《鸦片战争》专题来说明。《鸦片战争》共6册，于1954年编成并出版，由上海神州国光社出版，1955年再版，1957年由上海人民出版社出版新一版。这部书之所以如此受到学术界的重视和欢迎，就因为编者有远大眼光和周密的安排，所选择的资料完整地反映了鸦片战争的全过程，给研究者提供了极大的便利。第一部分为"鸦片战争前英美对中国的侵略"，选录了北京故宫博物院保存的《道光朝外洋通商案》和《清代外交史料（道光朝）》、《清道光朝关税案》等档案材料，及梁廷枏《粤海关志》等著作，证明英国自嘉庆、道光以来对中国进行可耻的鸦片走私贸易，变本加厉、日益猖獗，造成中国白银大量外流、财政严重匮乏，有力地揭露英国的殖民者毒害中国人民的可耻行径和经济侵略是导致鸦片战争发生的原因。书中这些清宫廷档案材料，原本藏在故宫博物院，一般人罕能见到，现在经编者发掘选择、整理刊布，提供给广大研究者使用。像这类编者苦心搜集的官私文献在书中占有很大比重，这就使这套《丛刊》的史料价值更加无比珍贵。

本书的（二）、（三）、（四）部分为："禁烟运动的开始"；"林则徐领导的禁烟运动抗英斗争"；"英国对中国的军事侵略和中国人民的抗英斗争"。它们构成了本书的重点部分。其中，"禁烟运动的开始"部分，选录了故宫博物院藏《查禁鸦片烟案（道光十一年）》、许乃济《许太常奏议》（钞本）、黄爵滋《黄少司寇奏疏》（钞本）、佚名《溃痈流毒》（钞本）等罕见史料，以及俞正燮、蒋湘南、周乐、贺昌熙、朱锦琮、吴嘉宾、包世臣、陈光享等人的文集或论著中极有价值的史料。"林则徐领导的禁烟运动抗英斗争"中,不仅选录了一批数量可观的原稿本、钞本,如《林则徐日记》、佚名《鸦片奏案》、《澳门新闻纸》、林则徐和邓廷桢关于鸦片战争的信札等,还有陈康祺所撰笔记《郎潜纪闻》、《燕下乡脞录》两种,外国资料则有本书主编齐思和所译《英国蓝皮书》。

　　官家记载和私人著述(包括笔记),是治史者可资利用的两大类基本史料,它们各有独具的史料价值,同时又各往往有不可据信的缺失。大概言之,前者记述重大事件的时间、政府决策的程序、重要的议论,及备载一代典章、文献等项,往往能提供有价值的史料,但又因其出于官方记载,有时多所讳饰,甚至被一再篡改;后者因其记载无顾忌,且撰述者的动机每在破除一时之忌讳,立志留下真实的记载,故值得以资参证,但其弊在于有时因辗转相传而造成失真,或因闻见有限,只能获知局部之事,甚或一鳞一爪,而不能反映全面情况。前人结合切身的治史经验,对其利弊曾作过评论。如明人王世贞言:"国史人恣而善蔽真,其叙典章、述文献,不可废也。野史人臆而善失真,其征是非、削讳忌,不可废也。"① 近代史家陈寅恪云:"通论吾国史料,大抵私家纂述易流于诬妄,而官修之书,其病又在多所讳饰,考史事之本末者,苟能于官书及私著等量齐观,详辨而慎取之,则庶几得其真相,而无诬讳之失矣。"② 这些见解是很有见地的。本书所选录的各部分的资料,均充分地兼顾了官方文书和私人著述两大方面,大量地发掘了其中有价值者。前面列举的《道光朝外洋通商案》、《清代外交史料》、《查禁鸦片烟案》等,都是有关中英贸易和禁烟运动的重要官方史料。而龚自珍《定庵全集》、徐继畬《退密斋文集》、黄钧宰《金壶七墨》和陈康祺所撰两种的笔记,则是私家著述中提供了有关林则徐领导下的禁烟运动和抗英斗争的许多难得史料的见证。《郎潜纪闻》载:"四镇(按,指王锡朋、郑国鸿、葛云飞、谢朝恩四总兵)守舟山时,兵民辑睦,忠义响应,西人已丧胆思遁,其时若非大帅遥制,可使弭守受约束。……不幸穆相当国,壹意主和,耆英、琦善、伊里布诸人,多选

---

① 王世贞:《弇山堂别集》卷二十《史乘考误一》,361页,北京,中华书局,1985。
② 陈寅恪:《顺宗实录与续玄怪录》,见《金明馆丛稿二编》,74页,上海,上海古籍出版社,1982。

懦，无远略，自和议成，而军士灰心，敌益狂狡，遂有四忠拼命之祸。有士人赋诗记事云：'海外方求战，朝端竟议和，将军伊里布，宰相穆彰阿。'直笔叙述，不恶而严矣！"① 作者记事时，正值《南京条约》签订后、投降派得势、钳制社会舆论，评说战争真相触犯时忌之际，却能秉笔直书，指出社会公论对于穆彰阿、耆英、琦善、伊里布等民族败类媚敌求降行为的抨击，表达对定海四总兵抗敌殉国的英勇行为的歌颂。《燕下乡脞录》中《裕谦殉节》一节的背景是：裕谦在镇海殉难后，有人竟散布流言蜚语对他诋毁，陈康祺因家在浙东，故有可能收集各种口碑资料证明裕谦早有殉国之志，与侵略军交战之前已从容作好各种布置，而导致裕谦死难的原因是当时领兵守招宝山之提督余步云临阵脱逃，"招宝山提标兵即溃，公遂不能支矣，投身泮池，昏顿展转以死"。② 这是私家著述对镇海战役史实作了重要的补充和辨正。

中国是一个多民族的统一国家，各族人民在长期的历史进程中结成了越来越亲密的关系，尤其在近代反帝国主义、反封建主义斗争中更是患难与共，互相支持，彼此的关系更加密不可分。《丛刊》对于近代少数民族民众的正义斗争是很重视的，特设了《回民起义》专题，由著名学者、回族史学家白寿彝先生负责编纂。他于 20 世纪 40 年代，就以不避艰辛的精神在昆明等地搜集到一批很有价值的史料，新中国成立后，他又进一步在北京各图书馆、回族学者和宗教人士，以及其他历史学家、文献学家帮助下，加以扩充和系统化。这部书之所以具有很高的史料价值，首先在于搜集文献丰富，种类齐全。书中仅选录的有关云南回民起义的私人著述之抄本一项，就有李元丙《永昌府保山县汉回互斗及杜文秀实行革命之缘起》、赵清《辩冤解冤录》（沙宝诚抄本）、佚名《缅宁回民叩阍稿》（马生凤抄本）、《永昌回民檄文》、《迤西汉回事略》（王崇武抄本）、徐元华《咸同野获编》（王崇武抄本），总计达 32 篇之多。书中还选录了有价值的地方志及碑刻材料，如《永昌府志》、《大理县志》、《咸丰十年庚申楚城陷碑记》

---

① 中国史学会编：《中国近代史资料丛刊·鸦片战争》（二），625～626 页，上海，神州国光社，1955。

② 同上书，630 页。

（佚名）、《重修赵州城碑记》（马仲山）等。

在《辛亥革命》专题（柴德赓主编）中，也尽力地搜集了辛亥革命准备阶段及武昌首义后少数民族地区的有关史料。如，第三册选录了陕甘民变档案、云贵民变档案；第六册选录了黄钺撰《陇右光复记》，故宫档案馆《陕甘起义清方档案》；第七册选录了故宫博物院《蒙古起义清方档案》，邹鲁撰《新疆伊犁举义》，张开枚撰《辛亥新疆伊犁乱事始末》，钟广生撰《辛亥新疆定变纪略》，故宫博物院《西藏起义清方档案》等。这些都为研究辛亥武昌举义后在祖国广阔的边疆民族地区为何迅速地掀起了反封建革命斗争提供了的珍贵文献记载。

《中国近代史资料丛刊》虽然是以政治史为重点，但编纂者又很重视政治突发事件与社会状况、学术文化的关系。这种社会结构、社会状况和文化领域方面的变动对于透视中国近代历史进程是极重要的，因为这些变动既是政治领域激烈变动的反映，反过来又对政治发生有力的推动。中国封建社会从明代已进入后期，到晚明，市民阶层的活跃和一些士人中要求批判旧的传统、争取个性解放思想的抬头已经相当突出，满族入主中原、明清鼎革的变局虽然使这种势头受到阻遏，但是清朝初年和乾嘉时期一些杰出学者批判专制压迫，揭露理学空疏的祸害，提倡学术领域求实求真、反对盲从的理性精神，也都从不同方面、不同层次显示出挣脱中世纪思想羁绊的力量。这些，都是1840年以后中国社会逐步走向近代的内在动力。因此，到了戊戌时期，在维新派采取的要求改革的政治行动的刺激下，大江南北在短时间内兴起了成立学会、发行报纸、创办新学堂的热潮，形成了文化领域的深刻变动与政治上的维新举措互相促进、空前激烈深刻的新旧嬗变时期，为中国社会注入了更新活力。因而被称为戊戌新文化运动，又被称为中国近代第一次思想解放运动，对20世纪的中国历史影响甚巨。《戊戌变法》专题的编纂者深深地体察到社会领域、文化领域这种新旧嬗变的意义，因此十分关注戊戌维新时期的学会组织、新学堂的开设、报纸的创办等，极具卓识地分别设立了相关专题，发掘大量重要史料，集中地反映了上述的历史动向。如选录光绪二十三年八月初一日《知新报》第二十九期所载《中报日盛》：

西六月二十九号，日本内阁官报云：中国之创设新闻纸，虽在数十年前，然风气未开，上下官民鲜有购阅，故其业不振焉。至同治末年，申报、字林沪报，比肩校踵，相继而兴，其他如香港之循环报，及一二种之新闻纸，孤行海内。嗣后上海又有林乐知之万国公报，别开生面，稍可读者，继起之汇报、益文报、上海报、新闻报并天津时报皆倏兴倏废，惟新闻报迄今尚存。然自中日之役，各省之风气，于兹大变，识时务者，莫不注意于中外之事矣。如湖广总督，于所属部下，发购阅新闻纸之谕，江苏巡抚，及江苏学校亦谕省中各府属书院观之。又北京翰林出身之诸员，创立官书局，有汇报发刊之举。湖南学政，助力刊行湘报，皆古今未有之盛事也。而民间绅士，亦异常奋发，所到无不勉立报馆，其在上海者，时务报、指南报、苏报、华报、苏海汇报、集成报、富强报、画报、农会报。于中途停止者，中外博闻报、时事日报、商务报。此外广州博闻报、中外新报、中西报、广报、维新报、南纪日报、星报、叻报、福报、汉报、天津直报、译报、粤西广仁报、澳门知新报、杭报，皆次第举办，或者耳目日开，中国有转机欤。①

这是概述因中日战争发生、中国战败、民族危机更加深重，局势危急之后，国内社会各界人士为民族前途忧愤，痛切感到了解国内外大事、及时传递信息，以启发民众、激起爱国热情和推动国内社会变革的重要，同时集中地反映近代新闻出版业的空前巨大变化。

再如，选录《知新报》光绪二十三年五月初一日载《学会彬彬》的消息，其中云：

> 京师强学会封禁以后，一二有志之士，倡为小会，数日一集，每假陶然亭花寺等处，为讲学之地。后官书局复开，而此小

---

① 中国史学会编：《中国近代史资料丛刊·戊戌变法》（四），379～380页，上海，上海人民出版社，1957。

会仍别行，相与讲求实学，惟日孜孜。顷闻集者益众，已有数十人，共集资在琉璃厂甸内，就一屋，极壮丽，由总理衙门存案，作为公举，延请通西文者数人，作为教习，每日皆有定课，会中人自九点至三点钟，咸习会中，彬彬济济，他日所成，当益切实矣。闻顷间常住会中者，为刑部主事总署章京张君菊生元济云。①

这段报道，也正是当日北京一些有志之士痛感国事日非，立志改革，开风气之先，讲求西学，寻求救国真理的生动写照。它提供了具体切实的证据，说明中国社会行进到19世纪末叶，爱国和进步的时代潮流终于冲破了封建专制禁止士人参政的堤防，知识分子结成团体，定期集会自由讨论，群情踊跃，人才济济，成为近代新的知识分子群体形成的起点，预示着中世纪式闭塞的社会状况的解体和开始与世界潮流相沟通、西方新思想进一步传播的新的时代的到来。

我们还可读到编者选录的地方风气开始发生深刻变化的宝贵史料。光绪二十三年十一月初一日《知新报》的一则报道说：

> 湘省人士，素守旧，而近日丕变之急冠于行省。顷闻陈中丞宝箴，江学使标，创一时务学堂，特聘新会梁孝廉启超主讲席，诸生投考者至四千余人。梁孝廉深通中外，明于政学，故湘人景从。然首非陈、江两公提倡之力，何以至此。又闻黄廉访遵宪公度，新任湖南臬司，下车伊始，倡禁民间缠足，不期风举雷动，以至秋闱诸生，所有进场器物，俱标贴不缠足会字样，风气之盛，极于时矣。

还有光绪二十四年五月十一日《国闻报》题为《湖南学会林立》的一则报道：

---

① 中国史学会编：《中国近代史资料丛刊·戊戌变法》（四），381页，上海，上海人民出版社，1957。

> 湖南风气日开，较之江海各省，有过之无不及也。自上年前学使江建霞文宗创立湘学会于校经书院，为多士讲学之地。近则日新月异，继长增高。后来名目有所谓南学会、群萌会、延年会、学战会、法律会，不半载之间，讲堂之场居然林立。或暂就书院屋舍，或另赁街市民房，人尽愤兴，士皆淬厉，为楚有材，于斯为盛，新学之兴，此邦殆其嚆矢欤。①

这两则报道，则提供了湖南当日成为全国最有生气的省份之生动证据。从京师有志之士定期集会讲求救国道理，到地方省份创办学会学堂，举行演讲，发行报纸，实行改革，这些珍贵的材料正有力地证明，中国社会的新旧交替，已经达到一个临界点，内部深刻变化之势已经形成，千年坚冰已经打破。因此之故，尽管以西太后为首的封建顽固势力残酷绞杀了戊戌新政，但是，思想解放的潮流既然已经冲开了决口，那么它就再也阻遏不住，必然地推动中国社会在新的20世纪加速变化和进步。

二、贯彻中国史与世界史密切联系的指导思想

贯彻中国史与世界史密切联系的指导思想，是《丛刊》科学性的突出表现。从鸦片战争开始，中国史便空前地被卷入世界史的格局中，中西文化的冲突和交流已无法分割开来。研究近代史，必须同时重视利用国内的和国外的史料，而以往的研究者却对国外材料了解甚少或无从获得，因而在材料的运用上局限性很大。有鉴于此，《丛刊》的编者自觉地并大力地体现上述与世界格局密切联系的历史特点和治史意识，突破了以往整理历史文献一般只限于国内史料的局限，尽可能地收集和选录了为数甚多的外国文献。这些文献少数原先已有中译本，大多数都是《丛刊》编者新译出或组织翻译的。

《鸦片战争》专题中所选录的一批英国方面的官方文件和著述就很有

---

① 中国史学会编：《中国近代史资料丛刊·戊戌变法》（四），383页，上海，上海人民出版社，1957。

价值，使许多研究者第一次从本书中获得了英方的记载。由齐思和翻译的《英国白皮书》的史料价值尤其值得重视。此白皮书于1840年在伦敦出版，副标题是：《和对华贸易有关系的不列颠商人给女王陛下政府的呈文 遵照女王陛下的命令发给上下两院的议员们》。这些呈文大多是出自英国官员或起劲地主张对中国进行殖民掠夺的商人之手，但是，恰恰从这些文件中暴露出英国政府如何长期支持可耻的鸦片走私活动，证明鸦片走私如何造成中国白银的大量外流和财政危机，更可证明英国殖民主义商人和官员是如何长时间蓄谋对中国发动武装侵略。

在白皮书第六件，《下列布利斯特签字商人致外交大臣巴麦尊子爵》中，布利斯特市商人陈述：

近三年来，茶叶贸易因鸦片走私的船只日渐众多而遭受危险。又以英国的不法商人来中国的日渐其多，许多快艇小船，阑入珠江，船主水手，不遵守任何法律，不服从任何权威，常常斗殴争打，以致逞凶杀人，无法无天。

向中国进行鸦片走私，是经过大不列颠的国会准许的，因为当国会重新授予东印度公司统治印度的权利的时候，政府仍授予该公司鸦片专卖的权利。（译者按：此指1833年国会通过的东印度公司法案而言。）并且由东印度公司的印度政府在加尔各答政府官厅，公开地分期出售，目的是在向中国走私，并且在加尔各答、马德拉斯、孟买走私的鸦片，都正式登记，通过本地的海关，然后才转运到中国。①

在白皮书第七件，《伦敦东印度与中国协会致巴麦尊子爵》中，该协会应外交大臣巴麦尊的请求，逐项报告三个问题：一、英国对华贸易的现状；二、所得出的结论；三、向政府提出的建议。

---

① 中国史学会编：《中国近代史资料丛刊·鸦片战争》（二），634页，上海，神州国光社，1955。

协会陈述说："鸦片的产生是在东印度公司领土之内的严格专利，东印度公司获得一笔很大的税收……放弃这一个重要的税源是不妥当的"，"我们应当承认鸦片贸易的本身是经过最高当局准许的。"① 这是在伦敦东印度与中国协会向政府大臣提出的正式报告中，公开承认对中国的鸦片走私贸易，是得到"最高当局准许的"，英国殖民当局一直支持这一严重毒害中国人民的身体和心灵、而又从中国攫取大量财富的可耻行为。而文件中一再声称的英国殖民当局必须保护其鸦片走私中获得的巨额税收，则招认这一经济利益驱动，正是它不顾一切打开中国大门、直至发动侵略战争的根本原因。

文件提供了下列统计数字：1837年7月1日至1838年6月30日的中英贸易，中国对英输出的产品（主要为茶、丝）共达12589924圆，以每圆合4先令计，为3147481英镑；英国用来偿付以上进口货的制造品，五金620114英镑，棉布1640781英镑，而靠鸦片走私贸易一项，即达3376157英镑。三项相加，英国便由大量入超变成巨额出超。如报告所说："这项贸易，是对于中国不利的，中国主要的是用白银来偿付英属印度的鸦片，大约二年偿清，从中国流入到加尔各答与孟买的银两，值二九七七二六二卢比，即三百万英镑。据广州商会（译者按：系外侨商人的组织。）统计自广州输出的白银在一八三七——一八三八年度，是八九七四七七六圆，因此鸦片贸易对中国说来，造成大量白银外流，对国家不能增加税收，只便宜了少数政府官吏，这是中国政府决定禁烟主要原因之一。"② 这正是从伦敦东印度与中国协会人士之口，说出鸦片走私贸易造成了中国财政的严重危机，证明中国政府实行禁烟的正义性和紧迫性。

协会在这份应政府的请求提交的报告中向英国政府鼓动说："两种制度之间的区别，如此之大，是不易妥协的……甚至为了明确的、公正的目的而施以武力，可以有很大的成绩。"③ "自1808年以来的对华贸易，使我们得到一个强有力的印像，即是：屈服只有使危机加深。我方应当用武力

---

① 中国史学会编：《中国近代史资料丛刊·鸦片战争》（二），644～645页，上海，神州国光社，1955。
② 同上书，646页。
③ 同上书，648～649页。

强迫中国方面让步"。① 并且援引一位叫普乐登的官员在1831年8月讲过的话："我十分相信，假设适当的施用武力，并且政府加以坚持，可以从中国方面，获得较为优待的商业章程。"② 这份报告在当时即已向英国政府建议：通过施加压力，让中国缔结一通商条约，首先要求开放广州、厦门、福州、宁波、扬子江（即后来《南京条约》所规定的上海）为通商口岸，可再要求"将一岛割让与英国"。此时甚至已经周密地计划了派遣舰队向中国发动武装侵略的时机，舰队的规模、编制和进攻胁迫中国政府的策略："在中国沿海用兵的季节，是西南季候风盛吹的时候，即四月到十一月。为了及时赶上作战，在二月中或三月初，舰队就要集中在麻六甲海峡，准备着进入中国海，劫夺自广州西南到东北岸的盐船，这是中国政府极重要的专利。""舰队还可以劫夺粮船，在四月中由台湾先运往福建，船数很多。""舰队必须包括一只英海军中最大的战舰，以吓唬中国人，使他们知道英国可以用来打中国的舰队的威力与性质。"③ 关于舰队的其他编制，报告建议应有一艘二等军舰，二艘一等巡洋帆舰，二艘装有28个炮座的巡洋舰，二艘小巡洋帆舰等，整个舰队共2540人，加上陆战队3960人，总计出兵6500人。报告提出的胁迫中国政府的策略是："封锁了中国海口，并且获得了中国的公私资产以后，军队应当即开往北京的附近，第一个目的在于直接向中国皇帝通信，说明我们的冤屈，并要求赔偿。（如可能时，不必用战争方法进行。）如此举被拒绝，那就要继续封锁，并在沿海占据一、二个岛屿。""假若认为台湾占领起来太大，那厦门包括金门岛，可以给我一个良港，可以控制，并可据以劫取台湾商业。第二个重要的岛，是舟山群岛，在北纬三十二度，我们可以获得，并设法占据及距离仅几里的普陀岛。这些岛屿的占领，与坚强的封锁，自长城以至电白（广东极南海港），可以使中国政府接受条件达到最要目的。"④ 时为1839年11月2日，

---

① 中国史学会编：《中国近代史资料丛刊·鸦片战争》（二），652页，上海，神州国光社，1955。

② 同上书，652页。

③ 同上书，655～656页。

④ 同上书，657页。

当这份以伦敦东印度与中国协会的名义由外交大臣巴麦尊向英国递交报告的时候,英国对华发动武装侵略的一整套计划已经完全策划好了。这份报告可谓将英国殖民者的侵略性、蛮横性与阴险狡诈的特点和盘托出,《丛刊》对它翻译、选录,这对中国的研究者确实是提供了亟为必须、极有价值,可与中文文献相对比照的国外资料。

《鸦片战争》各册所选录或在《书目解题》中介绍的外国文献合计达30种。其中,英国官方文件有:《外国外交部文件》(1841—1842),英国外交档案馆主任编辑;《英国蓝皮书》(1830—1833);《英国蓝皮书——和对华贸易有关系的不列颠商人上给女王陛下政府的呈文》。英国人的私人著作中,有亲身参加侵华战争的英军官兵多人所撰写的著作,如宾汉撰《英军在华作战记》;康宁加本撰《鸦片战争——在华作战回忆录》;英国皇家海军舰长利洛撰《英军在华作战记事:包括扬子江战役及南京条约》;周斯林撰《在华六月从军记》;奥德发尼撰《对华作战记》;柏纳德撰《复仇号轮舰航行作战记》;麦克德森撰《在华二年记》。出自英国社会人士及学者之手的著作则有:地尔洼撰《鸦片罪过论——试论大不列颠商人被摈除于那个庞大的帝国的有利的、无限制的贸易的主要原因》;《道光年间英军来华自记》;拜尔狄撰《环球航行记》;德庇时撰《战期中英议和后的中国》(二册);考斯丁撰《大不列颠和中国(1833—1860年)》;格林柏格撰《英国贸易与中国的开放(1800—1842年)》等。属于美国人所撰写的有:亨德撰《广州番鬼录——缔约以前时期番鬼(1825—1844年)》及《旧中国杂记》;马士撰《中华帝国国际关系史》及《东印度公司对华贸易编年史(1635—1834年)》。此外还选录了当时在澳门发行的《澳门月报》。

再如,《太平天国》专题(8册,向达主编,编者有王重民、田余庆、金毓黻、贺昌群、邓之诚、郑天挺、罗尔纲等20人)第三部分所选录的即为"外人记载"。共选录7种:美国罗孝全撰《洪秀全革命之真相》;瑞典韩山文撰《太平天国起义记》;《英国政府蓝皮书中之太平天国史料》;晏玛太撰《太平军纪事》;富礼赐撰《天京游记》;晏玛太撰《小刀会占据上海目击记》;罗孝全撰《小刀会首领刘丽川访问记》。

《中法战争》和《中日战争》(各7册,均为邵循正主编)所选录的外交资料更为丰富。《中法战争》前两册选录的主要有：日本岩村成允编《安南通史》（摘译）；《1787年越法凡尔赛条约》；《1874年越法和平同盟条约》；法国堵布益撰《东京问题的由来》；法国晃西士·加尼撰《柬埔寨以北探路记》；法国马罗尔撰《李维业远征记》；法国毕乐撰《山西北宁兴化诸役》；越南黎德贡撰《法军谅山惨败》；法国罗亚尔撰《中法海战》。在第七册中法越南交涉档案部分，选录外交资料尤多，有《法国外交文牍》；《法国黄皮书》；《英国蓝皮书》；《美国对外关系文牍——中法事件》；毕乐撰《内阁的危机与初步协定的签订》等，共计24种。在《中日战争》专题中，选录的外交史料更为丰富多样，涉及日、朝、俄、美、德、法、英七个国家。其中，日本的有日方记载的中日战史；《井上特派全权大臣复命书》；《伊藤特派全权大臣复令书》；台湾抗战日方资料；《日本帝国会议志》；伊藤博文撰《秘书类纂》；陆奥宗光撰《蹇蹇录》。朝鲜的有全允植撰《云养录》。俄国的有《俄帝国主义在远东的开端》；俄方有关中日战争（1894—1895）文件。美国的有《美国外交文件》；科士达撰《外交回忆录》（按，著者科士达曾任美国务卿，中日战争期间被中国聘为张荫桓、邵友濂及李鸿章对日媾和使节法律和外交顾问，并陪同李经方赴台湾办理该岛割让的移交手续）；田贝论中日战争（按，田贝在中日战争时任美国驻华公使，并且是中日和谈前两国接触的居间人）。还有：德国干涉还辽事件的文件；法国施阿兰论三国交涉（按，中日战争时，施阿兰任法国驻中国公使）；英国人赫德等关于朝鲜事情书翰（按，赫德在晚清任中国总税务司达48年，是英国对中国侵略的主要代表人物之一，编者在书目解题中指出，从这些书翰中可以看出赫德对中、朝、日之间外交事务如何从中捣鬼）。

  总之，《丛刊》中经过编者苦心经营选出和翻译的国外史料，的确充分地体现出中国近代各种重要事件和社会变化是与世界格局的变动紧密地互相联系的，只有研究了外国的史料，才能具有世界眼光，从而对中国近代史的诸多问题，获得更加深刻的认识。这些史料所提供的西方国家和日本对华政策的内幕，外国不同政治派别和阶层人士中对有关事件的不同态度和反应，以及外国侵略者自己记载下来的侵华罪行，更是不可或缺的第一手资料。

三、提供研究性成果，为初涉史者指示门径

《中国近代史资料丛刊》较之一般的资料书不同，它还具有原创性的特点，不仅发掘收集了丰富的资料，并且在此基础上做了许多更具创造性的工作，这就是贯彻历史唯物主义为指导，在保证史料可信性的前提下，对于若干重要问题作了简要的评论，使这一大型资料工程提高到研究性成果的层次，因而对于广大的大学生、研究生和其他喜爱历史学的读者具有指示门径的作用。这同样体现了《丛刊》对于20世纪史学发展所具有的重大意义。

戊戌维新就是近代史上具有重要意义的历史阶段，对中国社会的演进影响极为深远。但在当时，学术界有相当一部分人不敢给予维新派的活动以应有的评价，而是偏重于指责康梁等人"只讲缓慢的改良，反对突进，反对革命"，因而着重讲维新派的弱点和局限，不敢明确地肯定其历史意义。针对这种倾向，《戊戌变法》专题的主编翦伯赞先生在全书前言中明确指出："戊戌变法运动是具有爱国主义性质和进步意义的"，康梁等维新派"企图运用政权力量，自上而下地实行他们所想望的君主立宪的政治主张，并从而使中国走上资本主义的道路"。"戊戌维新运动在当时社会中所起的思想启蒙作用是不能低估的"，维新派"向顽固的封建势力作了猛烈的思想斗争"。① 这些论断，不仅对于当时的研究者，尤其是青年史学工作者阅读这些资料、进行研究工作具有指导意义，而且经过半个世纪学术实践的考验证明了其正确性。《戊戌变法》专题的高度价值又表现在，它科学地确定了这部书选录资料所应该包括的范围："它应该提供戊戌变法运动发展的全过程的重要资料，即包括它发生的时代背景，百日维新的具体经过和内容以及它对后来的影响。"②

根据上述高明的史识，本书即对19世纪60年代至90年代数十年间大

---

① 中国史学会编：《中国近代史资料丛刊·戊戌变法》（一），1页，上海，上海人民出版社，1957。

② 同上书，2页。

量而分散的早期维新派的论著作了筛选，整理、辑录了一批最有代表性的论著如冯桂芬《校邠庐抗议》，郑观应《盛世危言》，王韬《弢园文录》外编，薛福成《筹洋刍议》，马建忠《适可斋纪言纪行》，汤震《危言》，邵作舟《邵氏危言》，何启、胡礼垣《新政真诠》，陈虬《治平通议》，陈炽《庸书》等。本书所作对近代早期维新思潮资料的选粹和整理，在学术界尚属首次，对于研究晚清政治史和思想史、学术史都提供了重要的研究基础。

  本书编者充分地突出了百日维新运动的经过和内容、戊戌维新的政治纲领和政治意图这一主题，选录了包括记述戊戌变法始末的专著，当时人的论著、墨迹、遗稿、笔记、杂录，当事人的日记、上谕和奏议等大量历史文献。这些文献对于推进戊戌变法史研究所具有的重要意义，可以概括为如下三项：一是，提供了多视角、多层次的第一手史料，为客观地揭示戊戌变法运动历史全貌准备了集中而可靠的资料条件，这是十分难得的。编者从晚清大量官私记载中，选录了上谕316条，奏议109篇。有戊戌维新运动的领袖康有为向光绪帝先后七次的上书，及其《请告天祖誓群臣以变法定国是折》等29件奏议。又提供了较之光绪帝上谕和康有为奏议的重要性略次一等的文献，如陶模《培养人材疏》、胡燏芬《变法自强疏》、李端棻《请推广学校折》、容闳《续拟银行条陈》及《津镇铁器条陈》、张謇《代拟请留各省股款振兴农工商务疏》、严复《上今上皇帝万言书》、徐致靖《保荐人才折》及《请明定国是疏》、梁启超《公车上书请变通科举折》、陈宝箴《奏厘正学术造就人才折》、杨深秀《请御门誓众折》等维新派及其支持者重要奏议共35件，总理衙门、吏部、兵部及孙家鼐等奏议25件，荣禄、张之洞、许应骙、文悌、曾廉、徐桐、袁世凯等奏议20件以及康有为、梁启超、谭嗣同、杨锐、汪康年、唐才常、张之洞、刘坤一、王先谦等人的书信共122篇。二是，本书所选录和整理的文献中，为数不少是属于以往未被研究者注意或是首次公开发表的文献，如梁启超《戊戌政变记事本末》，此篇以往从未收入各个版本的梁启超的文集之中，这一次是编者由《清议报》卷廿一中选入和整理的。又如，康有为的一批未刊稿，如《中日和约书后》、《驳后党张之洞于荫霖伪示》、《光绪帝上宾请讨袁贼哀启》等,均系康氏后人所提供的史料。书中选录的翁同龢、叶昌炽、谭献、孙宝瑄、于荫霖、王闿运、袁世凯、胡寿颐等人的日记,也都是第一次整理和公开出版的,这些人物各以不同的身份,从不同角度留下了对当时事件的第一手记载,以这些日记所载与其他文献相比勘,极有利于将戊戌时期一系列重要事件的真相考辨清楚。三是,为若干以往印行过而舛讹甚多的史料提供可靠的版本。如《康南海自编年谱》,是研究戊戌维新历史的基本文献,但以往印行过的版本错讹甚多,研究者殊感不满意,本书第四册所选录的康氏年谱,则经过认真的校勘,改正了大量错误,故它是为近代史研究者提供的第一个定本。

一部资料书,要做到选录系统、全面,而又确实提供有价值的记载,就必须要求选编者以进步的史识统率全书。本书主编翦伯赞在20世纪30年代即撰成以唯物史观为指导的重要史学理论著作《历史哲学教程》,因而是中国马克思主义史学的重要奠基者。在他的主持下,《戊戌变法》全书鲜明地体现了以马克思主义观点指导各部分史料的编选和整理。上文已讲到,主编者确立本书"应该提供戊戌变法运动发展的全过程的重要资料",前面溯其思想渊源,中间从各个层面反映维新的经过、人物的活动等项,最后反映社会各阶层的反响以至外国的态度,这恰恰充分地体现了运用辩证唯物主义和历史唯物主义原理以全面的、发展的、辩证的观点观察事物,和尽可能地提供各方面有价值的记载以揭示事物真相的科学态度。此外,还有两项在书中也十分突出:一是从分散无序、难以寻找的大量史料中向研究者提供能反映事物本质的东西;二是运用解题,对各类史料作适当的评价,给予研究者以有益的启示。

戊戌时期创办众多的近代报刊,报道朝野及国外新闻,发表维新言论,反映社会阶层动态。但因为发行报刊在当时是新生事物,有的报纸发行数量和发行范围很受限制,加上历时久远,许多报刊都难以找到。本书编者不惮辛劳,多方求索,获得了一批有用的史料,从《时务报》、《知新报》、《湘学报》、《中外时报》、《申报》等报纸选录了评论43篇,新闻193则。这里仅举本书所载天津《国闻报》的两则新闻为例说明其价值。

光绪二十四年九月初九日《国闻报》载《一人刚断》:"清国八月初六

日以后，一切反改守旧政策，……军机大臣刚毅一人主持于上，……以为新法万不可用，必当扫除净尽，而新党之人亦须摒斥一空。""清国北京官场云：自本年三、四月以来，刚毅常以守旧之故，见斥于皇帝，故此次借此以行其报复。夫用人、行政二项，乃国家安危所关系，而清国人往往以己之私意，阴行其颠倒之权，其是非利害，则一切置之不顾，此亦中国人故伎如此，不独刚毅一人为然也。"①

光绪二十四年十月二十三日《国闻报》载《北京大学堂述闻》："北京访事人来函云：自八月以来，朝局变更。凡四五月以后皇上所创制之新政，其尚未明言作废者，独铁路矿务总局及大学堂二事耳。……然则路矿局之设，亦不过徒留其名而已。北京尘天粪地之中，所留一线光明者，独有大学堂而已。"② 这两则新闻的重要史料价值在于，证明戊戌政变之后，清廷统治者如何更加专制凶残、无可救药，把中国社会进一步拖向黑暗之中，证明除了用暴力革命推翻清廷统治之外，中国更别无出路！

《戊戌变法》第四册末附有由翦伯赞撰写的《戊戌变法书目解题》，作者对于烦琐的史料，仔细爬梳，披沙拣金，往往能以简要的语句，指出史料中之最有价值的部分，这样做，尤其对初涉近代史研究的青年学者起到指导的作用。如蔡郕撰《清代史论》（民国四年上海会文堂铅印本），是16卷的大书，编者则以高度提炼的手法，要言不烦地指出它对戊戌变法研究的价值："是书论述满清一代历史，始天命朝迄宣统朝，凡十二朝事，卷十五光绪朝论戊戌变法的失败，谓由于其志太锐、其势太骤，革新之诏，月数十下，守旧诸臣啧有烦言，阻挠之举百出，及礼部六堂官之罢斥，实促成政变之主由。"③ 又如，徐珂辑《清稗类钞》（民国六年上海商务印书馆铅印本）卷帙更浩巨，多达48册，编者极精到地向读者提示书中与戊戌变法研究关系密切的部分："是书分九十二类，三百余万言。第九册狱讼类有记戊戌六君子冤狱事。第二十五册才辩类中有记康广仁善辩一则。第

---

① 中国史学会编：《中国近代史资料丛刊·戊戌变法》（四），443页，上海，上海人民出版社，1957。

② 同上书，462页。

③ 同上书，576页。

二十七师友类中,有记林旭交名流、汪康年好客二则。会党类中有记唐才常组织自立军起义事。第二十八册著述类中,有记戊戌政变后康梁流亡日本,办清议报及唐才常在上海办亚东时报事。"① 有的仅著寥寥数语,即能让读者明了该书对于研究近代史有何用处。如编者为王韬著《西学辑存六种》所写解题说,此书"论述西方学说,皆详其原起。对各国游历中国人士,皆'厘次氏族,胪载著作',借此可以知西学东渐之始。"② 像这样简要的解题,确为读者提取出精华,编者以自己付出的大量时间和精力,为研究者做最需要的奠基和指路工作,而众多的近代史研究者,则能借此获得许多宝贵的资料,开阔了视野,提升了认识水平和鉴别史料的能力,并且大大提高了工作效率,这就有可能从总体上对推动近代史研究达到新的高度发挥有力的作用。还有的解题,则为研究者运用联系的、辩证分析的观点对待史料作出示范,如对英国传教士李提摩太所著《留华四十五年记》(1916年伦敦出版)一书的解题中指出李在庚子后与荣禄关系密切,及西太后谕任其为各国新教教会在中国之代表,说明他并非真实帮助维新运动。③

齐思和主编的《鸦片战争》也同样鲜明地体现出这种思想性和指导性特点,因此同样具有突出的研究性价值。这里仅补充两项例证。

其一是,编者在全书之前,选录了《马克思恩格斯论鸦片战争》的内容。这两位科学历史观的创立者,虽然远在西欧,但根据从中国传去的信息、英国官方文件及私人著作,却极其深刻地分析第一次鸦片战争对中国造成的严重后果,中国处于东西方冲突这一历史关口所处的特殊地位,以及英国政府在政策上和宣传上的伪善性。马克思在《论鸦片贸易》(第一篇)中指出:"第一次鸦片战争,还促进鸦片贸易底增大而使合法的贸易受到损失。如果文明世界底合力制裁,不能强迫英国放弃在印度种植鸦片和在中国武力宣传贩卖鸦片,则第二次的鸦片战争,将发生相同的结果。

---

① 中国史学会编:《中国近代史资料丛刊·戊戌变法》(四),576～577页,上海,上海人民出版社,1957。
② 同上书,587页。
③ 同上书,649页。

我们不必细讲这种贸易是不道德的,关于这一点,甚至英国人蒙哥米尔·马尔丁说了以下的话:'不必说贩卖奴隶同贩卖鸦片比较起来,还是善良的事情。我们并没有杀死非洲黑人,因为我们底直接利益,要求我们保存他们底生命;我们没有改变他们底人的本性,没有损坏他们的智慧,没有消灭他们的心灵。可是鸦片贩卖者却腐化了、降低了、和毁坏了不幸福的人底生活,而且还毒杀了他们的身体;鸦片贩卖者时时刻刻向食欲无厌的吃人神贡献新的牺牲品,而充当凶手的英人和服毒自杀的华人,就彼此竞争,向吃人神底祭台上贡献牺牲品。'""华人不能同时购买毒药;在现有情势之下,对华贸易底扩大,就是鸦片贸易底扩大,鸦片贸易底扩大与合法贸易底发展是两不相容的,——这些原理,人们在两年以前差不多到处都承认了。"① 马克思又说:"中国皇帝为阻止自己臣民的自杀行动起见,禁止外人输入这种毒药和禁止华人吸食这种毒药,而东印度公司欲将印度鸦片底种植及其向中国之私卖,变成自己财政系统中的组成部分。半野蛮人已经站在道德的立场,而文明世界欲拿抢劫的原则来与他们对立。这个幅员广大的帝国,包含着差不多有三分之一的人类,它不管时势怎么变迁,还是处于停滞的状态,它受人藐视而被排斥于世界联系系统之外,因此它就自高自大地以老大天朝至善尽美的幻想自欺,——可是现在这个帝国,终究为时势所迫,不得不进行拼死的决斗中,在这个决斗中,旧世界底代表以道德思想来鼓励自己,而最新社会底代表欲争取那种以最贱价格购买和以最贵的价格出卖的权利。这是一种多么悲惨的情景呵!诗人底任何幻想,也未必想像出比这更离奇的情景吧。"②

  马克思作为代表人类崇高智慧的卓越思想家,他对中国和英国的特点有准确的把握,他的论述深刻地揭露了第一次鸦片战争前后英国对中国所进行的可耻的鸦片走私贸易的经济掠夺性质,使中国陷入严重的财政危机,严厉地谴责了鸦片走私对中华民族的心灵和身体的可怕毒害,有力地声讨英国殖民者犯下的不可饶恕的罪行,同时,又极其精辟地分析在历史

---

  ① 中国史学会编:《中国近代史资料丛刊·鸦片战争》(一),1~2页,上海,神州国光社,1955。
  ② 同上书,4页。

进程中处于落后地位的中国，实行禁烟和抗击侵略上所代表的正义性和道德心，而斥责英国政府"戴着基督教的假面具、始终空谈文明"、"装腔作势"① 的伪善特点！马克思、恩格斯这些充满科学精神的分析，洞察历史事实本质的论断和明辨是非的态度，在 20 世纪 50 年代亟待开展运用正确观点把近代史研究引向深入的时候，无疑是具有指明正确方向的重大意义的，而在半个世纪以后的今天，关于鸦片战争史的研究虽然已经取得了许多可喜的成绩，但是近十多年来学术工作的进程又恰恰表明，在科学地解释鸦片战争的起因就是英国进行可耻的鸦片战争贸易和发动野蛮的军事侵略，辩证地分析当时中国闭关自守的落后性和中国人民抗击侵略的正义性这种复杂历史现象，揭露英国侵略对中国人民造成的灾难等根本问题上，马克思、恩格斯的上述观点对于研究者仍然一点儿也没有过时！我们只能在这些科学的论断的启示下继续前进，在事关历史进程本质的重大是非问题上不能态度含混，更不能向后倒退！

其二是，编者对于鸦片战争时期若干重要史料真实作者之姓名作了严密的考证。在鸦片战争期间及《南京条约》签订之后，有一批私人著述，站在中国人民反抗侵略和揭露投降派罪行的正义立场上记述史事，但由于投降派权势吓人、炙手可热，这些揭露他们丑行的记载动触时忌，因而不敢署真实姓名（或不署真实姓名）。搜集确凿的证据，将一些重要史料的作者考证清楚，是研究工作必不可少的一项。如，北京图书馆藏有钞本《夷艘入寇记》，又有钞本《夷舶入寇记》，南京大学图书馆藏有同为钞本的《英夷入寇记》，这三钞本都不著撰人。齐思和《鸦片战争》第六册书末《书目解题》中对此作了详细考证："各钞本皆不著作者姓名，盖恐触时讳，当时记载鸦片战争之书多如此。此书各传钞本，名称不一，……实为一书。至于文字，稍有出入，乃钞本书之常事，不仅此书为然。是书事核文直，叙述有法，议论也有特识，与官书之粉饰欺罔者迥然不同，是以风行一时。各书多征引之，目为信史，而不知其究出谁氏之事。惟汤纪尚

---

① 中国史学会编：《中国近代史资料丛刊·鸦片战争》（一），7 页，上海，神州国光社，1955。

《桨迋文集》谓出于魏源之手。按汤氏与魏氏为世交,知之甚稔,当极为可信。余取是书与魏氏《圣武记》中之《道光洋艘征抚记》细加比较,然后知两书本为一书"。"最近杜定友先生得一钞本,即署'魏源默深著',则是书之出于魏源,又多一层佐证。"① 魏源是清嘉道时期杰出的思想家、史学家,他对当时的历史变局有敏锐的观察,主张革除积弊,重视记载当代史,被誉为"良史之才",他又坚决主张抗击英国侵略,到过定海前线,与林则徐为知交,受林之委托著成《海国图志》,呼吁"师夷长技以制夷",成为近代主张向西方学习、寻找救国真理的先声。本书主编齐思和发掘出确凿可靠的史实,证明众多钞本《夷艘入寇记》的真实作者乃是魏源,这对于正确评价此书的史料价值,以及认识当时各方社会人士不怕触犯时忌,争相传抄这一记载真实历史、激扬民族正气的著作,由此显示出中华民族的强烈爱国精神,都具有重要意义。半个世纪以来,此一有关此书作者以及在当时流传情况的考证成果,已为学术界广泛认同,即便曾有论者提出过异议,也因其所举证据不能成立而无法否定这一正确的结论。②

四、以科学方法整理历史文献的典范工程

《中国近代史资料丛刊》自陆续编成出版以来,之所以在海内外产生极其广泛的影响,至今仍为治近代史的学者所重视,发挥其重要的学术价值,就因为它是运用科学、合理、完善的方法对近代史浩繁史料的第一次系统整理,堪称为大型历史文献工程的典范。中华民族自古以来历史意识发达,在整理历史文献方面更有悠久的传统,积累了极其丰富的经验。远的如西汉成帝时期刘向、刘歆对历史文献大规模的整理,较近的如清乾隆年间编纂《四库全书》,以及乾嘉时期众多学者对文献的校勘、训诂、考

---

① 中国史学会编:《中国近代史资料丛刊·鸦片战争》(六),443 页,上海,神州国光社,1955。
② 参见姚薇元:《关于〈道光洋艘征抚记〉的作者问题》,载《历史研究》,1959(12);姚薇元:《再论〈道光洋艘征抚记〉祖本和作者》,载《历史研究》,1981 (4);陈其泰:《魏源与鸦片战争史》,载《史学史研究》,1982 (3)。

证、辑佚等所做的大量工作，都取得了很大成功，成为学术史上的盛事，嘉惠学林之功，至为巨大，历代学者对此称道不已。新中国成立后，在中国史学会组织领导下编纂完成的《中国近代史资料丛刊》，是大规模历史文献整理的又一盛事，而且由于领导者和各专题主编者具有现代科学思维，有现代的世界眼光，他们继承我国古代学者整理历史文献的优良传统和近代以来文献学者的成功经验，加上是在新中国诞生后蒸蒸日上的社会环境中进行工作，运用了马克思主义的观点为指导，发扬了为学术至诚奉献的精神和社会主义制度的协作精神，因而其方法和成果超迈前人。这一浩巨工程的圆满完成堪称为后人提供在新的时代条件下大规模整理历史文献的典范。

运用科学的整理方法，创立严密合理的体例，是《丛刊》各个专题的共同特色。在中国史学会的领导下，各个专题均依照下列科学的工作程序进行：（一）尽可能地广泛搜集史料；（二）精心地作选录和合理的分类、编排；（三）分段标点校勘；（四）撰写书目解题、编史与配合本专题资料相关的多种附录。这些环节中无论其中的哪一项，工作量都是很浩繁的。仅拿分段标点和校正错字来说，《丛刊》全部史料达 3000 余万字，都由编选者认真地进行正确的标点，让千万读者方便地阅读、使用，即此一项就是功德无量的工作。各个专题的书目解题，尤其显示出整理者的功力和学识，为广大史学工作者提供了研究性、指导性的成果。齐思和主编的《鸦片战争》专题，共搜集到有关鸦片战争的论著、史料共计 200 余种，经选录编入书内的有 150 种。凡已选录，或未选录而较为重要的书籍，都将其作者、版本、主要史料价值，以及需加考辨的问题撰成《书目解题》，以供读者参考。又有从其他线索获知一些书名而未见原书的，择要列于《书目解题》之后，以待进一步的访求。主编齐思和亲自撰写《书目解题》，共录书籍 256 种，分成 7 部分：一、马列主义经典著作；二、鸦片战争前中西通商史料；三、官修书籍及谕折汇编；四、私家纂著（此部分史料数量最大，又分为记述类、纂辑类、传记类、笔记类、诗文集类共 5 类）；五、近人著作；六、外人著作；七、待访书籍。翦伯赞撰写的《戊戌变法书目解题》录书计 296 种。分 12 类：一、总类；二、上谕、奏议；三、专著（又区分为有关变法思想渊源和政治、文化、学术背景的著作，及有关记载戊戌变法经过和反映各派人物不同观点的著作两类）；四、文集；五、传记、年谱；六、笔记、杂录；七、日记；八、诗集；九、小说；十、报纸杂志；十一、近人著述；十二、书目（列有《万木草堂丛书目录》、《中国近代史书目初编》等）。从以上两个专题的书目解题，即可了解《丛刊》征引史料之广泛，门类之齐备。读者依据此书目的指导，即可便捷地找到所需要的其他有关史料原本。

为了使研究者获得更多的方便，《丛刊》编者还不辞劳苦，提供了附录资料。如《鸦片战争》专题即有 5 件"附录"：一、鸦片战争人物传记（包括中方人物 32 人，英方人物 10 人）；二、清道光朝军机大臣表；三、鸦片战争时期总督年表；四、鸦片战争时期各省巡抚年表；五、鸦片战争时期英国执政表。

由柴德赓主编的《辛亥革命》专题（8 册，约 320 万字，上海人民出版社 1957 年出版），从 1951 年开始组成编辑队伍进行工作，至 1956 年完成，共历时 6 年之久。编者在全书《叙言》中，曾具体说明他们在编选工作中遇到的困难，以及如何恰当地解决，他们的思考和处理方法，更可进一步说明在中国史学会领导下《丛刊》编辑工作的科学性。辛亥革命资料搜集不易，主要存在三项困难：一、有的问题，资料本不完备，不易说明；二、有的资料，分散各地，不易收集；三、有些资料是曾经被歪曲的，考订困难。但编者经过数年认真的、坚持不懈的努力，在各方面支持与协助下，终于获得丰富的史料。经过择其重要，去其重复，最后选录了 120 余种。其中，从未发表的有十余种，字数约占四分之一。此外虽曾发表，而刊本难得的占十之七八。编选工作的科学性，主要表现在经过周密思考，妥当地解决了以下三个问题：

首先是断限问题。辛亥革命时间不长，但从它的历史发展来说，酝酿的时间很长；从它的革命任务来说，"革命尚未完成"，后面发生的事件与前仍有联系。编者对此作出合理的决定："孙中山先生是民主革命的先行者，兴中会是革命的第一个组织，本书叙述革命党的活动，应该从一八九四年檀香山兴中会成立起，至中山先生辞临时大总统，一九一二年北京政府成立止。其中某些材料事实上不能割断，也有牵涉到民国元年以后的。"

其次是体例问题。辛亥革命前后革命党人的活动，共经十七八年，牵涉的地区，是有全国规模的。但编者通过对史料的调查、搜集，发现史料多的互相雷同，叠床架屋；少的寥寥无几，没有具体材料。因此，编者确定全书编纂体例为以事件为主，理由是："如果一部书一部书地编排，不但篇幅浩大，而且重点不突出，读者不易得头绪。为使读者容易掌握材料，决定以历史事件为主，按时代先后为序，每一事件，选择一些主要的或基本的材料，集中在一起，以便说明问题。"至于材料的具体安排，则采取"大致以革命方面的记载为主，列在前面；以清方档案或官方记载列在后面。"

最后是编次问题。按上述确定体例原则，全书按辛亥革命酝酿、发生分为四个时期：兴中会时期的革命活动；同盟会时期的革命（附清廷预备立宪等资料）；武昌起义及各省响应的经过；南京临时政府及中华民国成立的经过。每一时期为一大部分，其中二、三两部分选录史料最多，共占3册。编者遇到的又一问题是，每每一种史料，前后关连到多次事件的发生，究竟放在什么地方最合适，需要斟酌考虑再三。故编者苦心孤诣地作了这样的编次安排："像华兴会、光复会材料不多，我们找到刘揆一的《黄兴传记》，固可放在华兴会篇，但按其内容说，放在广州三月二十九日之役似较合适；又如陶成章的《浙案纪略》，亦可放在光复会篇，但就其记述说，放在徐锡麟及秋瑾案似为妥当。至于材料多的，不能全部收入，只取其重要的或有代表性的材料。像同盟会的记载是比较多的，因邹鲁《中国国民党史稿》中同盟会篇比较完整，别的就不必重复了；贵州起义是革命党人和立宪派进行剧烈斗争的典型事例，已经有周素园先生的《贵州民党痛史》，事情很清楚，别的也就不收入了。"① 本书编者还作了大量的文字校勘、改错工作，这是因为有关辛亥革命时期的宣传品和记载，因校对工作差，错讹极多，经过编者花费大量心力作了校对、改错，才提供

---

① 中国史学会编：《中国近代史资料丛刊·辛亥革命》（一），1～4页，上海，上海人民出版社，1957。

给读者文字正确而可靠的史料。本书还选用了大量珍贵的图片，且在书末附有《征引书目提要》。

《中国近代史资料丛刊》堪称是科学精神、奉献精神和为学术工作奋发努力精神的结晶。就负责各专题的学者言，其中如范文澜、邵循正、聂崇岐等位，本身即近代史专家以此身份担任主编工作，其他不少人则原先的主要研究领域是在古代史或外国史，如翦伯赞、向达、齐思和等位，但是为了发展新中国历史科学的需要，丝毫不计较研究领域的转换和编纂工作的艰巨，无不毅然地全力以赴投身进去。正因为中国史学会的卓有成效组织工作，尤其是各卷主编均为国内第一流的学者，具有丰富的学识、严谨的科学态度和高度负责的精神，在他们的主持下，编纂工作遇到的困难都迎刃而解，取得了高水平的学术成果。全书各专题在搜集资料和征集优良版本过程中，得到了学术界、社会贤达和各方面人士的大力支持，他们纷纷将私人珍藏的史料，包括大量珍本、抄本或善本贡献出来，供编纂工作之用。这些无私地献出私人珍藏史料的学者和社会贤达中，我们可以举出，如《鸦片战争》专题有郑振铎、向达、王重民、张元济、祁龙威、林纪寿、徐宗元等位；《戊戌变法》专题有张元济、叶恭绰、康同璧、梁启雄、梁思庄、张次溪等位；《辛亥革命》专题有钱基博、章士钊、叶恭绰等位，所有这些先生慷慨拿出私人珍藏服务于学术工作的精神是很感人的，同样体现了新中国成立后全国人民热情奋发为推进各项事业前进的崇高精神和时代风尚。在中国史学会的组织、领导下，经过著名历史学家和历史工作者的艰苦努力、共同奋斗，这套计60册的《中国近代史资料丛刊》，以它所囊括的丰富内容、珍贵文献和所体现的进步史识，以它凝聚的科学精神、奉献精神和学术价值，成为矗立在新中国历史科学领域的一座丰碑，不仅为海内外众多学人所珍惜、所赞赏，而实现这一盛举的中国史学会和各位编纂者的名字也已永远镌刻在这座丰碑上！

（原刊于《当代中国史研究》2002年第2期，现经作者对内容作了补充）

关于中国近代历史进程基本线索的理论

　　自鸦片战争至五四运动的80年是中国历史发展的重要时期，是中国告别其古老的阶段而步入近代，无论社会内部和外部都发生了极其激烈、深刻的变动时期。中国共产党领导新民主主义革命的纲领、路线、政策的制定，即是建立在对近代中国社会的性质、状况、矛盾作正确分析的基础之上的；今天我们坚定地走中国特色的社会主义道路，坚决维护国家主权和推进国家统一大业，也都与正确地认识和总结近代史走过的道路密切相联系。学术界关于近代史进程基本线索的探讨，溯其源头是发端于20世纪30年代，讨论的高潮则在50年代，至八九十年代再度成为"热点"问题。此其中，有随着时间的推移、对于刚刚翻过一页的近代史问题认识更加深入，并提出前瞻性见解的经验；也有因"左"倾思潮泛滥而致使深入讨论的进程被中断的教训；更有在解放思想、实事求是正确路线指引下，从新颖的视角进行思考和分析的诸多新收获，集广大近代史研究者的共同努力，最终才得出科学的认识。因此，在一定意义上说，关于近代史进程基本线索的理论，是半个世纪来史学界发扬实事求是、民主讨论优良学风结出的硕果，也是中国马克思主义史学理论建设史上的一个重大收获。

一、20世纪50年代近代史分期讨论中的理论思考

　　马克思主义史家关于中国近代社会性质和历史进程基本线索的理论，奠基于20世纪30年代中国社会性质大论战及其后延伸的研究中。本文讨论的重点虽然放在1949年以后，但对发端时期马克思主义学者的主张和学术品格也须作简要的追溯。当时，面临大革命失败后反动势力的嚣张，革命骤入低潮和理论界认识的混乱，以《新思潮》杂志为主要阵地的革命理论工作者，冷静地运用马克思主义理论来分析中国的经济状况和阶级状况，批驳陶希圣、严灵峰、任曙之流的错误观点，展开了关于中国社会性

质的论战。他们正确分析了帝国主义使用商品输出、财政资本控制、利用地主军阀和官僚资产阶级为工具等手段,来奴役、剥削中国人民大众;分析了中国的广大农村仍然保留着封建的生产方式和剥削方式,利用新式生产技术、雇佣工资劳动者经营土地的资本主义生产方式并不存在;分析了在帝国主义压迫和封建势力严重盘踞、阻碍的恶劣条件下,中国的民族资本主义不可能获得充分发展。他们还在华东、华北、华南一些农村进行调查,以亲身获得的确切事实证明中国现实社会的经济情况是:资本主义因素虽然在近代有了增长,但是遭受重重障碍而得不到正常的发展,在农村仍然是封建、半封建势力居于统治地位。这场中国社会性质论战使刚刚诞生的中国马克思主义史学经受了一次重大的考验,证明了马克思主义史家在正确认识中国国情的基础上运用唯物史观原理,通过总结中国近代历史的规律来指导革命工作,表现出中国马克思主义史学在发展初期就具有革命性与科学性相结合的学术品格。其后,何干之、吕振羽、翦伯赞等人继续撰成有价值的著作,推进了对中国近代社会性质的科学认识。而毛泽东于1938年著成的《中国革命与中国共产党》,更集中了全党智慧,科学、系统地阐明中国近代半殖民地半封建的社会性质,正确地制定了革命的任务、方针、路线等纲领性理论,并为中国新民主主义革命胜利的伟大实践所证实。

  1949年新中国成立后,近代史研究长期成为学术界关注的重点领域,其原因有二:一是,近代以来,自1840年起至1919年五四运动的80年间,中国人民进行了艰苦卓绝的反帝反封建斗争,这段历史与新中国的现实联系极为密切、深刻,正确把握近代史的脉络对于了解中国国情关系重大。二是,近代史是一个新开垦的研究领域,有许多新鲜课题吸引着学者们的兴趣。1950年,研究近代史的专门机构中国科学院历史研究所三所成立,中国史学会于1950年起成立中国近代史料丛刊总编辑委员会,有计划地展开自"鸦片战争"至"辛亥革命"等重要历史专题的史料收集、整理、编辑、出版工作,专门研究机构的设立和大型史料丛刊的编辑,也起到了有力的推动作用。1954年,胡绳在《历史研究》创刊号上发表了《中国近代历史的分期问题》,成为推进学术界对近代史理论问题思考的新的起点。至1956年大约两年时间内,先后有孙守任、金冲及、黄一良、范文澜、戴逸、荣孟源、李新、来新夏、王仁忱等撰文发表意见,还有一些高等学校或学术刊物编辑部邀请近代史专家召开会议、进行座谈、各抒己见,形成了关于近代史分期和历史发展基本线索的一次热烈讨论。新中国成立后不久的这场讨论,与中国古代史分期、汉民族形成、资本主义萌芽、农民战争、封建土地制度等问题的热烈讨论一起,成为50年代学术界展开百家争鸣的标志。今天我们重新审视,这场讨论对于推进近代社会性质和历史进程基本线索的理论思考,确实取得了巨大收获。

(一)扩大到从社会经济、政治诸领域作综合考察

推进中国近代史的研究,需要从以往对各个重大历史事件的叙述和评价,上升到对历史演进阶段性特点和历史发展基本线索的认识,并且从以往主要偏重于政治史,扩大到社会经济、政治、军事、外交、学术文化诸方面,进行综合的考察和概括,这是50年代近代史讨论所取得的第一项收获。

胡绳在1954年《历史研究》创刊号上发表的《中国近代历史的分期问题》一文认为,以往的近代史著作在对近代历史发展阶段和基本线索的认识上存在两个问题:(1)较早的一些著作对划分近代历史发展阶段缺乏正确的观点;(2)许多关于中国近代史的著作(包括在马克思主义理论指导下所完成的著作)放弃了分期的办法。"它们逐一地叙述中国近代史中的若干突出的主要大事件,而在叙述每一大事时,附带述及与之有关的前后各方面的事情。这样叙述方法大致上可说是类似于'纪事本末体'的方法。"① 他认为,不进行分期,而采取这种类似纪事本末体的叙述方法,往往会使多个历史事件的先后次序错乱,拆散了许多原本互相关联的历史现象,并使历史发展的基本线索模糊不清。包括范文澜的《中国近代史》上册、华岗的《中国民族解放运动史》这些影响很大的著作,也存在着"政治史内容上有很大比重"的明显局限。由于只选取突

---

① 胡绳:《中国近代历史的分期问题》,载《历史研究》,1954(1)。

出的大事件作为叙述主题，就很容易造成只看到眼前的一些政治事件，"而关于社会生活、经济生活和文化的叙述分量很小，不能得到适当的地位"①。关于中国近代史演进的重心，胡绳的理解是："通过具体历史事实的分析来说明在外国帝国主义侵略中国的条件下，中国社会内部怎样产生了新的阶级，多个阶级间的关系发生了什么变化，阶级斗争的形式是怎样发展的。"他又说："要使历史研究真正渗透着马克思主义的思想力量，就要善于通过经济政治和文化现象而表明中国在近代历史舞台上的各种社会力量的面貌和实质，它们的来历，他们的相互关系和相互斗争，它们的发展趋势。"②胡绳文章中所提出的问题相当重要，反映了自40年代以来，近代史著作的编纂对历史进程的认识得到了进一步深化，这是具有开拓性意义的。

（二）通过争鸣和论辩，达到更高水平的认识

分期讨论中的又一重要收获，是学者们各抒己见、展开争鸣，在运用唯物史观和辩证法分析近代史诸多具体问题的认识方面，达到了更高水平。当时参加讨论的各方都力图以马克思主义基本原理为指导来分析近代历史进程的阶段特点，由于所持角度不同、因而侧重点也各有不同，在许多问题上提出了独到的阐释，其中最有特色的观点有四家。

三高潮七阶段说。胡绳认为，应当"基本上用阶级斗争的表现来做划分时期的标志"，他提出近代史上三个革命高涨时期，即：太平天国革命运动；甲午战争以后第二次革命运动的高涨（戊戌维新和义和团运动）；辛亥革命。进而他将近代史细分为七个阶段：（1）1840—1850年，从鸦片战争到太平天国起义前，是中国由封建社会开始转变为半殖民地半封建社会时期；（2）1851—1864年，太平天国运动是这一历史阶段的主要内容，包括第二次鸦片战争；（3）1864—1895年，是半殖民地半封建社会的形成时期，包括外国资本主义在中国的扩张，部分中国商人、地主和官僚开始投资新式工业，以及资产阶级改良主义思潮的发展；（4）1895—1900年，

---

① 胡绳：《中国近代历史的分期问题》，载《历史研究》，1954（1）。
② 同上书。

即从中日甲午战争到义和团运动失败的全过程；（5）1901—1905年，是资产阶级民主革命派逐渐发展、壮大的时期；（6）1905—1912年，从同盟会成立到辛亥革命胜利，直至胜利果实被袁世凯所篡夺；（7）1912—1919年，从辛亥革命失败到五四运动爆发，是由资产阶级领导的革命过渡到无产阶级领导的革命的历史时期。①

三大阶段说。章开沅认为，1840—1873年为第一阶段，是半殖民半封建社会的开始和第一次革命高潮时期；1873—1905年，是半殖民地半封建社会完备形成和第二次革命高潮时期；1905—1919年，是半殖民地半封建社会继续发展和第三次革命高潮及新民主主义革命的酝酿时期。何以将1873年作为第一、第二阶段的分界呢？章开沅论证说，从太平天国运动到回民起义失败，这一时期没有阶级力量配备的明显变化，这说明在19世纪60年代中国社会经济尚未发生显著的阶段性变化。可是自70年代起，随着一批官僚、地主、商人投资工矿企业和资本主义性质的手工作坊及工场的继续发展，资产阶级启蒙运动逐渐发展、壮大，从要求发展资本主义经济到要求实行君主立宪政体，中日甲午战争之后更发展为政治斗争，阶级力量的对比开始发生变化。此外，以1905年作为第二、三阶段分期界限的理由，则是因为近代民族工业直到1905年之后才有较为显著的发展，并且出现了统一的资产阶级政党，产生了完备的民主革命纲领。此后，同盟会成为全国范围内革命运动的领导团体，资产阶级革命替代旧式农民战争成为历史的主流。②

四段说。范文澜认为：（1）1840—1864年，此期内鸦片战争开始了中国半殖民地的历史，太平天国运动开始了中国人民反帝反封建的历史。（2）1864—1895年，此期总的形势是清朝消灭了太平天国运动的余波，国内统治得到暂时的稳定，洋务派创办了新式军事工业，形式上也有助于清朝的封建统治。但是由于中法战争、中日战争中清朝相继失败，帝国主义更深刻地侵入中国，中国更加陷入殖民地化的深渊。（3）1895—1905年，

---

① 胡绳：《中国近代历史的分期问题》，载《历史研究》，1954（1）。
② 章开沅：《中国近代史分期问题的讨论》，见《历史研究》编辑部主编：《中国近代史分期问题讨论集》，193～195页，北京，生活·读书·新知三联书店，1957。

此期帝国主义加剧对中国的经济政治压迫和军事掠夺，中国被瓜分的危机十分严重。中国人民在这个紧急关头，激起了爱国救亡运动，在长城以南资产阶级有戊戌变法的维新运动，农民阶级有义和团运动，在长城以外，东三省人民抵抗日本、沙俄两个帝国主义，最后在日俄战争刺激和俄国革命运动的影响下，推动了中国资产阶级民主革命的前进。（4）1905—1919年，此期总的形势是中国的前途非常险恶，中国人民的革命方式却有了改进，同盟会成立以后，旧式的中国革命改成新式的革命，并且获得中国资产阶级革命所能做到的一些成就，虽然很小，但比起旧式革命来是一个大进步。1912年资产阶级革命派失败后，立宪派得以活跃，袁世凯加紧准备恢复帝制。1914年袁世凯恢复帝制，资产阶级立宪派政治上受挫后反对帝制活动，同时中国历史又处于由旧民主主义革命向新民主主义革命过渡的阶段。

范文澜在他以前所著的、经过多次修订《中国近代史》上册基础上论述了近代史的分期问题，因而对于一系列问题的分析更具理论上的启发意义。譬如，他论述清政府在中法战争和中日战争中被迫反抗，称"在反抗这一点上符合于人民意志"。义和团运动虽然形式上十分落后，但表现出坚决的反帝精神，间接地推动了中国社会的前进："北方经济比南方落后，农民受封建主义的影响比南方农民更浓厚，迷信团体白莲教因此在农村中广泛流传。义和团这个自发的大规模的反帝运动，在形式上比太平天国运动落后得多，但爱国主义的本质是一样的旺盛。""义和团运动本身带着很大的落后性，但这个运动直接地打击了帝国主义，同时也间接地推动了中国社会的前进。封建顽固派首领西太后为形势所迫，不得不下诏'变法'，口头上承认'维新'，对人民的要求实行让些步；前些时严厉禁止的办学堂，改法律，订商法，废八股，停科举等新政，在义和团运动之后，她都被迫认为合法了。有了这些新政，资产阶级立宪派得到很多的活动机会。"范文澜对于20世纪初年资产阶级立宪派的活动和作用的论述尤能发前人之所未发。他认为，立宪派也是"代表资产阶级的政党"，"维新派要求改良，是希望推行资本主义，左翼谭嗣同甚至为推行资本主义，思想上接近于革命。立宪派在经济上也还是要求推行资本主义，但在政治上，是要保护清朝统治和封建势力合力来反对革命。……当然，立宪派与清朝廷也有矛盾，在迭次要求立宪的活动里，多少起些削弱清朝封建专制统治的作用，在革命派不能在国内活动的情况下，立宪派的报纸刊物向青年学生也多少介绍了一些资本主义思想。"他又论述辛亥前夕立宪派的活动起到加速清朝溃亡的作用："一九〇五年以来，中国资本主义有较大的发展，资产阶级积累了一些力量因而经济上发动争路矿运动，政治上加紧要求实行立宪，形成戊戌以后的改良主义运动的高潮。一九一一年，立宪派与清朝廷的关系终于破裂，立宪派转而拥护袁世凯，反对清朝廷，清朝廷陷于完全孤立。""阶级利益使得立宪派诚意拥护袁世凯，而袁世凯并无诚意对待立宪派。在立宪派帮助袁世凯打击孙中山系统的政客以后，一九一四年，袁世凯便废除临时约法，第二年袁世凯宣布自己做皇帝。当时以梁启超为首的反帝制运动，立宪派人立在最前线，革命派反而落后了"①。以上都是对复杂的历史进程进行辩证的深入分析而得出的论断，对于以后近代史研究者显然有很大的裨益。

五段说。金冲及认为近代史划分为五个时期。(1) 1840—1864 年，为中国由封建主义开始走上半殖民地道路，及农民反封建高涨时期；(2) 1864—1894 年，为中国半殖民地半封建社会逐步形成及清朝统治秩序暂时稳定时期；(3) 1895—1900 年，为中国半殖民地半封建社会正式形成，资产阶级倾向改良主义运动和农民自发的反帝运动高涨时期；(4) 1901—1914 年，为半殖民地半封建社会继续加深，反帝反封建资产阶级民主革命高涨时期；(5) 1914—1919 年，中国由旧民主主义革命转变到新民主主义革命的时期。此主张所划分的前四段，与胡绳、范文澜诸家大体接近，所不同者是以 1914 年为界标，再划分前后为两个阶段，其理由是，因"第一次世界大战"爆发之机，民族资本主义得到空前发展，但其后又遇到严重的障碍。在政治文化领域，"辛亥革命"失败后，中国处于封建军阀黑暗统治之下，思想界发起了意义深远的"新文化运动"，新民

---

① 范文澜：《中国近代史的分期问题》，见《历史研究》编辑部主编：《中国近代史分期问题讨论集》，81～94 页，北京，生活·读书·新知三联书店，1957。

主主义革命潮流正在酝酿之中。①

（三）在以革命高潮为主线作分析的同时，提出应重视从社会经济领域的变化来考察

在这场分期讨论中，以马克思主义为指导的学者们除了十分重视从革命高潮（即阶级斗争的发展和表现）为主线来分析中国近代社会的演进脉络外，同时又提出应重视从社会经济领域的变化，尤其是资本主义发展作为考察近代社会的线索的问题，这是很有理论意义的又一重要收获。以往长时间对于20世纪50年代这一重大理论创获相当忽略，因此很有必要对此进行分析和评价。

近代中国，饱受封建主义压迫和资本帝国主义侵略之苦，灾难深重，人民大众处于痛苦的深渊。中国社会要进步，就必须动员民众，认清帝国主义和封建主义这两大严重障碍，展开一次又一次艰苦卓绝的斗争，沉重地打击帝国主义和封建主义反动势力，一步一步地实现民族独立、人民民主、国家富强的目的。因此，反帝反封建革命斗争的展开和不断高涨，是贯穿近代社会的基本线索，这是历史事实所昭示的，是完全正确的。在1954—1956年这场讨论中，许多研究者都着重从阶级斗争的视角，论述革命高涨的迭次出现、国内阶级关系的变化，分别对这80年历史演进的脉络作出有系统的分析，并且运用唯物辩证法对许多问题提出非常中肯的看法。当时，距1919年近代史结束不过30余年，这些成果的取得，无疑是由于努力运用马克思主义为指导而得出的，是中国近代史领域研究进程上的重要收获。历史问题错综复杂，研究者分析问题的着重点可以有所不同，很难、也没有必要在短时间内对划分历史时期取得一致；再则，近代社会遭受帝国主义和封建主义压迫，沉沦为半殖民地半封建社会的进程，和人民大众前仆后继展开反帝反封建斗争的进程，本来是环环相扣、前后相续，如你以某一年代、某一事件为界标划分出某一阶段固然言之有理，而他若将界标向后移一点，以另一年代作为划分阶段的标准，也很可能持之有故。所以，分期问题的讨论，关键在于推进对中国历史进程的认识，

---

① 金冲及：《对于中国近代历史分期问题的意见》，载《历史研究》，1955（2）。

对于一些重大历史事件或问题作出深刻分析，在坚持以科学观点为指导，这样做了，在于学术上就有收获，而不应当以讨论分期是否达到一致看法作为是否有价值的标准。

处在新中国成立不久、20世纪伟大的革命高潮刚刚过去之后这一特定历史环境下，研究者特别重视从反帝反封建这一主线来考察近代史的基本线索，这是完全符合逻辑的。但是即使如此，研究者也并没有忘记从又一重要视角——社会经济变动，尤其是中国资本主义的发展来分析近代史演进的基本线索。这一事实正好显示出中国马克思主义史家一贯坚持科学性与革命性相结合的基本方向这一治学特色，我们从理论层面来评价，这一努力尤具启发意义。如在金冲及的文章中已有了"分期的标准应该是将社会经济（生产方式）的表征和阶级斗争的表征结合起来考察"的提法。他并且论及：在1864—1894年这一阶段，社会经济领域的主要变动，一方面，是资本主义列强不断扩大在华的商品经销和原料搜刮，中国日益卷入资本主义世界市场之中，清朝的一些重要官僚开始办洋务，创建新式的军火工业和民用工业；另一方面，是民族资本主义有了初步发展，反映在思想文化领域，则是冯桂芬、王韬、容闳、马建忠、郑观应等提出初步改良主义的要求；而以1914年作为划分近代史时期后两个阶段的"界标"，主要原因即社会经济领域有了新的变动，民族资本主义在"一战"后"得到了空前的发展"。①

范文澜对这一问题的论证更加翔实，探讨更加深入，并且得出具有重要前瞻性意义的理论概括。范文澜文章的理论价值，可以归结为三项。其一，如何将中国资本主义由微弱到壮大，作为一条基本线索来分析中国近代社会进程，范文澜作了开创性的工作。截至20世纪50年代初，对中国资本主义作系统研究尚相当薄弱，将之作为推动中国近代社会前进的一个重要视角，与近代政治、军事、外交、文化等领域的变化，有机结合地进行分析、阐述，更是一个崭新的研究课题。范文澜对此作了成功的尝试。他所划分的近代史四个阶段，民间商人办了什么重要新式企业，官办、官

---

① 金冲及：《对于中国近代历史分期问题的意见》，载《历史研究》，1955（2）。

督商办、官商合办的新式企业又有哪些，与前一时期相比，有何明显进展，与资本主义经济的发展相适应，政治思想、文化思想领域出现了什么变化，此一时期中国企业所面临的国际环境又如何，帝国主义的经济侵略手段对中国不同类型的新式工业产生了什么影响，中国资产阶级的不同阶层有何反应，以上各项对社会进程又产生何种影响等，他在文章中都试图作出回答。

其二，由于开始重视对中国资本主义发展史加以梳理，范文澜实际上已接触到中国近代社会新的生产方式、新的社会力量和新的思想主张问题，即初步接触到近代化进程问题，并且对于近代资产阶级在不同时期的作用作了值得重视的积极估计。他分析在1864—1873年清朝统治镇压太平军余波、捻军、苗族起义、回族起义的用兵过程中，洋务派各集团都开办新式军事工业，重要的有1865年曾国藩、李鸿章在上海设江南制造局，1866年左宗棠在福州设马尾船政局，1870年李鸿章接收天津机器制造局。这些虽然是官办的军事工业，"不过，新式机器经过这种工业到底进入中国了。有了机器，不能不招募工匠，也就不能不产生一部分无产阶级，仅仅从这一点来说，官办的军事工业算是也还有一些作用。官办军事工业以外，官办和官督商办的非军事性的工业，其中是多少含有资本主义成分的。"范文澜又称官办和官督商办的非军事工业为"封建主义支配下的资本主义工业"。称官商合办为"封建主义和资本主义混合的工业"。商办工业是"正规的资本主义工业"，"到了商办工业较多的时候，民族资产阶级也就形成了"。文章中论述近代史第三段（1895—1905年）社会经济与历史进程基本线索的关系时说，英、日、美、德等外国资本在中国公开设厂，他们享有各种特权，对中国资本主义的压力更大了，列强进而在中国划分势力范围，准备瓜分中国野心暴露得十分明显。这一时期，中国商人相继在上海、天津、北京、苏州、南通、无锡、杭州、萧山开办纱厂、纺织厂、面粉厂。这些商办新式工业的设立，表明"民族资产阶级在这个时期里比较有了些力量"。因而构成了1898年戊戌维新这场具有重要进步意义的爱国政治运动的社会基础："由于民族资产阶级本身的利益，政治上出现以康有为为首的维新运动。他们反对官办工业，主张商办，要求改良政治。他们是从地主官僚转化过来的，与封建主义关系甚密，但在政治主张上已经是明显的资产阶级立场。这种改良主义思想是资产阶级的代表思想，对小资产阶级影响也很大。从此中国社会里出现了一个新的阶级，政治上也出现了一个新的主张。"并且明确地肯定光绪帝和维新派对于某些旧制度的勇猛改革和发展资本主义的积极措施："戊戌变法，从光绪帝的命令里显示，对某些旧制度的改革相当勇猛，对新制度的全盘推行相当激进。光绪帝允许'有能独立创建学堂，开辟地利，兴办枪炮各厂，有裨于兴国殖民之计者，并照军功之例给予特赏'。向来悬为厉禁的枪炮厂机器厂，竟得'纵民为之，并加保护'，对不要根本改变封建制度而发展资本主义的资产阶级说来，确实如愿以偿，再没有什么可要求的了。这种措施符合于中国资本主义发展的趋向，在当时的条件下，维新运动无疑是进步的运动。"范文澜又以1905—1907年全国分类设厂和机器输入的统计数字，证明这一时期中国工业的显著进步，以此为基础，代表中国资产阶级上层的立宪派和代表下层的革命派各自展开了活动，在20世纪初年社会进程中扮演了不同的角色："随着一九〇五年以后资本主义初步的发展，争路矿运动和要求立宪运动也蓬勃地开展起来。争路矿运动影响了广大人民群众，要求立宪运动影响了广大知识分子。在国内以张謇、汤寿潜等人为首的立宪派，清朝末年已经造成了一个大的社会力量。它主观上要保护清朝的统治，客观上却和清朝廷发生矛盾。这个矛盾的逐渐激化，有利于革命运动的开展。"孙中山和兴中会以"驱逐鞑虏，恢复中华，创立合众政府"为政治纲领，则代表了资产阶级下层的要求。到1905年，革命派汇合成以兴中会为骨干，以孙中山为首领的全国性革命组织——中国革命同盟会。"同盟会的成立，表示资产阶级革命酝酿成熟了，虽然这种成熟不能不是发育欠良先天虚弱的成熟。"① 范文澜上述对中国资产阶级历史作用的分析和论断，在当时都堪称是新鲜见解。1958年以后，由于政治上"左"的路线的影响、干扰，史学界出现越来越贬低"戊戌维新"和"辛亥革命"历

---

① 《历史研究》编辑部主编：《中国近代史分期问题讨论集》，74~86页，北京，生活·读书·新知三联书店，1957。

史作用的趋势，但那些评价显然不能代表新中国成立后十七年史学界的共同看法，因为在"左"倾思潮泛滥以前，以马克思主义为指导的研究者对这些问题已经作了相当深入的实事求是的研究，并提出了有重要价值的看法。

其三，范文澜提出弱小的资本主义要求发展是中国近代史两条基本线索之一的观点，此项对于近代史研究尤其具有前瞻性意义。

中国近代社会性质是半殖民地半封建社会。面对帝国主义的野蛮侵略和封建主义的残酷压迫，中国人民前仆后继、英勇顽强地开展反对帝国主义和封建主义的斗争，构成了近代社会的基本矛盾，因而也是近代史的基本内容。中华民族要独立，中国要富强，首先必须依靠人民大众英勇无畏的革命和斗争开辟道路，这是鸦片战争以后一百年历史所反复证明的颠扑不破的真理。马克思主义史学家分析中国近代社会性质和历史进程基本线索，当然要坚持这一正确的认识。而同时，已有一些学者重视中国资本主义的发展对于推进国家由中世纪的封建社会向近代工业社会前进的意义，这在当时是具有重要意义的理论创新。范文澜分析近代史分期，正是首先以毛泽东关于"帝国主义和中国封建主义相结合，把中国变为半殖民地和殖民地的过程，也就是中国人民反抗帝国主义及其走狗的过程"的观点，对近代史的四个阶段的特点作了深刻的分析。与此同时，他已明确认识到考察中国资本主义的发展对于近代史研究的重要意义，并且将之作为中国近代社会的又一基本线索，因而提出："帝国主义封建主义主要是帝国主义反对中国资本主义的发展，弱小的中国资本主义在重重压迫下用革命的和改良的方法要求发展，这两个过程综合起来，就是中国近代史。"[①] 正是由于范文澜重视中国资本主义由极其微弱到初步发展，使中国有了新的社会结构（资本主义生产方式）、新的阶级（资产阶级和无产阶级），所以他才对戊戌时期、20世纪初年和辛亥革命至五四运动前的几个阶段社会进程中反映资本主义发展要求的历史事件和社会动向作出了具有卓识的分析。

[①] 《历史研究》编辑部主编：《中国近代史分期问题讨论集》，96页，北京，生活·读书·新知三联书店，1957。

与此密切相联系的是，1958年在首都各界人民纪念戊戌运动60周年大会上，范文澜发表了题为《戊戌变法的历史意义》的讲演，评价戊戌维新运动是具有历史意义的运动，是中国近代史上的第一次思想解放。并分析说："早在十九世纪下半期，中国开始有一部分商人、地主和官僚投资于新式工业，这些人还只算是中国资产阶级的前身，还不可能提出资产阶级的政治主张。到了同世纪的末年，中国民族资本主义得到初步的发展，形成了新的社会阶级——民族资产阶级。这个阶级同封建地主阶级保持着极为密切的关系，同时又有提出政治主张的要求，它企图走日本明治维新的道路，在不触犯地主阶级根本权利的基础上求得一些发展资本主义的条件。以康有为、梁启超为代表的改良主义派，就是为适应这样的阶级要求而出现在历史舞台上。所以说，变法运动是符合于当时社会发展的趋势的。"① 当时，"左"的政治路线已经对学术研究造成相当严重的影响，史学界中将近代史上资产阶级革命派与维新派根本对立起来，赞扬革命贬低维新运动的思想定式已开始形成，在此情形下，范文澜对戊戌维新的内容和意义的分析、评价，在当时就具有抵制"左"的路线干扰的极不平常意义。正是由于范文澜率先重视考察近代中国资本主义在各个时期发展的具体情况和政治要求，并上升到近代历史基本线索上加以概括，他才能得出具有重要理论价值的观点。

在20世纪50年代这场讨论中，还有一些研究者也明确提出应注重对近代生产方式和经济领域变迁进行考察。前面已经讲到，金冲及提出应将社会经济的表征作为分期的两项标准之一。对此，他作了阐释："中国近代社会是一个半殖民地半封建的社会。但是这个社会并不是在一八四〇年后就立刻完全形成的。相反，它是由封建社会'一步一步地变成'的。因此，研究中国近代社会内部如何一步一步地发生了重大的变化；封建社会如何逐步解体，资本主义如何逐步发生和发展，中国社会内部如何产生了新的阶级（资产阶级和无产阶级），中国如何变成一个半封建社会；同时

---

① 范文澜：《范文澜历史论文选集》，190~191页，北京，中国社会科学出版社，1979。

帝国主义又如何一步一步地和封建主义结合起来残酷地统治中国，使中国变成一个半殖民地社会。一句话，研究中国近代社会经济结构、生产方式的发展变化，应该是研究中国近代历史分期问题的第一个着眼点。"由于金冲及重视近代生产方式的变化，因而对一些问题能有独到看法，如对戊戌维新运动评价说："他们在政治上主张君主立宪，反对绝对专制；在经济上主张奖励和发展民间企业，反对官办企业的垄断和对私营企业的排挤；在对外上主张独立自主，反对帝国主义的侵略和压迫。这些主张都反映了发展中的民族资产阶级的要求，也是有着强烈的爱国主义色彩的救亡运动，在当时条件下，是有进步意义的。"① 而章开沅提出应以1873年为界限划分近代史第二期和第三期界限的理由，即资本的发展以及与此相适应的早期维新派从要求发展资本主义经济到要求实行君主立宪的主张："因为从太平天国的失败到回民起义的失败，看不出显明的阶级力量配备的变化，这说明在60年代中国社会经济还没有发生显著的阶段性变化。可是在70年代以后，随着一批官僚、地主、商人投资于近代工矿企业和资本主义性质的手工工场及作坊的继续发展，资产阶级启蒙运动逐渐发展起来，从要求发展资本主义经济到要求实行君主立宪政体，中日战后更发展成为政治斗争，这当然表现出阶级力量配备的变化。主张发展资本主义'公司'和组织商会（即所谓'毋恃官势、毋杂绅权'的'商务公所'）的王韬在一八七四年主编'循环日报'，以后在知识界发生不小的影响，这当然不是偶然的。"②

范文澜、金冲及、章开沅所提出的看法和分析，本来为进一步正确解决近代历史进程基本线索问题开了好头。遗憾的是，此后对学术界造成严重影响的"左"的思潮的大肆泛滥，阻止了这一正确认识的发展和讨论的深入。不过，既然有了可贵理论价值的成果，就不会被外力所剥夺。等到有了适合的社会环境和学术气氛，就必然会被有识者重新提起，并在新的条件下得到发展。

---

① 金冲及：《对于中国近代历史分期问题的意见》，载《历史研究》，1955（2）。
② 章开沅：《中国近代史分期问题的讨论》，见《历史研究》编辑部主编：《中国近代史分期问题讨论集》，193～195页，北京，生活·读书·新知三联书店，1957。

二、新时期关于近代历史进程基本线索的新认识

近代史研究在新中国成立后原本受到了重视,发展迅速且成果丰富,但是20世纪50年代后期由于"左"倾思潮的影响,以及教条主义学风的泛滥,严重阻碍了研究工作的深入进行,造成了对于诸多历史问题评价的偏颇和错误。"文化大革命"结束后,学术界经过拨乱反正,批判教条式对待马克思主义的严重错误,迎来了解放思想、勇于探索的大好局面。20世纪八九十年代,发表了大量有关近代史的许多重大问题、事件和人物文章,就多种不同的学术见解展开了热烈争鸣,研究领域也得到了极大拓展。由过去基本偏重于对政治史的研究,转而推向经济史、文化史、社会史等诸多领域,因而对中国近代史的认识不断深化。就理论层面而言,近代中国社会性质和近代历史进程的基本线索也取得了重要的收获。

(一)对"半殖民地半封建社会性质"正确论断作更加深入的阐释

批判教条式对待唯物史观原理的错误,总结以往的经验教训,是20世纪80年代初近代史研究取得重大成果的重要原因。学者们反思了以往过分拔高对太平天国起义和义和团运动的历史作用,过度贬低资产阶级领导的维新运动和辛亥革命的评价等错误,冲破了以往极左思潮影响下所形成的思维定式,对于深化研究、勇于创新、打破人为"禁区"、不断探求真知具有重大意义。毋庸讳言,也有人借口"纠偏"、"反对教条化",企图将以往正确的命题加以否定。譬如有的文章提出,把中国近代社会性质论断为"半殖民地半封建社会"是毛泽东的失误;有的文章认为辛亥革命之前的中国是封建社会,辛亥革命以后是资本主义社会,但无论之前和之后,都不是半殖民地半封建社会;还有文章说"半殖民地半封建社会"完全是一个政治观念,不能用来指导历史研究等。在改革开放的新形势下,众多学者以唯物史观原理为指导进行深入分析,明确肯定了"近代社会性质是半殖民地半封建社会"这一论断的正确性,并从以下两个方面进行了更加深入的阐释。

其一,这一论断准确指明了近代中国人民必须以坚持不懈的反帝反封

建斗争为根本任务。"半殖民地"指对外民族不独立、国家领土主权遭到破坏，"半封建"指对内封建制度开始崩溃，但还没有形成独立的资本主义社会，它们互为表里、密不可分。"中国社会要前进，就必须要反帝反封建，取得民族解放和独立，走上近代化的道路；因此，认定中国近代社会的半殖民地半封建性质，就说明了这一历史的真理。"① 其二，这一论断正确反映出近代中国社会过渡性的特点。"半殖民地半封建"是一个过程，两个"半"字表明两者并存，不能机械地用统计数字的百分比来理解。"半殖民地在揭示国家丧失独立主权的同时，也揭示了被卷入世界市场的资本主义生产，民族资本就是相对于外国资本和买办资本的半殖民地产物，不能把半殖民地理解为单一的政治概念。""半殖民地半封建既相区别又是互存的，不能截然分为两爿，试问没有半殖民地何来半封建？"② 半殖民地半封建社会又指一种过渡形态，表明了近代中国社会的特征：它被纳入了资本主义世界体系，却又无法形成独立的资本主义社会，只是从传统社会跨向另一个新式社会的过渡。"就人类历史发展的里程来说，半殖民地半封建社会比传统（封建）社会毕竟已向资本主义近代化的道路迈出了步伐，从社会经济、政治体制到文化生活都有了近代的新内容，这种新内容尽管微弱，却是在缓缓地增长"。③

（二）从更新颖的视角对近代史进程基本线索进行思考和分析

近代历史基本线索和分期问题在 20 世纪 50 年代学术界引起了热烈讨论，进入新时期以来，再度成为关注热点。批判公式化、教条化对待马克思主义的错误倾向，解放思想、实事求是，摆脱了长期束缚人们的思想枷锁，激发了学术探索的热情。学者们在重新认识、评价许多重大事件和问题的基础上，从不同角度对于近代史演进的基本脉络进行了思考，讨论的范围更广泛、视角更新颖，分析更深入。概括起来，主要有以下四种看法。

---

① 刘大年：《方法论问题》，载《近代史研究》，1997（1）。
② 陈旭麓：《关于中国近代史线索的思考》，见《思辨留踪》（上），5页，上海，华东师范大学出版社，1997。
③ 同上书，6页。

第一种看法以胡绳为代表。胡绳于1980年初著成《从鸦片战争到五四运动》，在《序言》中，他重申了对近代史"三次革命高潮"的主张，并较50年代的分析有所发展。例如，胡绳在50年代论述第二次革命高潮时，主要指义和团运动，仅附带提及了戊戌维新："农民革命——这是中国社会当时主要的革命力量；资本主义思想——这是中国社会当时的带有进步性的理想"；新的论述则明确提出："包括戊戌维新和义和团运动在内的第二次革命高潮时期是中国近代历史中的一个重要环节。"此外，他不赞成一些学者"按照'洋务运动——戊戌维新——辛亥革命'的线索来论述这个时期的历史的进步潮流"的观点①，而是认为"如果把每次革命高潮时期和它以前的准备时期合并起来，那就成为四个时期了。"这四个时期就是：（1）从鸦片战争到太平天国失败（1840—1864年）；（2）从太平天国失败后到义和团运动（1864—1901年）；（3）从义和团运动失败后到辛亥革命（1901—1912年）；（4）从辛亥革命失败到五四运动（1912—1919年）。②

20世纪80年代初，章开沅著文论述近代史基本线索，其观点与胡绳的"三次革命高潮论"接近，但角度有所不同，是从民族运动的发展进行分析。他不赞成"洋务——维新——革命"这样的理论框架，认为这将可能忽略农民和土地问题这样重要的社会内容，因为中国是一个半殖民地半封建社会，不能机械地套用"近代史即资本主义发生、发展和衰败的历史"之类的现成公式加以阐释。章开沅从民族运动的角度提出中国近代史的基本线索，认为鸦片战争是中国近代民族运动的发端。他以1900年为界标，将近代史概括为"两个阶段，三次高潮"：第一阶段是太平天国和甲午战争之后，经历了戊戌维新和义和团两次民族运动的高潮，第二阶段则是经历了辛亥革命这次更具近代特征的民族运动高潮。这三次民族运动的高涨，是近代中国历史客观存在的发展态势，体现了中国近代史的基本线索和发展规律。他之所以不用"三次革命高潮"的提法，是认为"革命"一词有广义、狭义两种理解；而"三次革命高潮"的提法不仅容易引起理

---

① 胡绳：《序言》，见《从鸦片战争到五四运动》（上），4页，北京，人民出版社，1981。

② 同上书，5~6页。

解上的歧义，而且容易使人联想到新民主主义革命史上的"三次国内革命战争"。但他又特别指出，毛泽东所说的"两个过程"可以作为我们探究近代中国历史基本线索的基点，近代中国历史发展过程是一种民族运动，"两个过程"是客观存在的历史实际，是中国近代史的主干，因而被当作贯穿始终的基本线索也是可以理解的。①

第二种看法以李时岳为代表。在《从洋务、维新到资产阶级革命》及《中国近代史主要线索及其标志之我见》两文中，他提出，"1840—1919年的中国近代史，经历了农民战争、洋务运动、维新运动、资产阶级革命四个阶段"，"反映了近代中国社会的急剧变化，反映了近代中国人民政治觉悟的迅速发展，标志着近代中国历史前进的基本脉络"。他强调，要重视近代史上资本主义经济发生、发展的意义，给予资产阶级政治运动以应有的重视。而在近代中国，争取独立和谋求进步始终是历史的主题，向西方学习、发展资本主义，则是争取独立、谋求进步的根本道路，因此应以资本主义发展（包括经济和政治两方面）作为主要线索来考察中国近代发展的进程。② 他认为，洋务运动、维新运动和辛亥革命反映了近代中国人民政治觉悟的迅速发展，标志着历史前进的基本脉络。一些学者将这种提法概括为"三个阶梯"论，但李时岳本人认为这一提法并不确切，强调应当包括太平天国农民战争，称为"四个阶梯"论。其立论依据是，近代中国社会的发展实际上存在着两个，而不是一个趋向：一是从独立国家变为半殖民地（半独立）并向殖民地演化；一是从封建社会变为半封建（半资本主义）并向资本主义演化。前者趋于沉沦，而后者趋向发展。他基本赞成以阶级斗争为线索，认为"三次高潮"论的不完善之处"在于没有把阶级斗争和社会经济紧密地联系起来，从而没有把唯物史观贯彻到底"③，因此"四个阶梯"论与"三次高潮"论并非根本对立，只是部分地修正和补充。

第三种看法以陈旭麓为代表。他从"中国近代的半殖民地半封建社会的过渡性"角度来分析，认为中国近代史的研究应特别注重发生重大历史

---

① 章开沅：《民族运动与中国近代史的基本线索》，载《历史研究》，1984（3）。
② 李时岳、胡滨：《论洋务运动》，载《人民日报》，1981-03-12。
③ 李时岳：《中国近代史主要线索及其标志之我见》，载《历史研究》，1984（2）。

事件的年份,因为"历史线索是引之弥长的观念化了的历史链条,链条不是光滑平直的,而是有一个一个环节的,这些环节就是产生重大事件或历史转折的年份"。① 就鸦片战争至五四运动前这一历史阶段而言,陈旭麓认为应特别重视四个年代:(1) 1840年鸦片战争的爆发,"揭开了侵略与对抗、中西社会冲突的帷幕,中国自此被轰出中世纪、进入近代,开始有了世界的概念,萌发了'师夷'即学习西方资本主义的要求,产生了前朝所未有的一系列变化。所以,它标示的不只是这场战争胜败的严峻性,更因为它标示着以商品和资本来改变中国传统社会的轨道,作为中国的近代与中世纪的分界线,是显而易见的"。(2) 1860—1861年,"是经历了四年的第二次鸦片战争及北京被攻陷的'庚申事变'的年份。人们说的三千年来一大变局,不是在鸦片战争的当初就感觉到了的,而是经过第二次鸦片战争才认识的,由此在观念形态上产生了某些变化,以'洋'代'夷'观念的转化,洋务事业的发轫,资本主义商品的出现,资产阶级改良思想的冒头,它们给封建的封闭体打开了缺口,向近代化迈出了一小步,虽然是灾难迫出来的微弱反响,却是具有时代气息的,应该说中国近代的新旧递嬗在这里已明显地呈现。过去没有把它列为阶段性的历史年份,事实上它是一个带转折性的历史年份"。(3) 1894—1895年,"中日甲午战争在中国近代史上呈现的阶段性最没有争议,因为它标志着资本帝国主义侵华的新阶段,刺激了中华民族的觉醒,给中国的政治、经济和思想明显地划出了一条战前战后的线。许多爱国人士感到没有政治体制的改革,徒然仿效西方的军事技术、生产技术已不足恃,而且军事技术和生产技术的有限发展也将受制于封建主义,为其腐蚀。所以有要求政治近代化的戊戌维新运动,资产阶级的革命势力也同时并起,大大地推动了中国的形势"。(4) 1911—1912年,"这个由武昌起义、诞生南京临时政府组成的年份,推翻了清朝,推翻了两千几百年的封建帝制,对清史来说是终结,对民国史来说是开创,富有划时代意义",以此"作为半殖民地半封建社会全过

---

① 陈旭麓:《关于中国近代史线索的思考》,见《思辨留踪》(上),9页,上海,华东师范大学出版社,1997。

程的许多峰峦中的一个较高的峰峦,为实现政治近代化迈出了大步"。① 陈旭麓划分近代史线索的着眼点,是在坚持中国近代是半殖民地半封建社会性质的前提下,特别关注其过渡性特点和近代化由萌芽到逐步壮大的进程,也是对资本主义在经济、政治上的微弱发展和逐步成长的关注。因此,他没有将太平天国运动的爆发或结束视为重要历史年代,也未将义和团运动作为重要标志;相反地,他强调"庚申事变"标志着中国向近代化迈出了一小步,从此洋务事业开始发轫,资本主义商品开始出现,资产阶级改良思想开始冒头。同样地,以1894—1895年作为重要分界,是因为甲午战争的失败刺激了要求政治近代化的戊戌维新运动的酝酿与发生。陈旭麓对近代史线索的见解,是与其对洋务运动的评价有着密切关系的。他认为,考察洋务运动,既应看到其封建性的一面,又应肯定其促进资本主义发生、发展客观性一面。他说:"洋务派是地主阶级的当权派。他们虽然倡办了一批洋务企业,有军用的,也有民用性的近代企业。然而,洋务集团只是略带资本主义倾向的封建官僚集团,在主观上,他们并不想把封建主义的中国变为资本主义的中国;但在客观上,却不自觉地促进了近代资本主义和民族资产阶级的产生。就是洋务运动时期,中国社会出现了两种新兴的社会力量:一种是掌握着一定资本,投资工商业,成为拥有生产资料、从事近代化生产的民族资产阶级。这些人掌握的企业,促进了中国近代物质文明的进步;还有一种社会力量,他们本人并不一定握有多少资本或产业,但在向西方探求新知过程中建立了自己的政治理想和抱负,掌握着有别于传统封建规范的新型思想武器,呼吁在中国发展资本主义,成为资产阶级的精神代言人。应该肯定洋务运动促进中国资本主义发生、发展的客观作用,不能因为洋务官僚们在政治上的反动,就一笔抹杀他们在促进中国社会阶级变动过程中的积极作用。"② 他从促进资本主义发生、发展的角度,把洋务运动作为推动中国社会近代化进程的重要一环,这一看法同李时岳的见解较为接近。

---

① 陈旭麓:《关于中国近代史线索的思考》,见《思辨留踪》(上),10~13页,上海,华东师范大学出版社,1997。

② 陈旭麓:《近代阶级与历史步伐》,见《思辨留踪》(上),114~115页,上海,华东师范大学出版社,1997。

第四种看法以刘大年为代表。他把整部中国近代史概括为"两个基本问题",一是民族不独立,要求在外国侵略压迫下解放出来;二是社会生产落后,要求实现工业化、近代化。这两个基本问题息息相关,贯穿始终。就前一个问题,他论述说,鸦片战争以前的中国独立于世界东方,在政治和文化上对周围地区广有影响,而自英国用鸦片和大炮打开中国大门之日起,这一情况发生了根本性变化。中国在战争中遭受失败,割地赔款,受到了不平等条约的束缚,逐渐走上了半殖民地道路,民族矛盾从此成为社会基本矛盾之一。中国近代史上发生的多次战争,一类是帝国主义列强所发动的侵略战争;另一类是连绵不断的内战;前者直接反对外国侵略、争取民族独立,后者则是人民大众对于帝国主义与封建势力的同盟进行革命,而那个同盟的盟主正是帝国主义,所以国内革命战争的根本目的仍然是为了争取民族独立。"两种战争集中到一点,是强调说明了中国的近代首先存在民族不独立,中国要求在外国侵略压迫下解放出来这个基本问题。"有关近代化,他论述道:"近代化的核心是工业化,从落后的封建社会进到工业化,是与资本主义分不开的。中国封建经济相当发达,走上资本主义,实现近代化,是历史发展的一种趋势。"外国资本主义侵入促使中国封建经济解体,给资本主义的发展创造了某种可能,例如机器设备输入,技术引进等;但是外国侵略的根本目的是将中国变为殖民地,所以又竭力压迫、限制中国民族资产阶级的发展,因此中国民族工业的发展可谓步履维艰。至于近代史上的两个基本问题——民族独立与近代化的关系是什么关系、又如何去解决呢,他认为:"它们紧密地联结在一起,不是各自孤立的。没有民族独立,不能实现近代化;没有近代化,政治、经济、文化永远落后,不能实现真正的民族独立。中国人民百折不回追求民族独立,最终目的仍在追求国家的近代化。"①也就是说,实现近代化是需要中国人民长期奋斗的目标,但是不可能先走上工业化、后取得民族独立,而是必须首先争取民族独立,打开工业化的大门。

---

① 刘大年:《方法论问题》,载《近代史研究》,1997(1)。

(三)"两个基本问题"说具有的重要理论意义

上述四种关于近代历史基本线索的看法,以及其他一些同中有异、各具见识的看法,显示出新时期以来学术界思想之活跃和问题讨论之广泛。不同意见的争鸣又促进了学者们的思考,促使问题的探讨更加深入。历史进程内容纷纭复杂,近代中国社会又是风云激荡、国内外矛盾交错、变动极其剧烈的时代,因此,对于近代历史演进基本线索的认识也自然见仁见智、各具特识,完全不必要、也不应该只限定于一种模式。只要确实是依据历史事实为基础进行分析、探索,而不是凭主观臆断,就应该受到尊重,而且随着时间的检验,更能显示出哪种见解最符合历史实际和最具科学价值。值得注意的是,胡绳虽然在分期问题上仍然坚持"三个革命高潮"的主张,但也明确提出中国成为独立国家和实现近代化,是贯穿近代史进程的两个基本问题。他认为必须通过进行反帝反封建斗争才能使中国摆脱贫穷落后,为近代化开辟道路,"近代中国并不是近代化的中国,不是一个商品经济发达,教育发达,工业化、民主化的国家。在近代中国面前摆着两个问题,即:一、如何摆脱帝国主义的统治和压迫,成为一个独立的国家;二、如何使中国近代化。这两个问题显然是密切相关的。因为落后,所以挨打;因为不断挨打,所以更落后。这是一个恶性的循环。""以首先解决近代化为突破口,来解除这种恶性循环,行不行呢?在半殖民地半封建的中国,一切工业救国、教育救国,以合法的途径实现民主化、近代化的主张都不能成功。致力于振兴工业、振兴教育的好心人,虽然取得了一些成就,但并不能达到中国近代化的目的,不能使中国独立富强。不动摇原有的政治和社会秩序而谋求实现民主化的努力更是毫无作用。这些善良的愿望之所以不能实现,就是因为有帝国主义及其在中国的代理人的严重的阻力。"[1]诚如有的学者所言,"'两个基本问题'说——这是在新的认识基础上的整合和重新统一"。[2] 经过20世纪50年代的讨论和

---

[1] 胡绳:《关于近代中国与世界的几个问题》,见《胡绳全书》第3卷(上),77页,北京,人民出版社,1998。

[2] 姜涛:《晚清政治史》,见曾业英主编:《五十年来的中国近代史研究》,38页,上海,上海书店出版社,2000。

八九十年代的学术争鸣，可以看出，以刘大年为代表的有关将"两个基本问题"作为考察近代历史基本线索的看法，吸收了自50年代以来许多学者从政治史领域扩大到经济史、社会史和文化史研究的新认识、新观点，论述更加全面、涵盖内容更加广泛。它论证了近代中国半殖民地半封建的社会性质，这个理论的正确性历经70多年的学术研究和实践检验已得到了充分证实，是学术界所取得的重要成果。当然，他的论述较为概括，尚须进一步加以丰富和发展，使之更具说服力。

三、坚持正确认识路线的逻辑依归

从20世纪30年代至90年代，关于中国近代社会性质和历史进程基本线索的探讨，前后历经了70年。从总体而言，中国马克思主义史家一直坚持的正是唯物史观与中国历史实际相结合的方向。其主要特点有两项：

第一，坚持了近代中国社会是"半殖民地半封建社会"这一早已被中国革命的伟大实践所证实的科学论断。坚持这一点，不是为了维护某种权威的需要，也不是思想僵化、信奉教条、唯本本是从，而是为了正确地认识中国的近代是怎样过来的，为了正确地认识中国的国情，为了正确地把握现代中国前进的方向。历史无疑是最好的教科书，尤其是中国近代从备受帝国主义宰割、封建势力压迫、积贫积弱，经过人民大众百折不挠的斗争，经由民主革命到建立社会主义共和国的历史，更是对青年一代进行思想教育的宝贵教材，从中深刻认识到中国走社会主义道路的必然性，深刻认识到只有经过英勇顽强、不屈不挠的革命斗争，才能使祖国从帝国主义和封建主义残酷压迫下解放出来，实现民族独立和富强，深刻认识到中华民族的光荣传统和灵魂，从而更加明确前进的方向。刘大年对此作了极为中肯的论述："我们知道，新中国不是从天上掉下来的，它是从昨天即从近代史上一步一步走过来的。现在中国的社会主义道路不是由任何其他什么决定的，是近代110年历史反复斗争、反复选择而来的。你认为它合理也罢，不合理也罢，你无法去改变历史，事实上只有了解过去的历史，才能认识我们所走道路的总体上的合理性。我们只有知道近代，才知道今天前进了多少，只有知道近代才了解应当如何去克服前进道路上的种种困难。这与我们经常说的爱国主义，提高思想认识水平存在直接的重要的关系，一点也不假。""一个人要生存下去，不能只有躯壳，没有灵魂，一个民族要生存、兴旺发达下去也是这样。一个民族的牢固性，取决于它的以经济、文化发展水平为基础的灵魂的牢固性、顽强性，它表现在现实中，更表现在经过千锤百炼成的历史里。我们讲中国历史，说到底，就是要讲出我们这个民族所以生存下来，还要发展下去的灵魂。为什么我们总是强调要研究近代史、学习近代史，这绝不是什么个人或专业兴趣问题。从中国与近代中国历史上两个基本问题的密切关系上来看，讲中国近代历史，讲中国由衰败到复兴的过程，显现出我们这个民族的灵魂是怎么样的，这对于人们当前和今后继续捍卫民族独立、复兴，捍卫现代化建设加速进行，决不是可有可无的事"①。

第二，对于中国近代社会前进的另一根本要求，争取经济的独立、发展资本主义和实现近代化，此项与进行反帝反封建斗争的任务密切相关，因而也是自20世纪50年代以来马克思主义史学家一直关注和探讨的问题，由于坚持这一科学认识的正确方向，因而使认识不断深化，最后达到比较圆满的结论。在20世纪50年代处于革命高潮刚刚过去的时代环境，人们的主要注意力放在论述反帝反封建革命斗争方面，这是容易理解的。然则在当时，就有范文澜等马克思主义学者对中国资本主义的发展和近代化问题提出了前瞻性的看法。范文澜在其划分的近代史进程的四个阶段中，对于新的资本主义生产力和资本主义企业在各阶段中有何发展变化，与此相适应，在思想文化领域出现了哪些反映资本主义发展要求的新趋向，他都试图作出回答。他已经开始对中国资本主义发展作梳理，并且对中国资产阶级在不同时期的作用作了积极估计。范文澜在坚持毛泽东所论述的"帝国主义和中国封建主义相结合，把中国变为半殖民地和殖民地的过程，也就是中国人民反抗帝国主义及其走狗的过程"的论断的同时，又明确地提出如下论断："帝国主义封建主义主要是帝国主义反对中国资本主义的发

---

① 刘大年：《方法论问题》，载《近代史研究》，1997（1）。

展，弱小的中国资本主义在重重压迫下用革命和改良的方法要求发展，这两个过程综合起来，就是中国近代史"，表明了他已极具卓识地将资本主义的发展作为考察中国近代社会进程的又一基本线索。当时金冲及、章开沅也在近代史分期讨论中，从出现新的生产方式、新的阶级力量角度，对于资本主义发展的作用提出很有见地的分析。这些重要事实都证明：中国马克思主义史家坚持在研究工作中将革命与科学性二者紧密结合起来，坚持从掌握充分的史料出发对近代社会发展基本线索作出更加深入和更加科学的剖析，这同囿于成说、死搬硬套的教条主义做法完全不可同日而语。上述范文澜等人提出具有科学价值的见解标志着对中国近代历史进程基本线索的探讨在当时已取得了值得重视的进展，虽然这场讨论由于此后"左"倾思想的泛滥而中断，但是一旦排除了"左"的干扰，政治环境正常了，正确的认识路线必然会被有识者继续推进。至20世纪八九十年代，章开沅、李时岳、陈旭麓等位学者分别提出从民族运动的发展来作分析，应重视包括经济和政治两方面表现出来的资本主义的发展为基本线索来考察，关注近代化由萌发到逐步壮大的进程等见解，证明了在改革开放、思想解放年代认识的进一步深入。而刘大年提出的"两个基本问题"的观点，不仅坚持了"近代中国是半殖民地半封建社会"这一正确结论，而且概括了自20世纪50年代以来许多学者从资本主义由弱小到壮大的发展和近代化进程的角度考察而获得的科学认识，因而使问题得到比较圆满的解决。这是几代学者坚持实事求是地探索历史进程中的本质问题而最终取得的共识，也是近代史领域坚持解放思想，坚持以唯物史观原理分析中国历史实际问题这一正确认识路线的逻辑依归。

（原刊《江海学刊》2008年第5期）

当代中国马克思主义史学家
关于民族问题的理论

　　1949年中华人民共和国的成立，标志着中国共产党领导下全国各民族团结平等、共同发展的时代的到来，标志着由历史上充斥着民族间压迫、奴役的时代向多民族形成平等、友爱的大家庭时代的转变，这一社会现实的巨变极大地推动着历史研究和民族理论的迅速发展。在中国广袤的国土上，各民族祖先的活动十分丰富而生动，留下来的史料记载也极其繁富，这就为中国马克思主义史家提供了广阔多样的研究课题。这些学者明确而卓有成效地把唯物史观的基本原理与中国民族史的丰富实际结合起来，表现出理论上极为可贵的创造性，他们积极探讨，各抒己见，因此，到20世纪50年代至60年代初，中国史学界出现了对民族问题积极探讨和争鸣的良好局面。

　　进入新时期以来，对民族理论问题的研究与探讨更加活跃，主要体现在以下三项：一是对于历史上民族关系的主流这一问题达成了广泛共识；二是论述了对中国史范围的处理和历史上民族统一的不同阶段；三是提出了"中华民族多元一体格局"的理念。

　　——关于历史上民族关系的主流。从历史记载来看，古代各民族之间（包括汉族与少数民族之间以及各少数民族之间）既有不少关于民族和好、经济文化交流的记载，也有不少关于民族战争的记载。有的学者根据其所统计的历史上民族间战争与和好相处二者年份的多寡，或主张历史上民族关系的主流是战争，或主张主流是民族和好，双方各有年代依据而相持不下。1981年，在北京举行的民族关系史学术研讨会上，对此更是展开了热烈讨论。会上，以白寿彝、翁独健、谭其骧等为代表的一些学者提出了另外一种比较超脱的观点，即认为历史上民族关系的主流应该是各民族间关系越来越密切，共同创造了祖国的历史。这一论点与分析得到了大多数与会学者的赞同。白寿彝认为："主流是什么呢？几千年的历史证明：尽管民族之间好一段、歹一段，但总而言之，是许多民族共同创造了我们的历史，各民族共同努力，不断地把中国历史推向前进。"① 对于这一段话，白寿彝从三个层次进行了论证：第一层，各民族在各方面的不同贡献中相互依赖、相互支援，对促进历史发展是很重要的。第二层，从整个国家历史的发展来看，凡是盛大的皇朝，没有少数民族的支持是不行的。"李世民当了'天可汗'，唐朝就特别显得强盛。当时长安成为国际市场，经商的有各少数民族商人，还有许多外国商人。从这些事实来看，大的皇朝，没有少数民族的支持，不跟少数民族搞好关系，是不行的。"② 第三层，从历史发展的阶段看，少数民族的进步，同样是中国整个社会进步的重要标志。如魏晋南北朝时期和宋元时期广大边疆地区的封建化，都标志着中国封建社会进入新的阶段。近代以来，各民族共同反对民族压迫，共同反对殖民主义、帝国主义的压迫，更大大促进了历史的前进③。其后，白寿彝在1989年出版的《中国通史·导论》中，对此又作了进一步阐述。

同在1981年民族关系学术研讨会上，谭其骧也认为，中国历史上各民族间长期的经济、文化、政治关系，逐渐发展下来，越来越密切。他说："我们很赞成前几天翁独健讲的一段话，我们历史上中原王朝跟边疆少数民族的关系到底是什么关系？主流是什么？是和平共处，还是打仗？我们看不必去深究它，确实有的时期是很好的，和平共处，有的时期打仗还打得很凶。但是，总的关系是越来越密切。我看这点是谁也不能否定的。随着历史的发展，边区各族和中原汉族之间的关系越来越密切了，形成了一种相互依存的关系。"④ 他还举出明朝与后金、蒙古的关系进行论证，认为通过互市，通过战争，最后需要统一，而清朝之所以能造成大一统的局面并且巩固下来，是顺应历史的潮流，是历史的发展自然形成的⑤。

——关于对中国史记载范围的处理和历史上民族统一发展过程的不同形式。正确处理中国史记载的范围，其实质是肃清旧时代中原正统论的恶

---

① 白寿彝：《白寿彝民族宗教论集》，53页，北京，北京师范大学出版社，1992。
② 同上书，55页。
③ 同上书，55～56页。
④ 谭其骧：《长水粹编》，9～10页，石家庄，河北教育出版社，2002。
⑤ 同上书，9～10页。

劣影响，科学地将中国史真正写成各民族活动的历史。封建时代的史家是把皇朝史等同于中国史。中华人民共和国成立之后，尽管史学工作者在道理上都明白封建正统论为谬论，但是在中国史记载内容的实际处理上，仍有一些人摆脱不了陈腐的封建正统论的影响，不自觉地把中国史内容限制在中原王朝的版图之内，这等于是在"汉族"或"汉族统治者"和"中国"之间画等号，完全背离了"中国史是中国境内各民族的历史"这一科学要求。20世纪80年代以后，学术界对这一问题的探讨有了实质性进展，其中，方国瑜等学者的论点可为代表。方国瑜明确批评有的同志所持的"中国历代王朝有时强盛，有时衰弱，疆域时大时小，写中国史若是按今天中国的版图为范围不合适，应该按各王朝的版图来叙述中国的历史"的观点。他说："我认为中国历史应该以全中国五十多个民族的历史为范围""王朝史不等于中国史。王朝的兴亡不等于中国的兴亡；王朝分合也不等于中国的分合。自古以来只有一个中国。……如果按照那种以历代王朝疆域为范围的说法，那么，在三国时代，又应该以魏、蜀、吴三国中哪一国作为中国的历史呢？""我国历史这么漫长，有这么多人口，可是我们并没有分成几个国家，这有着十分深刻的内在原因。清朝垮台时，当时中国并没有一个武力强大的政权，可是并没有出现分裂。孙中山的临时政府挂五色旗，表示汉、满、蒙、回、藏仍为一国。回顾各民族共同创造祖国的历史，我们更加坚信各民族的团结今后一定能不断巩固和发展"[1]。白寿彝对中国史内容的范围亦作了明确表述，他认为："中华人民共和国的疆域是中华人民共和国境内各民族共同进行历史活动的舞台，也就是我们撰写中国通史所用以贯串古今的历史活动的地理范围。"[2] 对此，谭其骧也有重要论述。他提出，所谓历史时期的中国，应以清朝完成统一以后，帝国主义侵入中国以前的清朝版图为范围，"具体说，就是从十八世纪五十年代到十九世纪四十年代鸦片战争以前这个时期的中国版图作为我们历史时期的中国的范围"[3]。这个提法，更为注重历史的依据，强调我们要记住1840

---

[1] 丹仲其：《方国瑜教授访问记》，载《史学史研究》，1983（1）。
[2] 白寿彝主编：《中国通史·导论》，79页，上海，上海人民出版社，1989。
[3] 谭其骧：《长水粹编》，4页，石家庄，河北教育出版社，2002。

年鸦片战争以后，帝国主义列强对中国进行侵略，掠夺走的国土，特别是沙俄通过 1858 年《中俄瑷珲条约》和 1860 年《中俄北京条约》强迫中国割让巴尔喀什湖（今哈萨克斯坦东南部堰塞湖）以东、以南和斋桑淖尔南北，以及乌苏里江以东、黑龙江以北大片领土的历史事实。

在几千年时间里，多民族的统一是否有不同的形式？统一的过程中是否存在着阶段性？对此，白寿彝进行了详细阐述，并提出了民族统一发展过程经历了四种统一形式的理论，即单一民族的统一；地区性多民族的统一；全国性多民族的统一；社会主义的全国性多民族的统一。他说："从历史的发展上看，这四种民族统一的形式，是按着程序前进，一步高于一步。先是有若干单一的民族内部统一的出现，如夏、商、周等族的最初形成。然后有地区性的多民族的统一，如战国七雄。然后有全国性多民族的统一，如秦、汉、隋、唐、元、明、清。然后有社会主义的全国性多民族的统一，有中华人民共和国的诞生。"① 同时他论述，从历史进程的全局看，分裂局面是暂时的，统一才是历史的主流，而在曲折过程中出现过的地方政权，对于本地区生产的发展和政治、军事制度的创设，也有其历史性贡献。这一理论的意义在于，正确阐明了中国这个具有久远历史传统、幅员辽阔、人口居世界首位的国家在多民族统一进程的层次性，以及统一发展总趋势中所包含的地区性和阶段性特点；辩证分析了中国由于地理、经济、政治及文化特点而形成的统一总趋势与暂时出现的曲折之间的关系，指出分裂局面虽然是历史的曲折，但割据性的地方政权有其历史性意义，不应一笔抹杀。这就为评价历史上少数民族杰出人物的贡献，进一步提供了理论依据；同时，恰当说明了社会主义全国性多民族统一既是在历史上的全国性统一基础之上发展的，又有着阶段性的不同，因为在社会主义制度下实现了真正的各民族平等，中国久远的统一传统至此得到了升华。

——关于"中华民族的多元一体格局"的理论。这是费孝通于 1988 年 8 月在香港中文大学作讲演时提出的，其主要表述是："中华民族作为一个自觉的民族实体，是近百年来中国和西方列强对抗中出现的，但作为一个

---

① 白寿彝：《中国通史·导论》，91 页，上海，上海人民出版社，1989。

自在的民族实体则是几千年的历史过程所形成的。它的主流是由许许多多分散孤立存在的民族单位，经过接触、混杂、联结和融合，同时也有分裂和消亡，形成一个你来我去、我来你去，我中有你、你中有我，而又各具个性的多元统一体。……汉族继续不断吸收其他民族的成分而日益壮大，而且渗入其他民族的聚居区，构成起着凝聚和联系作用的网络，奠定了以这个疆域内许多民族联合成的不可分割的统一体的基础，成为一个自在的民族实体，经过民族自觉而称为中华民族。"① 这段表述揭示出：第一，中华民族是包括中国境内五十六个民族的民族实体，在这个民族实体里所有归属的成分都已具高一层的民族认同意识，即共休戚、共存亡、共荣辱、共命运的感情和道义。故此，民族认同意识有两个层次，在多元一体格局中，五十六个民族是基层，中华民族是高层；第二，多元一体格局经历了从分散到多元结合成一体的过程，在这个过程中必须有一个起凝聚作用的核心。汉族就是多元基层中的一元，由于它发挥凝聚作用把多元结合成一体，这一体不再是汉族而成了中华民族，一个高层次认同的民族；第三，高层次的认同并不一定取代或排斥低层次的认同，不同层次可以并存不悖，甚至在不同层次的认同基础上可以发展各自原有的特点。对此，林耀华评价说，在这篇讲演中，费孝通运用了考古学、语言学、人类学、民族学和历史学等方面的丰富资料，深刻追溯了中华民族格局的成因并指出了这一格局的最大特点，即一体中包含着多元，多元中拥戴着一体。"从而为我们认识中国民族和文化的总特点提供了一件有力的认识工具和理解全局的钥匙。"他还指出："在国家的政治统一时，文化多元这个侧面会得到强调并得到合理的体现；而在天下动荡时，政治统一这个侧面又会顽强地上升为各民族普遍认同的当务之急。正是基于这样的体会，我才深深感到'多元一体'这个概念的提出将大有益于我们今后的学术研究和工作实践。"②

（原刊《河北学刊》2007年第1期）

---

① 费孝通：《从实求知录》，131页，北京，中国社会科学出版社，1998。
② 费孝通：《中华民族研究新探索》，9～10页，北京，中国社会科学出版社，1991。

"劳动人民是历史的主人"论题的价值

范文澜之所以成为中国马克思主义史学大师，根本的原因在于他有高度的理论素养。他不仅以唯物史观为指导写出教育了几代人的成功的史著，而且对中国历史和史学发展的许多重要问题作了具有卓识的理论阐释，对于广大史学工作者起到指导的作用。其中，"劳动人民是历史的主人"的观点近年来又受到关注。此一观点，是范文澜于20世纪50年代初论述，并且长期为史学界所接受的。但到80年代，历史学家黎澍却对此提出否定，成为当代学术史上的一段公案。笔者认为，对于这一问题的探讨和认识，于史学工作是关系不小的。本文先评价范文澜提出的论题的价值，然后对黎澍先生的论点提出商榷意见，以请教于专家、读者。

"劳动人民是历史的主人"，是范文澜总结撰写延安版《中国通史简编》及从事修订工作列为第一项的贯串全书的指导思想。他明确说："本书肯定历史的主人是劳动人民，把旧类型历史的帝王将相作为主人的观点否定了。"① 强调这一基本观点的理由是什么？范文澜于1949年5月在北京大学所作的一次讲演《谁是历史的主人》里有扼要的论述。

首先，他从人类历史的普遍性，强调"历史的发展不是英雄豪杰，而是由于生产力的增长"。例如，初民阶段，生产工具只是人工磨制的石器，生产力水平低下，终日劳动不得温饱，没有剩余劳动产生，因此形成了社会生活资料共同所有的制度，这就是原始共产社会。原始共产社会各游牧部落间常常发生战争。俘虏来的人，最初因为生产力水平很低，生活资料缺乏，无法养活俘虏，大部分的俘虏都被杀掉了。后来发展了农业，俘虏便用来作耕田的奴隶。这样便开始转变到奴隶社会。奴隶社会是人类阶级社会的开始，这是劳动生产力增长到有剩余劳动可供剥削时自然产生的结果。奴隶社会使用铜器作为生产工具。后来发明了铁器，铁器的使用逐渐

---

① 范文澜：《中国通史简编》（修订本）第1编，10页，北京，人民出版社，1955。

代替了铜器,生产力发展到一定程度,奴隶社会便过渡到封建社会。封建社会的手工业慢慢发展到手工工场,手工工场又发展到机器工厂,资本制度便一定要代替封建制度。因此范文澜说:"有人说社会历史的发展是一些偶然的事实凑合成的,这是一种错误的看法。学习历史一定要懂得历史发展的规律,我们从社会生产力的全部发展过程来看,就可以明了这种规律了。"

其次,范文澜将上述原理运用到中国历史的实际,从理论上概括生产力的发展如何推动中国社会前进。他说:"中国的历史也经过了石器时代……夏禹以前大概是原始共产社会。恩格斯说酒和城是奴隶社会产生的标帜。因为酿酒表示农产物已有剩余,筑城表示有财物要守护。在原始共产社会,大家都穷得很,绝对不会有剩余农产物。传说禹的时候已有酒和城,我们可以大致推定奴隶社会在禹的时代已经开始了。禹传子也表示一种财产的继承。商代有石器,又有了铜器,生产力提高了,奴隶社会也发展了。西周时候由铜器转到铁器,生产力又提高一步,因之生产关系主要是封建制度。西周以后,封建制度在中国统治了近三千年……鸦片战争以后欧洲资本主义侵入,引起了太平天国的革命。它在基本上是农民革命,但已包含有某些资本主义的因素。因此太平天国虽不是资产阶级民主革命,但可看作是中国资产阶级民主革命的序幕。机器工业在中国逐渐产生,资产阶级也逐渐形成。戊戌变法和辛亥革命就是中国资产阶级和封建主义作斗争的运动。"五四运动以后,中国共产党领导的新民主主义革命的发展,更显示出中国人民中蕴藏着无穷无尽的力量。

第三,既然人类历史和中国历史都证明生产力的发展是社会的原动力,那么,自然得出"劳动人民是历史的主人"的命题。范文澜说:"生产力是由生产工具和'人力'组成的。'人力'里面包括劳动技能和生产经验。生产工具是谁制造的?由谁使用呢?很明白,生产工具是劳动人民创造的,也是由劳动人民使用的。例如工人造了铁犁,农民使用铁犁来耕种。既然生产力是历史的推动力,那么制造生产工具和使用生产工具的劳动人民便是历史的推动者,也就无疑是历史的主人。"

第四,范文澜明确地说,历史的主人还应该包括对创造文化有贡献的人物和统治阶级中在政治上、军事上作过有益于人民事业的人:"承认了劳动人民是历史的主人,对于统治阶级我们应该采取怎样的看法呢?统治剥削阶级在一定的历史时期有它的进步性,我们不能一概抹杀。奴隶社会代替了原始共产社会,提高了社会生产力,一部分奴隶主阶级中人因为脱离了物质生产劳动,从事文化工作,开始了人类的文明时代。因此在一定的历史时期,剥削阶级也有它的进步和革命的作用。统治阶级中的一些进步文化工作者从事于脑力劳动,提高了社会文化,他们也可以包括到历史的主人的行列里来。但请注意:一切文化产物,如科学、哲学、文学、艺术、医学等等,都先在劳动人民中产生出来,不过一般是粗制品,经文化工作者精制以后,才被统治阶级保存下来。"

范文澜最后的结论是:"中国历史的主人是劳动人民加上进步的文化工作者和统治阶级中在政治上、军事上作过有益于人民事业的人。过去的历史是以帝王为主的历史,我们今天要推翻它。历史是劳动人民的历史,劳动人民是历史的主人。"①

同月30日,范文澜再次在华北大学政治研究所作讲演,进一步强调和申论"劳动人民是历史的主人"的观点。他说:"一切的历史现象,追溯到最根本的因素,乃是生产力与生产关系。历史发展的原动力是劳动人民在一定的相互关系条件下拿着工具在生产物质资料。现在我们对几千年历史的看法,必须彻底翻它一个身。过去读历史,只看生产关系里面的一面,侧重在各个朝代的盛衰兴亡,典章制度和沿革改订,帝王将相的功过优劣,文武官员的升降黜陟,文人学士的佳话佚事,英雄豪杰的'丰功伟业'等等,一句话,偏重在生产关系里高高在上的一面(当然,我们并不否认每个剥削阶级在一定历史时期,也曾有过它的进步性和革命性),对被压迫、被剥削、被统治阶级的一面,即生产关系里受苦受难的一面,是不重视和无视的,把他们反抗压迫的阶级革命看作'乱民'、'叛民'、'流寇',至于把生产力的发展,看作历史的决定的最后的因素,那就更谈不上了。这样的看法如果不改变,就永远找不到历史的主人,永远看不见历

---

① 范文澜:《谁是历史的主人》,载《进步日报》,1949-05-29。

史的本质。"①

范文澜于新中国成立初年，在讲演中和修订本《中国通史简编》"绪言"中郑重提出和一再论述的观点，在当时起到了很好的教育作用，并且此后长时期中普遍受到赞同，一直无人提出异议。这是因为这个观点讲出了一个任何人也无法否认的真理：劳动群众是物质资料的直接生产者，物质资料的创造、增加和不断丰富，乃是社会发展的基础，如果离开物质资料的直接生产者，社会便一天也不能存在下去。再者，从人类的蒙昧、野蛮时代，直至今日科学技术高度发达的时代，推动人类社会前进的最活跃因素是社会生产力，那么生产力的承担者劳动大众自然在历史上应当是创造者和主人翁的角色。可是，在剥削阶级统治的社会里，几千年间，劳动群众总是被视为"天生下贱"的"奴隶"，是任人欺压的"无知小民"。在旧时代的历史书上，帝王将相是历史的主人，占据着历史舞台的中心，而人民群众则受歧视、受排斥，被视为"群氓"，甚至是"乱民"。这是对历史的颠倒！连20世纪初的思想家梁启超也斥责旧史是"二十四姓之家谱"，倡导"史界革命"，要求废"君史"，兴"民史"。故范文澜在人民革命刚刚取得全国范围胜利之时强调这一观点，实有恢复历史的本来面目的意义，标志着历史观点上取得革命性的进步。

广大史学工作者和知识界之所以长期接受这一观点，还有更深一层的意义：它揭示了人民大众的意志归根结底决定着历史前进的方向，帝王将相固然占据着旧时代历史舞台的中心，但他们要建立"功业"，归根结底，其作为必须与劳动群众的要求相符合；如果违背人民的意志，即使是不可一世的人物，最后必然成为"孤家寡人"，以可耻失败而告终。历史上这类著名的事例屡见不鲜。

商朝末年，纣王暴虐无道，百姓怨恨，社会矛盾激化。周武王率领大军，并且联合了庸、蜀、羌、髳、微、卢、彭、濮等方国部落，大举讨伐，不久，至于商郊牧野（今河南汲县北）。在这场决定腐朽的商朝和新兴的

---

① 范文澜：《再谈谁是历史的主人——1949年5月30日在华北大学政治研究所讲》，载《人民日报》，1949-06-30。

周朝命运的大战中,商纣王方面也动员了大批力量,如《诗经·大雅·大明》所说,牧野之战,"殷商之旅,其会如林"。但是,在此关键时刻,商朝士兵倒戈相向,他们恨不得商纣这个独夫民贼赶快完蛋,争先为周武王的大军开路,因而在牧野战场上演出了商、周两国士兵合力推翻纣王罪恶统治的惊心动魄的一幕。此即《史记·周本纪》所载:"帝纣闻武王来,亦发兵七十万人距武王。武王使师尚父与百夫致师,以大卒驰帝纣师。纣师虽众,皆无战之心,心欲武王亟入。纣师皆倒兵以战,以开武王。武王驰之,纣兵皆崩畔纣。纣走,反入登于鹿台之上,蒙衣其珠玉,自燔于火而死。"

周厉王是历史上又一有名的暴君,他倒行逆施,引起民众怨骂,厉王又以高压手段钳制民口,派坏人监视谤者。大臣邵公告诫他:"防民之口,甚于防川。"他也不听,百姓暂时是不敢议论和发泄了,但反抗的情绪却继续滋长。毕竟暴君的高压手段敌不过民众的意志,最后周厉王落了个被国人流放的可耻下场。这就是《国语·周语上》所载:"厉王虐,国人谤王。邵公告曰:'民不堪命矣。'王怒,得卫巫,使监谤者,以告,则杀之。国人莫敢言,道路以目。王喜,告邵公曰:'吾能弭谤矣,乃不敢言。'邵公曰:'是障之也。防民之口,甚于防川。川壅而溃,伤人必多,民亦如之。是故为川者,决之使导;为民者,宣之使言。故天子听政,使公卿至于列士献诗,瞽献曲,史献书。师箴,瞍赋,矇诵。百工谏,庶人传语,近臣尽规,亲戚补察,瞽史教诲,耆艾修之,而后王斟酌焉,是以事行而不悖。民之有口,犹土之有山川也,财用于是乎出;犹其原隰之有衍沃也,衣食于是乎生。口之宣言也,善败于是乎兴;行善而备败,其所以阜财用衣食者也。夫民虑之于心,而宣之于口,成而行之,胡可壅也?若壅其口,其与能几何!'王不听,于是国莫敢出言。三年,乃流王于彘。"

证明人民群众是历史创造者的又一伟大事件是号称强大的秦王朝迅速被农民起义推翻。当秦始皇攻灭六国,平定海内之时,自以为创立了万世基业,威振天下,所向无敌。可是秦朝的暴政却把百姓逼向绝路,穷兵黩武,严刑峻法,残酷剥削,徭役繁兴,阶级矛盾极度尖锐,全国好像遍布了干柴，只要有火种点燃便会引起燎原之焰。结果秦王朝只存在短促的14年，便被雇农出身的陈涉带领"斩木为兵，揭竿为旗"的农民起义军所推翻。西汉初著名政论家贾谊在其脍炙人口的《过秦论》中议论说，由于秦朝仁义不施，其暴虐统治为人民所痛恨，所以它原先的强大顷刻变成虚弱，而手持锄耰棘矜的民众却变成为强者。西汉大史学家司马迁赞赏并发挥贾谊的论点，说："善哉乎贾生推言之也！"他的不朽著作《史记》破例把氓隶出身的陈涉立为"世家"，与王侯人物同列，并在《太史公自序》中论述《陈涉世家》撰述义旨说："桀、纣失其道而汤、武作，周失其道而《春秋》作。秦失其政，而陈涉发迹，诸侯作难，风起云蒸，卒亡秦族。天下之端，自涉发难。"表达了对平民阶层伟大力量的礼赞。

秦亡之后，在楚汉相争，逐鹿中原之际，民心的向背又一次显示出对历史进程的伟大作用。司马迁在《史记》中写了《项羽本纪》和《高祖本纪》，用对比手法，揭示项羽失败的原因在于一贯实行杀戮政策、刘邦成功的原因在于一向争取民众拥护的深刻道理。刘、项先后入关中，刘邦约法三章，财物无所取，"诸所过毋得掠卤，秦人喜，秦军解，因大破之"。项羽却"屠烧咸阳秦宫室，所过无不残破。秦人大失望"。司马迁尤其重视记载刘邦的约法三章如何得到关中民众的拥护：刘邦召集当地父老豪杰，宣布悉除秦法，"凡吾所以来，为父老除害，非有所侵暴，勿恐！"又使人遍告各郡县百姓，于是"秦人大喜，争持牛羊酒食献飨军士。沛公又让不受，曰：'仓粟多、非乏，不欲费人'"。"秦人又益喜，唯恐沛公不为秦王"。这些记载有力地证明：不必等到成皋对峙和垓下之战，而刘胜项败之结局已定。

历史事实已经一次次雄辩地说明了人民群众的意志归根结底决定着历史发展的根本方向，历代许多具有卓识的思想家、史学家也已逐步地积累了对这一真理的认识。而范文澜则是站在20世纪的时代高度，用明确的语言，更深刻地揭示了这一真理：劳动人民是历史的主人，是历史的真正创造者。

总起来说，范文澜所强调的"劳动人民是历史的主人"这一论题的重要理论意义是：第一，对两千多年来旧史学以帝王将相为中心的英雄史观明确地提出了否定，是历史观的一大进步；第二，从本质上对任何一个社会都由直接生产者创造物质财富、生产力的体现者推动社会前进、人民群众的意志最终决定历史前进的方向这些普遍历史现象和大量重要史实作了理论概括，对于推进历史学的科学化意义重大；第三，这一论题将鼓舞人民群众相信自己的力量，创造新的更美好的世界；同时也帮助文化人和官员们摆正自己与人民群众的关系，尊重人民，依靠人民，自觉地置于人民的监督之下。讲"劳动人民是历史的主人"，与承认个人、历史上有作为的帝王将相或英雄人物的作用，并不矛盾。对此，范文澜和其他马克思主义史学家都一再如此论述，并在研究工作中有切实体现。这些都是人所共知的事实。

历史学家黎澍于1984年发表题为《论历史的创造及其他》的论文，对范文澜的上述论题提出否定。他著文的动机是为追求真理、弄清问题的真相，这是应该肯定的。但是，据我看来，黎文提出论辩的主要依据及其得出的结论，却都是值得商榷的。黎文中存在两种情况：有不少地方是用比附的手法给论辩的对方外加上去的；有的则属于观点的不妥。

譬如，黎文开头说："历史是人人的历史，所有的人都参与了历史的创造，他们既是历史的创造者，又是历史的剧中人物。只讲英雄创造历史固然不对，提出只有人民群众才是历史的创造者也有片面性，而且这两种说法都离开了历史创造的前提，仿佛历史是按照英雄或人民群众随心所欲地创造的。显然，二说都没有脱离唯心主义的窠臼，都不足以说明事实……想加以弥缝，于是说人民群众创造历史并不否认个人在历史上的作用，而且以'并不否认'为由，大肆宣传个人崇拜。"① 这段话中指责主张"劳动人民是历史主人"者大肆宣传个人崇拜，这显然是子虚乌有。持这种观点的人也绝对不会认为人民群众"随心所欲地创造历史"，相反，人民群众的意志所反映的是一定历史阶段生产力发展或变革生产关系的要求，它绝不能脱离一定的历史条件，不能违反（本身恰恰体现了）历史发展的规律。黎文又说："马克思主义告诉我们，物质财富的生产是创造历

---

① 黎澍：《再思集》，264～265页，北京，中国社会科学出版社，1985。

史的前提……实际上,创造历史的前提即当时社会生产力和生产关系构成的经济条件,好比是舞台……但舞台不能决定在它所提供的物质条件许可的范围内戏的具体内容。"黎澍先生举例说,如古罗马,从事生产的广大群众,即奴隶,只不过做了当时阶级斗争舞台的消极的台柱,台上的阶级斗争是在自由穷人和自由富人之间进行的,"可见把舞台看作是戏,确实是荒谬"①。对此,我们要问:在牧野战场上倒戈相向,为武王开路,合力促使商纣王垮台的商代士兵们,难道不是在历史舞台上扮演着重要角色吗?揭竿而起,推翻暴秦统治的陈涉起义军,难道不也是在历史舞台上扮演了重要角色吗?究竟是谁造成谬误呢?黎文又说:"这种把人民群众同科学家、思想家、艺术家对立起来的思想观点,在中国经过长期的传播,深入人心,甚至发展到荒谬绝伦的地步。轻视知识,以无知自炫,在'文化大革命'中导致了千千万万青年如中疯狂,对学术文化进行了严重的践踏。"②"中国的史书向来被称为'相斫书','帝王家谱',所以中国人就很容易误解为这个历史要反过来看,这就是文澜所说:'过去历史以帝王为主人……今天要推翻它……劳动人民是历史的主人。'到十年内乱时,这种误解又有进一步的发展,人们几乎普遍地认为历史上不应当容许再有帝王将相存在的痕迹,这才算是一种最新式的历史观,以致竟对全国文物古迹来了个大破坏。"③ 在"文化大革命"这场全面内乱中,明明是"四人帮"为了实现篡党夺权的野心,蓄意煽动"全面打倒","全面专政",煽动无政府主义思潮,搞打、砸、抢,而黎澍先生却将之归结到有人主张"劳动人民是历史的主人"这种学术观点,这岂非曲解史实?如果这种逻辑说得通,那岂非轻易地为"四人帮"的罪行作开脱?

以上几项,说明黎澍先生文章中为证明"劳动人民是历史的主人"是错误观点而提出的论据,是脆弱的、站不住脚的。黎文中观点的不妥,主要有两项:

一是,黎澍先生认为,"人民群众是历史的主人"的提法,不见于马

---

① 黎澍:《再思集》,267~268 页,北京,中国社会科学出版社,1985。
② 同上书,268 页。
③ 同上书,270 页。

列原著。① 其根据只是《联共（布）党史》中的这段话："历史科学要想成为真正的科学，便不能再把社会发展史归结为帝王将相的行动，归结为国家'侵略者'和'征服者'的行动，而是首先应当研究物质资料生产者的历史，劳动群众的历史，各国人民的历史。"言下之意，《联共（布）党史》中的论述不足据，甚至若以之立论便肯定错误。我们学习马克思、恩格斯的原著，主要是领会其立场、观点、方法，作为我们解决问题的引导，并努力从事新的理论创造。如果只会寻找其中的现成字句，不顾时间、地点、条件地生搬硬套，那是贻误革命、贻误工作的"本本主义"。其实，如果一定要找到马列的原著作根据的话，那么，马克思、恩格斯在《神圣家族》中所讲："历史活动是群众的事业，随着历史活动的深入，必将是群众队伍的扩大。"② 以及列宁在《卡尔·马克思》中所讲"过去的历史理论恰恰没有说明人民群众的活动，只有历史唯物主义才第一次使我们能以自然历史的精确性去考察群众生活的社会条件以及这些条件的变更"，"人们自己创造自己的历史，但人们即人民群众的动机是由什么决定……马克思对这一切都注意到了……"③ 讲的不都是"劳动群众是历史的创造者"、"劳动人民是历史的主人"的道理吗？同样道理，如果认为马克思、恩格斯原著上没有讲过的话就不能讲，那也是一切唯以"本本"为据的不正确态度。斯大林尽管在理论上有严重的形而上学的失误，但《联共（布）党史》书中也不是没有讲得正确的话。譬如该书中讲，历史研究要真正成为科学，首先应该重视研究劳动群众的历史。这就是很有价值的论述。如果因为斯大林有过错误，那么他讲得对的话也不能相信，那就不免"因人废言"。何况范文澜对马克思主义经典作家的话并不是生搬硬套，如斯大林有关民族问题的论述，他就只活用其精神、原理，而不是套用其结

---

① 黎文云，只有列宁的《卡尔·马克思》一文中有一句话说"人们自己创造自己的历史，但人们即人民群众的动机是由什么决定……"，如此处"人们即人民群众"这个提法在列宁著作中仅此一见。

② 马克思、恩格斯：《神圣家族》，见《马克思恩格斯全集》，第 2 卷，104 页，北京，人民出版社，1957。

③ 列宁：《卡尔·马克思》，见《列宁选集》，第 2 卷，425 页，北京，人民出版社，1995。

论，并结合中国历史实际，对汉民族形成问题作出了极富理论创造性、极具说服力的分析。

二是，人类历史变化多样，大千世界，包罗万象，极其复杂，极其多样。理论家或史学家通过研究，得出某一种观点，自然只能说明某一方面或某一层次的问题。如果要求拿一种观点就能解决这复杂万有的人类历史的种种现象，那必然是圆凿方枘，扞格难通。"劳动人民是历史的主人"的论题，是针对旧史书上记载帝王将相的活动，而把作为社会存在的基础和发展的最根本动力的劳动群众排斥在外，因而提出这一论题来揭示劳动群众在历史上应有的地位和作用，它不可能解决历史上种种复杂问题，而黎澍先生的文章却忽视了这一点，不恰当地要求以此一观点对各种复杂问题作出解释。马克思恩格斯著作中的论述，也都是有所针对性的。恩格斯晚年，鉴于一些自称为"马克思主义学派"的研究者忽视深入地、实事求是地研究复杂多样的历史现象，而只把唯物史观原理当作现成公式，用它来剪裁历史事实的倾向，曾在一系列的著作和书信中强调研究历史现象有复杂性，强调要研究政治的、经济的、法律的、宗教的各种因素的交互作用，研究各种社会集团和不同的个人构成的"合力"推动历史的进程。恩格斯在《路德维希·费尔巴哈和德国古典哲学的终结》一书中论述历史的动因时说："人们通过每个人追求他自己的、自觉期望的目的而创造自己的历史，却不管这种历史的结局如何，而这许多按不同方向活动的愿望及其对外部世界的各种各样影响所产生的结果，就是历史。"恩格斯在致约·布洛赫的信（1890年9月21日）中又说："历史是这样创造的：最终的结果总是从许多单个的意志的相互冲突中产生出来的……这样就有无数互相交错的力量。""各个人的意志……虽然都达不到自己的愿望，而是融合到一个总的平均数，一个总的合力。"这些论述，都是为了强调认真地下工夫搜集史料，研究各种复杂的历史现象，而不要犯公式化、教条化的错误。

总之，"劳动人民是历史的主人"的原理，是为了帮助认识历史的一个本质问题而讲的。"各个人的意志，构成一个总的合力"，则是为了强调研究历史的复杂的现象而讲的。它们因针对的方面不同，因而所强调的问题也不同。它们讲得都对，互相也不应否定，但是所论述的层面不同，故而不能混淆。我认为，黎澍先生的文章恰恰在这个带有原则性的理论认识上，不自觉地混淆了两个层面的问题，故对"劳动人民是历史的创造者"的论题作了错误的指责。黎澍先生曾经一再告诫人们对马克思主义经典作家的论述，要注意原作者是何时何地、何种场合下针对何问题而发，这一点至今仍值得我们谨记。明乎此，我们才能正确理解列宁在1894年所讲："历史是由个人创造的这一原理在理论上毫无意义。全部历史本来由个人活动构成，而社会科学的任务在于解释这些活动……"① 列宁当时是告诫俄国革命者要善于认识历史的本质、认识当前运动的本质和规律，就是说，列宁所要解决的即是上文所指出的本质层面，所以他强调历史是由个人创造的这一观点在理论上毫无意义。假如不这样理解，而只从字面上理解的话，那么列宁讲的这段话岂不是把马克思恩格斯关于"人们通过每一个人追求他自己的、自觉期望的目的而创造自己的历史"，"各个人的意志构成一个总的合力"的论述都否定掉了吗？对人民群众在历史上的地位和作用的本质的观点，是积累了许多思想家和史学家提出的带有真理性的认识而逐步推进的。在这里，还应该讲到梁启超在20年代的一段论述："文明愈低度，则'历史之人格者'之位置，愈为少数所垄断，愈进化则其数量愈扩大……今后之历史，殆将以大多数之劳动者或全民为主体……故'历史即英雄传'之观念，愈古代则愈适用，愈近代则愈不适用也。"② 梁启超不愧为能深入体察历史实际的具有卓识的近代史家，他的见解与唯物史观的论点有相通之处。当代史学工作者的历史观当然应该比梁启超更加进步，我们应该前进，不应倒退，倒退是没有出路的。

（原刊《齐鲁学刊》2000年第5期，发表时有副标题：《兼评〈论历史的创造及其他〉》）

---

① 列宁：《民粹主义的经济内容及其在司徒卢威先生的书中受到的批判》，见《列宁全集》，第1卷，359～360页，北京，人民出版社，1959。
② 梁启超：《中国历史研究法》，见《饮冰室合集》专集之七十三，113～114页，北京，中华书局，1989。

范文澜与毛泽东：学术的关联和风格的共鸣

范文澜自1939年冬到延安，至逝世之前，与毛泽东有长达30年的友谊。这对范文澜的学术道路的影响是巨大的。由于毛泽东不但是担负着领导中国革命重任的非凡政治家，而且对中国历史和文化有精湛的学识，因而考察这一问题的意义又远远超出于对范文澜学术所产生的影响的本身，而具有更加广泛和深刻的文化意蕴。

一、研治中国历史的学术取向之形成

范文澜到延安，直接促使他走向通史研究的道路，此后又长期以近代史为研究工作的一个重点。他之所以确定上述学术取向，实则毛泽东和党中央起了决定性作用。在此以前，他在天津、北京、开封各大学任教，开设的是经学、《文心雕龙》、中国上古史、文学史等课程，并未有研究中国通史的计划。到延安后，组织上即交给他编写一本十几万字的中国通史的任务，为干部学习文化之用。当时正值抗击日寇侵略的战争年代，中国共产党的中心任务是组织和指挥这场轰轰烈烈的民族解放战争，而能将各级干部学习中国历史与如此紧迫的民族解放战争相联系，并且提到日程上来，则显然是毛泽东的远见卓识。毛泽东正是在这一时期，在党的重要会议上和他所撰写的重要文章中，一再突出地论述学习历史、了解中国国情是指导当前伟大运动的重要任务之一，也是培养爱国精神、增强民族自信心的必要条件这一精辟的思想。1938年10月，他在《中国共产党在民族战争中的地位》一文（即在党的六届六中全会上的报告），把全党干部学习历史知识，作为与学习革命理论和深刻地了解实际运动的情况相并列，提高到指导当前伟大革命运动所必需的条件的高度加以强调："学习我们的历史遗产，用马克思主义的方法给以批判的总结，是我们学习的另一任务。我们这个民族有数千年的历史，有它的特点，有它的许多珍贵品。对于这些，我们还是小学生。今天的中国是历史的中国的一个发展；我们是马克思主义的历史主义者，我们不应当割断历史。从孔夫子到孙中山，我们应当给以总结，承继这一份珍贵的遗产。这对于指导当前的伟大的运动，是有重要的帮助的。"① 1939年10月他所写的《〈共产党人〉发刊词》中，明确指出不学习历史是造成教条主义者错误的根源之一，他说："一部分同志曾在这个伟大斗争中跌下了或跌下过机会主义的泥坑，这仍然是因为他们不去虚心领会过去的经验，对于中国的历史状况和社会状况、中国革命的特点、中国革命的规律不了解，对于马克思列宁主义的理论和中国革命的实践没有统一的理解而来的。"② 同年12月，由毛泽东和其他几个在延安的同志合作写作的、供党内广大干部学习理论和文化知识的课本《中国革命和中国共产党》，第一章"中国社会"共有三节："中华民族"；"古代的封建社会"；"现代的殖民地、半殖民地和半封建社会"，即是概述中国古代史和近现代史的主要特点。1940年1月，毛泽东在《新民主主义论》这篇重要文献中，又精辟地论述对于中国封建时代的文化所应采取的科学态度："中国的长期封建社会中，创造了灿烂的古代文化。清理古代文化的发展过程，剔除其封建性的糟粕，吸收其民主性的精华，是发展民族新文化提高民族自信心的必要条件；但是决不能无批判地兼收并蓄。必须将古代封建统治阶级的一切腐朽的东西和古代优秀的人民文化即多少带有民主性和革命性的东西区别开来。中国现时的新政治新经济是从古代的旧政治旧经济发展而来的，中国现时的新文化也是从古代的旧文化发展而来，因此，我们必须尊重自己的历史，决不能割断历史。但是这种尊重，是给历史以一定的科学的地位，是尊重历史的辩证法的发展，而不是颂古非今，不是赞扬任何封建的毒素。对于人民群众和青年学生，主要地不是要引导他们向后看，而是要引导他们向前看。"③ 总之，学习和研究中国历史，是指导当前伟大运动的必要条件之一，是教育全党和人民群众的一项崇高任务，同推动当前社会前进、提高民族自尊心自信心紧密地相联系。

---

① 《毛泽东选集》，第2卷，533～534页，北京，人民出版社，1991。
② 同上书，611页。
③ 同上书，707～708页。

毛泽东一再论述的问题，也形成了中国共产党的一项基本思想，范文澜适逢其会，接受了党中央交给他的编写中国通史的任务，明确地以此为著述宗旨，这就极大地提高了他的思想境界，拓宽了他的视野，从此，编纂一部符合新时代的要求、具有科学性内容的中国通史便成为范文澜长期致力的目标，而以往熟悉的经史典籍则为他研治中国通史奠定了坚实的文献基础。

范文澜在1943年以后也把近代史研究作为自己多年研究的工作重点之一（中国通史固然包括近代史，但因中国历史有几千年，故在客观上研究中国通史的人总把古代史作为研究的重点），同样直接受毛泽东的影响。1940年夏秋间，范文澜应邀在延安新哲学年会上作了三次关于中国经学史的讲演。前两次毛泽东亲临听讲，并读了他的讲演提纲，并于9月5日致信范文澜，赞许他"用马克思主义清算经学这是头一次"，并鼓励说，你的历史学工作继续下去，对于目前反对大地主大资产阶级的复古斗争，必有大的影响。又特别询问范文澜："第三次讲演因病没有听到，不知对康梁章胡的错误一面有所批判否？不知涉及廖平、吴虞、叶德辉等人否？越是对这些近人有所批判，越能在学术界发生影响。"[①] 毛泽东的这番话，对范文澜的触动很大，研究经学史要特别关注近、当代，研究历史当然也要重视近代史。以往范文澜长期研究经、史，研治范围在上古及中古阶段（《文心雕龙》产生于南朝），要将近代也列为研究重点，不仅是领域空前扩大，也是艰巨的转移。他的学术渊源中有浙东学派研究当代史、经世致用的影响，他在撰成《大丈夫》以后，已经显露出把著述与国家民族命运相结合的倾向，到河南以后又满腔热情地投身于抗战动员和宣传工作，并针对抗战时局撰写了一系列的文章，这些又意味着此一空前扩大和艰巨转移存在着可能性。对范文澜进一步的推动，是毛泽东在延安整风运动中所作的著名报告《改造我们的学习》。毛泽东发出号召，对于近百年的中国史，应聚集人才，分工合作去研究，作为党在理论、文化工作的一项重大任务。恰好到1941年年底，范文澜已完成《中国通史简编》两宋至鸦片战争前部分（原来计划《中国通史简编》也包括近代史部分，但未必有范文

---

① 《毛泽东书信选集》，163页，北京，人民出版社，1983。

澜后来所看的那样重的分量)。整风运动结束之后，他便全力投入《中国近代史》的写作。此后，近代史一直成为范文澜学术工作的一个重点，包括：(1)撰成了《中国近代史》(上册)这部有巨大开拓意义、享誉海内外的著作。(2)他一直物色、培养和聚集近代史研究的人才，在他的关心和带动下，形成了新中国成立以后近代史研究最早的队伍，并且创建了近代史所这一有关键性意义的研究基地。(3)范文澜在20世纪40—60年代还发表、出版了有关近代史的论著多种，如：《汉奸刽子手曾国藩的一生》、《太平天国运动》、《辛亥革命：三条路线斗争的结果》、《中国近代史的分期问题》、《戊戌变法的历史意义》等，都使史学工作者和广大读者受到启发和教育，对于近代史研究起到重要的推动作用。特别是1945年《中国近代史》(上册)著成，至20世纪六七十年代，这部书起到教育了好几代人的作用。在此几十年间，一提到中国近代史的研究，就自然地和范文澜的名字联系在一起。

二、确立以"实事求是"为治史的指导思想，对教条主义深恶痛绝

范文澜受到毛泽东更为深刻的影响，是他确立了以马克思主义普遍原理与中国历史的实际相结合的指导思想，他对教条主义的学风深恶痛绝，以极其严肃和严谨的态度对待学术事业。

毛泽东思想的特征，是实现了"马克思主义的普遍原理与中国革命的具体实践相结合"。毛泽东在1937—1942年理论工作的重心，便是结合哲学上、政治上、战争的战略战术上、学风上的各项紧迫问题，深入地阐释这一基本原则，揭露教条主义学风的各种恶劣表现，清算其危害。这些重要论述在全党得到有效的贯彻，统一了全党的思想，对中国革命起到了拨正航向的作用。党内的教条主义者长期拒绝中国革命的经验，否认"马克思主义不是教条而是行动的指南"这个真理，而只生吞活剥马克思主义的片言只语，去吓唬人们。教条主义者不去深入研究中国的国情，不懂得中国革命的特点和规律，而凭主观臆断作决策，结果在他们的错误指挥下，致使在1931—1934年间，根据地的革命力量损失达90%，党在白区的工

作损失达100%，并造成中央红军被迫离开江西苏区长征北上，实行战略大转移。党内还有经验主义者长期拘守于自身的片面经验，不能从全局上认识中国革命的规律。毛泽东写于1937年的《实践论》、《矛盾论》两文，便是用马克思主义的认识论和哲学观去揭露党内的教条主义和经验主义——特别是教条主义错误。在《实践论》中，毛泽东深刻地论述：一切真知都来源于实践。在《矛盾论》中，毛泽东结合各种生动的事例，论述按照辩证唯物主义观点，矛盾存在于一切之中并且存在于一切过程的始终；不同事物的矛盾以及矛盾的不同侧面又都各有其特点：前者是矛盾的普遍性，后者是矛盾的特殊性。在《中国共产党在民族战争中的地位》一文中，毛泽东进一步提出"使马克思主义在中国具体化"的命题，号召全党将曾经严重危害革命事业的教条主义恶劣学风彻底铲除："成为伟大中华民族的一部分而和这个民族血肉相联的共产党员，离开中国特点来谈马克思主义，只是抽象的空洞的马克思主义。因此，使马克思主义在中国具体化，使之在其每一表现中带着必须有的中国的特性，即是说，按照中国的特点去应用它，成为全党亟待了解并亟须解决的问题。洋八股必须废止，空洞抽象的调头必须少唱，教条主义必须休息，而代之以新鲜活泼的、为中国老百姓所喜闻乐见的中国作风和中国气派。"① 在《改造我们的学习》中，毛泽东用精辟的语言，对众所周知的成语"实事求是"作了新的解释："'实事'就是客观存在着的一切事物，'是'就是客观事物的内部联系，即规律性，'求'就是我们去研究。"② 由于他的解释极其深刻和精辟，就成为中共党史上克服了教条主义，走向以毛泽东思想为指引的新阶段中的科学箴言。

中国革命所经历的这场内涵极其深刻、意义极其巨大的变革，使范文澜经受了一次洗礼，哲学观和学术观得到了升华。既然"马克思主义普遍真理与中国的具体实际相结合"，是革命事业挽救失败、开辟通向胜利道路的唯一正确指针，那么，对历史学家范文澜的直接启示便是，使他极明

---

① 《毛泽东选集》，第2卷，534页，北京，人民出版社，1991。
② 《毛泽东选集》，第3卷，801页，北京，人民出版社，1991。

确地认识到，做到"马克思主义普遍原理与中国历史实际相结合"，乃是"新时代史家研究工作获得高度科学性成果"的唯一正确的指导思想。从这以后的30年岁月，他始终如一地以此作为全力以赴、孜孜不倦追求的目的：一方面努力掌握唯物史观的精髓，磨砺指导史学研究工作的理论武器；另一方面，从事极其艰苦的史料搜集工作，运用唯物史观原理进行深入的分析，总结中国历史发展过程中所体现的人类社会发展的共同性，尤其着力总结中国历史发展的独特性，阐发共同性与独特性二者的统一。这一指导思想异常突出地体现在他到延安后几十年的研究工作之中。1941年5月，他为《中国通史简编》完成所写的《序》中，开宗明义即强调必须通过研究世界历史和中国历史，了解这两个历史的共同性与其特殊性。只有真正了解了历史的共同性与特殊性，才能真正把握社会发展的基本法则，顺利地推动社会向一定目标前进。1954年，他所写的长篇论文《关于中国历史的一些问题》（即修订本《中国通史简编》一书的《绪言》）中，明确地论述在研究中国自秦汉起成为统一国家和汉民族形成这一理论问题时，要防止和反对教条主义观点。他指出，秦始皇统一中国以后，中国从此成为统一的封建国家。东汉末年由军阀混战而分为三国，唐时由藩镇之乱而扩大为五代十国，两次封建割据在秦汉以后的整个历史过程中，可以说是短期的、变态的（十六国割据，汉族地区不是主要发动者，北朝与金是外族侵入，当别论），而统一是长期的、正常的。中国何以能够保持长期的正常的统一状态呢？"因为自秦汉起，汉族已经是一个相当稳定的人们共同体，自北宋起，全国范围内政治联系性加强了，这个共同体也更趋于稳定。封建统治者因而有可能加强中央集权，压制地方割据势力，使不能公然活动，政治上的统一又前进了一步。秦汉以后的统一，都是'在某种程度上仍然保留着封建割据状态'，不过程度上北宋前后确有些不同之处。"① 因为汉族社会确实存在着一个相当稳定的人们的共同体，所以统一力量与割据力量作斗争，总是以统一力量取得胜利而告结束。即使在帝国主义侵入以后，帝国主义列强用暴力和阴谋企图分裂中国，但并不能真正

---

① 范文澜：《中国通史简编》（修订本），第1编，49页，北京，人民出版社，1955。

达到它们的目的。这种现象绝不是偶然的现象,即是说,决不能用偶然为理由来解释这种现象。而欧洲,在封建制度下是国家"分裂为各个独立的公国",到了资本主义产生的时代,某个民族历来彼此隔绝的各个部分才能够联结起来成为一个民族整体。因此,在欧洲资本主义上升时,无论城市和乡村都出现了要求破坏封建割据状态的有力趋势,越来越多的人们要求结束中世纪以来无休止的战争,要求结束长期的漫无目的的破坏状态,如同恩格斯在《论封建制度的解体及资产阶级的发展》中所描述的。而中国,则早在战国时就出现了各国民众反对无休止的割据战争和要求统一的趋势,推动了秦汉时期全国实现统一。由此证明中国统一国家的出现和汉民族的形成,的确有自己的发展道路,决不能拿欧洲的历史或经典著作的某一段话硬套,那样做必然探求不到历史的真相。

到1957年,范文澜应邀到北京大学历史问题讲座发表《历史研究中的几个问题》的讲演,特别谆谆告诫要使史学研究走向健康发展的大道,首先必须大力破除教条主义。"只有反对教条主义,才能学会马克思列宁主义。不破不立,只有破,才能立。"他称教条主义是"伪马克思主义",予以严肃的批评。范文澜结合自己多年的切身体会,讲了两条医治教条主义的有效方法。一是,他提出要掌握马克思主义理论宝库的钥匙,是学好毛泽东的几篇基本著作,包括:《实践论》、《矛盾论》、《〈农村调查〉的序言和跋》、《改造我们的学习》、《整顿党的作风》和《反对党八股》。"学习这几篇东西,固然要逐句逐段反反复复地去读,同时还必须把学到的东西,作为标尺来检查自己原有的读书方法,自己处理问题的方法,认真地推敲自己为什么不对头,为什么有错误的原因。这种原因的发现是很困难的。找出了这个原因,就要痛下决心、下苦功夫来改正,马马虎虎是不行的。这样学而思,思而学,反复深入。"二是,他总结了学习马克思列宁主义经典著作应当采用先"区分"后"结合"的方法,避免生吞活剥。因为,历史科学是研究历史上的问题,问题即是事物的矛盾。凡是矛盾,一定包含着普遍性,同时也一定包含着特殊性。普遍性就寓于特殊性里面。马列的著作,都是解决具体问题的记录,都是运用普遍规律和特殊规律密切结合起来解决问题的方法。所谓先"区分",是指:"学习经典著作,一定要区别哪些是普遍规律，哪些是特殊规律。把它们的特殊规律放在一边，用来作参考。"所谓后"结合"，是指："把普遍规律结合自己的特殊规律，来解决自己要解决的那个具体问题。"如果不懂得把马列书中所讲的、只是属于欧洲的特殊规律而没有普遍意义的东西区分开来，拿其特殊规律随便套用，就必然处处闹出张冠李戴的笑话。如果不懂得把真正具有普遍意义的东西与中国历史的特殊性结合起来，就不能认识中国历史的具体特点，阐发历史发展的实质。他说："例如恩格斯的《家庭、私有制和国家的起源》一书，是我们研究古代社会的指南。列宁说过，这本书，'其中每一句话都是可以相信的，每一句话都不是凭空说出，而都是根据大量的历史和政治材料写成的。'既然如此，是否可以原封不动地搬来讲中国古代史呢？不行。恩格斯在书中固然把普遍规律指出了，但这些普遍规律是同印第安人的原始社会，希腊、罗马的奴隶社会，西欧的封建社会的特殊规律结合着的，它们有各自的特殊规律，和中国相比，就有很多很大的不同。列宁接着说，'我所以提及这部著作，是因为它在这方面提供了正确观察问题的方法。'列宁明明告诉我们从这部著作中学习观察问题的方法，并没有说可以搬来搬去套别国的历史。"① 熟练地做到把马克思列宁主义普遍真理与中国的具体实际相结合，是毛泽东思想成熟的标志，也是中国革命能够成功地战胜国内外敌人的根本保证。范文澜在延安深受毛泽东的影响，学习到毛泽东思想的精髓，以后在长期的学术研究中一贯自觉地防止和反对教条主义，始终以做到马克思主义的普遍真理与中国历史的具体实际相结合为治史之鹄的，这是他取得巨大学术成就的最根本的原因。

三、积极地提倡和模范地实行百家争鸣

范文澜受到毛泽东又一重要影响，是积极地提倡和实行百家争鸣的学风。在1953年9月，党中央指示史学界"要开展批评和自我批评"，对有

---

① 范文澜：《范文澜历史论文选集》，208～212页，北京，中国社会科学出版社，1979。

关的问题可以展开讨论,"由郭沫若、范文澜同志来共同组织讨论会"之时,范文澜即曾建议可以考虑把他的《中国通史简编》作为讨论的底稿。至1956年,党中央和毛泽东向全国提出"百花齐放、百家争鸣",以发展文艺、繁荣学术的方针,范文澜即在《学习》发表《百家争鸣和史学》一文,结合史学界如何坚持实事求是、扎实钻研的学风和反对教条主义不良倾向的问题,作了深刻而精辟的阐发。他说,好的农夫,必须有足够的土地,然后工具和技术有所展布而大有收获。史学工作也一样,必须掌握大量史料,然后用马克思主义的科学方法予以全面的深入的钻研,才能得出切实的、具有真知灼见的认识。浮光掠影、浅尝辄止的人,鸣不出引人注意的声音,对于发展学术毫无裨益,更不用说教条主义者企图一鸣惊人,结果只能是让人生厌的一片鼓噪。在百家争鸣中,能否虚心听取别人的好意见,也存在着根本不同的两种态度和两种结果。他说:"一种是实事求是的态度,一种是条文神圣的态度。前者得到进步。后者拒绝进步。"抱实事求是态度的人,或者限于看到的史料不够,或者片面地观察史料,或者不善于运用科学方法作分析,或者理解经典著作的原理原则有偏差,因而做出来的判断不符合事实。经过批评,使自己发觉病原,这时对批评者将感激不尽,有什么不可以改正?改正了就有进步。他们当然也免不了犯教条主义的错误,但比较容易改正。教条主义者则抱条文神圣的态度,他们"本来就不重视作为客观事实的史料,不管批评者指出的是什么事实,反正我的条文明明白白写在经典著作上。我既不伪造条文,那我就不能理睬你那些事实。所以,他对正确的批评也是不能接受的,任何反教条主义运动,对他说来都是不相干的,因为条文神圣不可侵犯。"党的"百家争鸣"的方针,提倡和鼓励学术上的不同见解要勇于发表,展开争鸣,以辨明真理,繁荣学术。理解实事求是的态度,长期、深入地搜集史料、分析史料,提出确有根据的新见解,不断推进对中国历史问题的认识,并且摒弃教条主义习气,唤起中国史学工作者创造性地运用唯物史观普遍原理的活力,正是讨论执行"百家争鸣"方针题中应有之义。范文澜坚信贯彻这一方针和发扬实事求是的学风,必定会为科学地揭示出中国历史发展的道路和特点,开辟无限广阔的前景。1958年在北京大学历史系的演讲中,他以鲜明的态度,针对由于搞"运动",大学里有不少教师不敢讲出自己对历史问题的看法的不正常情况,强调说:"比如说,我们教历史课,明明自己有心得,有见解,却不敢讲出来,宁愿拿一本心以为非的书,按照它那种说法去讲。……这样的'谦虚谨慎',是不需要的,是有害的。我们应该把'我'大大恢复起来,对经典著作也好,对所谓'权威'说话也好,用'我'来批判它们,以客观存在为准绳,合理的接受,不合理的放弃。"① 范文澜不愧是学术研究中奋发独立精神的有力提倡者,在他的许多论著中,坚持唯物史观指导、实事求是、独立思考、百家争鸣、虚心接受批评以改正错误等项,完全是统一的,其统一的基础就是追求真理,对中国历史获得科学的认识。他在史学界提倡百家争鸣,本人更模范地执行。他很虚心地接受别人的批评建议,自己又勇于提出并坚持对古史分期的见解,在近代维新派大受贬低的情况下,讲出戊戌维新是近代史上第一次思想解放运动的话,在"左"的思潮泛滥的形势下,敢于挺身而出,"保"帝王将相,"保"王朝体系。他自己是近代史研究领域的奠基者,长期担任近代史研究所的所长,对于鸦片战争到五四运动以前的历史阶段如何划分,几次发表文章,主张分为四个时期。当刘大年等几位长期在他身边工作的学者准备写一部近代史,并提出按照三次革命高潮分期的时候,他完全赞成照这些学者的看法去写,"认为没有必要统一于一种说法"。② 他的身体力行,对于史学界开展百家争鸣,起到了很好的促进作用。

四、基于表现时代精神和民族风格而产生的强烈共鸣

以上所谈三项,以研治中国历史作为毕生的学术取向,特别是把近代史研究作为治学的一个重点之形成,确立以唯物史观原理与中国历史实际相结合为毕生治史的指导思想,倡导和模范地实行百家争鸣的方针,都是

---

① 范文澜:《范文澜历史论文选集》,219~220页,北京,中国社会科学出版社,1979。

② 刘大年:《范文澜历史论文选集·序》,见《范文澜历史论文选集》,15页,北京,中国社会科学出版社,1979。

范文澜30年治学中受到的毛泽东的巨大影响。以下进而要谈，毛泽东为何会成为范文澜的学术知音？

自从范文澜到延安以后，毛泽东对他的史学研究一贯地予以关注，并多次给以充分的肯定。刚到延安，毛泽东便亲自把为干部编写中国通史的任务交给范文澜。开始时要求字数为十几万字，后来又充分尊重范文澜和其他参加编写的同志的意见，不限定字数，需要写多少就写多少。1941年秋，《中国通史简编》上册在延安出版，毛泽东高度赞誉，称为我们党在延安又做成的一件大事，说明共产党人对于自己国家几千年的历史有了发言权，也拿出科学的著作了。他还建议以后写得篇幅再大些，写它300万字左右，并评价说："《中国通史》资料多，让人愿意看下去。""文化大革命"开始，陈伯达之流企图整垮、迫害范文澜，毛泽东则利用国庆节在天安门城楼上见到范文澜这个场合，大声说："范文澜同志，有人要打倒你，我不打倒你"，公开宣布对范文澜的保护。此后全国范围内"全面内战"，到处是"造反"和武斗，谁也不顾及"文化"，学术统统被踩在脚下，在这种情势下，毛泽东还记挂着范文澜的史学研究，特意派人传话，要他按照自己的写法，把《中国通史》写完。还有一件事也突出地说明毛泽东对范文澜学术工作的关注和支持。

1958年4月28日，范文澜在《人民日报》发表《历史研究必须厚今薄古》一文，文章一开头便提出：

> 讲历史，厚今薄古，本来是很自然的道理。现代近代的事情，最容易理解，也最有现实意义。可是，现在史学界的情况恰恰是薄今厚古，越是今的越不讲，越是古的越讲，这实在是一种反常的现象，是一种衰暮的现象。
>
> 持厚古薄今论的人也有他们的想法，以为学术是独立的东西，牵涉到政治就失去独立性，就不成其为学术。讲古，不牵涉政治，所以是学术。讲今，总要牵涉到政治，所以不是学术。这种想法有道理吗？

然后，他论述"厚今薄古是中国史学的传统"，举出孔子《春秋》、司马迁《史记》和司马光《资治通鉴》三部书，都有重视近现代史的特点。孔子《春秋》写鲁隐公元年至鲁哀公十四年共242年史事，是孔子的近现代史。司马迁一直写到汉武帝时代。《资治通鉴》虽然没有写宋朝的历史，但也写到五代。还讲到近代资产阶级革命派学者对现实政治问题的重视：江浙学人章太炎、刘师培等人创办《国粹学报》，以排满复汉为宗旨。在学报里，讲史学主要是宣传排满，讲经学主要是提倡复汉，这些谈经学史学的学术刊物，同时也是资产阶级革命派的政治刊物。并得出结论说：史书自然有多种写法，"但是，明显地反映出当时政治生活的历史著作，究竟是史学的正常形态，是史学的主流，自《春秋》至《国粹学报史篇》都应是代表各个时期的历史著作。此外，不反映当时政治生活的史书，只能作为变态支流而存在"。①

毛泽东在报上读了范文澜这篇文章，很是赞赏，过了十天，他在中共八大二次会议上讲话，讲到范文澜这篇文章，心情仍然很兴奋，说："范文澜同志最近写的一篇文章，《历史研究必须厚今薄古》，我看了很高兴。（这时站起来讲话了）这篇文章引用了很多事实证明厚今薄古是史学的传统。敢于站起来讲话了，这才像个样子。文章引用了司马迁、司马光……可惜没有引秦始皇，秦始皇主张'以古非今者族'，秦始皇是个厚今薄古的专家。当然，我也不赞成引秦始皇。"还说："这篇文章讲的道理很重要，研究历史的人应该注意。"② 当时是举行党的全国代表会议，毛泽东在这样大规模的重要会议上以如此兴奋的态度讲话，这充分说明他对范文澜的文章是多么激赏！

毛泽东一生最爱读书，他生前讲过"我一生最大的爱好是读书"，"饭可以一日不吃，觉可以一日不睡，书不可以一日不读"。他非常博学，尤其十分喜欢历史。少年和青年时代，他便认真学习《左传》、《史记》、《纲鉴易知录》、《通鉴辑览》等史书，对这门学问有浓厚的兴趣。1917年冬，

---

① 范文澜：《范文澜历史论文选集》，222～224页，北京，中国社会科学出版社，1979。

② 王子今：《毛泽东与中国史学》，216页，北京，中共中央党校出版社，1993。

他主持湖南省立第一师范校友会附设夜学，自己即安排担任历史教员。以后在从事革命活动，指挥战争，以及新中国成立后领导全党全国的时代，他都利用一切空余时间博览群书，包括大量阅读历史著作。读书是他生活的第一需要和最大乐趣，又是他了解世界和领导革命工作的手段。在延安时，毛泽东和范文澜这两个酷爱读书的人就常互相交换书读。范文澜送给毛泽东的一套《笔记小说大观》，毛泽东把它从延安带到北京，至今珍藏在中南海故居书房里。毛泽东还曾介绍谢觉哉向范文澜借书，写信说道："《明季南北略》及其他明代杂史我处均无，范文澜同志处或可找到，你可以去询问看。"① 毛泽东故居藏书中有一部武英殿版的《二十四史》，从1952年购置以后，他经常阅读。他说：研究中国历史，必须扎扎实实把《二十四史》学好。这部卷帙浩繁的史书中，其中许多篇章，毛泽东都作了标点、断句，加了着重线和各种不同的读书标记，写了批语。有不少册的封面上，有他用不同颜色笔迹划着多次阅读过的圈记。还有些册的封面上，为了查阅方便，写满他注意的历史人物传记的篇目。他读得最多的是《史记》、《汉书》、《三国志》、《晋书》、《旧唐书》、《新唐书》、《明史》。特别是《晋书》，有三册的封面上写着："一九七五，八"，有五册的封面上分别写着："一九七五，八月再阅"，"一九七五，九月再阅"。笔画颤抖，却很清晰，是他逝世前一年亲笔写下的读书记录。这一年，他不仅身体多病，非常衰弱，眼睛也动过白内障手术，视力极差，阅读十分吃力。医生劝他暂停读书，他根本不听，只得为他设计了特殊的单腿眼镜：左侧卧看书，戴没有左腿的眼镜；右侧卧看书，戴没有右腿的眼镜。正是在如此困难的条件下，他以惊人的毅力读完了上述几册《晋书》。据参加过整理毛泽东故居藏书的同志讲，这部《二十四史》，自购进起，到20世纪70年代生命历程结束，无论在京或外出，无论健康或生病，他都用了相当多的时间，锲而不舍地读它，几乎全部通读过，重点部分还读过两三遍甚至四遍。② 毛泽东还很重视《资治通鉴》这部名著。他的藏书中，线装本和点

---

① 《毛泽东书信选集》，235页，北京，人民出版社，1983。
② 张贻玖：《毛泽东读史》，24页，北京，中国友谊出版公司，1991。

校铅印本两部《资治通鉴》,都有他认真圈点批注的手迹。毛泽东床头放着的一部,已经被他读破,许多页用透明胶带粘贴过。毛泽东晚年曾对护士讲,这部名著他读过17遍,每读一遍都获益匪浅。《资治通鉴》写政治军事多,经济文化少,是因为:中国的军事家不一定是政治家,但杰出的政治家大多数是军事家。尤其是改朝换代的时候,不懂军事,你那个政治怎么个搞法?《资治通鉴》写战争,真是写得神采飞扬,传神得很,充满了辩证法。① 新中国成立后整理、标点《二十四史》、《资治通鉴》,绘制《中国历史地图集》几项大规模工作,都是毛泽东亲自提议的。

　　毛泽东酷爱读史书,阅读范围广泛,他的历史知识丰富、精熟,简直罕有其比,在他的文章、讲话中,引用了许多历史人物、事件、典故,随手拈来,无不恰当、精辟。1936年年底所写《中国革命战争的战略问题》,为了论述以弱胜强的作战原则,举出历史上七个有名的战例:齐鲁长勺之战、楚汉成皋之战、新汉昆阳之战、袁曹官渡之战、吴魏赤壁之战、吴蜀彝陵之战、秦晋淝水之战。1948年11月4日,人民解放军逐鹿中原,解放了河南省南阳。毛泽东亲笔替新华社写了一则消息报道,题为《中原我军占领南阳》。在这篇千余字的新闻中,他一开笔就写道:"在人民解放军伟大的胜利的攻击下,南阳守敌王凌云于四日下午弃城南逃,我军当即占领南阳。南阳为古宛县,三国时曹操与张绣曾于此城发生争夺战。后汉光武帝刘秀,曾于此地起兵,发动反对王莽王朝的战争,创立了东汉王朝。民间所传二十八宿,即刘秀的二十八个主要干部,多是出生于南阳一带……"这一段文字,由今及古,勾画了南阳这一兵家必争之战的战略地位,突出了我军攻占南阳的重要意义。1958年3月,毛泽东所写《在成都会议上的讲话提纲》,讲要树立势如破竹、高屋建瓴的精神状态,说:"从古以来,创立新思想、新学派、新教派的,都是学问不足的青年人,他们一眼看去就抓起新东西,同老古董战斗,博学家老古董总是压迫他们,而他们总是能战而胜之,难道不是吗?"② 然后举出中外大有作为的历史名人

---

① 陈东林、郭金荣:《毛泽东读〈资治通鉴〉》,载《人民日报》,1991-11-23。
② 《建国以来毛泽东文稿》,第7册,116页,北京,人民出版社,1993。

为例，有：青年马克思与恩格斯、列宁、黑格尔、达尔文、牛顿以及中国的青年的孔夫子、颜渊、曾参、贾谊、诸葛亮、王弼、玄奘、惠能、李世民、康有为、梁启超、谭嗣同、孙中山、章太炎、邹容。同年5月，他所写《在中共八大二次会议上的讲话提纲》，再次讲要破除迷信，解放思想，"世界是青年的，长江后浪催前浪，譬如积薪、后来居上"。① 又补充举出历史上甘罗、刘邦、项羽、韩信、释迦、岳飞、王勃、李贺、周瑜、孙策等人物为例。毛泽东具有如此渊博而娴熟的历史知识，又在党内处于这么高的地位，他能赞许范文澜的著作资料多，内容丰富，让人愿意看下去，是极其难得的，他不愧是范文澜学术上的知音。

当《中国通史简编》在延安开始编著、范文澜向毛泽东请教如何写法时，毛泽东曾答复他：用"夹叙夹议"的写法。28年后，毛泽东派李讷传话，希望范文澜按原先自己的写法将《中国通史简编》写完，这是在经过"文化大革命"这场确确实实"史无前例"的地覆天翻的"运动"之后，针对包括学术观念在内很可能与以前正常情况完全背离的情况而发的，等于重申"夹叙夹议"的主张。毛泽东本人对历史有过许多极精彩的评论。他读《史记·高祖本纪》有这样地批语："项王非政治家。汉王则为一位高明的政治家。"② 1962年，他在扩大的中央工作会议上讲话，中心讲民主集中制问题，强调党委领导是集体领导的原则，不能第一书记个人专断，那样的第一书记应当叫霸王，不是民主集中制的"班长"。并说："这些同志如果不改，最后要垮台的。不是有一出戏叫《霸王别姬》吗？这些同志如果总是不改，难免有一天要'别姬'就是了。"③

毛泽东对刘邦、项羽的评论，无论对做政治工作的人和从事研究西汉历史的人，都有宝贵的启发意义。毛泽东还常常讲到贾谊，称他为"英俊天才"，特别赞誉他所写两篇名文《过秦论》和《治安策》中对历史问题和西汉社会现实问题的卓越的见识。1958年4月，毛泽东写信给他的秘书

---

① 《建国以来毛泽东文稿》，第7册，195页，北京，人民出版社，1993。
② 中共中央文献研究室编：《毛泽东读文史古籍批语集》，121页，北京，中央文献出版社，1993。
③ 《建国以来毛泽东文稿》，第10册，23页，北京，人民出版社，1996。

田家英，说："如有时间，可一读班固的《贾谊传》。可略去《吊屈》、《鹏鸟》二赋不阅。贾谊文章大半亡失，只存于《史记》的二赋二文，班书略去其《过秦论》，存二赋一文。《治安策》一文是西汉一代最好的政论，贾谊于南放归来著此。除论太子一节近于迂腐以外，全文切中当时事理，有一种颇好的气氛，值得一读。"① 贾谊在《治安策》中所论述的都是汉文帝时国家政治面临的重大而紧迫的问题，而敢于大胆直言，痛陈利害，说明当时朝廷上有一种鼓励直谏、广开言路的风气，贾谊本人尤其具有为国家民族利益不顾个人祸福、敢于直陈无隐的风格。这正是毛泽东所特别称道的当时"有一种颇好的气氛"，他在贾谊的政论中受到启发，作为最高领导人，他当时很向往形成一种开明的、民主的、让大家畅所欲言的气氛。毛泽东对西汉名将赵充国也有精辟的评论。赵充国是武帝、宣帝时驻守西北边境的将军，宣帝时他在河西为了招降西羌提出屯田策略12条，主张不要冒险轻进，扩大事端，应让戍卒平时垦田，战时出征，解决远途运输和费用浩巨的困难，以逸待劳，对羌人慑之以威和抚之以诚，达到胜利平定的目的。开始时，汉宣帝本人和大多数文武臣僚都主张出兵穷追，不采纳赵充国的计策，皇帝还对他严词责备。由于他出自忠于国家的至诚，坚持说理，力陈利害，终于使多数大臣从反对转为赞成。毛泽东对《汉书·赵充国传》中篇幅甚长的详尽记载加了许多圈点、划线和重点符号，写了"说服力强之效"的批语，说明他对赵充国的勇气、谋略和功绩的赞赏。20世纪50年代末，毛泽东和他的老朋友、历史学家周谷城在中南海游泳池游泳，出水后休息时，两人并肩坐在遮阳伞下谈今论古。毛泽东手里拿着一本线装书《汉书》，翻到《赵充国传》时说：赵充国主张在西北边疆屯田，这个人很能坚持真理，坚持正确的主张。他的主张在开始时，赞成的人不过十分之一二，反对的人达十分之八九；到后来，他的主张逐渐被人接受了，赞成的人达十分之八九，反对的却只有十分之一二。真理要被人接受，总要有个过程，无论是过去和现在都是如此。② 不必详举其他例

---

① 《毛泽东书信选集》，539页，北京，人民出版社，1983。
② 张贻玖：《毛泽东读史》，50～51页，北京，中国友谊出版公司，1991。

证，从上述对刘项、贾谊、赵充国的评论已突出地说明，毛泽东不愧为评说历史的高明的行家。他的论说有两个特点。一是对祖国悠久的历史有深厚的感情，对于有卓越建树和非凡谋略的人物充分地肯定，他的论说寓含着深刻的哲理。二是着重阐发历史遗产中具有民主性、人民性和智慧过人、具有辩证法的东西，将之特别彰显出来，赋予古代的智慧以新的意义，为今人提供观察问题和处理问题的借鉴。范文澜的史著在观点、认识上与毛泽东是息息相通的，他的历史主义的态度，成功地运用了"夹叙夹议"的方法，站在人民的立场，指点江山评论千古，有许多深刻的思想和精辟的见解，因而受到毛泽东的赞赏。

毛泽东和范文澜长达 30 年的友谊，基础异常深厚，他们既是各自在政治领域和学术领域，代表了 20 世纪中国的时代精神，又同样具有浓厚中国民族的特色，因此彼此在精神上保持着强烈的共鸣。毛泽东提倡中国作风、中国气派，范文澜的作品正是代表这种风格的上乘之作。他和毛泽东一样，精熟于古代的名家名作，对古典文学有高深的素养，本人且擅长于写古文，又善于从当代汉语和人民大众化的语言中吸收丰富营养，因而他的著作既有鲜明的时代风貌，又有厚重、洗练、生动的风格，气势磅礴，文采斐然。范文澜很敬佩毛泽东诗词恢弘的意境、深邃的思想和高超的驾驭语言的能力。1946 年秋，他在晋冀鲁豫解放区，读到毛泽东著名的词《沁园春·雪》，为毛泽东抒发的雄伟的意境和词的高度艺术成就而欣喜激动，写了《沁园春译文》发表在《人民日报》，表达他对毛泽东的非凡胸襟和才华的景仰，恰恰又通过这篇译文，表达了范文澜本人的文学审美情趣和高超的文字功力。

毛泽东和范文澜长达 30 年的友谊还有一点巧合的地方：他们两人同岁，都出生于 1893 年。

（原刊《当代中国史研究》2001 年第 2 期）

下 篇
白寿彝学术风采

刻意的追求　新辟的境界
——白寿彝著《中国史学史》第一册评介

通读了白寿彝教授新著《中国史学史》第一册之后，掩卷凝思，不禁有一种充实之感。这种充实感的产生，不仅是由于著者在书中展现出开阔的视野，深入的分析，独创的格局，同时，还由于书中实实在在地向读者证明了总结史学过去的发展与建设今天的新史学之间有机地相联系，与今天的社会也是有机地相联系。而这一切，又是以读者感到比较亲切的谈心交流的方式讲述的。当你读完之后，自然地要思索中国史学的历程，规律与阶段，成就与局限，还要进而思考作为一个史学工作者在今天应当担负的时代责任。——你从多方面获得了有益的启示，因而才感到充实。

深入地总结史学演进的理论问题，努力阐明研究史学史与当前史学、当前社会的关系，是本书的一个显著特色。

白先生研究史学史已有四十多年。四十多年的经历，就是他刻意地探求关于史学发展和史学社会功能之真理性认识的过程。他在20世纪40年代即在大学讲授这门课程。60年代前期，撰写了《谈史学遗产》等论文，编著了《史学史教本初稿》。十年动乱之后，研究工作获得新的进展。他在本书《叙篇》中，回顾了自己不断探索的过程，最后说："总之，这四十多年，对于中国史学史的摸索，首先是暗中摸索，继而是在晨光熹微下，于曲折小径上徘徊，继而好像是看见了应该走上的大道。现在的问题是，还要看得更清楚些，要赶紧走上大道。"① 这些话说得很谦虚，也很实在，道出了多年治学的甘苦，同时也表达出自己在科学的春天中，学术上进入新境而又加紧探索的心情。据我看来，关于总结史学发展"四个部分"的理论及其推进，集中地体现了著者多年探索的成果。

任何理论的创造都是困难的事，总结史学发展的理论又何尝不是如

---

① 白寿彝：《中国史学史》，第1册，182～183页，上海，上海人民出版社，1986。

此。中国史学源远流长，典籍丰富，史家辈出，各个时期史学的演进曲折复杂，总结中国史学的规律，必须作多层次的概括，增加了难度。这是其一。其二，平心而论，史学史这门学科在相当长时间内并不引起重视，在20世纪五六十年代，造诣较高而又专门从事这一学科研究的只有少数几位前辈学者。这种情况不独国内为然。一位研究外国史学史的专家讲过，西方史学家有一句谚语："史学的女神从不喜欢谈论自己的历史。"可见史学史之不大受重视，中外皆然，是一种通病。这样在相当长时期内形成一种不大正常的状况：研究历史的人天天讲"不能割断历史的联系"，而自己的专业却似乎可以不讲历史的联系。对以往的史书只是作为史料来研究，而很少考虑从中能总结、概括出什么理论。因此，少数有造诣的学者所做的，更是从没有路的地方创榛辟莽、开出新路的工作。

　　白先生关于总结史学发展"四个部分"的理论是，研究中国史学的遗产，应该从历史观、史料学、历史编纂、历史文学四个方面进行，它们是一个史家或一个时期史学内容的构成部分；它们在不同的历史时期有各自的发展情况，也都有它们那个时代所赋予的特定任务，从纵观的角度说，无论哪一方面，在史学长河中，都经历了矛盾斗争由低到高的发展过程；中国古代的史学，不仅仅是一堆历史记录（史料），更重要的是一笔丰富的遗产，应从这"四个部分"总结发掘，批判地继承其优良的成果，加以改造，并有所创新，从而发展我们的新史学。

　　我个人认为，我们对"四个部分"理论应给予足够的重视。它是从中国史学发展的实际作出的概括和升华，具有条理性、系统性的优点，对于研究史学史富有启发意义。历史观在史学中起指导的作用，是史学的灵魂；史料可靠性如何，丰富与否，抉择精审与否，则决定史书的可信程度。这两点对于中外史学来说都是适用的。历史编纂形式的丰富，历史学家重视文学的修养的传统，则反映出中国史学的特点。因此，"四个部分"的理论是从中国史学发展的实际总结出来的，体现出"共性"（史学）与"个性"（中国史学）的统一。这一理论还深刻地反映出：一个史家或一个时期的史学固然是一个统一体，但它不是铁板一块，也不是混沌一团，而是可以按一定的系统加以分析、鉴别、评价的。所以这一理论实则又是提供了一种研究的方法论，对于企求入门的研究者尤有帮助。对于如何改进今天的新史学来说，这一理论则提供了思考的角度，所以也是值得重视的。

"四个部分"的理论在史学界中产生了影响。更可贵的是，著者在本书中又有新的突破，推进了这一理论，论述得更加丰满。在历史观方面，他提出：在历史理论中，社会存在决定社会意识，物质生产和物质生产者的历史，社会历史之辩证发展及其规律性，这三个问题对史学工作更有指导的意义。它们比之于生产力与生产关系、阶级关系、人物评价等类问题，居于更高的层次。在史料学方面，则提出：对史料应有辩证的看法。一方面是，"对于史学研究来说，史料是不可少的"；另一方面是，"史料又有很大的局限性"，"一条可以说是相当忠实的材料，可以替历史的真相说话，可也不一定就能为历史真相说话。近代的唯心观史学家，宣称史料即史学，这是很浅见的说法，是不利于史学的正常发展的。"总的来说，"史料可以成为史学理论的依据，而史学理论的科学成就，则虽极为丰富的史料也无可与之比拟。经典作家把人类社会的发展总结为五种生产方式，但未经研究的材料，无论它如何丰富，也不能直接显示出这样的结论。马克思著《资本论》，使用了大量的资产阶级材料，但可以相信，在这些材料中，没有直接表述剩余价值的道理"。[1] 著者在书中还特别提出思想资料的问题，他说："大抵史料中可以作为思想资料的部分，在一定条件下都可以起死回生。""有不少史料，很明显，一直到现在是有生命力的。如我国的医药书、我国的农书、我国的传统体育和传统艺术等，就是这样。""有的史料，好象是死的了，但如适当地跟别的史料联系起来，却未尝不可以死而复生。如《左传》中所载曹刿论战一事，已是两千六七百年前的事了，在春秋史的发展上也没有显著的影响，可以说是死材料了吧。但毛泽东同志把曹刿论战所面临的长勺之战跟后来的昆阳之战、赤壁之战、淝水之战等战役联系起来，论证一定战役中敌众我寡之不可怕以及以少胜多的可能性，这就在精神上为当时的抗日战争增加了力量。又如愚公移山，本是一个古老的寓言。毛泽东同志用来教育群众，对革命和建设

---

[1] 白寿彝：《中国史学史》，第1册，20～21页，上海，上海人民出版社，1986。

也都起了教育群众的作用"。① 在历史编纂方面，书中强调："史书的编纂，是史学成果最集中表现的所在，也是传播史学知识的重要的途径。历史理论的运用，史料的掌握和处理，史实的组织和再现，都可以在这里见个高低。刘知幾所谓才、学、识，章学诚所谓史德，都可以在这里有所体现。"讲求合理的编纂形式并不只是技术性问题，主要的目的，"是为了反映历史真相"，并且"为了便于读者，为了便于传播历史知识"。史书的内容与史书的形式之间的关系是："形式是为了体现内容，内容不当因迁就形式而对自身有所损害。同时，形式也有自身的完整性，也应该适当地保持一个相当完整的形象。"② 在历史文学方面，著者认为："把我国的历史文学的优良传统总结起来，我想最值得注意的是这样六个字：准确、凝练、生动。"③ 这些看法，我以为都是有的放矢的精到的见解。

推动著者几十年不倦地探索这些理论问题的动力是：通过总结史学遗产中的优良部分，吸收养料、获得借鉴，以利于当代史学的创新，"对社会发展过程及其规律的研究作出应有的贡献。"④ 白寿彝先生贯彻了自己的主张，在史学实践中他力求创新。书中阐述了他所主编的多卷本《中国通史》，吸收前人的经验并加以改造，创立了一种"新综合体"，这对读者来说也是饶有兴味的。"全书有十卷是每一卷分为四个部分。第一部分是叙说，内容包含基本史料的阐述，已有研究的成果和本卷的编写大意。第二部分是综述，阐述这一个历史时期总的发展形势，其中包括政治、经济、军事、民族、文化和中外关系。第三个部分是典志，分篇论述生产力和生产关系的状况以及政治制度、军事制度、法律、风俗等。第四部分是传记，包括个人传记，学派传记，艺术家、宗教家传记等。"⑤ 综述要求能总揽历史发展的总过程及其规律，这跟旧日的本纪有本质的区别。典志则取法于旧史之书志体。旧日的书志尽管以记制度为主，并不能凭以观察社会发展的各个主要方面。这里设

---

① 白寿彝：《中国史学史》，第1册，21～22页，上海，上海人民出版社，1986。
② 同上书，23～25页。
③ 同上书，28页。
④ 同上书，29页。
⑤ 同上书，26页。

立的典志，则要求它能反映一个时代社会制度的主要方面，包括从生产力到生产关系，从经济基础到上层建筑。综述与典志的关系，是要求前者能阐述历史发展之阶段性的全貌，而后者则是对这一历史发展过程中若干侧面的剖视。传记，则要求所记人物不是一个一个孤立的人物，而是特定历史时期特定历史环境中的人物。著者总结这种"新综合体"的特点说："在形式上汲取固有的体例而加以改造，在内容上则与旧史大异。这只有在马克思主义指导之下，经过艰苦的努力，才有可能做得好。……这种新综合体的好处，现在可以看得出来的是便于容纳更多的历史内容，可能更进一步地反映历史的面貌。"① 这种编纂形式，显然是一项很可贵的创新。当然，目前流行的按章节叙述历史的编纂形式仍会继续采用并得到改进。不同的史书形式同时并存而又互相取长补短，正有利于史学的发展。可以设想，假若著者不是重视总结祖国的史学遗产，重视批判继承基础上的创新，那么在历史编纂上要提出这样重要的创建，恐怕是不大可能的。

以上讲的，可以说都是属于对史学内部规律的探讨及其推进。著者在书中还探讨了有关史学外部规律的两个问题。一是史学与时代的关系。著者强调史学史著作"要把历史时代的特点及其跟史学发展的相互关系写出来。要把史家的学术生活和学术成就摆在时代的潮流中去把握"②。二是关于史学的社会影响。这是研究史学史要回答史学有什么用的问题，回答史学的社会功能的问题。著者指出："无论什么学问，不是专供个人欣赏用的，而是要为更多的人服务的。要使更多的人接受这样的知识，使其在生活上和工作上发生作用。我们长期以来的习惯，无论写书或写论文，都是写给同行看的。在同行中，还是写给更少数的人看的。这样，写的人和看的人都在一个很小的范围内打圈子，不能使研究的成果发挥更大的社会效果，同时也就阻碍了我们这门学科的发展前途。"③ 著者还讲到，以前向历史系学生作报告，讲"学历史有什么用"，总讲得不那么理直气壮，说服力不强。"近几年，我就认为，历史工作最大的作用就在于武装人们的

---

① 白寿彝：《中国史学史》，第 1 册，27 页，上海，上海人民出版社，1986。
② 同上书，193 页。
③ 同上书，195 页。

头脑，教育人们参与历史的创造，推动历史的前进。人们的能力有大小，工作岗位有差异，但认识了历史的使命和历史的前途，就会成为物质的力量"。"我们过去的史学家，很重视这个问题，过去的政治家、思想家，也同样重视这个问题。"① 著者还一再充满热情地引证当代历史理论的最杰出成果——马克思总结的人类社会发展规律和毛泽东同志总结的中国历史和革命的规律，如何有力地推动了历史的前进。历史学，作为一定社会文化的组成部分，它是一定社会经济政治形态在观念上的反映，同时必然地反过来要对社会的经济政治产生影响。著者论述这两个问题，运用了社会存在与社会意识相互关系的基本原理，分析它在本学科的具体表现。自觉地重视历史科学对当代社会的推动作用，这应该是马克思主义史学的一个基本特征。既然历史理论是正确地总结人类以往的实践，那么它对人类的未来必然具有指导的作用，应该大力宣传、发挥它的能动作用。这样做，不仅丝毫无损于历史学的学术价值，而且正是要释放出它的能量，产生巨大的社会效果。在中国共产党成立60周年时，著者撰写了《回顾与展望》一文，从那时起五年多来，他在许多场合都再三再四讲到要把科学的历史知识交给群众，让群众懂得历史的规律，认识历史的前途，群策群力，众志成城，自觉地推动历史前进。真是满腔热情，语重心长，充分地表现出一个历史学家强烈的时代责任感。我想，如果多数史学工作者都自觉地把本专业工作跟振兴中华、实现四化的大业联系起来，那么，史学工作不会存在什么危机，而会呈现出蓬勃的生机和广阔的前途。

本书又一显著特色，是在辩证分析的基础上作宏观的概括，系统地提出了史学史分期的新见解。

《叙篇》中专辟两章论述史学史分期问题。著者总的看法是，在1949年中华人民共和国成立以前，中国史学的演进可以分为七个时期：先秦时期，秦汉时期，魏晋南北朝隋唐时期，宋元时期，明清时期，近代前期，近代后期。对于每一时期史学的主要成就、总体特点及其演进阶段，著者都有中肯、切实、深入的分析和简洁的论述，写得很集中而又很丰满，很

---

① 白寿彝：《中国史学史》，第1册，180页，上海，上海人民出版社，1986。

概括而又很具体，确是著者用力很深之所在。举其最要者，如讲：先秦时期是中国史学的创始或童年时期，经历了由远古传说到逐步形成正式史书的过程。秦汉时期是中国史学的成长时期，以马、班和刘向为代表，"在史书编纂上，在历史文献学上都已有颇具规模的成就。在历史理论上，也可以说有了一些体系"。魏晋南北朝隋唐时期，是中国史学的发展时期，表现为：史书数量上显著发展；史学反映了门阀地主的要求，姓氏之学极盛；还有民族史、中外交通、域外情况的撰述。宋元时期，是中国史学继续前进的时期。"在这个时期内，史书的编纂和历史文献的整理研究，都取得了新的成就。在历史观上，出现了尖锐的斗争。在历史文学上，少数史家也是有成就的。"明清时期，中国封建社会处于衰老阶段，这种时代特点反映在史学上，"一方面是因循守旧气息的充斥，另一方面，是反映时代抗议精神的优秀作品不断地问世"。① 这些论述，确是从大处落墨，提纲挈领，勾画出中国史学发展的脉络，显示出研究的深度和概括的能力，因而能够提出自成体系的看法。

著者对史学演进特点的概括，是以对一系列重要史家和史学问题的辩证分析为基础的。具体问题具体分析，是马克思主义的活的灵魂，也是史学研究获得科学认识的钥匙。这里举出书中几个运用辩证分析的好例子。

对孔子思想的辩证分析。孔子在整理和传播古代文化上有伟大贡献，他的思想学说影响后代至为深远。但是，由于他的学说具有多方面性，充满着矛盾，后人往往容易察其一端而未能观其全体，睹其表面而未能窥其实质。在不同的时代、不同的政治气候下，孔子时而是"至圣先师"，时而是"孔家店的老板"，时而是"复辟倒退的祖师爷"，时而是"东方文化的典范人物"，其实，不过是用了各种不同的有色眼镜去看孔子，或出于不同的政治需要去改塑孔子的形象而已。这些暂且不说。从严格的学术研究角度说，孔子也是一个评价最为分歧的历史人物，而且在不同时期的"价值波动"也最大。这一现象就很值得认真研究。我们可以写一本《孔

---

① 白寿彝：《中国史学史》，第1册《叙篇》第2章，上海，上海人民出版社，1986。

子研究史》或《孔子研究的反思》一类的书，认真地总结一下：对同一的孔子，同一的材料《论语》，在不同的时期，研究者是如何作不同的取舍、分析的；或是同一的研究者，前后又是如何作不同的取舍、分析的。我想，这也将是一件很有意义的文化反思工作，肯定可以帮助提高我们运用辩证法的水平。以前确曾有人不按照辩证法的科学态度办事，采取了先入为主，曲解材料的方法，所得出的就只能是片面性的、绝对化的结论。那样做，对孔子批判一通了事，干脆倒挺干脆，无奈客观事物是复杂的，哪能这么干脆？须知，片面性和绝对化，正是辩证法的对立物。这就在思想方法上种下了错误的根，等到某种政治气候到来时，就恶性发展，铸成了大错。回顾孔子研究史上的这类教训，我以为是很深刻的，应视为反面的鉴戒，提醒我们锻炼思想方法，提高辩证分析的能力。本书著者在孔子研究上很注重辩证地分析问题，评价比较公允，而且前后比较一致。若拿著者在20世纪60年代所写的《中国史学的童年》、《史学史教本初稿》与本书对照一下即可看出，基本论点是前后一贯的。本书评价孔子的要点是：一、"孔子生当奴隶制社会向封建社会过渡的年代。他的思想和事业都反映了社会制度交替时新旧交替的矛盾。"二、"他开创了私人讲学的局面，使学术从官府垄断的状况下得到解放，使无传统身份的人也有机会接触这些从不能接触的东西，这是孔子在学术传习和教育制度上的革新。但他所用以教育年轻一代的是《诗》、《书》、礼、乐，这仍然是旧有的传统知识"。三、"在政治上，他以学者的身份周游列国，过问人家的政治，这也是一件新鲜的事情。但他所宣传的是'祖述尧舜，宪章文武'，仍然是古圣先王的那一套，这是一个方面。在另一方面，他在政治思想上，不断谴责当时的'天下无道'，而希望一个'天下有道'的社会，而这个'天下有道'的社会却又恰恰在口头上是孔子所理想的社会，实质上又不是他所标榜的古圣先王的社会。"四、在史学上，"孔子作《春秋》"，"开始了私人作史，并以所著史书传授后学。这是中国史学史上的一件大事"。① 这些论述，把孔子放到他所处的时代来分析，"把问题严格地提到一定的历史

---

① 白寿彝：《中国史学史》，第1册，47～48页，上海，上海人民出版社，1986。

范围内来考察",因而比较恰当地评价了孔子的历史地位。着语不多,但这是对有关孔子的材料作深入的辩证分析,而审慎作出的结论。

对董仲舒和司马迁历史思想的分析。董仲舒虽不是历史学家,但他的历史思想对汉代和后代影响很大。以往研究者一般对董仲舒与司马迁历史思想的对立讲得比较多,而对两人一致的一面较少说及。著者认为,司马迁"历史观中有不少的唯物主义因素和朴素的辩证观点,这跟董仲舒的唯心主义和形而上学是有区别的"。董仲舒"发挥了春秋公羊学大一统的论点为汉皇朝的统一事业服务"。"司马迁曾从董仲舒问春秋公羊学,他也拥护汉的统一,尊重孔子在历史上的成就"。"在维护汉家统治利益上,二人是一致的,而在如何维护这一具体问题上两人有很不同的看法"。"从汉武帝控制思想的效果说,在这两人身上都取得了一定的成功"。① 这些见解,也都是发前人所未发。

书中论述朱熹"在思想领域里是唯心主义的大师","他把历史割裂成为三代以上和三代以下两截,同时也就把人类划分为圣、凡两类。这显然是封建的等级观在历史观念上的反映"。同时又指出,朱熹"在历史文献的研究和整理上,有时是有实事求是精神的。他在这方面的工作也有很大的分量。他把《周易》经传,区分为伏羲之易、文王之易、孔子之易,这种区分的办法并不符合历史实际,但区分的方法,是有历史观点的。对于《尚书》,他看出古文和今文的不同,觉察到古文的可疑之处。他对《诗经》,居然敢于说出这部圣经里会有许多情诗。他在辨伪上涉及的书籍相当多。"② 这些分析也是相当精辟的。

著者对于近代史学发展脉络的论述,也有颇多精彩之处。如,对于鸦片战争至"五四"前夜史学思潮的演进,白先生用"民族危机的迫切感","变法和历史必变的观点","史学工作和革命思想的宣传",作为提挈三个阶段的纲,是很中肯的。又如,书中提出了"中国史学近代化的过程"这一新课题,论述近代化过程的特点和具体表现。关于特点,书中说"彻底

---

① 白寿彝:《中国史学史》,第 1 册,53～54 页,上海,上海人民出版社,1986。
② 同上书,70～74 页。

地反对帝国主义和封建主义是此后三十多年间中国史学的最大特色和主流"。关于史学近代化过程中出现的引人注目的新情况，书中分别从史学的内容、史学观点、史料的使用和研究方法的改进、著述的形式等方面说明，由于论述的集中而加强了力度。著者说，"史学工作的主要内容变了。以前的史学工作是以帝王将相和其他方面历史上的大人物为主要的研究对象。现在注意力转移到所谓'文化史'方面，其中包括民族史、语言文学史、经济史、政治史、学术思想史、宗教史、文艺史、风俗史等，实际上就是要以社会制度、社会生活及有关意识形态方面的历史为主要内容。这不只是在研究对象上大大恢廓了，更主要的是动摇以至撤除了帝王将相等历史人物在历史舞台上高踞一切的宝座，而代之以新的内容"。"传统的某些历史观点受到了批判；研究中国遭受侵略的历史跟研究世界史、国际关系史得到一定的联系。历史传统的观点认为尧、舜、禹、汤以至神农、伏羲、黄帝，再远还可以上推到盘古，都是客观存在的，而且他们的时代都是中国历史上的黄金时代。这些沿袭久远的传统观点经过批判后，相信的人很少了，而这些观点起源和演变本身的历史还受到了审查"。"在史料方面，利用了古老的文化遗存，利用了出土的文献，还利用了佛教、道教的典籍和档案材料，利用了域外的材料和语言学的材料。其成绩好的，可以改变某一历史时期或某些历史重大问题的研究面貌"①。这些论述，深刻地揭示出自新文化运动和"五四"以后，史学领域意义重大的本质性变化。

本书第三个显著特色是：对先秦史学的论述，探索了新的课题，独创了新的格局。

论述先秦时期的史学是本书的正文部分。

论述先秦史学可以有两种方法。一种是照有的史学史著作所采用的，先"释史"以正名清源，并论列上古时代各类史官及其职掌，然后说到史书。另一种是本书的写法，从远古的传说说起，理由是："在先秦、汉初旧籍中所保存的远古流传下来的传说，尽管是零碎的，是难免为后人所加工过的，但也保存了后人无法虚构的一些内容，从而多少可以看出来远古

---

① 白寿彝：《中国史学史》，第1册，103～104页，上海，上海人民出版社，1986。

的人们传述历史的一些踪迹"。① 第一章论述"从远古的传说到国史的出现",第四章前面两节,则从历史观的角度,论述殷商以前的观念是"神的世界",周初以后,"神的世界被冲破了一个缺口","历史来到人间"。在这些篇章中,著者的兴趣并不在于叙述传说的内容,而在于论述传说中神的形象逐步地变化、逐步地被修改的过程,说明"人的主动性"如何露头和发展,"人的努力和人心向背在历史上的重要作用"如何被逐步认识。从而造成了:"神的权力在一定程度上下放到了人间,神的光圈可以说是缩小了,也可以说是褪色了,人的形象逐渐地显露出来。"②

两相比较,可以说:前一种写法可以为读者提供知识,后一种写法则启发读者去把握历史意识萌芽的实质。因为,人类逐步地从神意支配的意识中摆脱出来、逐步地认识到人类自身力量的过程,正是"历史"萌芽和出现的过程;揭示这一原理,总结这一过程,是史学史专著的一项任务。黑格尔说得好:"'历史'这东西需要理智——就是在一种独立的客观的眼光下去观察一种对象,并且了解它和其它对象间合理的联系的这一种能力。所以只有那些民族,它们已经达到相当的发展程度,并且能够从这一点出发,个人已经了解它们自己是为本身而存在的,就是有自我意识的时候,那种民族才有'历史'和一般散文。"③ 这里的"个人"是指人类成员,"为本身而存在"和"自我意识",就是指人类从神意支配中摆脱出来,逐步认识到人的主动性、人的努力。将本书"神的世界""来到人间"等节与此联系起来,我们对黑格尔的话就能够理解得很具体,感到他的确讲出了深刻的真理。

白先生把他在《叙篇》中阐述的关于"四个部分"、史学与时代的关系等项理论,都贯串、体现到正文之中,对先秦史学的内容作了纵深的开掘。

就历史记载说,书中涉及的范围很广,诸如《公羊传》、《穀梁传》、《山海经》、《竹书纪年》、《世本》、《尧典》、《禹贡》、《周礼》、《仪礼》、《天问》都有论列。以《公》、《穀》二传为例,这两部书由于历来是被认为解释《春

---

① 白寿彝:《中国史学史》,第1册,197页,上海,上海人民出版社,1986。
② 同上书,290、291页。
③ [德]黑格尔:《历史哲学》,王造时译,205页,北京,生活·读书·新知三联书店,1956。

秋经》的，属于经部，一般史学史研究者都不予重视，偶有提及，评价也很低，批评它们解释牵强、文学重复烦琐、史料价值不高。本书著者独具慧眼，对二传的历史思想、史料价值、文风都有论述。认为《公羊传》有大一统思想，《穀梁传》则要保守些。《春秋经》只是一大片事目，二传对于这些事目的详细内容，基本上都说到了，且把《春秋经》所讳的事一一说明，对历史记载有很认真的态度。二传在词汇的选用和表述上，每一个字都要求很严格，体现了一种准确、凝练的文风。这些都是前人少有说及的。

就历史问题说，前面三章（第一章"从远古传说到国史的出现"，第二章"春秋经传和私人撰述"，第三章"战国时期的多种撰述"）主要论述了先秦历史记载由简单到复杂的发展，它们在史料学、历史编纂、历史文学所取得的成就。在此基础上，专辟第四、第五两章，突出地论述"历史观点的初步形成"和"历史知识的运用"两大问题。这样，就以多层次、多侧面的论述，代替了常见的平直式叙述；不仅在内容上有重要的突破，在结构上也别开生面地创造了新的格局。

既然历史观点是史学的灵魂，既然史学要发挥社会功能，那么，对这两个问题就应该做集中的探讨。在先秦时代，从殷商以前的神秘史观，到西周初年开始重视人事的历史观点，到孔墨的先王史观，到荀子、韩非的进化历史观点，所走过的是曲折的然而毕竟是有规律可循的道路。著者在这一章所做的，堪称是"提要钩玄"的工作，分析了大量资料，终于理出了一条发展的线索，肯定了各个时代思想家、史学家一步一步地推进真理性认识过程的贡献。这是一件很有意义的工作。先秦时代初步形成的历史观对后代影响极为深远。从近点说，孔孟对人事的重视，荀子"人之生，不能无群"的观点，韩非论述"上古""中古""近古"，论述"世异则事异"、"事异则备变"的观点，对于汉初贾谊的思想，尤其是对司马迁"通古今之变"的光辉思想，都有直接的关系。从远点说，直至清代章学诚，近代龚自珍、魏源、谭嗣同等人的观点，也都明显地受到先秦诸子的影响。在"历史知识的运用"一章，论述商鞅等人"运用了历史知识观察当前和未来的重大问题"，"采取行政手段适应历史趋势"，"事实上起到了推动历史发展的作用"，① 所做的也是钩稽贯串、烛幽阐微的工作。这一章以丰富的材料，证明了先秦思想

---

① 白寿彝：《中国史学史》，第1册，339、341页，上海，上海人民出版社，1986。

家、史学家重视运用历史知识,并在实际上取得了明显的社会效果。这样做,开拓了史学史研究的新领域,体现了著者在叙篇中提出的关于史学社会功用的论点,对于我们今天充分地发挥历史教育应有的巨大作用,有重要的启发意义。多层次、多侧面论述的方式,可使读者对一个时期史学的发展有立体的感觉,一个个具有真实历史感的史学家、思想家就能印进读者脑海之中。当然,这样做需要有多方面的功力,还要有统筹全局、互相照应的能力。

本书在文字表述上的优点是,做到了要言不烦,深入浅出。对于一些复杂的问题,或是辨明古籍作者、时代、真伪、传授之类的考证性问题,都能用简要明白的话说出来,给人以明快之感。著者曾在许多场合,提出专家著书应做到深入浅出,惟其专家理解得深刻,才能表述得简洁明了。著者对这一主张是身体力行的。全书的风格,采用了与读者交谈的方式,避免了有的学术著作容易使人感到枯燥的毛病。像"师友之谊"一节,写研究院导师黄子通先生一番严厉的话,使著者"出了一身汗",此后学业有了长进,写楚图南先生、侯外庐先生长期以来对著者在事业上的关心、支持,都给人以深刻的印象。

本书取得了多方面的成就,也存在若干不足。一是对所引材料有的阐述还不够。这点著者在题记中已经谈到。二是对于史学史上有些问题,还需要作进一步的具体分析。如对于乾嘉学术,书中认为"在古籍整理上取得了相当大的成绩",但"仅限于很小的天地内,对于明清之际以经世致用为目标的史学来说,是无从比拟的"。[①] 近年有的学者则提出:乾嘉时代出现了"学术的繁荣",当时的学者用严密考证的方法治经治史,"他们的学术是成功的"。这个问题就需要进一步讨论。史学史这门学科近年来获得了比较显著的进展,可以预期,《中国史学史》第一册所取得的开拓性的成就,定能对这门学科的建设起到推动的作用。

(原刊《史学史研究》1987年第1期)

---

① 白寿彝:《中国史学史》,第1册,87、88页,上海,上海人民出版社,1986。

理论方向和开拓精神
——读白寿彝主编《中国通史》导论卷

恰逢国庆40周年前夕,白寿彝教授主编的《中国通史》导论卷出版发行,引起了读书界和人们的关注。自中共十一届三中全会以来,是白先生著书立说成果丰硕的时期,先后主编《中国通史纲要》(1980)和《中国通史纲要续编》(1987),《史学概论》(1982)、《回族人物志·元代》(1985)、《回族人物志·明代》(1988)以及自著《史记新论》(1981)、《历史教育和史学遗产》(1983)、《中国史学史》第一册(1986),其中《中国通史纲要》重印达12次,印数近76万册,并发行了英、日、西班牙文版。他所发起和主编的《中国通史》更是一个规模浩大的工程,约请了国内近百位专家共同撰写,论述范围上自远古时代,下至中华人民共和国成立,计划分为12卷22册,总字数预计约1400万字。这项工作早由通讯社和电台向国内外报道,人们期待着全书陆续刊行问世。

一、理论方向

人们对这部著作的关注尤在于:当前,我们正处于反思和总结近年来历史经验的时刻。就理论学术领域而言,这些年来既有可喜的思想活跃的局面,但也出现了偏差。在历史研究范围内有两个问题更加突出,一是,马克思主义对于史学工作的指导作用能否削弱或偏离?二是,应该怎样看待我们民族的历史文化传统,其中有没有优良的东西值得发扬?这些问题显然对当前史学工作以至整个社会主义精神文明建设关系重大,本书是大型《中国通史》的导论卷,对此如何回答,自然受到人们的重视。

导论卷的内容,按白先生在"题记"所说,"只讲述一些我们感到兴趣的问题"。第一章,讲"统一的多民族的历史",说明全书高度重视各民族历史的著述旨趣;第二至六章,论述历史发展的地理条件、人的因素、科学技术和社会生产力，生产关系和阶级关系，国家和法，社会意识形态；第七、八两章讲历史理论、体裁形式和历史文学的传统；最后以"中国和世界"一章作双向考察，既把世界史作为中国史研究的背景，又论述中国史对世界史的意义。可见全书是在广泛的范围内分析了中国历史的许多重要理论问题。本书的最大特色，就在于坚持用马克思主义的基本原理分析问题，以对中国历史实际的新概括，去丰富马克思主义历史理论宝库，表现出理论方向上的坚定性和勇于探索的精神。在导论卷撰写之时，"史学危机"呼声正高，其中，有的是出于严肃的思考，要求改进或改变以前的研究现状，克服"课题陈旧"、"内容狭窄，风格单调"的毛病，要求改变历史学不受重视的现状，呼吁发挥史学的社会功能；有的则出于理论方向上的迷惘，在西方五光十色的所谓"新思潮"涌来时缺乏自觉性，不加选择地盲目接受，反过来对马克思主义的指导作用产生动摇或怀疑。前者有积极意义，后者则是消极的、有害的。这种现象出现在开放时期并不奇怪，重要的是要以严肃的态度加以澄清、引导和纠正。

本书著者这样强调："历史理论有许多问题要探索，也有许多领域要开拓。做这种探索和开拓的工作首先必须是从学习马克思主义开始，并且定为日常课程，坚持下去，久而弥笃。"这当然是对怀疑马克思主义论调的明确批评。著者认为，"从中国历史来看，有两个应该在已有的成果上继续探索的理论问题。一个是关于中国历史发展规律的问题，一个是关于中国史学发展规律的问题。"中国历史有自己的特点，譬如：因地域辽阔，各民族、各地区间发展不平衡，研究工作应作高度的概括，既要能说明各种社会现象的差异性，又能说明差异性中所具有的同一性；中国历史的发展有传习力量的顽固性，社会变革往往不彻底，对这类历史的传习现象，要深入地研究；历史还有类似"循环"的假象，如治乱兴衰不断更替，农民起义和农民战争不断以类似的形式出现等等，我们要透过这些遮盖的现象而发现其本质。探索这类问题，离不开理论指导，也离不开历史资料。所以，要克服或者只熟悉马克思主义理论、或者只熟悉历史资料两种倾向。

关于中国史学发展的规律，著者认为，"当前需着重探索的有两个问题。一个是史学发展的社会条件，一个是史学的效果。"[①] 古代史学家、思

---

① 白寿彝主编：《中国通史·导论》，285～290页，上海，上海人民出版社，1989。

想家重视从历史中吸取经验教训。我们今天更应该发挥史学的社会功能,让史学能在广大群众中发生影响,产生巨大的物质力量,帮助群众认识历史前途、历史使命,那么我们的史学就更有意义,也有空前广阔的前途。

导论卷的出版正好证明:本书主编白寿彝先生和其他撰稿人自觉地、旗帜鲜明地坚持马克思主义普遍原理与中国历史实际相结合,以自己的研究抵制了理论方向上的偏差,因而能提出一系列具有理论意义和学术价值的新论断。

二、对中国历史问题的新概括

如何贯彻正确的理论指导,撰写出一部具有切实内容的、统一的多民族的中国通史,是导论卷极其重视的理论问题。写中国史如何处理民族关系,是一个重大的问题,它关系到巩固和加强民族团结,关系到我们国家的前途。然而,远非大家都已认识到这个问题在理论上和实践上的重要性。导论卷做到了:表明全书以撰写"统一的多民族的"中国通史、进行民族团结教育为己任,有力地论证了友好关系的发展是历史上民族关系的主流。这是十分可贵的努力。

白先生在新中国成立初年就撰写有《论历史上祖国国土问题的处理》等文章,强调中国史的内容应该包括今天中华人民共和国境内各民族的活动,反对以历代皇朝的疆域作为历代国土范围的做法。《中国通史纲要》贯彻了上述观点,论述应该写出各民族共同创造祖国的历史。如今导论卷把这些问题深化了,首章以饱满的笔力,阐明全书要记述全国各兄弟民族共同创造祖国历史的宗旨,廓清历史上所笼罩的一些迷雾,论述社会主义大家庭的民族团结来之不易的深刻道理。对此,书中有许多精到的见解,如:

——深入地发掘了中国史学上重视民族史撰述的传统。编著者从大处着笔,总结了自孔子、司马迁以下,传统史家中重视少数民族记载的历史眼光和对少数民族问题的理智态度,概述了两千年的传统,并且高度评价了抗日战争以后李维汉及吕振羽同志对开展民族问题科学研究所作的贡献。这些系统的新见解对于民族史和史学史研究,也都具有开创的意义。

——对于中国史所记载的范围作了具有科学意义的界定:"中华人民共和国的疆域是中华人民共和国境内各民族共同进行历史活动的舞台,也就是我们撰写中国通史所用以贯串古今的历史活动的地理范围。"真正体现出全国各兄弟民族都是历史的创造者、历史的主人。

——提出关于历史上民族关系的主流,应该作深入的具体分析,"在中国历史的长河中,民族关系是曲折的。但总的来说,友好关系越来越发展。无论在时间的继续性上,在关系到的地区上,在牵涉的方面上,都是这样。"尤其在进入近代以后,各族人民在历次反帝革命斗争中大大增强了民族间的亲密友好。抚今追昔,我们更应该特别珍重历史上民族间友好关系发展的主流。

——论述了几千年来多民族统一国家形成的历史,经历了由单一民族的内部统一,到区域性的民族统一,到历史上的全国性大统一,到今天社会主义的多民族统一的过程。说明从全局看,统一是历史发展的趋向。

本书对中国历史上地理条件、人的因素与社会发展的关系,对生产关系、国家制度等项理论问题也都有新的概括。在论述地理与民族关系时,分析因地理条件不同形成了不同的民族特点,"例如北方民族因交通便利容易走向联合,社会发展的进程比较快,这与他们从事游牧活动,具有勇敢精神有关。南方民族,往往局促在山地,交通不便,极不利于联系和融合。这是南方民族虽然在民族数量上超过北方民族,但在社会发展上却落后于北方民族的一个很重要的原因。"① 关于封建社会界限森严的等级制,本书提出:在中国,封建地主阶级内部也构成等级特点。如封建社会成长时期的秦汉,皇帝是最高的地主,居于等级的顶端。以下是世家地主、豪强地主、高资地主,此外还有不少中小地主。而且由于地主阶级是封建生产关系的决定性方面,因此,地主阶级内部等级特征的变化,也构成封建社会阶段性发展的一个标志。对具体问题作具体分析的优良学风于此得以显示。

本书社会意识形态一章,以不足万字的浓缩笔墨,提纲挈领地概述了

---

① 白寿彝主编:《中国通史·导论》,147页,上海,上海人民出版社,1989。

三千年思想变迁之大势，对于各种学说的要点、思想变迁的阶级和时代的蕴涵，作了精当的分析，对于何者是反映了时代要求和人民利益的进步思想，何者是代表了反动阶级利益、阻碍社会前进的思想糟粕，严格地加以剔抉辨析，体现出我们时代理论著作应该具备的鲜明性、战斗性和充分说理的风格。著者站在社会主义精神文明的高度俯视，中肯地从三个层次总结中国思想史的精华，即：唯物主义的优良传统；社会政治思想的革新进取精神；人性论及道德学说的丰富遗产。这些论述吸收了多年来思想史专家们的研究成果，同时又站得更高，其中颇多精警的论断，把深刻的哲理与强烈的时代责任感融而为一，对于史学研究，对于创造民族新文化的人们，都具有激励前进的力量！

马克思主义和中国历史实际的结合，无论如何，都是我们必须坚持的正确方向。导论卷编著者的创造性努力对此无疑是一个积极的推动。

三、开拓精神

马克思主义是发展的学说，它要求不断解决新问题，开拓新境界。导论卷又一特色即是研究上的开拓创新精神。上述关于中国历史理论问题提出的一系列新鲜论点即是勇于探索获得的，而开拓创新精神更集中的体现，还在书中关于体裁构想和中国史与外国史比较研究的论述。

体裁的构想和创新首先要突破几十年来形成的"定式"。自20世纪初以来，历史著作的编写一直都采用分章节叙述的形式，风行七八十年而不衰，著者与读者都习以为常，几乎无人想到要改变它。又因为，传统史学、近代史学和新中国成立以后的当代史学明显地区分为不同的阶段，不少人早已形成一种固定的看法：传统的史书体裁乃是过去时代的东西，纯属封建货色，除了其中保存了一堆史料以外，谈不上对它继承利用的问题。这些看法在相当长时间内几乎定型化了，成为思想上和事实上的定式。白寿彝先生经过多年的深思熟虑，提出史书编纂的改革主张："历史现象是复杂的，单一的体裁如果用于表达复杂的历史进程，显然是不够的。断代史和通史的撰写，都必须按照不同的对象，采取不同的体裁，同时又能把各种体裁互相配合，把全书熔为一体。"① 他倡导以新综合体，多层次地反映历史，就要突破半个多世纪形成的固定的格局，并且化腐朽为神奇，从旧史体裁形式中汲取营养（还要学习外国史书的优点），加以利用、改造和再创造。这确实需要理论的勇气、宏大的气魄、开拓的精神。那么，这种新综合体怎样构成？各个部分设置的依据和作用是什么？如何互相配合形成整体？对于这些读者所关心的问题，导论卷有明确的回答。

本书自第二卷"上古时代"（先秦）以下，每卷均由序说、综述、典志、传记四个部分构成。"以'序说'置于全卷之首，开宗明义"。序说的主要内容和要求是：对基本资料，包括文献、考古资料、民俗学资料的说明，有的需对著作年代作必要的考辨；论述前人和今人已有的研究成果，加以适当的总结，说明在这一领域中哪些问题已经解决，哪些正在解决，提出自己的看法；扼要地说明本卷的编纂意图和编纂的具体问题。"序说"的设立，既吸收了自《太史公自序》以下序说体文字的优点，又吸收了外国有的史书首先讲文献和研究状况的长处。

"综述"是全书的主干部分，在这一部分，要写出历史发展的总向。它吸收了本纪、编年体和章节体之长而加以发展。书中认为：章节体具有把历史的阶段性发展和历史现象的主次表达出来的优点，它今后仍可使用。但是若以此作为一部大型史书中的唯一体裁则有很大局限，因为"典章制度、学术文化和人物事迹的论述都不易得到充分的展开"。综述的主要任务，是要紧紧抓住每一历史时期的纲，只写对历史全局有影响的大事，其中包括政治、经济、文化、民族、中外关系等方面，着重写的是历史发展的方向。也要写出历史发展的阶段性。对于人物、制度等，只讲到其有关历史发展的大端为止，具体细节放在传记、典志中去写，形成诸体配合。

"典志"，是对历史现象进行剖视，其作用是从各社会剖面来反映一个历史时期的特点，体现出人类史是"具有许多规定和关系的丰富的总体"。吸收传统典志体史书中有用的东西加以改造发展，根据今天的需要，大致可设立地理、民族、社会经济、政治制度、军事制度、法律，以及宗教、

---

① 白寿彝：《历史教育和史学遗产》，112 页，郑州，河南人民出版社，1983。

礼俗、中外关系等专题，各卷可据需要作灵活调整。

"传记"，是人物的群像。人的作用不能改变历史的规律，但能影响历史发展的速度和状况。人的作用，包括人民群众的作用，也包括领导人物、代表人物的个人作用。传记要写各方面代表人物的活动，"还要写出他们身上所反映的时代特点"。

四种体裁互相配合，务使全书脉络贯通。"要通过现象揭示出历史的本质，要于历史沿革流变之中探索历史的发展规律。"① 新体裁的创造归根到底是为了容纳更加丰富的内容，多层次地反映出历史发展的全貌。这不仅对我国史学具有创新意义，而且不夸大地说，对于世界史学也是一个贡献。

中外历史比较研究的开拓性意义是明显的，因为这是一项难度很大的工作。一个学者要真正懂得中国史或懂得外国史就不容易，更何况将两者比较，从中讲出真知灼见。所以本书对中国与世界的论述，同样表现出宏阔的眼界和开拓精神。如书中关于中国文明具有发展的连续性的特点，"具有不断自我更新、自我代谢的能力"的论点，就是从比较研究得出的。在世界文明古国中，埃及和巴比伦在公元前一千年前半期被波斯人征服，古希腊文明也在公元前4世纪之后衰落。只有中国的文化传统从未中断，文字前后一脉相承，史书从时间到内容前后相接，文明一直延续。著者自豪地说：中国文明"历尽危机而未消残壮志，屡经考验而活泼泼生存下来。……'天行健，君子以自强不息'。这大体可以表明中国文明发展连续性的基本特色。"② 书中论述造成"欧洲中心论"的谬误之一，是忽视了中国历史发展的典型性。就封建制而论，中国史上的封建制是正常连续演变和高度发展的，阶级结构复杂，可据的文献和考古资料也极丰富，无疑要比欧洲更为典型。书中以有力的史实，论述中国在历史上对整个世界的发展都发挥了重要的作用。即使在中国历史上最暗淡的近代时期，中国的作用也不能忽视，她"作为统一的东方大国存在，给西方殖民者的侵略扩张造成了巨大的障碍"。③ 我们要承认近代以来的落后，但是绝不能妄自菲

---

① 白寿彝主编：《中国通史·导论》，310～328页，上海，上海人民出版社，1989。
② 同上书，360页。
③ 同上书，380页。

薄，应该发扬民族历史的优良传统，奋发图强，同时大力学习别国长处，为人类作出无愧于前人的贡献。导论卷昂扬地阐发我国民族精神和优良传统，正是为了发挥史学的社会作用，推动完成这一伟大的时代任务。

四、思辨色彩

学术界有不少人称道白先生的论著具有思辨色彩，这是指具有哲理的眼光，以辩证的、联系的、发展的观点，对具体问题作具体分析。导论卷同样显示出这种特色。上文论及的理论建树都是根据辩证分析立论的。这里还可举出：书中论述"统一国家"跟各民族利益关系时，说："'一'和'多'，是辩证的统一。'一'存在于'多'中。'多'好了，'一'就会更好。反过来说，'多'要团结为'一'，'多'使'一'更有力量。"并批评历史上的统治者重视"一"而往往忽视"多"的短视的做法。① 关于人口问题，指出：人口的多少不能作为国家发展的主要依据，这在旧史家中也有论及此者。这是一方面。而另一方面，统治者又要加强人口的编制，这是封建国家一项重要职能。所以商鞅变法实行按什伍编制，有罪连坐。萧何入咸阳，先取秦图籍，目的之一即掌握天下户口。历代则都有户律，等等。这样就把问题讲透彻、讲得切合实际了。辩证分析是马克思主义的灵魂，也是推进历史研究最重要的武器。导论卷在这方面的成就，对我们也富有启发的意义。

导论卷是多卷本《中国通史》理论的主导和全书的先导。它在理论方向、研究视野和探讨深度上多方面的成就，使我们有理由相信：悠久的、内容无比丰富的中国历史进程，将在以下各卷中波澜壮阔地展开，全书将为当代中国史坛赢得更加令人瞩目的成就。

（原刊《群言》1990年第1期）

---

① 白寿彝主编：《中国通史·导论》，98页，上海，上海人民出版社，1989。

不断开拓史学史学科的新境界
——读《白寿彝史学论集》

　　正值白寿彝教授从事学术工作65周年和85岁寿诞之际,《白寿彝史学论集》(精装,上、下册)由北京师范大学出版社隆重出版,受到学术界的关注。这部论集收入著者有关史学的论著120篇(包括专书《史学史教本初稿》),分为8辑编排。与1992年出版的《白寿彝民族宗教论集》合在一起,两书合计有160万字之巨,汇集了白先生60余年来在史学、文献学、民族学和宗教学等多个学科门类的研究成果,代表了著者的理论建树和广博学识,这两部书的出版肯定对当前的学术工作起到积极的推进作用。《白寿彝史学论集》内容丰富,读者从书中一定能获得多方面的感受。本文只能侧重于史学史研究的范围谈一点粗浅的认识。我认为:把哲学思考引进史学史学科的研究,提高这一学科的学术品位,在探求形成史学史学科体系的道路上不断地提出新问题,是白寿彝先生的一项重要学术贡献。具体地说,《白寿彝史学论集》的重要特色之一是,阐述史学史学科的内容、任务和研究方法,对重要的史家、史著和综合性问题提出真知灼见,推进学科建设,突出地显示出在学术研究上不断开拓进取的精神。

　　有关史学史学科的研究成果,在本书中占了很大分量,这些篇章凝聚着白寿彝先生自20世纪60年代初以来的大量心血。中国史学史作为一门学科被正式提出来,是在20世纪20年代。而对这门学科的体系作认真的探讨,则始于60年代初期。当时,北京、上海、武汉等地的史学界曾几次开会,郑重其事地讨论建设中国史学史学科体系的一些重要问题,包括研究的目的要求、内容、分期等项。由于老一辈史学家的努力,60年代初期的史学史研究顿现活跃局面。进入新时期以来,这门学科更获得了很大的发展。白先生于40年代初即在云南大学讲授中国史学史。1961年他受教育部委托承担撰写中国史学史古代部分的任务。在60年代前期,他撰写了《谈史学遗产》、《中国史学的童年》、《司马迁与班固》、《中国史学史研究任务的商榷》等重要论文，著成《史学史教本初稿》。80年代以来著述更多，有《中国史学史》（第一册）、《谈史学遗产答客问》（共5篇）、《说六通》、《说"疏通知远"》、《中国史学史上的两个重大问题》、《六十年来中国史学的发展》、《谈谈近代史学》等论著。白先生在史学史这一园地上辛勤耕耘长达半个世纪，不仅成果丰富，更重要的是不断地围绕学科的建设提出新问题和新思路，推进学科的建设上升到新境界。上列主要论著，除《中国史学史》（第1册）外，均汇集在本书之中。

概括地说，自20世纪60年代初以来，白先生对史学史学科的开拓，主要经历了两个阶段：前一阶段，明确要求摆脱旧的要籍解题式的格局，研究中国史学发展的规律，发掘其内在精华；后一阶段，则进而要求突破学术专史的局限，总结史家对历史本身认识的发展过程，总结史学的时代特点和社会影响，使这门学科对推动社会前进和当前史学的发展发挥应有的作用。

在20世纪60年代初，著者即围绕史学史学科的一些基本范畴、命题阐发了一系列重要的观点，如：（1）提出中国史学史的任务，是研究中国史学发展的过程及其规律性；（2）论述围绕这个任务，要从历史观、史料学、历史编纂、历史文学四个方面进行深入的研究和开掘。如关于历史观，就特别强调对于历史上具有进步意义的观点都应该重视和发掘；（3）在历史编纂方面，著者进一步发展了40年代论述史书体裁的论点，指出在著作形式上应当百花齐放，中国古代史书体裁不仅多样，而且各种体裁都经历了发展变化，不同体裁之间也不是隔着不可逾越的鸿沟。这些基本观点，在其所著《史学史教本初稿》和《司马迁与班固》等论文中均得到成功的体现，因而对于史学史学科摆脱要籍解题式的旧格局起到显著的推动作用；而从方法论言，又有指示研究门径的意义。

进入20世纪80年代以后，我国社会生活和学术文化跨入了新的历史时期，白寿彝先生关于史学史的论述也推进到新境界，要求摆脱单纯学术史的局限，明确提出要研究史学与时代的关系，发挥学科的社会功能。在《中国史学史上的两个重大问题》一文中，著者提出：我们面临着国家建设事业迅速发展的形势，史学史工作也应该甩掉旧的躯壳，大踏步前进。

为实现这个目的，史学史上有两个重要问题是应该多下点工夫及早解决的。这两个问题如果解决得好，史学史这门学科就可能面目一新。这两个重要问题，一是对于历史本身的认识的发展过程；二是史学的社会作用的发展过程。著者以高度概括的手法，指出古代重要史家在认识历史上的成就：自先秦以来，具有唯物主义因素的观点，在史学史上是不断出现的。"中国史学有一个悠久的传统，在社会动乱比较激烈的时候，或是在大动乱的前后，我们总有史学的杰作出现。在经过春秋战国以及秦汉之际的社会变乱，到了汉武帝时，统一的局面才巩固下来，就在这个时候，司马迁写出了他的《史记》。魏晋南北朝的长期变乱、分裂，通过了隋唐时期的稳定，到了唐中叶以后，封建社会内部的矛盾比较突出，就在这个时期，杜佑写出了他的《通典》。两宋，是一个阶级矛盾、民族矛盾交织的时期，司马光写了《资治通鉴》，郑樵写了《通志》。明末清初，封建社会险象环生，正所谓'天崩地解'的时代，黄宗羲的《明夷待访录》、王夫之的《读通鉴论》、顾炎武的《日知录》、唐甄的《潜书》，虽然分量不大，但代表了时代的脉搏，鞭挞了封建统治的腐朽。像这样的著作，都有丰富的历史观点，都应该进行深入的研究。章学诚的《文史通义》，在旧的史学著作中，是一部在理论上比较丰富的书。"而我们以往的研究工作，对这些著作在理论上发掘很不够，对于历史本身认识的发展过程，缺乏总结。必须重视研究这些问题，才能改变史学史专书中的表述显得内容贫枯的状况。文中又深刻地指出：马克思主义经典作家十分重视历史理论的实践意义，马克思、恩格斯高度概括了历史发展进程，指出了无产阶级革命的道路和共产主义的历史前途。毛泽东同志对于中国社会和中国革命的深刻分析，指引着中国革命从胜利走向胜利。"古代的史学家、思想家，不可能这样高度地理解历史知识在社会发展中所起的作用，但从历史中吸取经验教训，这是我们的一个古老的传统。"《礼记·经解》论"疏通知远"，我国政治家、思想家引证历史根据论述变法主张，汉初、唐初重视从前代灭亡中总结经验教训，司马光著史作为封建国家治国之鉴。这些都说明，"不少的古人曾经用言论或实践回答了这个问题，但在我们研究史学史时，很少注意这个问题，有时甚至还觉得这是一个狭隘的、实用的问题，不愿理睬。"著者提出，认真地深入地研究这两个重要问题，改变以往以人为主，以书为主的许多框框，"综合起来，展示出各个历史时期史学发展的清晰面貌"，这是史学史学科前进的方向。①

著者所撰《中国史学史》第一册先秦篇以及收入本书的《说"疏通知远"》一文，堪称为实践上述两项主张的代表作。《中国史学史》第一册先秦篇设置了"历史观点的形成"一章，用综合研究的方法，论述先秦思想家、史学家对历史本身认识的发展过程。著者从古代传说特别是大量文献材料中，揭示出远古先民历史观念从萌发到形成的过程，做到提纲挈领，清晰地总结出由神、天史观——神意史观——先王史观的发展脉络。殷周之际的历史变局，推动周人对神意如何影响人类社会提出了修改，认为上帝要选择好儿子才赐福给他，作为上帝的儿子也要以好的行为争取获得福泽。著者生动地说："在这里，人的主观能动性露了个头，神的世界冲破了一个缺口，历史要挤到人间来了。"经过西周至春秋时期社会的变迁和阶级关系的变动，周代文化的积累和春秋时期学术文化扩大到民间的变化，至春秋晚期，孔子开创了私人撰述的传统，并创立了儒家学派。嗣后，墨子开创了墨家学派。孔、墨两家代表了原先处于萌芽状态的历史观点至春秋以后已有所发展。孔子重视人的活动，他称赞的古圣王是人而不是神，又主张"举贤才"，对鬼神则采取保留态度。所以孔子思想的特点是，"在传统思想的形式下，采取了经过修改的新内容"。墨子尊天，承认鬼神的存在，但同时，他又主张用"力"改变人的社会地位。墨子主张"尚贤"，并看到了较为广大范围的群众，故比孔子更进一步。"但从更高的层次看，孔、墨都是尊先王的"，"都认为圣王是可以转乱为治的"。至战国时期，发展到商鞅重视历史变革，荀子主张制天命而用之和韩非重视"势"和"变"的思想，达到了先秦历史观点的新高度。其他对《左传》、《国语》、《老子》、《庄子》等书的历史观点，著者也都有中肯的分析。如认为"从历史思想上看，先秦史学发展到《左传》是很大的进步。""《左

---

① 详见白寿彝：《中国史学史上的两个重大问题》，见《白寿彝史学论集》，下册，602~605页，北京，北京师范大学出版社，1994。

传》是更善于表达春秋这个动乱时期的各种社会矛盾的。它比《国语》有更丰富的社会矛盾的记载，而且它所记载的矛盾基本上表现了不断展开的形式"。① 著者实现了前面所说作综合研究，写出一个时期历史观的发展过程的要求，改变了过去以人或以书为主的框框。从丰富纷繁的历史文献中，清理出并叙述了自远古历史意识萌芽到代表新兴地主阶级前进要求的历史观点，分析演变的不同阶段的特点，并且找出了直接与秦汉时期重"变"的观点大大发展相衔接的线索，因而使人感到上下贯通、脉络清晰。

《说"疏通知远"》一文，则重点论述先秦思想家、历史学家对历史知识运用的发展过程。"疏通知远，《书》教也"，是《礼记·经解》上的话，著者对它作了新的诠释："'疏通知远'是先秦人运用历史知识的一种表现形式，并不仅仅限于《书》。所谓'疏通知远'，可以包含两个意思。一个是依据自己的历史知识观察当前的历史动向，又一个是依据自己的历史知识，提出自己对未来的想法。"文中的论述，视角新颖，发掘深入，而且很有现实意义。著者认为：战国时期著名的思想家都运用已有的历史知识，观察当前的变局，预见社会未来的前途。以孟子、荀子和韩非为例，文中对他们运用历史知识都作了中肯的分析。孟子对于历史前途的看法，见于《梁惠王》篇中。他认为当时战乱纷扰的局面，最后要归于统一、稳定，即"定于一"。什么人能定呢？他的回答是："不嗜杀人者能定之。"这两句答词只 11 个字，是孟子对战国局势的论纲。孟子还主张对于善战者、连诸侯者、辟草莱任土地者，都要处以刑罚。著者分析说：孟子所主张的处罚善战者、辟草莱者，"跟商鞅的耕战政策正好针锋相对。从战国的结局看，商鞅的想法是有效果的。从更远的历史看，孟子的话倒是说对了。秦始皇灭六国，并不能使天下'定于一'，而能'定于一'者应该说是'不嗜杀人者'的刘邦和他的伙伴。"孟子还设想过数口之家、五亩之宅、百亩之田的封建小农经济的蓝图，特点是占有一小块土地的个体生产。"这个设想是符合当时历史发展的，秦汉以后容纳了广大劳动力的就

---

① 详见白寿彝：《中国史学史》，第 1 册，第 1 篇第 4 章 "历史观点的初步形成"，273～322 页，上海，上海人民出版社，1986。

是这种生产结构。"荀子著有《王霸篇》,结合历史,把国分为三个类型:一类是可以王天下的国,如汤、武,所谓"义立而王";一类是霸天下之国,如五伯,所谓"信立而王";一类是"不由礼义而由权谋之国",最后"身死国亡,为天下大戮"。著者分析说:荀子这里所说的义,似指人们应得的利益和应负的责任,跟孟子把礼义都说成是先天所具有是有区别的。荀子的义又跟礼、法相结合,礼是指君臣父子以至国家之间行为的准则,法是有强制性的国家的规定,故荀子跟法家大大发展了法而把礼义抛弃掉不同。荀子曾到过秦,对秦的政治,有三段评论,总的看法是秦在立信上很不够,秦的历史地位只可列在第二类型和第三类型之间,见于《荀子·强国篇》和《议兵篇》。著者说:"荀子对秦的历史前途的看法,实际上也是对战国历史前途的看法。""秦的历史前途,跟荀子的观察实际上并没有很大距离。"对于历史知识的运用,发展到韩非,取得了更为现实的意义。他继承了商鞅、慎到、申不害的思想,并结合历史而加以发展,总结为处势、抱法、任术。韩非论势是指政权,势比个人贤智和礼义更重要。他又引用楚齐燕魏的史事论证"奉法者强则国强,奉法者弱则国弱"。并且论述人主对驾驭臣下的权术。作者很重视韩非所强调的智法之士跟当涂之人之间的尖锐矛盾,认为:"能否杜绝当涂之人的奸,任用智法之士的长,这是人主任术活动中最重要的问题。而智法之士与当涂之人之间的尖锐矛盾,也正是战国末年新旧势力、新旧阶级斗争激化的一种表现形式。韩非抓住这一点给予了极大的重视,这是他对于他那个时代之历史觉醒的认识。"结论是,韩非的一套学说,"取证于历史的素材,实际上为秦汉以后封建专制主义提供了思想武器。"① 这篇文章以对材料的深入分析和论证的逻辑性,令人信服地说明:历史知识不是无用,而是大有用处,不但可以增长人的智慧,提高人的修养,更重要的是可以作为制定正确政治决策的重要参照和依据。把历史上这些很有价值的史实和议论发掘出来,加以系统的总结,对于我们今天提高对历史学重要性的认识和发挥历史教育的作

---

① 引文均见白寿彝:《说"疏通知远"》,见《白寿彝史学论集》,下册,668~684页,北京,北京师范大学出版社,1994。

用，是有重大现实意义的。

《白寿彝史学论集》所汇集的尚只是著者部分学术论著，但已清楚地显示出65年来白寿彝先生在学术上的执著追求和他在史学理论、中国通史研究、史学史和文献学等领域的丰硕收获。白先生治学形成的风格是：视野开阔，并且一向重视哲理思考，紧紧地把握正确的理论方向，在博综文献、具体分析的基础上，进行理论的创造；怀抱着严肃的历史使命感，决心出其所学，为推进社会进步和促进整个学术工作向前发展自觉作出贡献；批判地总结前人的学术成果，发掘其精华，在继承的基础上勇于创新，不断开拓新的境界。这种治学风格贯串在他所从事的诸多领域的研究工作中，因而令人信服地做到把研究历史——关注现实——展望未来联系起来，把学术工作的理论——材料——社会效果联系起来，从不满足停留在已有水平上，不断地深化对问题的研究。如今，白先生仍然在学术园地上辛勤耕耘，继续从事主编《中国通史》和《中国史学史》的工作，谨此祝愿他健康长寿，在学术上取得更加丰硕的成果。

（原刊《史学史研究》1994年第3期）

史学体系的重大创新
——白寿彝先生主编《中国通史》成就略论

今年是著名历史学家白寿彝先生90华诞，是他从事学术工作70周年，又欣逢他担任总主编的多卷本《中国通史》全部出版。这部历时20年而最终完成的巨著，以其用马克思主义作理论指导的鲜明性，以其内容极为宏富、探讨几千年中国历史各方面问题所达到的前所未有的广度和深度，以其编纂体裁的重大创新和科学性、时代性，获得了学术界和社会各界的高度重视。

一、"积一代之智慧"的巨著

白先生主编的这部《中国通史》，上起远古时代，下迄中华人民共和国成立，囊括了中国几千年历史发展中政治、经济、民族、军事、学术文化各个方面，全书共12卷22册，约1400万字，堪称是20世纪最大的史学工程之一。白先生从20世纪70年代后期起就酝酿编写《中国通史》，他曾多次出国访问而很有感触，深感编纂一部内容宏富，与我们民族悠久的文明和大国的地位相称，具有高度科学性的《中国通史》的必要，并且冀望这部通史要表达出深刻的历史感和鲜明的时代感。1979年正式提出设想并开始启动。白先生倡议和主持的这一大型项目得到北京师范大学和全国许多兄弟高等院校、科研单位的支持。一大批卓有成就、造诣高深的知名学者共襄盛举，他们之中有：王振铎、苏秉琦、徐喜辰、斯维至、杨钊、高敏、安作璋、何兹全、周一良、史念海、陈光崇、邓广铭、陈振、陈得芝、王毓铨、周远廉、章开沅、林增平、龚书铎、王桧林、邱汉生、刘家和、何绍庚等。由白先生和这些知名学者组成全书编委会，他们中的大多数人担任了分卷主编，参加全书撰稿的学者共有500余人。由白先生总揽全局，提出全书的总体设想和要求，并采取卓有成效的推动和组织措施，各分卷主编精心实施，有关的众多专家通力合作，终于完成了这一浩大的工程，被学术界称誉为"20世纪中国史学的压轴之作"。

多卷本《中国通史》对于推动中国史学发展的重大意义，首先就在于它是集中了一代人智慧而成的巨著。王毓铨先生为《中国通史》的完成写有两句贺诗："积一代之智慧，备百世之长编"。前一句，中肯地讲出这部巨著的时代意义，它汇聚了史学界一代人的智慧，是集体的认识水平和研究成果的结晶。后一句，中肯地讲出其深远影响，由于这部巨著凝聚了一代人的心血，多少年之后人们若要深入地研究或重新编著中国通史，这部书都是必备的参考和重要的依据。

荟萃了众多名家、数百位学者的智慧和心血的《中国通史》，的确因它集中了大量最新研究成果而为世人所瞩目。譬如，第一卷《导论卷》是由白先生和其他多位专家撰写的，对中国通史编纂的重大理论问题作了系统而深刻的论述。首章"统一的多民族的历史"由白先生亲自撰写，以7万多字的篇幅，论述"关于中国民族史撰述的回顾"、"党的民族政策和民族分布现状"、"统一的多民族历史的编撰"三个有关通史编纂的全局性问题，作为全书的重要理论指导。担任以下8章撰写的作者中有知名学者邱汉生、刘家和等。第二至四章，论述历史发展的地理条件、人的因素、科学技术和社会生产力，生产关系和阶级关系，提出了"地理条件的复杂性和经济发展的不平衡性"、"多种生产关系的并存"等重要论点。五、六两章论述"国家和法"、"社会意识形态"，阐发了关于国家的社会职能和统治职能、中国思想史上唯物主义的优良传统、社会政治思想的革新进取精神、人性论及道德学说的丰富遗产等重要理论问题。七、八两章论述"历史理论和历史文献"、"史书体裁和历史文学"，探讨了历史的客观性和可知性，史书体裁的综合运用，多体裁配合、多层面地反映历史等问题。第九章"中国与世界"，论述了中国历史和文明发展的连续性，中国史在世界史中的重要性等极有价值的问题。在一部中国通史中，用整卷的篇幅来论述理论问题，这还是首创。综观导论卷的全部论述，有许多是加强了过去理论研究的薄弱环节（如历史地理的理论、中国史在世界史中的地位等），更有许多是开创性的研究（如关于中国民族史撰述的回顾、统一的多民族历史的编撰、多种生产关系的并存、社会政治思想的革新进取精神、多体裁配合、多层面地反映历史等)。因此，导论卷不仅为全书各卷的编纂提供了理论指导，而且将中国历史理论的研究提高到一个新的高度。

再如第二卷《远古时代》，由著名考古学家苏秉琦主编。本卷的论述，在极大程度上概括了远古时代考古学研究的成果，坚持实事求是，认真地从考古学文化入手，理清了中国史前民族、文化及社会的发展脉络。这在以往的通史撰述中是没有先例的，在考古学工作上也是一项创举。书中许多在具体考古发现的基础上进行分析和概括，富有理论色彩和启发意义的论述向读者扑面而来。农业的发生是人类历史上划时代的重大事件，本书告诉我们：在全世界少数几个农业起源中心中，中国独居其二。中国的农业以精耕细作为其特色，这在远古时代已露其端倪。中国古籍中有神农尝百草和黄帝播种百谷的传说。而考古发现则提供了：大约在公元前6500年至前5000年，中国北方已出现一系列发达的新石器文化，其中有不少遗址发现了栽培谷物的遗存。如河北武安磁山遗址中有许多窖穴中发现粮食朽灰，经鉴定是粟；河南新郑裴李岗和甘肃秦安大地湾都发现了炭化的黍。这些遗址所属的新石器文化，都有比较发达的农业工具，又以磁山文化所在的中原地区最为发达。"由此可见中国北方农业的起源还可以追溯到更早的年代，而中原应是旱地农业起源的核心地区。"① 近年又在长江中游发现了城背溪文化遗址和彭头山文化遗址，年代约当于公元前7000年和前5000年。在这两处遗址中，已不止一次地发现了稻谷遗存。"这些稻谷遗存的年代都远远早于中国其他区域发现的稻谷遗存，也早于一般认为可能是稻作农业发源地的印度恒河流域和东南亚山地所发现的稻谷遗存，所以长江中下游应是稻作农业起源的一个重要的中心。"② 考古发现正好与远古传说相印证：是中国人自己的祖先发明了农业，而不是从外界学习来的。读着这样的论述，不仅能获得宝贵的历史学、考古学知识，而且增强了我们的民族自豪感。

---

① 白寿彝总主编：《中国通史》第2卷《远古时代》，6页，上海，上海人民出版社，1994。

② 同上书，7页。

又如，第三卷商周史卷的"序说"部分，是由著名学者徐喜辰、邹衡、胡厚宣撰写的。首章论述历史文献，按五经、史地书、诸子、辞赋四类，扼要而具体地论述先秦丰富的历史文献的主要内容、史料价值，对于为数不少的历史文献的真伪问题，今古文学派异同问题，以及作者或成书年代有争议者，均作了中肯的论述和必要的考订，并简要地论述前人对各种重要文献整理的成果，介绍最可据信的注本。第二章论述考古资料，分三节论述"主要都城遗址的发掘"、"考古学文化的研究"、"考古资料反映的社会、经济、文化等方面的问题"，第三章论述甲骨文和金文，内容包括丰富而纷繁的考古资料、古文字资料及青铜器的出现、价值、研究状况。这两章，也都提纲挈领，条分缕析，显示出本卷研究工作丰厚的考古学基础，又为初学者提供很好的研究入门指南。第四章论述商周史研究概况，分为四节，系统地论述近代以来实证史学家和马克思主义史学家在"五四"前后，20世纪30年代，抗战及解放战争时期，和新中国成立以后的研究成果，脉络清晰，评价恰当，中肯地指出在商周史领域哪些问题已经解决，哪些问题正在解决之中，十分有利于帮助读者思考当前研究工作进一步努力的方向。这些内容都出自有长期研究的专家之手，因而确实反映出当代史学在这一领域所达到的最高水平。

二、对马克思主义理论的运用达到新的高度

集中众多学者的最新研究成果，是白先生主编《中国通史》实现重大创新的基础。然而，众多合作者的研究、探索，需要有高明的史识作为指导思想，对这一浩大的史学工程起到统帅和灵魂的作用。白先生在新中国成立初年就自觉、刻苦地学习马克思主义，运用它来分析中国历史问题。进入新时期以后，他认识到，运用唯物史观来指导研究中国通史，必须做到把反映历史的规律性与反映历史的丰富性二者结合起来。这标志着中国史学界对于编纂中国通史的理论认识达到了新的高度，以及对于中国通史所应包含的内容的理解，达到了新的高度。多卷本《中国通史》之所以能实现重大创新，此项至为关键。

我国古代史学家有重视通史撰修的传统，产生了像《史记》、《资治通鉴》这样的名著，形成了如清代章学诚所概括的"通史家风"①。进入20世纪以来，先后产生的通史著作，形成了在运用进步历史观作指导上三次意义重大的跨越。20世纪初，即有夏曾佑著成《中国古代史》（原名《最新中学中国历史教科书》，内容自上古至隋统一，在1904—1906年间分3册出版）。这是近代史家运用进化论观点指导研究历史而撰成的第一部通史著作。夏氏把几千年中国历史划分为上古之世（自远古至战国，包括周初以前为传疑时代，周初至战国为化成时代），中古之世（自秦至唐，包括自秦至三国为极盛期，晋至隋为中衰期，唐代为复盛期），近古之世（自五代至清，五代宋元明为退化期，清代为更化期）。书中对各个时代历史的演进递变，均贯串以进化、因果的关系来观察、分析。如论人类起源，说："以古之说，则人之生为神造；由今之说，则人之生为天演。"② 夏氏解释远古时代自渔猎社会——游牧社会——耕稼社会的演进，更是周密地运用了社会进化观点。他称清代为"更化期"，则明显地表达出他对二千年一直实行的秦朝专制政体行将结束、中国的政治制度将开新局的看法，故说："清代二百六十一年为更化之期。此期前半叶，学问政治，集秦以来之大成；后半，世局人心，开秦以来所未有。此盖处秦人成局之既穷，而将转入他局者。"③《中国古代史》以西方传入的进化史观为指导，对中国历史作了别开生面的叙述，给人以新鲜的、符合近代理性并能使人得到启发的知识，与旧史中充斥的循环史观或退化史观迥然而异。书一出版即令人耳目一新，因此本书成为近代史学正式确立的重要标志。此后著成的同样影响颇大的邓之诚《中华二千年史》、缪凤林《中国史要略》、张荫麟《中国史纲》等，在历史观上都同属以进化史观为指导的范畴。

20世纪通史编纂在理论指导上又一次质的飞跃，是马克思主义史学家确立以唯物史观为指导，着重阐明历史发展的规律性，可以郭沫若、范文

---

① 《文史通义》内篇五《申郑》。
② 夏曾佑：《中国古代史》，8～9页，石家庄，河北教育出版社，2000。
③ 同上书，12页。

澜为代表。1929年，郭沫若著成《中国古代社会研究》一书。当时，国内革命正处在低潮时期，许多进步青年和爱国民众感到困惑彷徨。一些别有用心的人则散布中国"国情特殊"，中国社会的发展道路与别国不同，以此动摇人们对革命前途的信心。郭沫若的这部著作，则以唯物史观基本原理为指导，以甲骨文、金文和文献典籍为资料，论述中国历史也走人类共同的发展道路，由原始社会——奴隶社会——封建社会——资本主义社会，最后要走向社会主义社会。他明确地宣布自己著述的宗旨："我们把中国实际的社会清算出来，把中国的文化，中国的思想，加以严密的批判，让你们看看中国的国情，中国的传统，究竟是否两样！"① 遵循着相同的理论方向，范文澜在延安时期著成更加系统的《中国通史简编》；在此基础上，又经过约20年的努力，完成了修订本《中国通史简编》（共3编4册，起自远古，迄于五代），观点更加成熟，内容更加丰富。这两部重要著作，在历史观指导上更进一步，明确地以阐述马克思主义关于人类社会发展的普遍规律与中国历史的具体实际相结合，换言之，要着力探讨共同性与特殊性二者的联结。故此，著者在延安时期申明："我们要了解中华民族与整个人类社会的共同的前途，我们必须了解这两个历史的共同性与其特殊性。只有真正了解了历史的共同性与特殊性，才能真正把握社会发展的基础法则，顺利地推动社会向一定目标前进。"② 至1954年，他进一步指出："列宁指示我们，研究历史首先要明确地划分社会发展的诸阶段，给历史画出基本的轮廓来，然后才能进行各方面的研究。本书企图用马克思主义的普遍真理和中国的具体历史结合起来，说明它曾经经过了原始公社制社会、奴隶社会、封建社会诸阶段。虽然写的未必正确，但方向显然是正确的。"③ 范文澜的通史著作以其观点新颖和材料丰富而受到广泛的欢迎，延安版《中国通史简编》著成后，在各个解放区及当时的上海、香港

---

① 郭沫若：《郭沫若全集》（历史编），第1卷，9～10页，北京，人民出版社，1982。

② 范文澜：《中国通史简编》，1页，邯郸，华北新华书店，1948。

③ 范文澜：《中国通史简编》（修订本），第1编，13页，北京，人民出版社，1955。

多有翻译。新中国成立后的修订本累计印数也达百万册以上。戴逸教授称范著通史是"杰出的著作"。① 在 40 年代至 60 年代初，还有吕振羽著成《简明中国通史》，翦伯赞主编《中国史纲要》，郭沫若主编《中国史稿》，这三部通史著作同样以阐明唯物史观普遍原理与中国历史具体实际相结合为鲜明的宗旨，在长时间内产生了很大影响，讲出了真实可信的历史知识，起到教育人民的巨大作用。

时代在前进，1979 年以后，中国历史进入了改革、开放的新时期，学术工作也亟须开创出新局面。恰好，白寿彝先生在这一时期提出的多卷本《中国通史》的理论指导，明确地要求做到反映历史的规律性与反映历史的丰富性二者结合。这就体现了对于在唯物史观指导下如何更好地反映历史的理解，达到新的高度，对于中国通史所应包含的内容的理解，达到了新的高度。依我看来，此项实则标志着 20 世纪通史编纂在理论指导上达到新的飞跃，这部内容空前宏富的巨著，就是以这一崭新的指导思想为统帅而成功地完成的。

首先，白先生明确地提出这部通史的目标是："既反映历史的规律性，又反映历史的丰富性"。② 依据马克思在《〈政治经济学批判〉导言》中论述人口问题的研究，可以归结为：首先经过"表象的具体"，再到"多层次的抽象"，最后回到"具有许多规定和关系的总体"这样的研究方法。马克思说这种方法"显然是科学上的正确方法"。并说，"具体之所以具体，因为它是许多规定的综合，因而是多样性的统一。"白先生由此得出结论说："这对我们是很有启发的，研究人口是如此，那么研究如此丰富复杂的人类历史客观进程更应该如此。"③

其次，白先生一再强调要反对教条主义对待马克思主义的错误倾向，强调要认真地作具体分析，通过总结中国历史上存在的具体规律，去丰富历史唯物主义理论。他说："有一个认识论上的问题要搞清楚，即马克思

---

① 戴逸：《时代需要这样的历史学家——在纪念范文澜诞辰 100 周年学术座谈会上的发言》，载《近代史研究》，1994 (1)。
② 白寿彝主编：《中国通史·导论》，326 页，上海，上海人民出版社，1989。
③ 同上书，322 页。

主义经典作家并没有把真理的大门关死，马克思主义理论本身就要求人们不断地丰富它、发展它。从历史唯物主义理论来看，在经典作家解释的普遍规律以外，还有不少具体规律有待于我们去研究，去发掘。"① 又说："要研究我国历史发展规律，研究全人类的社会发展规律。但是不同国家不同民族的社会各有自己的具体情况。……这种研究的正确成果必将使马克思主义的社会发展学说增加丰富的内容。"②

由于在理论指导上达到了新的高度，因此，白先生在《中国通史纲要》和《中国通史·导论》卷中阐述了有关中国历史发展的一系列重要问题，如：中国封建社会发展的内部分期；在封建社会各个阶段，占支配地位的地主阶级身份的变化；广大边区封建化进程对中国历史的重大影响；社会发展的不平衡性；多种生产关系的并存；对封建国家管理职能的分析，等等。多卷本《中国通史》的撰写，体现了这些论点，从而使我们对中国历史的认识，更加深化、更加丰富了。

由于在理论指导上达到了新的高度，因此多卷本《中国通史》确定了要多层面地反映历史。不仅要写出各个时代重要的历史事件和史实，显示历史演进的趋势和阶段的特点，而且要反映出各个时代历史发展各方面的条件、交互作用的各方面的因素等。还要写出人的活动，因为，人的活动，集中体现了历史的规律性和历史的丰富性、复杂性、生动性之辩证关系。经济条件等决定历史运动的根本方向，而个人的活动能够局部地改变历史的外部面貌和某些结果；经济条件等的规律性，也往往要通过历史人物的活动表现出来。

自觉地、明确地把反映历史的规律性与反映历史的丰富性二者结合，作为撰写中国通史的指导思想，这是我国进入改革开放的新时期，马克思主义史学家在理论上取得的重大进展，是认识上的巨大飞跃。以白先生这一观点为指导，才有多卷本《中国通史》这一内容宏富恢廓的巨著的撰成。与此密切相联系的是，白先生一再强调中国历史是全中国各民族共同

---

① 白寿彝：《白寿彝史学论集》，288页，北京，北京师范大学出版社，1994。
② 同上书，275页。

创造的历史，要给予历史上的民族关系和各民族的活动与贡献以充分的重视，以利于加强今天全国各民族的团结和多民族统一国家的巩固。列为这部12卷巨著之冠，是首先论述"统一的多民族的历史"，在中国通史撰述中予民族史以这样高度的重视，这是前所未见的。白先生根据他长期的研究和思考，阐明了"中华人民共和国的疆域是中华人民共和国境内各民族共同进行历史活动的舞台，也就是我们撰写中国通史所用以贯串今古的历史活动的地理范围。"①不应当把历史上皇朝的疆域作为今天撰写中国历史的范围，将殷周史限制在黄河流域，把春秋战国史基本上限于黄河、长江两大流域，如此等等。因为，"如从中国历史发展的总过程看，这是不能说明中国各族人民是如何共同创造祖国历史的。很显然，不能跳出皇朝疆域的圈子，就会掉入大民族主义的泥潭里，这既不符合历史的真相，也不利于民族的团结。"②他又阐明了，多民族国家的形成是经过一个漫长的过程，统一的程度越来越高，"先是若干单一的民族内部统一的出现，如夏、商、周等族的最初形成。然后有地区性的多民族的统一，如战国七雄。然后有全国性多民族的统一，如秦、汉、隋、唐、元、明、清。然后有社会主义的全国性多民族的统一，有中华人民共和国的诞生。"③"撰写统一的多民族国家的历史，还是要把汉族的历史写好，因为汉族是主体民族。同时，也要把各民族的历史适当地作出安排，这是我们必须尽量克服的难点。"④白先生在《导论》卷和其他文章、讲演中，还一再强调指出历史上不管汉族或周边民族统一意识的增长。他继承并发展了以往马克思主义民族史家的论述，也继承并发展了陈垣先生在《通鉴胡注表微》一书中的有关论述，得出了极具卓识的论点："统一是我国历史发展的主流。……历史上也出现过割据局面，但无论是统一时期或割据时期，统一意识总是占支配的地位。"⑤"尽管出现分裂阶段，但在思想意识上还是统一的。比如

---

① 白寿彝主编：《中国通史·导论》，79页，上海，上海人民出版社，1989。
② 同上书，81页。
③ 同上书，91页。
④ 同上书，98页。
⑤ 白寿彝：《白寿彝民族宗教论集》，1页，北京，北京师范大学出版社，1992。

三国时期，曹魏在北方，东吴在江南，刘备在四川，都是割据，但这三国无论哪一国，都自认为是正统，都要统一中国。这就是说，三国时期，尽管三国鼎立，但统一的意识却是共同的。南北朝时期也是如此。北朝自认为他就是中国，南朝是从自己分裂出去的一部分。南朝也认为自己是中国，北朝应属他所有。所以当时的历史家，北朝称南朝为'岛夷'，不承认他是正式政权，南朝称北朝是'索虏'。这两种称呼带有污蔑的意思，但都同样反映了统一的意识"①。关于民族关系史的认识，学术界曾经有两派意见，争论不休。有人说民族关系主流是友好、合作。有人则认为主流是民族矛盾、民族斗争，以至有时发起民族战争。白先生则从历史的全局和总的发展趋势看问题，提出民族之间的团结越来越加强，友好是民族关系史的主流的观点。他说："我们过去有一个时期，民族间关系很好，这主要是说汉族和各少数民族的关系很好。很好的时间还很长呢！但不能否认，也有些时候搞民族战争。对各民族不公平待遇，也是很显著的。但这些也只是一时间的现象。……从几千年民族关系发展来看，民族之间互相影响越来越大，互相之间团结越来越密切，对祖国的共同贡献越来越显著，我看这才是民族关系的主流。"② 上述白先生关于历史上疆域问题的处理，多民族的统一在悠久历史中的逐步发展，统一意识的不断加强，友好是民族关系史的主流等观点，对于史学研究均具有指导的意义，也保证了多卷本《中国通史》在记载民族史、反映各民族对祖国历史的共同贡献上有鲜明的特色。

三、编纂体裁上意义重大的创新

历史理论上达到新的高度和反映历史丰富性、生动性的要求，必须落实到编纂体裁这一载体之上。史书的内容和形式是辩证统一的关系，体裁形式的确定和运用，决定它所能容纳的内容之深度和广度。所以，体裁形

---

① 白寿彝：《白寿彝民族宗教论集》，13页，北京，北京师范大学出版社，1992。
② 同上书，247～248页。

式不是单纯的技术问题,历史学家确定何种体裁形式,实则体现出他对历史如何理解,以及如何正确反映历史。白先生根据他对传统史书体裁形式中包含的合理性的精湛理解,根据批判继承的原则,以及对近代史书体裁形式的优点和我国历史著作优点的吸收、借鉴,决定《中国通史》在第三卷以下,各卷采用"序说"、"综述"、"典志"、"传记"互相配合的新综合体,多层次地反映历史。新综合体的确立为写历史提供了极其广大的包容量,且具有突出的科学性和鲜明的时代性。这样,在研究成果上"积一代之智慧";在理论上自觉地把反映历史的规律性与反映历史的丰富性结合起来,达到了认识上的巨大飞跃;在历史编纂上创造新综合体,多层次地反映历史:三者结合,融为一体,便实现了史学体系的重大创新。故此,多卷本《中国通史》的完成才成为学术界瞩目的事件,成为20世纪中国史学发展的重要里程碑。

新综合体的确立,实有久远的历史渊源。

中国传统史学体裁多样,且各有其合理性。纪传体实是一种综合体,本纪、表、书志、列传互相配合而又各尽其用,包罗万象,容量广阔。编年体年经事纬,将同时发生的事件集中展现于读者面前,时代感强。纪事本末体按事立篇,自为首尾,灵活变化,起迄自如。在20世纪初年史学近代化进程中,章太炎、梁启超二位著名学者都对新的时代潮流的涌起有强烈的感受,各自设想编纂中国通史,贯串进化史观和"开发民智,启导方来"的宗旨,并且都不谋而合地在吸收传统史书体裁优点的基础上,作新综合体的探索。章太炎所预想的通史由五体构成:(1) 表。有帝王表、舆地表等,共5篇。(2) 典。有种族典、民宅典、食货典等,共12篇。(3) 记。有周服记、秦帝记、党锢记等,共10篇。(4) 考纪。有秦始皇考纪至洪秀全考纪共9篇。(5) 别录。有管商萧葛别录、李斯别录、会党别录等共25篇。其中的"记",就是吸收纪事本末体的优点设立的。[①]"表""典""考纪""别录"则由纪传体中的表、志、别传等演变而来。可见总体上是对纪传体的发展,发挥其综合的优点。不过,章氏仅仅是提出设想,除撰

[①] 《章太炎来简》,载《新民丛报》,1902-08-04。

写有几篇"别录"外,全书并未着手,且究竟是以"记"或"典"来概述社会大势,他自己并不明确,而"考纪"和"别录"同是记人,却要以"考纪"专记帝王,表示高人一等,则不免带着封建性的意味。梁启超于20世纪初年也酝酿写《中国通史》,后来到1918年,他才"屏弃百事,专致力于通史之作"。据现见于《饮冰室合集》中有关《中国通史》的部分作品(《太古及三代载记》之《古代传疑章第一》,《春秋载记》、《春秋年表》、《战国载记》、《战国年表》等)及他致陈叔通的一封书信①所述,梁启超是设想以"载记"、"年表"、"志略"、"传记"四者配合,作为通史的体裁。在其设想中,"载记"是主干部分,作用是叙述一个时期的主要事件和历史大势。梁启超的这种尝试与上述章太炎的设想颇有异曲同工之妙,他们都看到传统的纪传体具有诸体配合而又各尽其用、构成一时代之全史的优点,在继承的基础上加以改造;并且都极重视吸收纪事本末体详一事之起讫、首尾完整、伸缩自如的优点,而梁启超的设想更进一步,解决了通史撰述中主干部分这一难题,用以叙述历史演进的大势。② 梁、章二氏的探索是很有价值的,对后人很有启发意义,但一部中国通史的撰著是多么巨大的工程,不仅要靠体裁体例思考之完善,尤要有统贯全书的理论指导,要有众多学者分途以赴、合力以成,要有安定的、有利于学术发展的社会环境。这些梁、章二氏都不具备,所以他们仅止处于提出有益的设想和探索阶段。

这样,我们可以看出,在过去整整一个世纪中,通史撰著采用何种体裁,实际上是按两条线发展的。一是流行的章节体,20世纪初年夏曾佑《中国古代史》即开创用这种体裁,它是由学习西方章节体史书体裁(经由日本),而又糅合了本国的纪事本末体的特点而形成的。20世纪的通史、断代史、专史著作,以及历史人物传记,都大量采用这种体裁。分章节来叙述背景、事件、演进阶段、各方面状况等项,确有其方便之处,有其优

---

① 丁文江、赵丰田:《梁启超年谱长编》,"一九一八年",859~874页,上海,上海人民出版社,1983。

② 详见陈其泰:《近三百年历史编撰上的一种重要趋势——新综合体的探索》,载《史学史研究》,1984(2)。

点和合理性，今后无疑还会继续使用。再者便是新综合体的探索和创立。20世纪初梁启超和章太炎提出了有价值的设想，作了某些局部的探索，但还有关键性问题尚未解决，更远未达到全面实践阶段。白先生主编《中国通史》才把前贤提出的设想大大向前推进了，圆满地实现了。白先生何以有如此的魄力？这不仅因为他自觉地以科学理论作指导，在历史观上站到新的高度，还因为他对体裁问题作了多年的思考和探索。

1946年，白先生曾在昆明发表《中国历史体裁的演变》的讲演，提出了《史记》所创体裁"是一种综合的体裁"的概念。又认为，自明代以来三百多年体裁上是"专史为主"的时期。当时，人们都对用章节体写历史书习以为常，但他却认为当前在体裁上处于"艰难万状"，因为："以前，人与社会的关系不很显著，所以平面的，甚而至于是点线的写法已可以使人满意。现在，人与社会的关系日见复杂，非用立体的写法不能适应大家的要求。……现在将要以人民为重要的内容，并且能供给大多数人民阅读为最大的目的，以后的史书形式必须是能适合这种内容这种目的的体裁才是最好的体裁。"① 既然认为史书体裁问题面临很大困境，那就意味着从20世纪40年代起他就在思考史书体裁的创新了。至20世纪60年代初，白先生撰写《谈史学遗产》一文，论述对于我国丰富的史学遗产应自觉地予以批判继承，特别讲到对于以往某些史书体裁，也应以批判继承的态度加以改造、利用："在表达形式和其他方面，史学遗产中也有优良传统和非优良传统的区别。对于这些优良传统，也要像对待过去文艺形式一样，'我们也并不拒绝利用'。"② 传统的史书体裁，一般人容易看成是固定不变的，白先生在此文中则指出应看到同一体裁的发展，说："我们研究史书体裁，跟着录家不同，不能专从分类上着眼，更应该看到一种体裁的发展。比如就编年体来说，《春秋》只记有年月可考的史事，《左传》就不只记事，还要记言，不只记当年的事，还要于必要的时候或原其事之始，或要其事之终。荀悦撰《汉纪》，提出'通比其事，例系年月'，这是对编年

---

① 白寿彝：《中国史学史论集》，427页，北京，中华书局，1999。
② 同上书，433~434页。

体的一个重要发展。这八个字的内容，不只是要按年月把史事通通安排起来，还包容有类比的办法。"① 到《后汉纪》和《资治通鉴》，更有新的发展。白先生这一对传统史书体裁中优秀的东西应加以继承、改造、利用的思想，到80年代初发展成熟，达到重大的突破。1981年，他发表《谈史书的编撰》一文，进一步论述不同史书体裁的互相补充、交叉、综合，说："史书的体裁，一向受重视的，主要是纪传体、编年体和纪事本末体。一般的看法，在这三种体裁之间好像有一条截然的鸿沟，它们的形式也好像是固定不变的。实际上，不是这样。纪传体史书，其中很大的部分是记人物，但不是一种单一的体裁，而是一种综合的体裁。"② "纪传体是本纪、列传、世家、载记、书志和史论的综合。……纪传体把这些体裁综合起来，在每一部书里形成一个互相配合的整体。所以它既是多种体裁的混合，又有自己特殊的规格，形成了一种新的体裁"③。尤其重要的是，白先生在本文中精辟地讲了今天史书体裁的创新，要吸收古代史家的长处，还应该超过他们："历史现象是复杂的，单一的体裁如果用于表达复杂的历史进程，显然是不够的。断代史和通史的撰写，都按照不同的对象，采取不同的体裁，同时又能把各种体裁互相配合，把全书内容融为一体。近些年，也许可以说近几百年，我们这个传统没有得到很好的发扬，因而我们的历史著作，在很大程度上不能表达更为广泛的社会现象。就专门史来说，体裁的问题，比写通史要简单些，但单一的形式还是不行的。今天我们要采用综合的体裁来写历史，不止要吸收古代历史家的长处，还应该超过他们。"④

这段话，实际上是多卷本《中国通史》实现体裁的重大创新的纲领。采用新的综合体裁，是为了反映复杂的历史进程，反映广泛的社会现象，要继承、吸收传统史书体裁的长处，还要超过它们，体现出高度的科学性和鲜明的时代性。白先生是把理论上的探讨与史书体裁上的探讨二者结合

---

① 白寿彝：《中国史学史论集》，440页，北京，中华书局，1999。
② 同上书，450页。
③ 同上书，493页。
④ 同上书，495页。

起来，互为表里，同时解决，在历史观指导上做到反映客观历史的规律性与丰富性相结合，在体裁上采用新综合体，内容与形式相得益彰，互相统一。

白先生创立的新综合体的构成是：《中国通史》第三卷"商周史卷"以下，各卷论述一个时期的历史，均采用（甲编）序说、（乙编）综述、（丙编）典志、（丁编）传记，四个部分互相配合，形成一个整体。"序说"，不仅吸收自《太史公自序》至宋、明人论著中的"序说"中有用的东西，又吸收近代以来西方大型历史著作开头设立专章论述历史文献、研究概况的长处，加以发展。《中国通史》中的这一部分，因其系统、翔实论述历史文献和总结研究工作的进展，极受学术界的重视，青年学者更视为必备之书，因为"序说"为治学指示了出发点和门径。前文已讲到商周史卷中"序说"诸多佳处，第八卷元史卷"序说"也堪称美不胜收。它根据蒙元史研究领域的特点，不仅系统地介绍国内文献资料和研究成果，而且对读者了解、掌握甚少的国外文献和外国学者研究成果，作了详尽的论述。此即第七章"国外的蒙元史研究"，分两节，论述"十九世纪末以前的蒙元史研究"和"二十世纪的蒙元史研究"，涉及法国、俄国（包括苏联）、德国、英国、美国、日本、蒙古及其他国家，介绍了多桑、沙畹、施密特、伯希和、韩百诗、符拉基米尔佐夫、傅海波等众多外国学者的研究成果，与前面论述中国学者自钱大昕、丁谦、洪钧、屠寄、沈曾植，至王国维、陈垣、陈寅恪、姚从吾、韩儒林、翁独健、邵循正等人的成就相映衬，全面展现了蒙元史研究进展的历程。这样的"序说"，内容丰富、系统、全面，论述精审严谨，有很高的学术价值，这恰恰是以前的历史著作中所难以容纳的。

各卷的"综述"部分构成全书的主干，纲举目张，宏观地论述各个时期历史发展的总趋势。第四卷《秦汉卷》论述的秦汉时期，在中国历史上是一个伟大的时期，我们统一的多民族国家在这个时期进入新阶段，封建社会也建立起来。本卷"综述"即把握了这一历史时期的特点，以秦汉时期的民族概况为第一章，指陈这一历史时期新的民族状况，包括汉族的形成以及一些少数民族的简况，这与第三卷"综述"以神话、传说为第一章，明显不同。继之以第二、三两章，论述秦封建皇朝的建立、秦的暴政与秦末农民战争。对于西汉这一中国历史上第一个盛大的朝代，作者设立"西汉皇朝的建立和巩固""西汉盛世"两章，概括而又具体地论述了对楚战争的胜利，汉皇朝规模的树立，郡国制与封国制的并存，"文景之治"，强干弱枝的重要措施，民族关系和统一局面的发展等重要问题，清晰地再现了西汉时期封建关系成长、国力逐步强盛、民族关系发展的历史趋势，对封建皇权加强和武帝统治政策的制定等问题提炼恰当，因而受到论者的好评。第五卷《三国两晋南北朝史卷》则面对与西汉长期统一大不相同的分裂局面，撰著者匠心独运，清楚地划分了这一时期不同的历史阶段，在混乱中理出线索。由于撰著者善于把握全局和叙述得当，结果这一本来复杂混乱的历史时期就显得头绪较为分明了。

"综述"与"典志"的关系，是要求前者能阐述历史发展的阶段性的全貌，而后者则是对这一历史发展过程中若干侧面的剖视。各个历史时期有不同的特点，因之各卷"典志"篇目的设置，既在总体上显出均衡的协调，又各具时代的特色。如隋唐史卷设有"长安和洛阳"、"隋唐科举制"、"隋唐官制"、"隋唐律令"、"隋唐礼俗"等篇；元史卷设有"运河与海运"、"钞法"、"元代投下分封制"、"元代礼俗"等篇；清史卷设有"手工业与资本主义萌芽"、"商人、商业、市镇"、"官修图书"等篇；近代前期卷设有"自然经济的分解"、"交通邮电"、"河工、漕运、盐政的衰败"、"海关、关税"、"宪政"、"秘密结社"等；近代后期卷设有"土地制度和土地改革"、"外国对华投资"、"国家垄断资本"、"民族资本"、"新民主主义经济"等篇。很明显，各卷"典志"与"综述"配合，都是为了从各个社会剖面，来反映历史时期这一"多样性的统一"及其特色。

"传记"在各卷中占有较大篇幅，反映人物创造历史的作用，同时又通过他们的思想、性格、行为表现时代的特点。第十一卷《近代前期卷》的"传记"，从鸦片战争以来众多的人物中，精心选择了35位各方面最具代表性的人物，为之立传。他们是：鸦片战争时期的民族英雄和进步思想家林则徐、龚自珍、魏源，人民起义领袖洪秀全、李秀成、洪仁玕、杜文秀，晚清重要当权人物和封疆大吏慈禧太后、奕䜣、光绪帝、曾国藩、李鸿章、左宗棠、张之洞，维新派人物郑观应、康有为、梁启超、严复、谭嗣同，近代外交家和实业家黄遵宪、张謇，科学家和工程师李善兰、徐寿、詹天佑，革命派人物孙中山、黄兴、邹容、陈天华、章太炎、秋瑾、宋教仁，复辟帝制的袁世凯和反袁英雄蔡锷，京剧艺术家程长庚、谭鑫培。这些人物传记汇合起来，组成了近代史雄浑壮阔的历史画卷，读者由此能更加集中而形象地看到进入近代80年来，我们民族展开的前仆后继的反抗帝国主义侵略和反抗封建统治的英勇斗争，看到志士仁人呕心沥血探索救国救民的道路，由倡"师夷长技"先声，继而发动维新变法，到采取武装革命，推翻清朝的反动统治。还有其他出色人物，或以保卫共和政体，或从宣传新思想，或以兴办近代工业，或以哲学、史学、文学、科学、艺术活动，对历史进程发挥了强有力的推动或不同程度的积极作用，当然也有人起到消极甚至反动的作用。"传记"与"综述"、"典志"配合，使《中国通史》展现的历史进程更加多姿多彩、波澜起伏、有声有色。多年以来通史著作中没有完整人物形象的缺陷得到弥补，增加了对读者的吸引力，人们也可以从中国历史上众多有作为人物的身上吸取丰富的智慧和思想营养。

　　白先生创立的以"序说"、"综述"、"典志"、"传记"互相配合的通史编纂体裁，为叙述中国几千年历史成功地提供了宏大而新颖的载体。在这种新综合体中，有对文献资料、考古资料和研究状况的科学论述，有对历史发展主干、各阶段基本脉络和总相的论述，有社会各个横剖面的展示，有对历史运动主体——人的活动的生动清晰的描绘，因此，多卷本《中国通史》体裁的创造，具有丰富性、科学性、时代性的特点，学术界对此同样予以高度评价。曾经有过这种看法，认为旧的史书只提供可资利用的史料，至于其形式等都是封建性的，毫无继承的价值。也曾有人担心采用这种体裁会不会搞成"新纪传体"。现在白先生及众多合作者拿出来的这一成功实践，对此已作出圆满的回答，而且有的省份正在进行编写的本省通史，已决定采用这种新综合体。白先生是以科学理论为指导，吸收了纪传体诸体配合、包容丰富的长处，而彻底摒弃其封建性，又吸收了章节体、纪事本末体和外国史学著作的长处，融合在一起。在批判继承、改造的基础上，进行大胆的再创造，使反映历史的规律性与丰富性的指导思想与新综合体的形式互为表里，完美统一。拿各卷中给人物传记较多篇幅这一点来说，这自然是吸收纪传体的长处，但又彻底摒弃纪传体后期把列传变成仕途履历表，和"人多体猥，不可究诘"的严重弊病。使之具有崭新的时代面貌，着重写出人物身上体现的时代特点，以及他对历史的贡献和影响。读着这些传记，我们毫不感到是旧的列传的翻版，而是随处体现出新的观点、新的视角、新的评价，确是新时代的新创作。

总之，多卷本《中国通史》，是一部以马克思主义为指导的、内容丰富的皇皇巨著。它集中了"积一代之智慧"的研究成果，在历史理论指导上达到了新的高度，并且在体裁上创造了新综合体的崭新形式，实现史学体系的重大创新。这部巨著的完成，是白先生和各位共同合作的专家们向新中国成立50周年和21世纪献出的一份厚礼！总主编白寿彝先生不顾高龄，仍然保持如此旺盛的学术创新精神，以一二十年的艰苦劳动作出如此巨大的成就，对于我们后学实是最可宝贵的激励！这部巨著又昭示我们：坚持在唯物史观指导下从事新的理论创造这一方向，发扬传统史学的优良传统，吸收近代史家的优秀成果，坚持学术研究中的创新精神，就能不断推进史学走向新的境界。这对未来世纪史学的发展无疑具有深远的意义。

（原刊《史学理论研究》2000年第1期）

为学术投入了全部生命
——深切怀念白寿彝师

2000年3月21日,我国著名的史学家、教育家、思想家白寿彝先生心脏停止了跳动,学术界失去了一位治学气象博大、风范高尚的杰出名家,我失去了随时可以问学请益、始终给我以关怀帮助的敬爱的导师,怎能不感到深深的哀痛!我自20世纪60年代初便学习先生的论著,1978年有幸考上先生指导的"中国史学史"专业研究生,以后21年中先生为我传道、授业、解惑,谆谆教诲,耳提面命,把我引入学术殿堂,使我获得极大教益。先生在世时,每隔一段时间,总要召我去谈话,我如有较为重要的需请教的问题,也事先向先生约好时间见面。每次这样的谈话,都是我学习的最好机会。先生渊博的学识,睿智的思想,对问题开阔的视野和精彩的分析,都令我如沐春风,随着先生思路清晰的议论,眼前顿开新的境界,兴奋不已。先生工作繁忙,我不应多打扰,谈话也不宜时间长,可是几乎每次都在不知不觉中至中午时分才结束,最后当我告辞时,先生还要讲一句:"要讲的话还多得很!"我深深理解先生对学生关心、督促的殷切心意,每次谈话都使我温暖于心,增添力量。先生辞世至今已有一个月了,而我却时刻感到先生的音容笑貌宛在,好像我依然如往日一样可以经常向他老人家请教。

一、史学巨著　巍峨丰碑

先生以91岁高龄辞世,学术界不少朋友在表达悲悼之情时,都共同地以极其崇敬的心情说:"他老人家真是功德圆满。"这不仅是敬仰先生寿逾九旬,德高望重,学识渊博,在民族史、民族理论、中国通史、史学史、史学理论等诸多领域都有高深造诣,而尤为赞叹先生在70岁以后,以20年的心血,主编《中国通史》这部巨著大功告成,并在庆祝白先生90华诞之前全部出版,得到党和国家领导人的高度评价和热情祝贺,受到学术界和社会各界的高度重视。江泽民总书记在贺信中说:"《中国通史》的出版,是我国史学界一大喜事。您在耄耋之年,仍笔耕不辍,勤于研究,可谓老骥伏枥,壮心未已。对您和您的同事们在史学研究上取得的重要成就,我表示衷心的祝贺!""领导干部应该读一读《中国通史》。这对于大家弄清楚我国历史的基本脉络和中华民族的发展历程,增强民族自尊心、自信心和奋发图强的精神,增强唯物史观,丰富治国经验,都是很有好处的。""我相信这套《中国通史》,一定会有益于推动全党全社会进一步形成学习历史的浓厚空气。"学术界则赞誉白先生主编的这部巨著是"20世纪中国史学的压轴之作","是20世纪中国史学发展的重要里程碑"。

《中国通史》编纂工作的正式启动,是1981年。当时,白先生首先抓了《导论》卷提纲的制订,在集体讨论的基础上,他亲自写了《中国历史上的12个方面346个问题》,在《史学史研究》杂志发表;在此之前,先生已主编完成了《中国通史纲要》一书,对中国几千年历史的主要问题作了系统的探讨,已为《中国通史》的编纂作了准备。此后,有关各卷的编写工作会议陆续召开,每一卷的进行,先生都亲自约请专家,亲自组织、部署,同编写组成员深入讨论。1983年7月新华社向全国报道了由白寿彝先生主编的大型《中国通史》正在编纂的消息。学术界的朋友都为先生此举宏大的气魄、周密的计划而敬佩,为先生在借鉴古今中外史书体裁的基础上,大胆创立"新综合体"的新颖体裁感到折服。而同时,《中国通史》工程如此浩巨,先生已经是年逾七旬的老人,能否主持此项工作至最终完成,人们不免又多少存有疑虑。有的外地学者曾对我说,他想象白先生主持如此巨大的工程,国家应该拨一栋大楼,调集许多书籍资料,集中众多专家来研究、撰写。当我告诉他绝没有这回事,白先生还是按照他原来的方式工作之后,这位朋友表示很惊讶。先生以他20年的精力,贯注于此,他本人,他所邀集的二十几位国内第一流的专家,以及合作的500余位学者的心血,一起凝成这座20世纪中国史学的巍峨丰碑,先生的业绩将因此而流传千载!先生曾对访问他的记者说过:"不当挂名主编,是我的铁的原则。"全书22册,都是经他亲手定稿的,这是何等惊人的毅力,何等感人的精神！《导论》卷首章"统一的多民族的历史"，共7万多字，是先生亲自撰写的，现在大家看到的，《历史科学与理论建设》①一书前面有这一章手稿修改稿的照片，上面有先生写的"86，1，21，第四稿"等字样。以先生如此之高的学识和名望，撰写这一章至第四稿还要修改，这是多么令人叹服的严肃认真的著述态度，是多么执著的生命的投入。先生对全书的定稿，或补充，或改写，或删节，或合并调整，或润色字句，手法高超，各得其宜。直至各卷目录的编排，图版的选用，无不亲手裁定。先生在第四卷《秦汉卷》上册的《题记》中说明：本卷典志编论述秦汉时期的生产力、生产状况、经济制度和政治制度，相当广泛和深入，为通史撰述中所仅见。《土地制度和阶级结构》，即为其中很重要的一章。"这一章原来是三篇文章。一篇是高敏同志的《土地制度》；一篇是安作璋同志的《地主阶级的形成及其发展》；一篇是廖德清同志的《农民和其他劳动者》。这三篇文章所论述的问题，相互间的关系特别密切，论述的内容有相当多的重复。经过商量，对这三篇进行了一些增删和局部的改写，把三篇合为一篇。在这一章里，有的论点如同作者平日所持见解不尽相同，并不等于对平日见解的放弃，这是应当说明的。"这是其中一例，而先生在多卷定稿过程中对原稿作这类增删、改写、调整、合并以及加工的工作，是举不胜举的。惟其全书的篇章都经过先生定稿，所以他对各卷中写得精彩的篇章如数家珍，熟悉得很。譬如，他在第五卷《魏晋南北朝卷》的《题记》中说："在我们的书稿中，有好多佳作，如周一良同志的文献资料，黄展岳同志的考古资料，祝总斌同志的门阀制度，郭预衡同志写的曹植，何绍庚同志写的祖冲之，曾敬民同志和何绍庚同志合写的葛洪，郭朋同志写的道安，季羡林同志写的法显，科技史小组的同志们合写的科技各章，都是可以提出来说一说的。"白先生总揽全局，兢兢业业，坚韧不拔，二十年如一日，全力组织推动，解决编纂过程中数不尽的难题，全书终于在共和国成立50周年前夕全部出版，可谓誉满神州。我既为先生的非凡学术荣誉

---

① 北京师范大学史学研究所编：《历史科学与理论建设》，北京，北京师范大学出版社，1999。

而高兴，又不免感佩于怀。记得大约是1991年初夏，那时先生腿力尚健，能在校园内散步。一天我在图书馆前面遇见他老人家，自然要问起《中国通史》的进展。先生很高兴，说第四卷《秦汉卷》已经发排，第五卷《魏晋南北朝卷》过些日子也可发排，第十卷《清史卷》稿子已经齐了，等着定稿。接着说，"一至三卷已经出版，再加秦汉卷完成，全书就完成了三分之一，等另外两卷都定稿，就完成全书的一半了！"我明白，先生是在为自己鼓劲，把这项艰巨的工作继续充满信心地干下去。我说，能这样加快进度，着实难得。这时先生感慨地说："干这个事，真是甜、酸、苦、辣都尝遍！"梅花香自苦寒来，《中国通史》这株学术之花何以开得这样灿烂夺目，正是白先生和他带领的众多学者不畏艰难、精勤研究，用心血浇灌的结果。先生为这部巨著投入了全部生命，成为后学献身学术的楷模。

二、洽览深思　开拓创新

"我将仍走新路！"这是先生在80多岁高龄时讲的，是他一生治学坚持不断开拓创新、永葆学术青春的精神最好的写照。先生对马克思主义理论有高深的造诣，针对有的人主张淡化理论指导的倾向，他一再著文强调坚持马克思主义理论方向的重要性；同时他又一再论述要以坚决的态度认真地克服教条化的错误，深刻地论述要通过总结中国这个历史悠久的东方大国的特点，去丰富马克思主义历史理论，并强调这是史学工作者义不容辞的任务。先生对于这一思想的精辟概括，就是："坚持在唯物史观指导下从事新的理论创造。"《中国通史》总的理论指导，便是自觉地把反映历史发展的规律性与反映历史发展的丰富性二者结合起来，使科学的内容与新颖的容量以及广阔的体裁形式互相统一。先生研治中国史学史前后共历50多年，他为推进这门学科的发展所作的非凡贡献，生动地体现出他在学术上不断创新的精神。早在1946年，他在昆明作题为《中国历史体裁的演变》的讲演，系统地考察两千多年中历史体裁的发展变化，并针对当时大家对于章节体史书流行、几乎成为单一的体裁、而人们习以为常的情况，独具卓识地提出：从社会的发展和史学的发展的要求看，目前的体裁是

"艰难万状",因此要实现体裁的创新。"现在,人与社会的关系日见复杂,非用立体的写法不能适应大家的要求。"当时能讲出这样的话,可谓见解超前,议论惊人。至20世纪60年代初,先生发表《中国史学史研究任务的商榷》、《谈史学遗产》等论文,完成《史学史教本初稿》,创立了主要从历史观、史料价值、历史编纂、历史文学四个方面研究史学发展的模式,标志着把史学史研究推进到一个崭新阶段,摆脱了以往的要籍解题式的格局。至80年代,先生又一次焕发学术青春,发表了《谈史学遗产答客问》等重要论文,完成《中国史学史》(第一册)的撰著,进一步提出要加强对史学与社会生活、学术思潮广泛联系的考察,论述史学如何反映了时代的要求,优秀史著产生出来后又如何对社会产生反作用,标志着将史学史学科建设又推向新的阶段,摆脱了学术专史的旧格局,从而为学科发展开辟了更为广阔的前景。我们从先生的著作和他日常的谈论中,极强烈地感受到:先生时时刻刻都在深入思考,总是不断地提出新的问题,永远不满足已有的成绩,不断地开拓前进。

先生治学,与单纯在书斋里做学问大不相同。他博览群书,深思精研,同时他怀有强烈的时代感和使命感,深切关心着国家民族的命运,要用自己潜心研究所得的成果,帮助推动社会前进,推动学术工作沿着正确的方向向前发展。1981年,他在为纪念中国共产党成立60周年撰写的文章中说:"史学工作者应该重视开阔自己的视野,把天地看得大一些。这首先是要站得高些,要有察往知来、承前启后的抱负。要善于发现重大问题,推动全国史学的前进。我们不能要求每一个史学工作者都做到这一点,但总要有一些同志敢于担起时代交付的担子,敢于跟同志们互相勉励,携手前进。"① 先生正是把担负时代的责任作为自己的使命,以推动全国史学的前进为尺度来衡量自己的工作。先生著述的特点,可以作这样的概括:把对历史的发展及其规律的深入研究——当前时代的要求——对未来前途的观察,三者结合起来;把理论的指导、深刻的哲学思考——扎实的史料功底、阐释史料的内在联系——尽可能完美、受读者欢迎的著述形

---

① 白寿彝:《回顾与前瞻》,载《中国史研究》,1981(2)。

式,三者结合起来。先生凡所撰述,大至鸿篇巨制,小至札记短文,无不仔细考虑,慎重下笔。共同的风格,是论述深刻,思辨性强,文字准确、简洁,有时看似平实,实则越咀嚼越有味。先生常教导我们,"好的论著应该是艺术品",他本人身体力行,堪称楷模。这里包含着先生深刻的群众观点,写文章要让广大读者读得明白,喜闻乐见。大家还熟知先生的一句名言:"我是70岁以后才开始做学问。"这句话,体现出先生老当益壮、奋发进取、勇于开拓的高尚精神,又寓含先生所称为"学问"者,应指确有真知灼见、自成体系,对社会有意义,学术上有高价值。我们于此应该看到榜样,看到巨大的差距,警策高悬,不断自励。先生70岁以后21年中,除主编完成《中国通史》这部可称是他整个生命的投入的大规模著作外,先后撰成和出版的著作还达13部之多。这些著作都对推进中国通史、民族史、史学理论、史学史的研究具有重大价值。一位高龄的学者连续有如此之多的成果问世,确实令人赞佩。当《中国通史》最后一卷定稿送出版社发排之时,正值1998年初秋,白先生已年届九旬,刚刚完成了如此巨大的劳绩,他老人家却不休息,立即又投入《史学史教本初稿》的定稿和组织多卷本《中国史学史》以及《中国回族史》的编纂工作。1999年夏天,先生因病住进北京友谊医院,后来病情逐渐转重,然而先生的大脑一直没有停止思考,直至元旦前夕,病情已变得危重,先生仍然应《群言》杂志编辑部之约,撰写了《千禧寄语》一文,对历史学的任务和功用,提出了很有创新意义和宝贵学术价值的见解:"历史学是一门研究社会发展规律、民族特点及历代盛衰兴亡之故的学问。在正确理论的指导下,历史知识的传播有利于国家民族的相互了解,增进友谊,有利于国际和平,有利于思想建设和文化建设。史学一直被简单地认为是过去的事情,这是很错误的。在新世纪里,史学工作者应负起时代的责任,让史学发挥更大的作用,协同各方面的工作,推动历史的前进。"① 这篇文章竟成为先生的绝笔,也是他对全国史学工作者和后学的最后嘱咐。

---

① 白寿彝:《千禧寄语》,载《群言》,2000 (1)。

三、时穷节见　刚正不阿

　　白先生刚正不阿、决不向邪恶势力屈服的崇高气节在知识界被广为传颂。1972年，"四人帮"势力嚣张，采用突然袭击的方法，对教育界的专家学者进行所谓"文化考试"，此即所谓"考教授"事件。北师大是考场之一。先生进场后见此情景，在"考卷"上写了"白寿彝"三个字后，拂袖而去。由于先生这种抗拒行为，被广播、通报全国，先生却不屈服。1974年，"四人帮"别有用心地大讲儒法斗争史，一直讲到近现代。先生也曾多次在大会上作关于儒法斗争的报告，但他绝不按"四人帮"的调门讲，而是以两点论来说明儒法斗争，不讲违反史实的、违心的话，而且只讲到汉武帝时为止，说"汉武帝以后的，我不懂，不讲了"。"文化大革命"中，"四人帮"大肆吹捧秦始皇，先生撰写了《论秦始皇》一文，却别具风骨，从史实出发分析秦始皇的功与过。17年之后，1990年3月，在北京师范大学举行的祝贺白寿彝先生80华诞的会上，邓广铭教授即席发言，热情地赞扬白先生这种卓识和风骨。我也曾问过先生，当时"四人帮"气焰嚣张，压力很大，您为什么敢"交白卷"，心里怎么想的？先生说：因为毛主席讲过反对以考试作突然袭击，我是按这一条做的。对学术的献身精神和不屈服于邪恶势力的气节，正是先生崇高人格的两个方面。先生不幸逝世，首都各界人士隆重举行遗体告别仪式，高悬在会场上的一副挽联非常恰切地表达了北京师范大学师生对先生的敬仰和赞颂之情：

　　　　洽览深思精勤无敫累帙鸿篇垂博雅悼先生而今遽逝
　　　　时穷节见刚正不阿一张白卷振高风贻后学他日堪循

　　对朋友，对后学，先生情意殷切，爱护备至。在学术界，先生有不少挚交，交谊长达半个世纪以上，如已先后逝世的侯外庐、楚图南、邓广铭、王振铎、苏秉琦等先生，以及现仍健在的臧克家、杨向奎、王毓铨、周一良、季羡林、史念海等。先生和楚图南是抗战时期同在昆明云南大学任教相识的，其时楚老任历史系主任，先生任教授。先生曾对我们说，他治史学史，其中也有当时楚老对他的影响。楚老曾对他议论说，司马迁写历史人物，各有性格特点，非常成功。项羽、刘邦、陈胜三人都有反秦思想，三个讲出的话却不一样。项羽说："彼可取而代之也！"刘邦说："嗟乎！大丈夫一世当如此也！"陈胜则说："王侯将相宁有种乎！"三个人的话都很符合各自的阶级地位、性格志向，写得鲜明生动。先生说，楚老当时的谈话有启发他对史学史兴趣的作用。自在昆明结识以后，两人保持了终生的深厚友谊。先生很尊重楚老，楚老对先生的才学和器识也极尊重。1981年，由先生担任主编的《史学史研究》公开发行，先生请楚老题写刊名，楚老在复函中说："拙书能附骥尾，既荣且愧。"又说："中国是有悠久历史传统的古国新邦，史料史实、史学史论，浩如烟海，盖世无双。兄能领导这方面的工作，以兄之识、之才、之学、之勤，当可预见学人辈出，超班马、迈刘章，继承并开拓史学新境，为祖国争光，为世界作出贡献。弟虽年迈学荒，然捧读大著，如遇屠门而大嚼，亦晚年快事。"先生说，这些话一直是他的精神动力。楚老年事已高，工作又忙，而对先生所赠给的论著，如《谈史学遗产答客问》一至四篇，篇篇仔细阅读，并鼓励先生把"答客问"写下去，"不止是再写四篇、五篇，而是要四五十篇地写下去"。楚老逝世后，经先生大力倡议、积极推动，由北京师范大学出版社隆重出版了《楚图南文集》。他们的深厚交谊堪称是文化学术界的一段佳话。在北京师范大学，先生以对学生要求严格著称，但他又循循善诱，为学生的进步感到由衷高兴。我于1981年硕士论文答辩完成后，先生即安排将其中能独立的部分交刊物发表，在此前后我呈交先生的习作，先生也及时安排刊载，并说："要逐步把你们介绍给学术界。"对文章中的毛病，先生更是及时严肃地指出。有一次，我写了关于章学诚的一篇文章。文章交上去刚几天，恰好在校园中遇见先生，他说："你文章的前面我给你切去一大块肉，切去了一大块！"其他便不说什么，我明白先生这样使用强调的语气，是要让我谨记今后为文务必删除枝蔓。等拿回文章一看，先生的批语是："本文有新意。开头一段宜删。"这一段有600余字，只保留一句，直接下文，其余全部删掉。经这样修改后，尽去累赘，顿觉文气贯通，结构合理。先生是中共优秀党员，又是优秀的老盟员，对民盟很有感情，对盟的工作关心支持。春节前夕，他病情转重，还惦记着交盟费。盟内同志都为先生对盟组织的重视深深感动。白先生主编的《回族人物志》（包括自元代至近代，共4册）于1997年全部出版，这部书是在先生撰成于40年代的《回族先正事略》的基础上编著完成的，先生发凡起例，亲拟编写纲目，悉心指导编写组成员写作，直至亲自领导逐章逐节讨论，修改定稿，前后历11年之久。书出版后，先生却坚决不要一分钱稿费，说："我搞了一辈子历史，晚年总想为自己的民族做点事，我如果拿了这个稿费就不值钱了。"敬爱的先生，您对中华民族、对国家社会忠诚奉献，功绩卓著，而本人对组织、对他人却一无所求。您虽然离开了我们，但您的精神永在，您的著作和思想，您崇高的人格力量，将永远教育激励着后学不断前进！

2000年4月22日

（原刊《群言》2000年第7期，《新华文摘》2000年第11期转载）

白寿彝先生编纂《回民起义》的学术价值

　　我国著名的历史学家、杰出的回族学者白寿彝先生为中国历史科学作出了巨大的贡献，在中国通史、中国史学史、史学理论、民族理论、民族史、宗教史和中国交通史等领域都有卓越的建树。其中，还应包含一项重要的学术业绩，白先生于新中国成立后积极地参加中国史学会的筹备和建立工作，被选为第一届理事会常务理事，并担任中国史学会组织成立的《中国近代史资料丛刊》总编辑委员会委员，并编纂《回民起义》一书。先生于 2000 年 3 月 21 日以 91 岁高龄逝世之后，学术界许多专家纷纷撰文，评价先生在中国通史、中国史学史、民族理论、民族史等诸多方面的成就，而对于《回民起义》一书的学术价值惜未见有专文论述。兹特撰成这篇小文略陈浅见，期望引起学术界进一步讨论的兴趣。

　　新中国成立前夕，新政治协商会议筹备会在北京召开，史学界人士率先组织了中国新史学会筹备会。学会确立了以推动近代史研究为工作的重点，决定组织编辑《中国近代史资料丛刊》的工作，于 1950 年成立了由著名学者组成的总编辑委员会。白寿彝先生负责《回民起义》专题的编纂工作。此书于 1952 年由上海神州国光社出版，共四册。前两册是关于云南回民起义的资料，包含道光年间的起义和咸丰同治年间的起义。后两册是关于西北回民的起义。白先生 20 世纪 40 年代在昆明云南大学任教之时，即花费了很大精力搜集有关清代云南回民起义的史料。但他在当时从事此项工作与新中国成立后编辑《回民起义》，前后有着完全不同的感受，本书《题记》中概述过去受尽阻挠而如今各方大力支持的天壤之别，表达过去长时间的努力和心愿今天才能结成果实的激动心情：

　　　　没有中国共产党英明的领导，没有毛泽东主席伟大的民族政策的照耀，中国各少数民族人民翻不了身，像这样的一部书也不可能出版。我还记得，在一九四三年，我编的一本关于云南回民起义的小册子，题名作《杜文秀革命史料》的，被国民党反动派的图书杂志审查委员会留难半年后，不准出版，说是，"挑拨汉回情感，妨碍抗战。"后来我把这部稿子改编了，又把书名改题作《咸同滇变见闻录》，好容易出版了。出版后书的销行也是困难的。在需要这书最多的地方昆明，是很难买到这本书的。像这样的情况，在今天说，已恍如隔世。今天我们的这部书，在编校过程中，随时都在受着各方面同志们的鼓励和督促。大家不是阻难这部书的出版；正相反，是希望早一些出来，希望内容多些，编得好些。作为毛泽东时代的一个回族历史工作者我真感到说不出的光荣和骄傲。①

显然，在旧中国，根本不具备系统搜集出版回民起义资料的条件，因而新中国成立伊始，由中国史学会组织、白寿彝先生编纂的这部史料汇集确是一项开创性的工作。搜集回民起义史料的工作有特殊的困难，因为，在清代，云南或西北的起义都被镇压，也就不可能有当时人站在起义民众立场所作的正面记载，若干原始资料即使能幸而得以保存也早已散落在民间，寻找极其不易。白先生20世纪40年代在昆明时，即以执著的精神千方百计到处访求，包括在昆明和外县，克服种种困难，他辗转寻觅，找到了一些原始史料和抄本，其中还有马生凤这样的长时期以保存本民族历史文献为职志的回族学者搜集并存留下来的资料。《回民起义》书中有关清代云南回族人民起义的史料，即以此为基础。新中国成立后，又进一步在北京各图书馆、回族学者和宗教人士，以及其他历史学家、文献学家帮助下，加以扩充和系统化。这部书之所以具有很高的史料价值，首先在于搜集文献丰富，种类齐全。共包括四大类：（一）官书（和半官书）；（二）奏议；（三）私人著述；（四）方志和碑刻文字。

官方的史料，如《钦定平定云南回匪方略》50卷，奕䜣纂修（成书于

---

① 中国史学会编：《中国近代史资料丛刊·回民起义》（一），1页，上海，神州国光社，1952。

光绪二十二年）。关于其史料价值，编者说："这书收录咸丰五年九月至光绪五年十月间有关云南回民起义及镇压云南回民起义的奏谕，是一部按着年月日排列的奏谕汇编。在这些奏谕里，对于回民起义，一般的是颠倒黑白，捏造事实。如卷四十七所收癸酉年正月二十四日岑毓英奏折，所述大理攻破情况，可以说是完全捏造的。但同时，透过这些奏谕，我们也不是不可以发现真的情况；尤其是在清奴仆的互相攻击的奏疏里，更可以暴露出当时的一些真实状况的。"① 又如《平定关陇纪略》，易孔昭、胡孚骏、刘然亮编，这三位编书人是左宗棠旧部杨昌濬和魏光焘的幕僚，他们编此书，是依照杨、魏的意思进行工作，依据的材料则完全是当时的章奏。故"它是《平定陕甘新疆回匪方略》以外的，唯一的关于陕甘回民起义的比较详细的书"。② 奏议一类的书选录的有：贺长龄《耐庵奏议存稿》，李星沅《李文恭公奏议》，林则徐《云贵奏稿》，陶模《陶勤肃公奏议遗稿》。私人著述一类，有相当数量是编者长期寻访收集的。仅第一册中，就选录有：李元丙《永昌府保山县汉回互斗及杜文秀实行革命之缘起》，是记载道光二十年以后的回汉冲突，回民不断地遭受迫害，以致发展到杜文秀联合回汉反清的革命的重要史料。作者李元丙，云南永平人，他在民国二十七年作此文时已71岁。"据他说，本文是他根据幼年听到汉族长老目睹当时事变者的传述来写的。"而此原稿本的发现，则是当年在"昆明正义路礼拜寺内的一个旧纸篓里捡得的"。③ 赵清《辩冤解冤录》，编者经多方寻访，共得三个抄本（它们的所有者分别为沙宝诚、白孟愚、马生凤），而用沙宝诚的抄本为底本，以其余两个抄本比勘整理而成。佚名《缅宁回民叩阍稿》，原见于马生凤遗著《云南回教纪录》稿本。马生凤是云南富民人，清同治十三年（1874）出生，清末

---

① 中国史学会编：《中国近代史资料丛刊·回民起义》（一），304页，上海，神州国光社，1952。

② 中国史学会编：《中国近代史资料丛刊·回民起义》（二），241页，上海，神州国光社，1952。

③ 中国史学会编：《中国近代史资料丛刊·回民起义》（一），2页，上海，神州国光社，1952。

及民国初年曾任军职。1930年左右，他任昆明振学社副社长，利用云南回教俱进会这一机构，征集咸丰同治年间云南回民起义资料。他还邀请长老们口述见闻，笔记成篇。这篇《缅宁回民叩阍稿》，见于他所写《云南回教纪录》的附录。1940年，白寿彝先生在云南因得阿訇沙平安的帮助，获读《纪录》稿本和马生凤遗藏的一些材料。当时，白先生从稿本中录出此篇，加以整理后，以《杜文秀叩阍稿》为题，发表在他所编《咸同滇变见闻录》里。嗣后，学者吴乾就曾对此文写了一篇考证文章，指出：此稿内所说，是道光十九年的事，和杜文秀并无关系。因为，道光十九年杜文秀才是个12岁上学的孩子，况且文秀原籍永昌府保山县，而此一回民被杀害过千的事件系发生在顺宁府缅宁厅，不可能由外府的一个12岁的小孩出面跋涉数千里告阍。故他提出这一篇应该称为《缅宁厅回民叩阍稿》。白寿彝先生认为这个看法是正确的，故他将这篇史料选入本书时改题了篇名，并详细地将吴乾就的考证的理由引在本篇解题之中。本书选录的云南回民起义的史料，属于依据抄本整理的，还有《永昌回民檄文》、《迤西汉回事略》（王崇武抄本）、徐元华《咸同野获编》（王崇武抄本）等，总计达32篇之多。关于第四类史料，有永昌府志、大理县志，及《咸丰十年庚申楚城陷碑记》（佚名）、《重修赵州城碑记》（马仲山）等碑刻文字5种。由此可见，此书收集的资料丰富而珍贵，编者所做工作之精审和见识之卓越。

善于剔别旧记载的偏见和诬枉，保留其中有价值的成分，这是《回民起义》具有重要学术价值的另一重要体现。后人所能见到的清朝统治阵营或旧文人的有关记载，必然站在封建阶级的立场，对回民起义作了许多歪曲和污蔑，但或因夸耀自己的功绩，或因不同利益派别之间互相揭短，中间也总要反映出若干事实的真相。因而，需要编者独具慧眼，善于作区分和鉴别的工作，透过歪曲性的记载，发现其中透露出历史真相的材料。如：本书第四册，选录了《秦陇回务纪略》（8卷），光绪六年余澍畴著。余是凤翔知府张兆栋的幕僚。这书卷一记陕西回民起义时的一般情况，其余七卷差不多都是记同治元年六月至三年九月间张兆栋为清政府守凤翔时的战守情况。编者指出："这书底写作目的，差不多是在表彰张兆栋反义军的事迹，有时也附带地表彰著者本人的某些才能。这些的用处就在于它集中地记述凤翔一隅的情况，以及义军的勇敢和其部中之有不少的汉民成份，都有具体的暴露。"① 当然也有的记载，原出自汉族官员之手，而较能反映出回民受欺压及忍无可忍起而反抗的事实，较少存有偏见。如张集馨《临潼纪事》一文，系作者于咸丰八年（1858）在甘肃布政使任上，丁忧路过陕西时所记，叙述临潼回汉两村因演剧引起纠纷、回民被打至重伤，多次赴县申诉，县令不管，反加扑责，以致引起双方恶斗，互相杀伤多人，事闻省城，竟令首府派兵弹压，陕西巡抚还放出狂言："回民不遵约束，即派兵剿洗。"文末张集馨议论云："余闻此事，颇嫌孟浪。向来地方官偏袒汉民，凡争讼斗殴，无论曲直，皆抑压回民。汉民复恃众欺凌。不知回性桀骜，亿万同心。日积月长，仇恨滋深。滇南回患至今猖獗，官不能制，转受回民侵欺。履霜坚冰，殆非一日。陕省当事可不顾念前车之覆乎！"② 依他主张，应是先将临潼县令严参重治，"然后分回汉之曲直而平理之，必可相安无事"。《临潼纪事》总共不足千字，但编者白先生眼光敏锐，发现它具有远远高于一般清朝官员所记的史料价值，故特从1948年10月上海出版的《子曰丛刊》中选出，并加整理采用。

《回民起义》全书总字数约200万，出版以后，因其重要的学术价值而一向受到近代史和民族史研究者的重视。为满足学术界当前的需要，最近，此书又由上海人民出版社与中国书店联合再版发行。

（原刊《回族研究》2002年第2期）

---

① 中国史学会编：《中国近代史资料丛刊·回民起义》（四），214页，上海，神州国光社，1952。

② 中国史学会编：《中国近代史资料丛刊·回民起义》（三），18页，上海，神州国光社，1952。

白寿彝主编《中国通史纲要》对历史上民族关系的处理

　　白寿彝教授主编的《中国通史纲要》（以下简称《纲要》）一书，自1980年初版以来，因受到学术界和广大读者的欢迎，已经先后重印达29次，累计印数多达96万余册，同时又被译成多种外国文，行销世界各地。白先生是著名的老一辈马克思主义史学家，同时他又是回族著名学者，长期与国内民族界人士有密切接触，并连续几届担任全国人大常委会委员和民族委员会副主任职务，具有社会活动家的丰富阅历和体验。因此，由他主编的通史著作，既体现出熟练地运用马克思主义观点对中国历史进行阐释、概括的精到见解，又凝聚着他对祖国多民族共同创造历史和历史上各民族的关系越来越加强的深刻理解。如何正确看待和处理历史上的民族关系，是历史研究和民族研究中极重要的课题，关系到能否如实地反映出祖国历史的一个重要方面，关系到是否有利于加强今天各族人民之间的团结，增进各族人民之间的感情，不仅具有理论上、学术上的意义，而且具有现实的意义。《纲要》在这方面做了很有意义的工作，突出了民族关系在中国通史中的地位，鲜明地体现出着眼于加强民族团结来研究民族问题的原则，真挚地歌颂了各族人民对祖国历史的共同贡献。白先生主编的《纲要》之所以受到学术界的高度重视和读者的广泛欢迎，书中有关民族问题的理论观点和具体阐释无疑是至关重要的一项，这也是白寿彝先生学术成就十分重要的一个方面，其成功经验很值得我们总结，并从中得到启发。

　　《纲要》在处理历史上民族关系的创见，可以主要归纳为以下四个方面。

　　一、《纲要》跟狭隘的民族观点相对立，平等地把国内各民族共同地视为祖国历史的创造者，以显著地位记载各兄弟民族在历史上的贡献。

书中肯定了"汉族对中国社会的发展,有很大的贡献"①,同时又强调说,"中国历史上的每一个民族都不是孤立发展的。每一个民族都对祖国历史的创造出过力,也都跟国家的命运同呼吸。在长期的反封建主义、反殖民主义、反帝国主义的斗争中,各民族总是并肩作战。无论在经济的、政治的或文化的方面,每一个民族都从兄弟民族吸收各种营养以丰富自己。每一个民族的语言也不断地接受兄弟民族的影响。甚至每一个民族形成和发展的过程,也是一个不断组合、分化和融合的过程,总是不断地接受各兄弟民族的成员,也不断地有自己的成员参加到兄弟民族里去"②。这段话概括地说明了伟大祖国的历史是各族人民共同创造的,民族之间的互相学习和融合,意义极为重大。这是书中叙述民族关系发展变化的基调,也是贯穿全书的一项指导思想。《纲要》"叙论"中设立专节简要介绍全国50多个民族的人口、分布地区、语言文字,以及各民族在经济生活上和文化生活上的特点。这种做法体现出我国多民族大家庭的每一成员都同是国家的主人和历史舞台上的演员,这在通史著作中是一种独创。著者对于汉族的形成和北京城的发展的看法同样具有独到的见识,"叙论"中说:"作为中国主体民族的汉族,是经过有关部落和民族的融合而在秦汉时期形成的。"③"辽的南京,金的中都,元的大都,即今北京。这里,自古以来就是军事上、政治上和经济上的一方重镇。元建为都城后,明清相继建都,今天又成为人民共和国的首都。北京的发展,是汉族、契丹族、女真族、蒙古族和其他民族共同创造的。"④ 这两段话含义深刻,同样有力地证明各族人民与祖国历史血肉相连,密不可分。

上述指导思想是《纲要》的著者长期运用马克思主义研究中国历史与民族问题所得出的结论。1951年白寿彝先生的《论历史上祖国国土问题的处理》一文,就是批评写中国历史在"历代皇朝的疆域里兜圈子"的不正确做法而撰写的,指出它"很容易引导我们的历史工作者陷入大

---

① 白寿彝主编:《中国通史纲要》,12页,上海,上海人民出版社,1980。
② 同上书,13页。
③ 同上书,17页。
④ 同上书,20页。

汉族主义的偏向","限制了本国史的范围,要使它成为单独的汉族的历史或汉族统治者的历史,要在'汉族'或'汉族统治者'和中国之间画等号",因而是"不合于今天人民需要的"。并明确提出中国的历史应该以今天的中华人民共和国的国土为范围,由此上溯,研求自有历史以来,在这土地上先民的活动。这样做,才有"可能使本国史有丰富的内容,可能使本国史成为各民族共同的历史,可能使本国史告诉我们这个民族大家庭的由来"。同年,著者又在另一篇文章《论爱国主义思想教育和少数民族史的结合》中说:"各民族共同创造中华民族的举世无匹的悠久的历史,这是我们中华民族应该引以骄傲的。这种骄傲,比单独地对汉族历史悠久的骄傲,是更有充足的理由的。""国内各少数民族,在中华民族历史的创造过程中,有不少特殊的贡献。……我们的历史教师,把少数民族的特殊贡献尽量地、适当地指出来,使广大群众都认识到中华民族所由构成的各民族都是具有高度智慧的民族,这对于民族平等的建立是更有力的。"① 这些话,今天读来仍然很有启发意义。很明显,《纲要》处理历史上民族关系的原则和做法,正是著者在新中国成立初期提出的论点的体现和发展。

二、《纲要》提出了把民族杂居封建化进程作为划分封建社会历史内部分期主要标准之一的观点,并以大量史实作了充分的阐述。

这无论对通史研究或对汉族史研究来说,都是重要的创见,丰富了中国史的内容,并且有助于揭示出中国历史的阶段性特点。著者综合对封建化进程、封建等级土地所有制和社会经济发展状况三个方面的分析,划分封建社会历史为四个时期:秦汉为成长时期;三国至唐为发展时期;五代宋元是进一步发展时期;明清是衰老时期。这种分期主张已获得许多史学工作者的赞同和采用。

民族杂居地区封建化进程,主要指历史上的少数民族在各族互相学习和影响中,由较低级社会形态向较高级社会形态发展的过程,它显示出较大范围内历史的向上运动和质的飞跃。书中说:"民族杂居地区的封建化,

---

① 白寿彝:《学步集》,11～12页,北京,生活·读书·新知三联书店,1978。

在中国历史发展过程中意义甚为重大。汉族和少数民族在这样的过程中互相吸收对方的积极因素,活跃了社会生产力,促进了社会经济的繁荣。"①《纲要》从这一观点出发叙述不同时期封建化的进程,分析其意义,确确实实摆脱了只从"历代皇朝疆域"观察历史趋势的旧框框,而将全中国范围都放在自己视野之内。书中说,在三国至唐这一时期内,"发生了民族间的长期斗争,发生了民族的大规模流动和移居。结果是无论在北方和南方,民族杂居的地区都扩大了。因而汉族充实了自己,少数民族提高了生产水平和生活水平。新的民族关系的局面出现了,民族杂居的封建化过程在前进了,这是封建社会发展时期的一个重要的特征"②。具体来说,在当时,"原先居住在西北部和北部边远地区的匈奴、鲜卑、羯、氐、羌等少数民族,……于西晋末年内迁到黄河流域以后,与汉族人错杂居住,互相影响,促使它们的社会发展出现了飞跃。十六国时,少数民族建立的政权,大都任用汉人为官吏,采用汉人的政权组织形式,实行封建的政治、经济政策,加快了它们封建化的进程"。而鲜卑族建立的北魏,"到魏孝文帝时,这种情况更为显著"。在南方,"山越人和蛮人,也逐渐接受了从北方传来的先进生产技术和社会制度,使他们也加速实现了封建化的进程"③。假若不叙述北方与南方封建化的进程,则显然不能反映出这一时期历史的全貌。

书中进而告诉我们:五代宋元时期(特别是元代)的封建化进程主要是在边疆地区,范围很广阔,因而对于中国封建社会的发展同样具有全局性意义。著者明确提出,不仅要看到蒙古早期和元代中原地区生产力一度遭到破坏,而且更要看到广大边疆地区封建化进程及其对我国历史发展的意义。著者得出五代宋元时期是封建社会进一步发展时期这一独到的新结论,这是重要依据之一。书中说,蒙古早期和元初的破坏,"毕竟是在一定时间内局部地区所发生的现象,就整个中国或蒙古民族本身来考察,元代的社会生产力不是停滞不前,而是向前发展的。这从广大地区的进入封

---

① 白寿彝主编:《中国通史纲要》,233页,上海,上海人民出版社,1980。
② 同上书,18页。
③ 同上书,233页。

建化过程或进一步封建化，从民族关系的加强，就更看得清楚些。元代继五代、宋、辽、金之后，在这方面是有较多成就的。在辽、金兴起的东北地区，在西夏地区，在今蒙古、新疆、西藏、云南等地区，都显示了这种重要的社会发展状况"①。如蒙古地区，著者指出，"在忽必烈统一中国时，封建化过程大体完成"。这表现在两方面。一是制度性质上，封建牧主对牧民采用劳役、贡赋这类封建性质的剥削。二是农业经济的发展上，"忽必烈时常派汉人向蒙古人传授耕作技术，鼓励蒙古人在牧养繁殖驼马牛羊之外，也要种田。忽必烈还在蒙古地区大规模实行屯田，促进了当地农业经济的发展"②。书中对其他地区发展情形也有具体的叙述。

三、《纲要》还以大量史实论证了这样一个基本论点：在中国历史上，民族之间的交流和融合是民族关系的主流。

书中如实记载了历史上发生过的民族间的不和以至战争，同时又更着重记载历史上民族间的友好往来和互相融合，突出各族人民对祖国历史发展的共同贡献。这种交流和融合可以溯源很早，西周初年，居住在东北松花江直到黑龙江广阔地区的肃慎族与周就有友好联系。在汉、唐、元、明、清等统一时期，民族间的交流就更加频繁和密切。例如，西汉张骞出使西域的结果，"增进了西汉皇朝和天山南北地区间的了解。此后，这一广大地区的地方政权相继遣使跟汉通好，汉也派使者在这里进行屯田，加强了对这一地区的影响和联系"。武帝时，"西南地区和内地的联系进一步加强了"③。"唐代在国内民族关系方面，有战争，有和好，而总的说来，唐代盛世的民族关系是比以前密切了"。东突厥与唐连年战争之后，"毗伽可汗立，向唐请和。唐答应跟它互市，以丝绸交换马匹。从此，双方建立了亲善的关系"。唐灭西突厥后，"在天山南北的经济文化交流日益频繁，而经过天山南北一直通往西亚的道路，也得以顺利通行"。其他回纥、吐蕃、东北各族、南诏也都与唐有友好关系和经济文化交流④。书中突出记

---

① 白寿彝主编：《中国通史纲要》，284页，上海，上海人民出版社，1980。
② 同上书，285页。
③ 同上书，128页。
④ 同上书，191～193页。

述了元代各族人民共同开发边疆地区的情景。如讲到新疆："从蒙古早期直到元代,畏吾儿文化对蒙古人有很大影响,而汉文化又对畏吾儿人有很大影响。忽必烈对畏吾儿人聚居地区的开发,非常重视,屯田的规模不断扩大。"并且"注意发展那里的手工业,曾经派汉族工匠到鄯善(今新疆维吾尔自治区若羌县)地方去传授造弓的技术"。又如讲到云南:当时,"许多蒙、汉、畏吾儿人和回回人来到云南,跟原来居住在这里的白、彝、傣、纳西、哈尼等各族人民共同开发祖国的西南边疆。回回人赛典赤·赡思丁在云南兴修水利,传播汉族文化,改善民族关系。汉人张立道消除滇池水患,开辟良田,提高农业生产技术。他们都对云南社会的发展作出了成绩"①。通过这些记述,热情歌颂了各族人民对祖国历史的共同贡献,读起来令人愉快。《纲要》还通过具体的记述告诉读者:即使是在分裂割据时期,各族人民之间的凝聚力仍然是更加起根本作用的因素。书中讲到在辽、西夏、金跟北宋对峙时期,"它们(辽、西夏、金)相互之间,以及它们和北宋之间,有政治、军事上的矛盾和妥协,也有经济、文化上这样那样的交流"②。宋与西夏间三次大战的结果,"大大加重了双方经济负担和人口的伤亡。战争也造成了正常贸易的停滞,使夏境内的粮食和日用品感到不足,造成了各族人民生活上的困难"。因此,双方此后即达成和议,"商定夏对宋称臣,而宋则每年要给夏银七万二千两,绢帛十五万三千匹,茶叶三万斤,并恢复宋边界上的市场"。宋辽边境上也开辟市场,宋以数量众多的农产品和生活用品跟辽的畜产品互相交换。③ 宋元时期的吐蕃虽然是个封建割据的局面,吐蕃族跟汉族及其他民族的关系也是友好的。"吐蕃人角厮罗在青海一带所建立的政权和北宋政府交往颇多,角厮罗曾受封为节度使,并以'进贡'和'回赐'的名义进行商品交换,用牛、马换取内地的丝织品、茶叶、药材。"④ 这就说明:即使是在分裂割据时期,各族人民之间要求加强友好往来的深厚感情总要顽强地冲破统治者制造的

---

① 白寿彝主编:《中国通史纲要》,286~288 页,上海,上海人民出版社,1980。
② 同上书,247 页。
③ 同上书,249~250 页。
④ 同上书,287 页。

障碍，促使民族关系不断趋于密切。只有抓住这一点，才是抓住事情的主要方面和主要实质。《纲要》这样重视各民族间的友好联系和融合，赞颂各族人民对历史的共同贡献的做法，不仅与那种竭力要区分历史上民族之间谁是"侵略者"、谁是"被侵略者"的做法截然相反，也跟那种只强调某朝在某地设立什么行政机构的做法根本不同。无疑，前一种做法才有利于巩固和加强今天各族人民之间的团结，才有利于发展各族人民之间的互相合作，共同把祖国建设得更加繁荣。

四、《纲要》正确评价了少数民族建立的统一政权的历史地位。

以往有的历史著作总要把元代说成是蒙古铁骑蹂躏的黑暗时期，《纲要》则对元皇朝的历史地位作了全面评价。一方面指出，成吉思汗所进行的战争，带有极大的掠夺性，"对于封建制度下的生产方式和统治方式并不理解"，"蒙古铁骑所至，都带来极大的破坏，使当地人民蒙受深重的灾难"①。另一方面又指出，"从元皇朝统治中国的历史来看，它结束了五代以来长期割据的局面，并且显示出大一统的建国规模，在经济和文化上都有所成就"②。书中列举了主要史实来证明，如：忽必烈在"灭宋以后，更大规模地推广屯田，兴办水利。尽管当时社会矛盾很尖锐，农业生产还是得到一定程度的恢复"。在全国设立驿站制度，修通大运河，发展了交通，利于全国的统一。"元代的科学技术、史学和文学艺术，都是有所发展的。国内民族联系的加强，中外文化关系的增进，使少数民族的成员、外来侨民及其后裔也都有机会作出贡献，从而丰富了中国的文化。"③《纲要》对清代前期的历史地位也作了肯定："大致说来，清强盛时期的行政效率要比明代好些。它不只大量沿袭了明制，也注意吸取明的失败教训，清对人民的剥削比明较为缓和。清帝没有宠任宦官和多年不上朝的事。清帝跟军机处的关系，要比明帝跟内阁的关系密切得多。在相当长的时间内，清还能保持一个相当强大的形象，是有原因的。"④ 如果不彻底清除笼统"排

---

① 白寿彝主编：《中国通史纲要》，261~262页，上海，上海人民出版社，1980。
② 同上书，271页。
③ 同上书，268~269页。
④ 同上书，344~345页。

满"之类的旧观念，就难以得出上述正确结论。对于清代的民族关系，著者透过复杂的历史现象，进行了审慎的分析。一是肯定清初"对边疆少数民族，注意到民族关系的协调"，包括蒙古赤斤部、蒙古喀尔喀部、新疆畏吾儿、西藏的达赖和班禅；二是书中没有轻率地把后来准噶尔部起兵指为"叛乱"；三是明确肯定清朝康、雍、乾三位皇帝对西北的军事行动和在西南地区"改土归流"，是"巩固了国防，稳定了当地的社会秩序"的措施，因而具有（或客观上具有）进步的性质。同时又严厉谴责统治者"采取征讨行动的时候，总是给当地人民带来很多灾难"。这种从当时的历史条件出发，对复杂的历史现象作具体分析，正是马克思主义的史学工作者的郑重态度。清代民族关系是个很复杂的问题，研究者往往感到难以作出恰当的概括，《纲要》论述尽管是简略的，却富有启发作用。

书中对少数民族杰出人物的评价也同样显示出著者的历史眼光。除上面提到的北魏孝文帝、忽必烈等人物外，其他如说金的阿骨打是女真人的"杰出领袖"①，耶律楚材（契丹人）"是成吉思汗和窝阔台时期的博学的政治家"②，郑和（回族人）下西洋，"航海纪录的最终完成，比哥伦布发现美洲和达·伽马到达好望角要早半个多世纪"③，"努尔哈赤和皇太极都是杰出的军事家，皇太极还是杰出的政治家"④，对他们都作了充分的恰当的评价，同样体现了用民族平等的观点处理历史上民族关系的原则。

总的来说，《中国通史纲要》对历史上民族关系的叙述，做到了把对历史问题的具体分析、恰当论断，跟加强今天民族团结的著述目的结合起来，具有科学价值和时代高度。这条正确的经验，值得我们重视。由于这是一本纲要性通史著作，书中的叙述和分析都只能做到比较简要，此后，在由白寿彝先生担任总主编的《中国通史》多卷中已经以更详尽的史料和分析予以展开，作了更加深入和充分的论述。

（本文系与王秀青博士合撰，原刊《回族研究》2005年第2期）

---

① 白寿彝主编：《中国通史纲要》，250页，上海，上海人民出版社，1980。
② 同上书，262页。
③ 同上书，299页。
④ 同上书，324页。

白寿彝先生学术创新的风范

我国杰出的马克思主义史学家、教育家白寿彝先生辞世已有五年了。五年来，他的音容笑貌仿佛仍时时出现在我们眼前，他的研究成果和许多卓越的见解更时时被人们谈起，仍然具有很强的生命力，仍然活在当前的学术工作之中。白先生在学术园地上辛勤耕耘达半个世纪，在中国通史、中国史学史、史学理论、民族史、中国交通史等诸多领域都有精湛的建树，尤为令人敬佩的是他长期保持常青的学术生命，不断提出新问题，推动研究工作向更深的层面掘进。就专门史而言，白先生毕生付出最多心血的就是史学史。1940年，白先生就在云南大学讲授中国史学史，并于1946年在昆明五华书院作了《中国历史体裁的演变》的讲演；20世纪60年代初，他在北京师范大学授课和先后撰成多篇论文的基础上编纂了《史学史教本初稿》；到80年代，白先生又撰写了著名的《谈史学遗产答客问》（四篇）和《中国史学史》第一册。以上三个阶段治史学史，每一阶段都提出了迥异于别人的思考，构成了史学史学科发展的不同层次。因而极其鲜明地体现出白先生一步步地为摆脱旧的研究格局，为提高史学史学科的思想性、学术性，并拓展其研究内涵所作的成效卓著的努力，堪称是白先生半个多世纪治学创新精神的缩影。

《中国历史体裁的演变》是我们今天能读到的白先生关于史学史的最早的论著，篇幅不长（约8000字），但它宏观地概括了中国三千年史书体裁的演变，提出了诸多极有价值的见解，我们细心绌读此篇，可以深刻地感到白先生治史学史起点之高。首先，文章把中国史书体裁的演变划分为四个时期：自春秋到东汉建安五年，为第一时期，编年体和纪传体相继确立；第二时期，划至唐贞观十九年，是断代史著述普遍地发达的时期；第三时期，划到明末，是通史撰修时期；第四时期，清代，是专史时期。其次，作者不唯用发展的观点来考察整个史学的演进，而且突破了一般人所持一种体裁形成之后不再发展变化的定见，卓有见识地分析同一体裁在史学长河中的发展变化。如论述《左传》与《春秋》相比较，在编年体裁上有两项重要的进步："第一，《春秋》所记，都是标题式的，《左传》所记，对于一件事的曲折，大抵都是详详细细地说的。像《左传》内许多关于战事的长篇的生动记载，在《春秋》里只用了很少的几个字。第二，《春秋》记事不记言，《左传》里却到处有娓娓动听的言论和关系重要的文告。另外，《左传》有时追记事之始，有时顺记事之终，这一点更是打破编年体之严格的束缚而有以补救编年体之不足的。"① 而《汉纪》的撰成标志着编年体的成熟："它对于《春秋》、《左传》所显示出的缺憾，是已经解决了的。许多无年月可考的史迹已不能再使我们的编年史家困惑，他已经用类举的办法，或因事以及事，或因人以及人，都给他们安排下了一个适当的位置。编年体到了《汉纪》，活动的领域是大大地开拓了，它的功能也大大地增强了。编年体至此才算有真正的成熟，而和纪传体争得了对峙的地位。"② 同是纪传体，由《史记》到《汉书》，同样有了很大发展："《汉书》虽是继承着《史记》的纪传体，但却比《史记》谨严多了。《汉书》的列传，在各传的分合之间虽不见得比《史记》高明，但在次第排列上确是比《史记》进步。《汉书》的'十志'也远比《史记》的'八书'规模完备。此外，《汉书》把《史记》之通史式的纪传体改为断代的纪传体，使西汉一代史事首尾具备，也是史体上的一种创获。这一点，对于后来史书的影响，是特别大的。"③ 复次，尤其显示出作者具有过人的学术创新的勇气的是，作者在60年前已经提出了应当用立体的写法来撰著史书的超前性观点，并且针对当时众多学者习惯于采用流行的章节体裁撰史的做法，表示对此不能安于现状："以前，人与社会的关系不很显著，所以平面的，甚而至于是点线的写法已可以使人满意。现在，人与社会的关系日见复杂，非用立体的写法不能适应大家的要求。以前的历史是以各方面的权势者为内容，并且是写给权势者或权势的附属者看的，所以过去的史书形式也还

---

① 白寿彝：《中国历史体裁的演变》，见《白寿彝史学论集》（下），651页，北京，北京师范大学出版社，1994。
② 同上书，652～653页。
③ 同上书，652页。

罢了。现在将要以人民为重要的内容,并且能供给大多数人民阅读为最大的目的,以后的史书形式必须是能适合这种内容这种目的的体裁才是最好的体裁。现在中国史学的前途,仅在体裁方面,还是艰难万状。"① 细读此文,我们完全能够体会到白先生在当时对于史书体裁演进的本质性问题思考的深入和他在原有史书体裁基础上强烈地力求创新。可以说,以后白先生以新的构史体系编纂中国通史的成功探索,早在60年前已见其端绪。

这一时期白先生在史学史领域的创新追求,从他所写书评《评金毓黻著〈中国史学史〉》(1947年6月15日)一文同样有清楚的反映。作者认为,当时已出版的三种中国史学史著作中,"金书可以说是一部最好的书",因为书的内容,说明著者金毓黻先生"确切是用力气的","作者驾驭史料的经验很丰富,能把许多错综零碎的材料处理得很有条理"。但白先生认为此书的明显缺陷是缺乏著者思想观点的明确一贯,《导言》中对"史学"下了一个定义,但没有以此标准贯串全书,甚至书中有明文说到"史学"的地方也和《导言》所说不同。他批评金先生是"用一个考据家的立场来写",如作者推崇《文献通考》过于《通典》,称"《通考》之可取者,亦在宁繁勿略"。故白先生的总看法是,本书并未达到"中国史学史"的要求,如"仅想知道一点史书源流、史家小传,这还是一部值得一读的书"。② 其意即如白先生后来的评论中所言,金书有其学术价值,但尚未摆脱"要籍解题式"的阶段。五华书院的讲演和这篇书评的撰写,表明白先生当时对"中国史学史"的撰写,心目中已经别树一番境界。

20世纪50年代至60年代初,是白先生对中国史学史学科作了卓有成效的探索的时期。60年代初,他撰成《谈史学遗产》和《中国史学史研究任务的商榷》两篇文章。他提出,中国史学史的任务,是研究中国史学的过程及其规律性。围绕这个任务,要以历史观、史料学、历史编纂学和历史文学四个方面进行深入研究和开掘。四个方面密切联系,总的概括,是

---

① 白寿彝:《中国历史体裁的演变》,见《白寿彝史学论集》(下),658~659页,北京,北京师范大学出版社,1994。
② 白寿彝:《评金毓黻著〈中国史学史〉》,见《白寿彝史学论集》(下),1246~1248页,北京,北京师范大学出版社,1994。

总结和批判地继承"史学遗产",形成一个理论框架。《谈史学遗产》一文对这四个方面作了精辟的论述。在历史观方面,指出:史家的历史观点对其史学著作起支配作用。中国史学有注重观点的悠久传统,并存在着不同思想倾向的斗争。如孔子重视"史义",司马迁讲"通古今之变",范晔讲"以意为主",刘知幾讲"史识"等,对于这些很有进步意义的观点都应该重视和发掘。不同史家对于一些重大问题所持不同态度,形成了历史观中的精华和糟粕,需要我们鉴别、剔除。在同一历史学家身上,又往往进步与落后观点并存杂糅,应该按其具体情况加以清理。史料是撰史的基础。史料可靠性如何,抉择精审与否,则决定史书的可信程度。从司马迁起,就创造了"考而后信"的优良传统,史料学经过两千年的发展,史料范围更扩大了,处理史料的方法改进了,同时也有史料学的分支学科或姐妹学科先后出现。这些都需要加以总结。在历史编纂方面,进一步发展了20世纪40年代论述史书体裁的论点,指出:"研究史书体裁方面的遗产,批判地继承,对于我们写史书,在著作形式上的百花齐放,是有好处的。"中国古代史书体裁不仅多种多样,而且各种体裁都经历了发展变化,不同体裁之间也不是隔着不可逾越的鸿沟。在历史文学方面,一方面,需要总结和借鉴《左传》、《史记》、《通鉴》等名著记事生动形象的优点;另一方面,要学习"大史学家能在情况记述中有意识地但又自然地表达出他的思想倾向性的手法",即"寓论断于序事"。①

  上述四个部分的理论,是白先生创造性地运用哲理思考,从中国史学发展的实际作出的概括和理论升华,因而有效地推动中国史学史学科摆脱要籍解题式的格局。它具有系统性的优点,自成体系,又具有清晰性的优点,容易领会和掌握。如白先生运用这一理论框架去研究司马迁,他在20世纪60年代初撰写《史学史教本初稿》"司马迁"一章的论述,就从表层进入内蕴,作出内容丰富、有血有肉的评价了。这一章紧紧抓住了这四个方面,深入地发掘司马迁史学中具有进步意义的东西,对这位中国史学奠

---

① 白寿彝:《谈史学遗产》,见《白寿彝史学论集》(上),462～487页,北京,北京师范大学出版社,1994。

基者的历史地位作出正确评价,因而被治《史记》学者称为代表了新中国成立后《史记》研究突出的创新水平。这就证明:白先生关于史学史研究四个方面内容的论述,可以作为测试历史学家智能和造诣的四把标尺,看作结合成为一部史著的四大部件——历史观是灵魂,史料是基础,史书形式是内容的载体,语言是传播思想、学识和感情的媒介。这一理论,又具有方法论的特点,揭示如何把握评价一个史家成就的要领,明显地具有可操作性,尤其是给有志于从事这项学术工作的青年朋友指出了一条研究的门径。

摆脱了"要籍解题式"的旧格局,已经实现了写出一部能够再现中国史学历史观演进的脉络,具备史料学、历史编纂学、历史文学等丰富学术内涵的史学史著作的设想,至此,探索史学史学科体系的工作是否就算达到目的、可以止步呢?不是的。白先生并没有停下创新的步伐,到20世纪80年代初,他又明确提出要摆脱"学术专史"局限的课题。这就是说,从更高要求来说,20世纪60年代初提出的以四个部分来构建史学史学科的框架,显然解决了对于学科建设极其重要的思想性和科学性的问题,但是这"四个部分"基本上仍只限于在"学术史"的范围内着眼;而学术不能脱离于时代,不能脱离于社会生活,因此史学史学科建设还应当向更高的目标前进。

白先生在20世纪80年代发表的多篇论文和撰成的《中国史学史》第一册,就体现了他在探索史学史学科建设道路上的新的跨越。主要的贡献是:论述发挥史学的社会功能,强调研究史学产生的时代条件和史学的社会影响,强调总结历史教育和历史知识的运用。《中国史学史》第一册《叙篇》中,对中国史学史的研究任务和范围作了新的界定。《叙篇》说:本书"论述的范围,包括中国史学本身的发展,中国史学在发展中跟其他学科的关系,中国史学在发展中的时代特点,以及中国史学的各种成果对社会的影响"。后两项,便是白先生自80年代初以来新的创获,开阔了研究者的视野,对学科研究的任务作了更加科学的界定,使这门学科更加贴近于社会和现实,当然也对研究工作提出了更高的要求。为此,《叙篇》中专门立一节,讲"史学的时代特点及其社会影响",非常精到地从根本原理来分析，提出：史学史研究，还应重视"把史学发展放在中国社会发展的总相中去考察。这是很重要的问题。过去和当代的学者对这个问题，也都有所论述，而说得不多。这是中国史学史上社会存在和社会意识的关系问题，是史学对于社会的反作用问题，是应该努力探索的。"进而，白先生又从科学价值和教育意义来论述，说："好多年来，经常有人问：学历史有什么用处？我们研究史学的社会影响，可以说，就是要回答这个问题。……史学工作者出其所学，为社会服务，这是我们的天职，不容推脱。我们从历史上研究史学的社会影响，一要研究历代史学家如何看待这个问题；二要研究史学在实践中具体的社会效果。这是一件有很大意义的科学工作，也是一件有很大意义的教育工作。"① 这些论述，发挥了社会意识对社会存在反作用的原理，对于史学理论也是一项重要贡献。如果我们的史学研究能在广大群众中发生影响，产生巨大的物质力量，帮助群众认识历史前途、历史使命，那么，史学工作就更有意义，也有空前广阔的前途。《中国史学史》第一册正文，是第一篇《先秦时期，中国史学的童年》。这一篇贯彻了上述指导思想，专门写了两章——《历史观点的初步形成》和《历史知识的运用》，发掘了以前大家不大注意的丰富内容，包括春秋、战国时期的思想家和政治家，运用历史知识阐述政治主张，实行变法，进行理论上的辩难。如《历史知识的运用》一章中，论述商鞅等人"运用了历史知识观察当前和未来的重大问题"，"采取行政手段适应历史趋势"，"事实上起了推动历史前进的作用"，② 因而有力地论证了：历史知识确实有用。从知识性角度说，这一篇大致是以《史学史教本初稿》为蓝本，而就论述史学与时代的关系说，则达到了更高的层次，开辟了新的境界。白先生还讲，重视史学对社会的影响，我国有久远的优良传统。联系历史知识而作出政治上的重大决策，历代都有其例。先秦篇是为论述这些问题辟出了一些路径，以后各册的写作还要更多地阐述运用历史知识的内容。

---

① 白寿彝：《中国史学史》，第1册，40～41、42～43页，上海，上海人民出版社，1986。

② 同上书，339、341页。

白寿彝先生在生前，对前来采访的编辑、记者常讲到："学术的生命在于创新"，"我永不走旧路。"① 这两句话，确是白先生毕生治学风范的真实写照。正是永远坚持开拓创新的精神，他才在半个多世纪研治史学史的道路上，实现了上述三次意义重大的跨越。史学史这门学科经过 20 个世纪以来几代学者的努力，得到了重大的发展，多位史学前辈都为此作出了贡献，而其中，白先生的建树尤为突出。著名史学史专家杨翼骧教授讲过：史学史学科今天有这样受重视的地位，是同白先生的贡献分不开的，此言的确反映了客观的事实。白先生在史学史领域的不断探索，是同他整个学术创新的事业紧密相连的，白先生主编的《中国通史》12 卷，实现了通史撰著体系的重大突破，被誉为 20 世纪中国史学的压轴之作，就同他长期研治史学史、在批判继承的基础上探求新的著史形式之努力直接相联系。直到先生辞世之前两个多月，这位已经 91 岁高龄、生病住院的著名学者所写最后一篇文章《新世纪的展望》，仍然表达了他对史学史学科建设的新的思考，在文章中语重心长地说："历史学是一门研究社会发展规律、民族特点以及历代盛衰兴亡之故的学问。在正确的思想指导下，历史知识的传播有利于国家民族的相互了解，增进友谊，有利于国际间的和平，有利于思想建设和文化建设。"② 今天重读这些话语，我们不能不深深感动！这是睿智者的思考，让我们深切地感受到，直到生命的最后时刻，先生的思想仍然那么锐利，胸怀又是那么宽广。这里强调历史学要总结出民族的特点和对促进各个国家民族的相互了解、增进友谊作出贡献，无疑是将当前世界局势对学术工作提出的要求作了最新的概括，也是对史学史学科建设提出新的期待。我们应当从白先生毕生的学术创新风范中不断地获得激励的力量，竭尽全力把研究工作向前推进！

（原刊《史学史研究》2005 年第 2 期）

---

① 郭志坤：《创新的学术才有生命力——访白寿彝教授》，载《文汇报》，1982-03-12。
② 白寿彝：《新世纪的展望》，载《史学史研究》，2000（1）。（注：原文题为《千禧寄言》，发表于《群言》2000 年第 1 期，《史学史研究》刊发时改为此题。）

《白寿彝画传》后记

　　我国著名的老一辈马克思主义史学家、教育家和社会活动家白寿彝先生不幸逝世至今已有四年余了。他的一生为20世纪中国的学术和教育事业作出了卓著的建树，为后人留下了一笔丰厚的思想遗产。

　　白寿彝先生从青年时代即在学术园地上辛勤耕耘，前后长达半个多世纪。他先后在云南大学、重庆中央大学、南京中央大学、北京师范大学执教，20世纪50年代初以后长期担任北京师范大学历史系教授、主任，1980年又创办北京师范大学史学研究所，曾任中国史学会主席团成员、北京史学会会长，国务院学位委员会委员，国家教委全国高校古籍整理与研究工作指导委员会副主任，兼任中国社会科学院历史研究所、民族研究所和宗教研究所学术委员。寿彝先生治学领域广阔，在中国通史、史学理论、史学史、民族史、宗教史、中国交通史等领域都有高深的造诣。由他担任总主编的《中国通史》共计12卷22册，共约1400万字，是以科学历史观为指导、上起远古时代下迄中华人民共和国成立、内容丰富系统的通史巨著，汇集了全国500多位专家的劳动，凝聚着总主编白寿彝先生20余年的心血。1999年春《中国通史》全书出版时，正值寿彝教授90华诞，党和国家领导人江泽民、李鹏、朱镕基、李瑞环、胡锦涛、李岚清同志都分别致函或电话向白寿彝教授表示热情洋溢的祝贺，学术界称誉这部巨著是20世纪中国史学的压轴之作。在此后五年时间内，《中国通史》又重印了3次，累计印数达37000套，这在大型历史著作出版史上是极为罕见的。由白寿彝先生主编、撰成于1980年的《中国通史纲要》则先后重印达30次之多，总印数逾100万册。上述两个数字，包含着广大读者对这两部中国通史著作的真情欢迎、寿彝先生的史学工作成果走向广大干部和人民大众之中、同我们伟大时代的脉搏一起跳动的丰富内涵。寿彝先生撰著和主编的《中国回回民族史》（四卷本）、《回族人物传》《中国史学史》（第一册）、《史学概论》、《白寿彝史学论集》、《白寿彝民族宗教论集》、《中国交通》、《中国史学史论集》等著作，无不受到学术界的高度重视，为诸多学科和研究领域的研究者提供了十分有益的启迪。

严谨治学和锐意创新，是贯彻寿彝先生一生治学的准则，是他能在多学科领域内同时取得卓著建树的真谛，也是他老人家留给后人的宝贵精神财富。他撰写论著，总是广搜材料，仔细地审查和分析，深入开掘，多方面发现材料的内在联系，总结客观地存在于事物中的规律性，然后熔炼成观点鲜明、表达准确、逻辑清晰、篇章结构合理完美的文章。他临文必敬，大到数十万字的专著，小到一千几百字的小文章，他无不精心构撰而成，真正是严肃认真、一丝不苟。他对访问他的记者说：我永不走老路。并告诫周围的同志和学生：你只有把生命投进去，你写的东西才有生命。他又常说，我70岁以后才真正做学问。当我们国家进入改革开放的新时期，寿彝先生已届70岁，但他不知老之将至，相反是迎来他学术上最辉煌的时期，许多重要著作和重大科研项目，正是在他人生道路最后20年中完成的，确实令人景仰和赞叹！他对伟大祖国的历史文化真挚地热爱，大力继承、发掘传统文化中的优良遗产。同时，他坚信社会主义前途，坚信以与时前进、不断发展的马克思主义来指导学术研究和各项工作。"在唯物史观指导下从事新的理论创造"这句掷地有声的话，精当地概括了寿彝先生的学术宗旨。他真正做到了把认识和总结客观的历史——体现当今的时代要求——关心国家和民族的未来三者有机地统一起来。他几十年的著述，则是把坚持正确的理论方向——丰富翔实可靠的史料——恰当优美、雅俗共赏的表现形式三者有机地统一起来。他的优良学风和创新精神无疑是一笔极其宝贵的思想遗产，值得我们高度珍视、发扬光大。

白寿彝先生又是著名教育家，他先后为大学本科生、硕士生、博士生开设过多门课程，在北京师范大学历史系担任教授和系主任达数十年，对历史学专业的教学体制和教学方法的改革作出重要贡献。他对学生循循善诱，诲人不倦，因材施教，既严格要求，又热心奖掖，桃李遍天下，有不少学生早已成为学术界和其他部门的知名人物或优秀骨干。寿彝先生又是著名的社会活动家。他是优秀的共产党员，又是中国民主同盟老盟员，曾任全国第一届政协代表，第三至六届全国人大代表，第四至六届全国人大常委会委员、人大民族委员会副主任，中国共产党"十大"代表、"十三大"列席代表、"十五大"特邀代表。作为社会活动家，他多次出国访问。他热爱中华民族，同时热爱他所属于的回族，由于他长期对民族团结进步的事业作出贡献，因而在民族界、宗教界享有很高的威信。学者和社会活动家的身份，使他的眼界十分宽阔，以一种崇高的历史责任感和使命感从事他的学术和教育工作。他自觉地把学术研究、教育事业与推动时代前进结合起来。直到寿彝先生逝世前两个月，他在病重住院期间口述的最后一篇文章《新世纪的展望》中，他仍然语重心长地说："历史学是一门研究社会发展规律、民族特点以及历代盛衰兴亡之故的学问。在正确的思想指导下，历史知识的传播有利于国家民族的相互的了解，增进友谊，有利于国际间的和平，有利于思想建设和文化建设。史学一直被简单地认为只是研究过去的事情，这是很错误的。在 21 世纪里，史学工作者应负起时代的责任，让史学发挥更大的作用，协同各方面的工作，推动历史的前进。"这篇文章，成为这位 20 世纪杰出学者的临终遗言。

（载瞿林东、陈其泰主编《白寿彝画传》一书，河南大学出版社 2005 年版）